KB171242

금융
자격증
1위

03 CFP 학습가이드

(강의신청 직후) » (강의수강 중) » (교육 수료일 전)

수료기준 및 교육 수료 종료일,
면제자격증 등
강의 수강 전 안내 내용 확인

개인의 진도율에 맞춘
셀프 학습 체크 및
부가 콘텐츠 제공

(단, 셀프 학습 체크는
수료 진도율과 무관합니다.)

교육 수료 종료일 전
수료조건 충족

(수료보고) » (시험일 전) » (합격자발표 직후)

한국FPSB 수료보고
대행 서비스

최종 실전모의고사
풀고 마무리

합격 여부 및
합격자 대상 혜택 확인

04 다양한 **학습 지원** 서비스

금융전문 연구원
1:1 질문/답변 서비스

무료 바로 채점 및
성적 분석 서비스

29,000개 이상
합격 선배 수강후기

해커스금융
무료강의

해커스금융 수석/차석 합격생이 말하는
AFPK/CFP 합격의 비결!
해커스금융과 함께해야 합격이 쉬워집니다!

농협은행
취업성공

김○신
AFPK 수석
CFP 차석

"비전공자 체대생 해커스와 AFPK 수석합격부터 CFP 차석합격까지"

저의 합격 비결은 해커스에서 제공하는 모든 콘텐츠를 최대한 활용하려고 했던 점입니다.
첫 번째는 AFPK, CFP 시크릿 학습플랜을 통해 대략 하루에 어느 정도를 해야 할지 계획을 세웠습니다.
두 번째는 해커스 핵심 요약집으로 빈출 문제나 개념에 대해 더 명확하게 이해할 수 있었습니다.
세 번째는 외출할 때 항상 해커스에서 주는 부가물들을 챙겨 다녔습니다.
이렇게 해커스에서 제공하는 콘텐츠들을 최대한 활용하였더니 실제 시험에서도
도움이 많이 되었습니다.

* 제82회 AFPK 수석, 제42회 CFP 차석

문과계열
수석합격

김○승
AFPK 수석

"해커스인강으로 AFPK 수석합격"

핵심문제집의 난이도가 실제 시험의 난이도와 비슷하다고 느꼈습니다.
핵심문제집은 중요도가 잘 나눠져 있어 중요한 문제를 더 집중해서 볼 수 있었고,
문제에 대한 해설도 자세히 나와있어 모르는 문제를 해결하는 데도 큰 지장이 없었습니다.
해커스 핵심요약집을 여러 번 회독하고 핵심문제집과 해커스 모의고사,
해커스에서 제공해주는 고난이도 모의고사를 여러 번 풀어보면 도움이 많이 될 것 같습니다.

* 제84회 AFPK 수석

취준생 3달
차석합격

김○영
CFP 차석

"비전공자도 CFP 합격하는 해커스 강의"

강의와 커리큘럼의 질이 높았습니다.
모든 교수님들의 훌륭한 강의와 해커스에서 만들어 놓은 커리큘럼 덕분에 방대한
양의 인터넷강의를 끝까지 집중하여 수강할 수 있었습니다. 또, 교수님들과
1:1 면담 시스템을 많이 활용하여 궁금증을 빠른 시간 내에 해결할 수 있었습니다.

* 제39회 CFP 차석

해커스
CFP®
지식형 핵심문제집

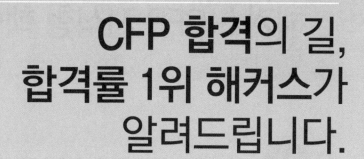

CFP 합격의 길,
합격률 1위 해커스가
알려드립니다.

평균 합격률 36%*, 3명 중 1명만 합격하는 CFP 자격시험,
어떻게 공부해야 한 번에 합격할 수 있을까요?
분명한 방법은 가장 많은 선배들이 합격한 책으로 공부하는 것입니다.

해커스는 합격률 1위 노하우로 2024년 개정된 CFP 기본서(한국FPSB 발간) 내용을 분석하여 「해커스 CFP 지식형 핵심문제집」에 철저히 반영하였습니다. 또한 합격자들의 학습방법 및 시험의 출제 경향을 면밀히 분석하여 가장 효율적으로 학습할 수 있는 방법을 「해커스 CFP 지식형 핵심문제집」에 모두 담았습니다.

「해커스 CFP 지식형 핵심문제집」은

1 최신 출제 경향과 난이도를 철저히 분석하여 모든 문제에 반영하였습니다.

2 모든 문제에 기본서 및 「해커스 CFP 핵심요약집」 페이지를 표기하여,
　　문제와 이론을 연계하여 학습할 수 있습니다.

3 문제별 중요도를 안내하여 우선순위 학습이 가능합니다.

가장 많은 수험생이 학습하고 합격하는 곳 해커스**,
여러분의 CFP 합격, 해커스금융이 함께합니다.

*42~45회 교육기관 평균 합격률 기준(한국FPSB 공식 발표자료 기준)
**29~45회 합격자 수 1위, 응시자 수 1위(한국FPSB 공식 발표자료 기준)

해커스 CFP 지식형 핵심문제집 특장점

01 철저한 최신 출제 경향 및 난이도 반영!

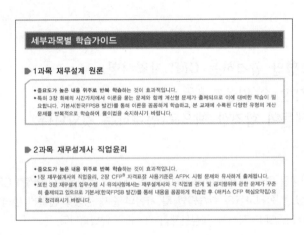

CFP 시험의 출제 경향 및 난이도를 철저히 분석하여 모든 문제에 반영하였고, 세부과목별 학습가이드를 제공하여 학습 전 각 과목별 출제 경향과 학습방법을 확인할 수 있어 전략적인 학습이 가능합니다.

02 모든 문제에 기본서 및 요약집 페이지를 표기하여, 문제와 이론의 연계학습 가능!

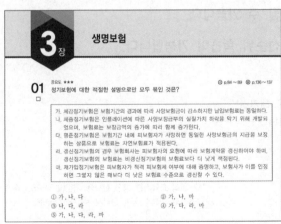

기본서 내용을 바탕으로 출제되는 시험 특성에 따라, 문제를 풀면서 관련 기본서 내용을 쉽게 찾아볼 수 있도록 문제에 해당하는 이론이 수록된 기본서(한국FPSB 발간) 및 「해커스 CFP 핵심요약집」* 페이지를 표기하였습니다.

이를 통해 학습자는 관련 이론학습을 위해 기본서 및 요약집 중 본인이 원하는 교재를 선택하여 효과적으로 학습할 수 있습니다.

* 「해커스 CFP 핵심요약집」은 해커스금융 CFP 합격지원반, 환급반, 핵심요약강의 수강생에 한하여 무료로 제공됩니다.

03 문제별 중요도를 알 수 있어 우선순위 학습 가능!

09 중요도 ★★★
재정정책이 금융시장에 미치는 영향으로 가장 적절하지 **않은** 것은?

⊙ p.33 ~ 34 ⊙ p.350

① 정부지출이 증가하면 대부자금시장에서 자금 공급이 감소하여 이자율이 상승하게 된다.
② 정부지출이 증가하더라도 총수요는 승수효과만큼 증가하지 않아 재정정책의 효과가 제한적이다.
③ 정부가 소득세를 인하하면 가계의 가처분소득이 증가하여 세금 인하액을 한도로 총수요가 증가한다.
④ 정부의 소득세 인하는 단기적으로 산출량을 증가시키지만 장기적으로 물가가 상승하면서 자연산출량 수준으로 복귀된다.
⑤ 정부가 소득세를 인하하더라도 사람들이 이를 일시적인 것으로 예상한다면 총수요증가 효과는 축소될 수 있다.

10 중요도 ★★★
다음 중 통화정책에 대한 적절한 설명으로 모두 묶인 것은?

⊙ p.34 ~ 38 ⊙ p.351

가. 통화정책은 재정정책과 달리 중앙은행이 즉시 실행할 수 있다.
나. 양적완화는 중앙은행이 통화량을 증가시키고 시장금리를 낮추고자 할 때 사용한다.
다. 한국은행은 시장금리를 직접 결정하는 방법을 통해 통화정책을 실시한다.
라. 지급준비율이 인하되면 더 많은 신용이 창출되어 통화량이 증가한다.
마. 중앙은행이 테이퍼링을 할 경우 시중 통화량은 감소하여 금융시장에 테이퍼 탠트럼이 발생하기도 한다.

① 가, 나, 다
② 가, 나, 라
③ 가, 나, 마
④ 나, 다, 라
⑤ 다, 라, 마

11 중요도 ★★
다음의 자료를 바탕으로 테일러준칙(Taylor's rule)에 따라 계산한 적정 기준금리는 얼마인가?

⊙ p.41 ⊙ p.351

· 균형 실질이자율 : 6%
· 목표 물가상승률 : 2%
· 실제 물가상승률 : 2.5%
· GDP갭 : 0.9%

① 9%
② 9.2%
③ 9.4%
④ 9.6%
⑤ 9.8%

문제마다 중요도를 표시하여 어떤 문제가 중요한지 파악할 수 있습니다.

중요도가 가장 높은 별 3개(★★★) 문제를 중심으로 우선순위 학습이 가능하여, 핵심문제를 단기에 정복할 수 있습니다.

CFP 공식 합격률 1위, 합격자 수 1위

해커스금융 fn.Hackers.com

목 차

1 과목 재무설계 원론

2 과목 재무설계사 직업윤리

3 과목 위험관리와 보험설계

4 과목 은퇴설계

CFP 자격인증 안내

CFP 자격인증시험이란

- CFP 자격인증시험은 재무설계지식을 실제 재무상황에 적용하는 능력을 평가할 수 있도록 만들어졌습니다.
- CFP 자격인증시험에 합격함으로써 재무설계서비스를 제공하는 데 필요한 전문능력을 갖추었다는 것을 인정받을 수 있습니다.

◉ CFP 자격인증을 받기 위해서 거쳐야 할 절차

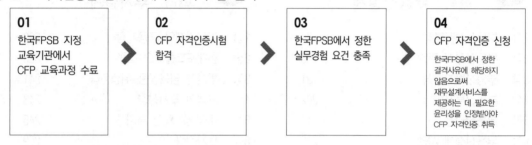

01
한국FPSB 지정 교육기관에서 CFP 교육과정 수료

02
CFP 자격인증시험 합격

03
한국FPSB에서 정한 실무경험 요건 충족

04
CFP 자격인증 신청

한국FPSB에서 정한 결격사유에 해당하지 않음으로써 재무설계서비스를 제공하는 데 필요한 윤리성을 인정받아야 CFP 자격인증 취득

교육과정면제 대상자

- CFP 자격인증시험 응시 예정자는 한국FPSB에 등록된 교육기관이 제공하는 CFP 교육과정을 모두 수료하여야 합니다. 단, 전문자격증 소지자는 교육과정이 면제됩니다.
- 교육과정면제 대상자는 AFPK 자격인증 유무와 관계없이 CFP 자격인증시험에 응시할 수 있습니다.

공인회계사 등록자
Chartered Financial Analyst(CFA) 자격자
변호사 등록자
세무사 자격자(세무사 등록자 또는 세무사 자격증 + 6개월 해당 업무 실무충족자)
경영학 박사
경제학 박사
재무설계학 박사

※ 교육과정면제 대상자는 교육과정만 면제될 뿐 시험과목은 모두 응시하여야 합니다.

시험구성

제1일차(토요일)

구 분	시 간	시험과목	시험문항수
지식형	1교시 오후 3:00 ~ 오후 5:00	재무설계 원론	15
		재무설계사 직업윤리[1]	5
		위험관리와 보험설계	25
		은퇴설계	25
		부동산설계	20
	2교시 오후 5:30 ~ 오후 7:20	투자설계	28
		세금설계	27
		상속설계	25
합 계			170문항

[1] 별도의 시험과목으로 분류하지 않고 재무설계 원론에 포함합니다.

제2일차(일요일)

구 분	시 간	시험과목	시험문항수
사례형	3교시 오전 10:00 ~ 오후 12:00	단일사례	30
		복합사례(Ⅰ)	10
	4교시 오후 12:30 ~ 오후 3:00	복합사례(Ⅱ, Ⅲ)	20
		종합사례	20
합 계			80문항

* 시험구성은 한국FPSB 자격인증위원회의 사정에 의해 변경될 수 있습니다.
** 문제 형식은 객관식 5지선다형이며, 시험 문제는 비공개입니다.

시험 합격기준 및 유효기간

● 전체합격
① 전체합격기준
지식형 시험에서 과목별로 40% 이상을 득점하고 사례형 시험에서 40% 이상을 동시에 득점한 자로 지식형 및 사례형 시험 전체에 대하여 평균 70% 이상을 득점해야 합니다.
② 전체합격 유효기간
CFP 자격인증시험의 전체합격 유효기간은 5년입니다. 합격 유효기간 내에 CFP 자격인증을 신청하지 않을 경우 합격사실이 취소되며, CFP 자격인증을 원할 경우 CFP 시험에 재응시하여야 합니다.

● 부분합격
① 부분합격기준
제1일차 지식형 시험 : 과목별로 40% 이상을 득점하고 1교시 및 2교시의 지식형 시험 전체에 대하여 평균 70% 이상을 득점해야 합니다.
제2일차 사례형 시험 : 3교시 및 4교시의 사례형 시험 전체에 대하여 평균 70% 이상을 득점해야 합니다.
② 부분합격 유효기간
시험유형별 부분합격은 합격한 사실만 인정되며 점수는 이월되지 않습니다. 부분합격 후 연이은 2회 시험에서 다른 유형 시험에 합격하지 못할 경우 해당 유형의 부분합격 사실이 취소됩니다.

합격전략

1 지식형 합격전략

〈해커스 CFP 핵심요약집〉은 해커스금융 CFP 합격지원반, 환급반, 핵심요약강의 수강생에 한하여 무료로 제공됩니다.

〈해커스 CFP 지식형 핵심문제집〉은 시중 서점에서 구매 가능합니다.

기본서 2회 이상 정독 ▶ **핵심요약집 학습 및 핵심문제집 풀이**

CFP 지식형 시험은 요약집 학습만으로 합격이 어렵습니다.
최소 2회 이상 기본서(한국FPSB 발간)를 꼼꼼히 정독하는 것이 반드시 필요합니다.

〈해커스 CFP 지식형 핵심문제집〉에서 중요도가 높은 별 3개(★★★) 문제를 먼저 푼 후 나머지 문제를 풀면 자연스럽게 복습이 되어 학습효과가 두 배가 됩니다.

2 사례형 합격전략

〈해커스 CFP 사례형 핵심문제집〉은 시중 서점에서 구매 가능합니다.

개인재무설계 사례집 풀이 ▶ **핵심문제집 풀이**

개인재무설계 사례집(한국FPSB 발간)으로 사례형의 기본을 다집니다.

〈해커스 CFP 사례형 핵심문제집〉에 있는 문제를 먼저 풀고 난 후에 해설을 보며 본인의 풀이 방법을 점검합니다. 그 다음 문제집을 여러 번 반복해서 풉니다.

3 마무리 합격전략

〈해커스 CFP 최종 실전모의고사〉는 시중 서점에서 구매 가능합니다.

모의고사 풀이 ▶ **모의고사 반복 학습**

실제 시험을 보듯 시험 시간에 맞춰 〈해커스 CFP 최종 실전모의고사〉를 풉니다.

〈해커스 CFP 최종 실전모의고사〉에는 최신 출제 경향이 철저하게 반영되어 있으므로 문제를 꼼꼼하게 풀이하고 보기의 내용을 반복해서 숙지하면 확실하게 실전에 대비할 수 있습니다.

학습플랜

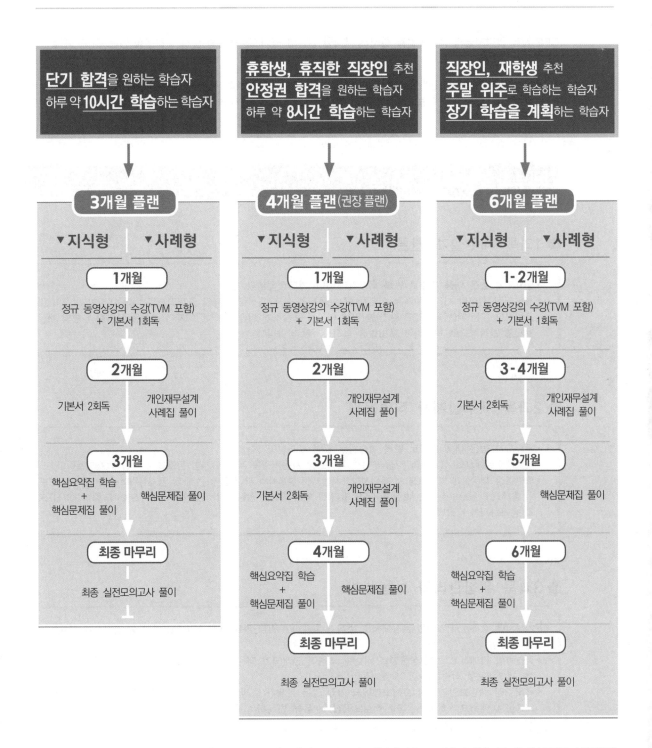

단기 합격을 원하는 학습자 하루 약 **10시간 학습**하는 학습자	휴학생, 휴직한 직장인 추천 안정권 합격을 원하는 학습자 하루 약 **8시간 학습**하는 학습자	직장인, 재학생 추천 주말 위주로 학습하는 학습자 장기 학습을 계획하는 학습자
3개월 플랜	**4개월 플랜**(권장 플랜)	**6개월 플랜**

3개월 플랜

▼지식형　　　▼사례형

1개월

정규 동영상강의 수강(TVM 포함)
+ 기본서 1회독

2개월

기본서 2회독　　　개인재무설계
사례집 풀이

3개월

핵심요약집 학습
+　　　　　　핵심문제집 풀이
핵심문제집 풀이

최종 마무리

최종 실전모의고사 풀이

4개월 플랜(권장 플랜)

▼지식형　　　▼사례형

1개월

정규 동영상강의 수강(TVM 포함)
+ 기본서 1회독

2개월

개인재무설계
사례집 풀이

3개월

기본서 2회독　　　개인재무설계
사례집 풀이

4개월

핵심요약집 학습
+　　　　　　핵심문제집 풀이
핵심문제집 풀이

최종 마무리

최종 실전모의고사 풀이

6개월 플랜

▼지식형　　　▼사례형

1-2개월

정규 동영상강의 수강(TVM 포함)
+ 기본서 1회독

3-4개월

기본서 2회독　　　개인재무설계
사례집 풀이

5개월

핵심문제집 풀이

6개월

핵심요약집 학습
+　　　　　　핵심문제집 풀이
핵심문제집 풀이

최종 마무리

최종 실전모의고사 풀이

◆ 더 상세한 일별 학습플랜은 해커스금융(fn.Hackers.com) → [A/C 콘텐츠 자료실]에서 다운로드 받을 수 있습니다. 이 학습플랜은 수강기간이 남은 해커스 CFP 정규수강생에 한하여 제공됩니다.

지식형 학습가이드

CFP 시험 합격자들의 학습방법을 철저히 분석한 결과와 해커스금융만의 합격 노하우를 담은 CFP 지식형 학습가이드입니다.

◆ [세부과목별 학습가이드]에 수록한 각 과목별 학습방법을 확인하여 전략적으로 학습하시기 바랍니다.
◆ 각 과목별로 효율적인 학습방법과 전략이 다르므로 꼼꼼히 확인하여 시험에 대비하시기 바랍니다.

세부과목별 학습가이드

▶1과목 재무설계 원론

◆ **중요도가 높은 내용 위주로 반복 학습**하는 것이 효과적입니다.
◆ 특히 3장 화폐의 시간가치에서 이론을 묻는 문제와 함께 계산형 문제가 출제되므로 이에 대비한 학습이 필요합니다. 기본서(한국FPSB 발간)를 통해 이론을 꼼꼼하게 학습하고, 본 교재에 수록된 다양한 유형의 계산 문제를 반복적으로 학습하여 풀이법을 숙지하시기 바랍니다.

▶2과목 재무설계사 직업윤리

◆ **중요도가 높은 내용 위주로 반복 학습**하는 것이 효과적입니다.
◆ 1장 재무설계사의 직업윤리, 2장 CFP® 자격표장 사용기준은 AFPK 시험 문제와 유사하게 출제됩니다.
◆ 또한 3장 재무설계 업무수행 시 유의사항에서는 재무설계사와 각 직업별 관계 및 금지행위에 관한 문제가 꾸준히 출제되고 있으므로 기본서(한국FPSB 발간)를 통해 내용을 꼼꼼하게 학습한 후 〈해커스 CFP 핵심요약집〉으로 정리하시기 바랍니다.

▶3과목 위험관리와 보험설계

◆ 기본서에 수록된 지엽적인 문장에서도 문제가 출제되는 만큼 **기본서(한국FPSB 발간)를 꼼꼼하게 다독**해야 합니다.
◆ 학습량이 방대하고 보험 상품별로 비슷한 내용이 전개되기 때문에 기본서 목차를 보고 큰 틀을 먼저 잡은 후, 세부내용을 학습하는 것이 효과적입니다.
◆ 특히 3장 생명보험과 5장 손해보험에서 가장 많은 문제가 출제되므로 기본서(한국FPSB 발간)로 전반적인 내용을 이해하고, 〈해커스 CFP 핵심요약집〉을 통해 반복하여 학습하시기 바랍니다.

▶ 4과목 은퇴설계

- ◆ 기본서에 수록된 각 이론의 목적을 생각하며 학습하면 이해하기 수월합니다. 한 번에 모든 내용을 이해하려고 하기보다는 이해가 되지 않는 부분을 여러 번 반복해서 학습하는 것이 좋습니다.
- ◆ 3～5장은 출제 비중이 높으므로 기본서(한국FPSB 발간)로 꼼꼼히 학습하고, 그 외에 상대적으로 출제 비중이 낮은 장은 〈해커스 CFP 핵심요약집〉에 수록된 내용을 중심으로 정리하시기 바랍니다.

▶ 5과목 부동산설계

- ◆ 3장 부동산 투자분석에서 가장 많은 문제가 출제되며, **중요도가 높은 내용 위주로 반복 학습**하는 것이 효과적입니다.
- ◆ 부동산 시장가치 분석, 투자가치 분석, 레버리지효과에 대한 내용은 지식형 문제와 더불어 사례형 문제에서도 자주 출제되므로, 해당 내용을 주의 깊게 학습하시기 바랍니다.

▶ 6과목 투자설계

- ◆ AFPK 투자설계와 유사한 내용을 다루고 있으나 보다 구체적인 내용을 학습하게 됩니다. 따라서 **이해가 잘되지 않는 부분은 기본서와 〈해커스 CFP 핵심요약집〉을 통해서 내용을 꼼꼼하게 학습**하시기 바랍니다.
- ◆ 기본서에 수록된 투자공식에서 문제가 다수 출제되므로 반드시 암기하여 계산문제에 철저히 대비하시기 바랍니다.

▶ 7과목 세금설계

- ◆ 모든 장에서 문제가 골고루 출제되며, 특히 2장 소득세의 이해와 5장 금융자산과 세금 및 6장 부동산자산과 세금의 출제 비중이 높은 편입니다.
- ◆ 2장 소득세의 이해에서 소득세의 전반적인 과세체계를 기본서(한국FPSB 발간)로 꼼꼼히 학습하고, 3장과 4장에서 다루는 법인세와 부가가치세의 주요 내용은 〈해커스 CFP 핵심요약집〉으로 정리하시기 바랍니다.

▶ 8과목 상속설계

- ◆ 2～5장은 출제 비중이 높으므로 기본서(한국FPSB 발간)를 정독하며 꼼꼼하게 학습하고, 1장 상속설계 개관과 6장 가업승계설계는 〈해커스 CFP 핵심요약집〉에 수록된 내용을 중심으로 정리하시기 바랍니다.
- ◆ 5장 상속세 및 증여세의 이해에서는 법을 적용하기 위한 원칙적인 조건과 예외적인 상황에 대하여 묻는 문제가 다수 출제되므로 법조문 암기에 유의하여 학습하시기 바랍니다.

금융·자격증 전문 교육기관 **해커스금융**

fn.Hackers.com

1과목

재무설계 원론

[총 15문항]

문제풀이와 이론을 동시에 학습할 수 있도록 각 문제의 관련 이론이 수록된 기본서(한국FPSB 발간) 및 〈해커스 CFP 핵심요약집〉* 페이지를 표기하였습니다.

* 〈해커스 CFP 핵심요약집〉은 해커스금융 CFP 합격지원반, 환급반, 핵심요약강의 수강생에 한하여 무료로 제공됩니다.

01
중요도 ★★
⑦ p.14 ~ 17 ⑧ p.18

CFP® 자격인증자에 대한 설명으로 적절한 것은?

□
다시 봐야 할
문제에 체크하세요!

① CFP® 자격인증자는 사전에 고객의 동의가 없어도 고객의 재무목표를 달성하기 위해 다른 전문가와 협조할 수 있다.
② CFP® 자격인증자는 개인이 재무목표를 달성할 수 있도록 도와주는 사람이지만 재무목표의 달성보다는 상품판매를 우선으로 하는 세일즈맨이다.
③ CFP® 자격인증자는 항상 고객을 보호해야 할 책임이 있으나 고객의 이익보다 자신의 이익을 우선시해야 한다.
④ CFP® 자격인증자가 되기 위해서는 3가지 기준(교육, 시험, 윤리)을 충족해야 하고 자격인증 이후에도 계속교육을 통해 역량 개발을 위해 노력하고 있음을 입증해야 한다.
⑤ CFP® 자격인증자는 전문가적 책임, 업무수행, 커뮤니케이션, 인지의 4가지 전문기술을 갖추어야 한다.

02
중요도 ★
⑦ p.19 ~ 27 ⑧ p.19

CFP® 자격인증자의 훈련에 대한 설명으로 가장 적절한 것은?

□

① 자격인증자는 전문가로서 주도적으로 자격인증자의 재무의사결정을 대신해야 한다.
② 자격인증자의 소통능력을 배양하기 위해서는 외부에서 고객을 바라보고 객관적인 판단을 내려야 한다.
③ 국제FPSB에서 자격인증자들이 갖추어야 할 전문기술로 신뢰 구축, 고객과의 관계, 효과적인 의사소통 등을 제시했다.
④ 자격인증자는 상시 학습, 고객과의 정기 미팅, 신뢰 유지를 위한 습관형성을 통해 고객과의 단기적 비즈니스 관계를 유지한다.
⑤ 자격인증자로서의 전문화 단계 중 가장 높은 단계는 숙련자로, 상황을 평가하고 직관적으로 대응하며, 어떤 행동방침이 가장 효과적일지 자신의 방대한 경험을 활용하여 결정하는 것이 특징이다.

03

중요도 ★★★

㉮ p.30 ㉯ p.21

CFP® 자격인증자의 보수형태에 따른 특성으로 적절한 것은?

① Commission-Only 방식은 객관성이 확보되며 정보의 비대칭성이 축소된다.

② Fee & Commission 방식은 상품 세일즈 실현 시에만 사후관리가 이루어진다.

③ Fee-Only 방식은 객관성을 기대하기 어렵다.

④ Commission-Only 방식은 비용면에서 불리하나 컨설팅 품질을 기대할 수 있다.

⑤ Fee & Commission 방식은 고객중심의 Needs Based Consulting 솔루션을 개발할 수 있다.

정답 및 해설

01 ⑤ ① CFP® 자격인증자가 다른 전문가들의 업무협조를 받기 위해서는 사전에 고객으로부터의 동의가 있어야 한다.
② CFP® 자격인증자는 개인이 재무목표를 달성할 수 있도록 도와주는 사람이지 상품을 판매하는 세일즈맨이 아니다.
③ CFP® 자격인증자는 자신보다 고객의 이익을 먼저 생각하고 업무를 수행해야 한다.
④ CFP® 자격인증자가 되기 위해서는 4가지 기준(교육, 시험, 경험, 윤리)을 충족해야 한다.

02 ③ ① 재무설계는 자격인증자가 고객에게 일방적으로 제시하고 강요하는 행위가 아니며 재무의사결정의 주체는 고객임을 잊지 않아야 한다.
② 자격인증자의 소통능력을 배양하기 위해서는 외부에서 고객을 바라보고 판단하는 것이 아니라 고객의 상황에 완전히 몰두하여 고객의 입장이 되어보는 몰입의 방법을 사용한다.
④ 단기적 → 장기적
⑤ 숙련자 → 전문가

03 ⑤ ① Commission-Only → Fee & Commission
② Fee & Commission → Commission-Only
③ Fee-Only 방식은 객관성이 확보된다.
④ Commission-Only 방식은 비용면에서 유리하나 컨설팅 품질을 기대할 수 없다.

04

개인의 의사결정을 설명하는 이론 중 (가) ~ (라)에 들어갈 내용으로 적절한 것은?

☐

- (가)은 경제학에서 개인이 여러 가지 가능한 결과를 가지고 불확실한 상황에 직면했을 때 자신의 기대효용을 극대화하는 결정을 한다는 이론이다.
- (나)은 개인의 태도, 주관적 규범, 인식된 행동 제어가 어떻게 개인의 의도와 후속행동에 영향을 미치는지 설명하는 심리학 이론이다.
- (다)은 소비자들이 자신의 만족이나 효용을 극대화하는 상품과 서비스를 구매하기를 원하지만, 사용할 예산이나 수입이 제한되어 있다고 가정한다.
- (라)은 직원들이 승진을 위해 열심히 일하거나 사회적 관계에서 선물을 주는 등 개인이 이익을 얻고 비용을 회피하기 위해 사회적 상호작용과 교환에 참여한다고 설명하는 이론이다.

	가	나	다	라
①	기대효용이론	교환이론	계획된 행동이론	소비자선택이론
②	기대효용이론	계획된 행동이론	소비자선택이론	교환이론
③	소비자선택이론	기대효용이론	계획된 행동이론	교환이론
④	소비자선택이론	계획된 행동이론	교환이론	기대효용이론
⑤	계획된 행동이론	교환이론	기대효용이론	소비자선택이론

05

중요도 ★★★

㉠ p.36 ~ 38 ㉰ p.23

소비지출 관련 이론에 대한 설명으로 적절하지 **않은** 것은?

① 케인즈가 제시한 절대소득가설에 의하면 개인의 소비는 그들의 현재 소득 수준 자체에 의해 결정되며 개인의 소득이 증가함에 따라 그들의 소비수준이 점점 더 빠르게 증가한다고 본다.

② 상대소득가설에 따르면 개인의 소득은 증가하지만 상대적인 소득은 동일하게 유지된다면, 소비는 증가하지 않거나 약간만 증가한다.

③ 절대소득가설과 상대소득가설은 서로의 대안으로 간주된다.

④ 항상소득가설에서는 개인이 상여금 등 일시적인 소득 증가를 경험할 경우 단기적으로 소비 수준이 높아질 가능성이 낮다고 본다.

⑤ 생애주기가설에 따르면 평생 동안 안정적인 소비를 하기 위해서 개인은 소득이 높을 때는 저축을 하고 소득이 낮은 은퇴 기간에는 저축을 줄이는 것이 좋다고 말한다.

정답 및 해설

04 ② 가. 기대효용이론
나. 계획된 행동이론
다. 소비자선택이론
라. 교환이론

05 ① 절대소득가설에 의하면 개인의 소득이 증가함에 따라 소비 수준은 증가하지만, 증가속도는 감소한다.

01 중요도 ★★

㉑ p.44, p.49, p.56~60 ㉓ p.24

재무관리에 대한 설명으로 가장 적절하지 **않은** 것은?

① 재무관리란 개인의 삶의 목표를 파악하고 그 목표를 달성하기 위하여 개인이 가지고 있는 재무적·비재무적 자원을 관리하는 일련의 과정이 이뤄지도록 하는 행위이다.

② 고객 관련 정보의 수집 단계에서 고객과의 협의를 통해 인생목표를 구체화해보는 것은 재무목표 구체화 방법 중 재무목표의 설정에 해당한다.

③ 현금흐름 관리를 위해서는 고객의 월수입을 확인한 후 현금흐름을 정기적으로 점검하고 필요할 경우 조정하는 총 2단계의 절차를 거쳐야 한다.

④ 보장자산과 연금자산은 10년 이상의 투자기간을 갖는 안정자산으로 분류하고, 비상예비자금은 1년 미만의 투자기간을 가지는 운용자산으로 구분된다.

⑤ 순현금흐름이 (+)인 달은 차액을 운용자산으로 유입하고, (−)인 달은 부족분을 운용자산에서 인출하면 고객 입장에서 월 평균 저축여력 파악이 용이해진다.

02 중요도 ★★

㉑ p.60~61 ㉓ p.29

비상예비자금 운용방법에 대한 설명으로 가장 적절한 것은?

① 비상예비자금은 통상 1년에서 10년 사이의 투자기간을 가지며, 저축적립액의 증대 여부가 특히 필요한 영역이다.

② 고객들에게 경조사비, 여행자금, 병원비, 학습비 등을 가계비상예비자금으로 지불하도록 유도한다.

③ 안정자산, 투자자산, 운용자산 항목 간 이동이 불가능하므로 비상예비자금을 현금성자산으로 모을 필요가 있다.

④ 비상예비자금은 일반 생활자금과 같은 계좌에서 관리하여 고객이 신속하게 접근할 수 있도록 한다.

⑤ 비상예비자금의 규모는 반드시 1~2개월의 생활비 혹은 월 총지출에 해당하는 금액으로 한다.

03

중요도 ★

㉮ p.45, p.67 ~ 69 ㉯ p.31

재무전략에 대한 설명으로 가장 적절하지 **않은** 것은?

① 재무전략은 고객마다 서로 다른 재무목표, 현금흐름, 보유자산, 세무 환경 등을 고려하여 고객 고유의 재무설계 방향을 수립하는 것을 말한다.

② 재무전략 수립 시 고려사항에는 유연성, 유동성, 일관성, 통합성이 있다.

③ 재무전략 수립 시 고려해야 할 유동성이란 저축여력의 기간배분에서 운용자산으로 불리는 비상예비자금을 의미한다.

④ 재무전략 수립을 위해 자격인증자는 생애주기별 각 단계의 주요 재무이슈를 파악하고 이에 대한 대응방안을 모색해야 한다.

⑤ 재무전략 수립을 위해서는 반드시 정성적 요인을 반영해야 하며, 위험수용성향 분석뿐만 아니라 고객의 재무적 편향도 고려해야 한다.

정답 및 해설

01 ③ 현금흐름 관리를 위해서는 고객의 월수입을 확인한 후 월 총지출 추정, 수입과 지출을 비교·검토하여 저축여력 파악, 현금흐름을 정기적으로 점검하고 필요할 경우 조정하는 총 4단계의 절차를 거쳐야 한다.

02 ② ① 비상예비자금은 1년 미만의 투자기간을 가지며, 실직, 긴급 의료, 예상치 못한 주요지출 등이 발생할 경우 재무적 지원을 위해 마련된 현금계좌를 말한다.

  참고 통상 1년에서 10년 사이의 투자기간을 가지며, 저축적립액의 증대 여부가 특히 필요한 영역은 투자자산이다.

  ③ 고객의 재무목표기간에 따라 장단기 배분항목 간 이동이 가능하며, 비상예비자금은 저축여력의 장단기 배분항목 간의 이동에 활용될 수 있다.

  ④ 비상예비자금은 일반 생활자금과 별도의 계좌로 관리하여야 하며 현금성자산에 보관되어야 한다.

  ⑤ 비상예비자금의 규모는 일반적으로 3 ~ 6개월의 생활비 혹은 월 총지출에 해당하는 금액이 적당하다고 여겨지지만, 고객의 개인적인 상황에 따라 달라질 수 있다.

03 ② 일관성 → 개별성

04

㉮ p.72 ~ 77 ㉤ p.33 ~ 35

중요도 ★★★

물가에 대한 설명으로 가장 적절한 것은?

① 인플레이션이 일어나면 채권자나 기업가로부터 채무자 또는 노동자에게 부가 재분배되는 효과가 있다.
② 시장에 유동성이 많아지면 소비가 늘어나는데 그만큼 재화공급이 이루어지지 않을 때 발생하는 인플레이션을 비용 인플레이션이라고 한다.
③ 물가와 실업률이 상승하고 실질국민소득이 감소하는 것을 스태그플레이션이라 한다.
④ 스태그플레이션의 일반적인 원인에는 수요 부족, 공급 과잉, 기술 진보, 금융위기 등이 있다.
⑤ 디플레이션이 일어나면 돈의 가치가 떨어지기 때문에 소비자들에게 불리하며, 소비자는 동일 금액으로 디플레이션 이전보다 더 적은 상품·서비스만 구입할 수 있다.

05

㉮ p.78 ~ 80 ㉤ p.36

중요도 ★★★

금리에 대한 설명으로 가장 적절한 것은?

① 자금수요가 증가하면 금리는 내려가고, 반대로 자금공급이 증가하면 금리가 상승한다.
② 경기 호황기에는 금리가 내려가고 경기불황기에는 금리가 상승한다.
③ 시중금리는 일반적으로 단기금리보다 장기금리가 높다.
④ 금리의 변동성으로만 판단한다면 CD금리는 변동 폭이 작고, COFIX는 변동 폭이 크다.
⑤ 금리 변동 시 상대적으로 외국금리가 높으면 시중자금이 국내로 들어오고 역의 경우에는 자금이 해외로 나간다.

06

중요도 ★

㉮ p.81 ㉯ p.37

경기확장국면에 감소하고 경기수축국면에 증가하는 경제요소로 모두 묶인 것은?

가. 인플레이션
나. 담보대출
다. 실업률
라. 소비자물가수준
마. 소비자 신용
바. 주택 착공
사. 소비심리

---

① 가, 나, 바
② 가, 다, 라
③ 가, 나, 다, 라
④ 나, 다, 라, 마
⑤ 라, 마, 바, 사

정답 및 해설

04 ③ ① 인플레이션이 일어나면 소득격차가 심해지고 빈익빈 부익부 현상이 일어난다.
② 비용 인플레이션 → 수요 인플레이션(과잉 유동성 공급)
④ 스태그플레이션의 원인에는 인플레이션, 생산성 하락, 에너지 가격 상승, 정부의 경제정책 등이 있다.
[참고] 수요 부족, 공급 과잉, 기술 진보, 금융위기 등은 디플레이션의 원인이다.
⑤ 디플레이션이 일어나면 돈의 가치가 올라가기 때문에 소비자들에게 유리하며, 소비자는 동일 금액으로 디플레이션 이전보다 더 많은 상품·서비스를 구입할 수 있다.

05 ③ ① 자금수요가 증가하면 금리는 올라가고, 반대로 자금공급이 증가하면 금리가 내려간다.
② 경기 호황기에는 금리가 올라가고 경기불황기에는 금리가 내려간다.
④ 금리의 변동성으로만 판단한다면 CD금리는 시장의 움직임에 따라 변동 폭이 크고, COFIX는 다양한 자금조달상품에 적용되는 금리를 가중평균해서 산출하기 때문에 변동 폭이 작다.
⑤ 금리 변동 시 상대적으로 외국금리가 높으면 시중자금은 해외로 나가고 역의 경우에는 자금이 국내로 들어온다.

06 ② '가, 다, 라'는 경기확장국면에 감소하고 경기수축국면에 증가하는 경제요소에 해당한다.
'나, 마, 바, 사'는 경기확장국면에 증가하고 경기수축국면에 감소하는 경제요소에 해당한다.

07

⑦ p.82 ~ 85   ⑧ p.38

중요도 ★★★

기준금리 인상에 따른 통화정책의 파급효과에 대한 설명으로 가장 적절하지 **않은** 것은?

① 기준금리가 인상되면 장·단기시장금리도 상승하여 차입이 억제되고 가계소비가 감소한다.
② 기준금리가 인상되면 자산가격경로에 따라 주식, 채권, 부동산 등 자산을 통해 얻을 수 있는 미래 수익의 현재가치가 낮아지게 되어 자산가격이 하락한다.
③ 환율경로에 의하면 기준금리 인상에 따라 원화가치가 상승하고 원화표시 수입물가가 하락하여 국내 물가를 직접적으로 하락시키는 요인이 된다.
④ 기대경로에 따르면 기준금리 인상은 은행이 차주의 상환능력에 대한 우려를 보이게 만들고 대출자금을 활용하는 기업의 투자와 가계의 소비까지 위축시킨다.
⑤ 기준금리 인상은 중앙은행이 물가상승률을 낮추려는 의도로 해석되어 기대인플레이션을 하락시키는데 이는 기업의 제품가격 및 임금에도 영향을 미치기 때문에 결국 실제 물가상승률이 하락한다.

08

⑦ p.85 ~ 90   ⑧ p.39 ~ 40

중요도 ★★

외부 경제환경에 대한 설명으로 가장 적절하지 **않은** 것은?

① 재정정책은 확장성과 안정성을 바탕으로 국가가 재정지출을 늘리거나 세금을 인하하는 등의 방법을 통해 경제를 조절하는 것을 말한다.
② 재정정책 중 정부지출은 민간소비와 기업투자를 억제하여 소득수준을 감소시킨다.
③ 튤립 마니아 버블, 닷컴 버블 등 버블 현상이 지속되면서 자산가격이 급등하면 이에 대한 대출이 증가하고, 대출금리가 오르는 등의 문제가 발생할 수 있다.
④ 미국 달러의 발행, 미국 내 통화정책의 관장, 은행·금융기관 감독과 규제 등은 연방준비제도이사회의 기능이다.
⑤ 현대통화이론은 인플레이션의 위험을 경시하고 적자와 부채 수준의 영향을 무시한다는 비판점이 있다.

정답 및 해설

07 ④   기대경로 → 신용경로

08 ②   정부지출은 → 과세는

3장 화폐의 시간가치

01

중요도 ★★   ㉮ p.96, p.111 ~ 112, p.124 ~ 125 ㉠ p.42 ~ 47

화폐의 시간가치의 기초 개념에 대한 설명으로 적절하지 **않은** 것은?

① 단리방식이란 원금에만 이자가 붙는 방식이며, 복리방식이란 원금과 이자에 이자가 붙는 방식이다.
② 명목금리는 외부로 표현되는 금리이며 명목금리에 물가상승률을 반영한 금리가 실질금리이다.
③ 반기마다 5%의 이자를 지급하는 정기예금의 연평균금리는 10%가 된다.
④ 같은 연평균금리라도 복리횟수가 많아질수록 실효금리가 낮아진다.
⑤ 투자안의 순현재가치가 0보다 클 경우 투자안을 채택하게 되고, 내부수익률이 요구수익률보다 클 경우 투자안은 타당성이 있다고 할 수 있다.

02

중요도 ★★   ㉮ p.102 ~ 103, p.122 ㉠ p.42 ~ 46

정소라씨는 세후수익률이 연 6% 연복리인 상품에 매월 말 2,000천원씩 5년간 투자하려고 한다. 이 경우 정소라씨가 5년 후 수령할 수 있는 원리금의 합계는 얼마인가?

① 135,590천원
② 136,950천원
③ 138,972천원
④ 139,105천원
⑤ 141,929천원

정답 및 해설

01 ④ 낮아진다. → 높아진다.

[참고] 복리횟수에 따른 실효금리 비교(연평균금리를 10%라고 가정할 경우)
1) 분기복리 계산
  PV −100, N 4, I/Y 10/4, CPT FV = 110.38 → 110.38 − 100 = 10.38%
2) 월복리 계산
  PV −100, N 12, I/Y 10/12, CPT FV = 110.47 → 110.47 − 100 = 10.47%

02 ③ 1) 이율전환(연복리 → 월복리)
  PV −100, FV 106, N 12, CPT I/Y = 0.487(STO7)
2) 5년 후 원리금 합계액
  PMT(E) −2,000, N 60, I/Y 0.487(RCL7), CPT FV = 138,971.572

03

중요도 ★★

㉮ p.105, 122 ㉯ p.42∼44

박우빈씨는 은행에 분기복리로 부리되는 예금계좌에 일시금을 예치해 두고 20년 동안 매월 말 2,000천원씩 인출하여 생활비에 보태고자 한다. 이 예금계좌의 이자율이 연 8% 분기복리일 경우 박우빈씨는 오늘 현재 얼마의 일시금을 예금해야 하는가?

① 203,870천원
② 225,250천원
③ 237,500천원
④ 240,050천원
⑤ 254,840천원

04

중요도 ★★★

㉮ p.128∼130 ㉯ p.45∼46

현재 대기업을 다니고 있는 김인국씨(30세)가 은퇴 시 필요로 하는 은퇴소득은 매년 초 현재물가기준으로 30,000천원이다. 은퇴시기는 60세이고 은퇴기간은 40년이라고 가정할 때, 60세 시점에서 필요한 총은퇴일시금은 얼마인가? (단, 물가상승률은 연 4%이고 세후투자수익률은 연 6%라고 가정함)

① 1,097,301천원
② 1,473,057천원
③ 1,501,385천원
④ 2,697,994천원
⑤ 2,749,890천원

05

중요도 ★★

㉮ p.131∼132 ㉯ p.43∼46

직장인 황병만씨는 3년 후 결혼을 계획하고 있다. 결혼비용은 현재물가기준으로 50,000천원이 필요하고 매년 5%의 물가상승률만큼 증가할 것으로 예상한다. 황병만씨가 결혼자금 마련을 위해 3년간 매월 말 일정금액을 세후투자수익률 연 7.5% 연복리 상품에 적립할 경우 매월 적립해야 할 금액은 얼마인가?

① 1,320 ∼ 1,330천원　　　② 1,350 ∼ 1,360천원
③ 1,380 ∼ 1,390천원　　　④ 1,420 ∼ 1,430천원
⑤ 1,440 ∼ 1,450천원

06

중요도 ★★

㉑ p.133 ~ 134 ㉘ p.45 ~ 46

퇴직 후에 수학학원을 운영하려는 박지혜씨는 10년 뒤 물가기준으로 500,000천원이 필요할 것으로 예상하고 있다. 이 자금을 마련하기 위해 올해 말부터 시작해서 10년간 매년 4%씩 증액 저축한다면 첫해 말 저축액은 얼마인가? (단, 세후투자수익률은 연 8%로 가정함)

① 20,205천원
② 25,572천원
③ 27,982천원
④ 29,469천원
⑤ 30,602천원

정답 및 해설

03 ④ 1) 이율전환(분기복리 → 연복리)
PV −100, I/Y 8/4, N 4, CPT FV = 108.243(STO1) → 108.243 − 100 = 연 8.243%
2) 이율전환(연복리 → 월복리)
PV −100, N 12, FV 108.243(RCL1), CPT I/Y 0.662(STO7) → 월 0.662%
3) 현재 예금해야 하는 일시금
PMT(E) −2,000, N 240, I/Y 0.662(RCL7), CPT PV = 240,049.866

04 ⑤ 1) 은퇴 첫해에 필요한 금액(은퇴시점 기준)
PV −30,000, N 30, I/Y 4, CPT FV = 97,301.925(STO1)
2) 은퇴시점에 필요한 총은퇴일시금(BEG 모드로 전환 후 계산)
PMT(B) −97,301.925(RCL1), N 40, I/Y (6 − 4)/1.04, CPT PV = 2,749,890.23

05 ⑤ 1) 3년 후 필요자금을 마련하기 위한 현재 일시금저축액
FV −50,000, N 3, I/Y (7.5 − 5)/1.05, CPT PV = 46,592.124(STO1)
2) 이율전환(연복리 → 월복리)
PV −100, FV 107.5, N 12, CPT I/Y = 0.604(STO7)
3) 매월 적립해야 할 금액
PV 46,592.124(RCL1), N 36, I/Y 0.604(RCL7), CPT PMT(E) = 1,444.044

06 ④ 1) 10년 후 필요한 자금의 현재가치
FV −500,000, N 10, I/Y 8, CPT PV = 231,596.744(STO1)
2) 필요한 자금을 마련하기 위한 첫해 저축액
PV 231,596.744(RCL1), N 10, I/Y (8 − 4)/1.04,
CPT PMT(E) = 28,335.518 → 28,335.518 × 1.04 = 29,468.938

07

중요도 ★★

㉑ p.136 ㉜ p.42 ~ 46

이정진씨는 A은행에서 300,000천원을 대출받아 15년간 매월 말 원리금균등분할상환 조건으로 상환하기로 하였다. 현재 이율이 연 6% 연복리일 때 36회차 상환 시점에서 남아있는 대출잔액은 얼마인가?

① 258,967천원　　　　　　　　② 259,250천원
③ 260,310천원　　　　　　　　④ 261,420천원
⑤ 262,730천원

08

중요도 ★★★

㉑ p.136 ~ 138 ㉜ p.42 ~ 46

김기선씨는 A은행에서 20년 만기, 연 7% 연복리, 매월 말 원리금균등분할상환 조건으로 2억원을 대출받은 후 10년간 갚았다. 대출 후부터 10년 말까지 낸 이자총액은 얼마인가?

① 113,720 ~ 113,740천원
② 114,650 ~ 114,670천원
③ 115,570 ~ 115,590천원
④ 116,140 ~ 116,160천원
⑤ 117,960 ~ 117,980천원

09

중요도 ★★

㉮ p.136 ~ 138 ㉯ p.42 ~ 46

□ 백정호씨는 사업자금 마련을 위해 주택을 담보로 H은행에서 10년 만기, 연 8% 월복리, 매월 말 원리금균등분할상환을 조건으로 2019년 3월 초에 대출을 받았다. 그동안 꾸준히 대출상환 조건을 지켜온 결과 2024년 5월 말 현재 대출 잔액이 120,500천원 남아있을 경우, 백정호씨가 처음 차입한 대출원금은 얼마인가?

① 207,000 ~ 208,000천원
② 210,000 ~ 211,000천원
③ 213,000 ~ 214,000천원
④ 216,000 ~ 217,000천원
⑤ 219,000 ~ 220,000천원

정답 및 해설

07 ① 1) 이율전환(연복리 → 월복리)
     PV −100, FV 106, N 12, CPT I/Y = 0.487(STO7)
   2) 매월 상환액 계산
     PV 300,000, N 180, I/Y 0.487(RCL7), CPT PMT(E) = 2,505.882
   3) 36회차 상환 후 남은 대출잔액 계산
     [2ND AMORT] P1 = 1, P2 = 36, BAL = 258,967.123

08 ③ 1) 이율전환(연복리 → 월복리)
     PV −100, FV 107, N 12, CPT I/Y = 0.565(STO7)
   2) 매월 말 원리금균등분할상환액
     PV 200,000, N 240, I/Y 0.565(RCL7), CPT PMT(E) = 1,524.890
   3) 10년 동안 지급한 이자총액
     [2ND AMORT] P1 = 1, P2 = 120, BAL = 132,595.282(잔액)
     PRN = 67,404.718(원금)
     INT = 115,582.022(이자액)

09 ② 1) 상환횟수 계산
     2019년(10회), 2020 ~ 2023년(48회), 2024년(5회)
     10 + 48 + 5 = 63회
   2) 64회차부터 매월 말 원리금균등분할상환액
     PV 120,500, N 57, I/Y 8/12, CPT PMT(E) = 2,548.035
   3) 처음 차입한 대출원금
     [2ND CLR TVM]을 하지 않은 상태에서 N 120, CPT PV = 210,012.801

10

중요도 ★★

㉮ p.135 ~ 138 ㉯ p.42 ~ 46

다음 정보를 바탕으로 이하진씨의 주택담보대출에 대한 옳은 설명으로 모두 묶인 것은?

- 주택담보대출 시점 : 2020년 01월
- 주택담보대출 기간 : 20년(2024년 12월 말 현재 60회차 상환)
- 대출조건 : 연 3.5% 월복리, 매월 말 원리금균등분할상환
- 2024년 12월 말 현재 남은 대출 잔액 : 405,620천원

가. 이하진씨의 최초 주택담보대출액은 500,000천원이다.
나. 이하진씨가 주택담보대출의 만기까지 총 상환해야 하는 이자액은 195,952천원이다.
다. 이하진씨가 2024년 1월부터 2024년 12월까지 총 상환해야 하는 이자액은 14,582천원이다.

① 가
② 나
③ 가, 나
④ 나, 다
⑤ 가, 나, 다

11

중요도 ★★

㉮ p.138 ~ 139 ㉯ p.42 ~ 46

박재영씨는 은행으로부터 연 8% 월복리로 250,000천원의 주택담보대출을 받아 빌딩을 구입하였다. 대출만기는 15년이고 매월 말 원리금균등분할상환 조건이다. 박재영씨가 이 빌딩을 5년 동안 소유한 후 매도하고 남은 대출잔액을 모두 상환하려고 할 때 5년 말에 은행에 상환해야 할 금액은 얼마인가? (단, 중도상환에 따른 비용은 없다고 가정함)

① 196,917천원
② 199,305천원
③ 203,734천원
④ 210,510천원
⑤ 212,675천원

12

중요도 ★★

㉮ p.139 ~ 140   ㉯ p.43 ~ 47

□

배정재씨는 세후투자수익률이 연 7% 연복리인 상품에 매년 말 10,000천원, 20,000천원, 30,000천원, 40,000천원을 각각 투자하였다. 이 경우 배정재씨의 4년 말 시점의 평가액은 얼마인가?

① 81,819천원
② 98,819천원
③ 107,248천원
④ 108,248천원
⑤ 109,248천원

정답 및 해설

10 ⑤
1) 대출상수를 구한다. (대출금이 '1'일 때, 상환액 비율)
   PV 1, N 240, I/Y 3.5/12, CPT PMT(E) = 0.0058
2) 남은 대출금의 상환계수(BAL)를 구한다.
   [2ND AMORT] P1 1, P2 60, BAL = 0.8112
3) 대출 잔액과 대출금상환계수(BAL)를 이용해 최초대출금(5년 전 시점)을 구한다.
   최초대출금 = 대출 잔액/대출금상환계수 = 405,620/0.8112 = 500,000천원
4) 대출 기간 동안 상환해야 하는 이자상환액(INT)을 구한다.
   PV 500,000, N 240, I/Y 3.5/12, CPT PMT(E) = 2,899.80
   [2ND AMORT] P1 1, P2 240, INT = 195,951.66
5) 2024년 1월(49회차)부터 2024년 12월(60회차)까지 상환해야 하는 이자상환액(INT)을 구한다.
   [2ND AMORT] P1 49, P2 60, INT = 14,582.44

11 ②
1) 매월 말 상환금액
   PV 250,000, N 180, I/Y 8/12, CPT PMT(E) = 2,389.130(STO1)
2) 5년 상환 후 대출 잔액
   [2ND CLR TVM]을 누르지 않은 상태에서 N 120, CPT PV = 196,915.650(STO2)
3) 5년 말 상환금액
   2,389.130(RCL1) + 196,915.650(RCL2) = 199,304.780

12 ③
1) 순현재가치(NPV)
   CF0 0, C01 10,000 (1), C02 20,000 (1), C03 30,000 (1), C04 40,000 (1), I 7,
   NPV CPT = 81,819.314(STO1)
2) 4년말 시점의 잔액
   PV 81,819.314(RCL1), N 4, I/Y 7, CPT FV = 107,248.430

13 중요도 ★★ ㉮ p.141～142 ㉬ p.43～47

김태연씨는 20억원을 투자해서 상가건물을 매입하였다. 이 상가건물을 5년간 운영할 경우 1～2차년도 말에는 40,000천원, 3차년도 말에는 50,000천원, 4～5차년도 말에는 60,000천원의 임대수익이 예상된다. 5년 후 매도가가 세후 28억원으로 예상될 경우 상가건물 투자에 대한 내부수익률 및 5년간 운영하고 매각하는 투자안에 대한 현명한 선택으로 적절한 것은? (단, 요구수익률은 세후 연 8.5% 연복리이며 모든 거래비용은 없다고 가정함)

① 7.62%, 투자안 기각
② 8.11%, 투자안 채택
③ 8.11%, 투자안 기각
④ 9.12%, 투자안 채택
⑤ 9.12%, 투자안 기각

14 중요도 ★★ ㉮ p.139～142 ㉬ p.43～47

나정식씨는 200,000천원 건물을 구입하였다. 향후 5년 동안 매년 말 10,000천원, 12,000천원, 15,000천원, 19,000천원, 24,000천원의 현금흐름이 기대되며, 5년 차 말에 이 건물을 세후 300,000천원에 매도할 예정이다. 투자자의 요구수익률이 10%일 경우 예상되는 순현재가치와 내부수익률의 값은 얼마인가?

	NPV	IRR
①	27,500천원	12.72%
②	27,500천원	14.95%
③	44,434천원	12.72%
④	44,434천원	13.52%
⑤	44,434천원	14.95%

15 중요도 ★★★

㉠ p.141 ~ 142 ㉰ p.43 ~ 47

□ 중소기업에 근무하는 전보라씨는 지금부터 30년 뒤 직장 퇴직 후 사업자금을 마련하기 위해 지금부터 매년 초 10,000천원씩 10년간 투자한 후 그 자금을 20년간 예치하여 사업자금을 준비하려고 한다. 사업을 위해 필요한 자금은 현재물가기준으로 200,000천원이다. 전보라씨가 30년 뒤 사업자금을 충당하기 위해 투자할 금융상품의 세후투자수익률로 적절한 것은? (단, 사업자금은 매년 5%씩 증가한다고 가정함)

① 8.70%

② 9.07%

③ 10.56%

④ 12.00%

⑤ 14.39%

정답 및 해설

13 ④ 내부수익률(CF 방식)

CF0 −2,000,000, C01 40,000 (2), C02 50,000 (1), C03 60,000 (1), C04 2,800,000 + 60,000 (1), IRR CPT = 9.116

∴ 내부수익률(9.12%)이 요구수익률(8.5%)보다 크므로 투자안을 채택한다.

14 ⑤ 1) 순현재가치(NPV)

CF0 −200,000, C01 10,000 (1), C02 12,000 (1), C03 15,000 (1), C04 19,000 (1), C05 300,000 + 24,000 (1), I 10, NPV CPT = 44,433.751

2) 내부수익률(IRR)

IRR CPT = 14.947%

15 ① 1) 30년 뒤 필요한 사업자금

PV 200,000, N 30, I/Y 5, CPT FV = 864,388.475(STO1)

2) 세후투자수익률

CF0 −10,000, C01 −10,000 (9), C02 0 (20), C03 864,388.475(RCL1) (1), IRR CPT = 8.704%

16

중요도 ★★★

㉮ p.142 ~ 143   ㉯ p.43 ~ 47

최승기씨가 재건축 대상 부동산을 6억원에 구입할 경우 재건축 비용 3억원은 첫해 말에 지불해야 한다. 또한 2 ~ 5년 차 말까지 매년 50,000천원의 세후 임대료 수입이 발생할 것으로 예상하며, 5년 후 이 부동산은 12억원에 매도가 가능하다. 재건축 비용은 연 8.8%로 대출을 받아 지불하고, 임대료 수입은 매년 6.3%로 부리되는 금융상품에 투자할 경우 이 부동산 투자의 수정내부수익률은 얼마인가? (단, 매수 및 매도에 따른 비용은 없다고 가정함)

① 9.04%

② 9.98%

③ 10.15%

④ 10.30%

⑤ 11.04%

17

중요도 ★★★

㉮ p.142 ~ 143   ㉯ p.43 ~ 47

오세혁씨는 상가건물을 10억원에 구입할 예정이다. 향후 5년 동안 1차년도 말 −150,000천원, 2차년도 말 100,000천원, 3차년도 말 150,000천원, 4차년도 말 200,000천원, 5차년도 말 250,000천원의 현금흐름이 기대되며, 5차년도 말 이 상가건물을 16억원에 매도할 예정이다. 현금유입에 대한 세후투자수익률은 연 6%이고 현금유출은 연 8%의 이자비용이 지출될 경우 이 상가건물 투자의 수정내부수익률은 얼마인가? (단, 매수 및 매도에 따른 비용은 없다고 가정함)

① 11.25%

② 12.36%

③ 13.61%

④ 14.82%

⑤ 15.59%

16 ③ [방법1]

1) 현금흐름의 분석

구 분	유 입	유 출
최초투자	–	600,000
1년 말	–	300,000
2년 말	50,000	–
3년 말	50,000	–
4년 말	50,000	–
5년 말	50,000 + 1,200,000	–

2) 유입된 현금의 미래가치

CF0 0, C01 0 (1), C02 50,000 (3), C03 50,000 + 1,200,000 (1), I 6.3, NPV CPT = 1,046,001.212

→ 1,046,001.212 × 1.063^5 = 1,419,706.302(STO1)

3) 유출된 현금의 현재가치

CF0 −600,000, C01 −300,000 (1), I 8.8, NPV CPT = −875,735.294(STO2)

4) 수정내부수익률

PV −875,735.294(RCL2), N 5, FV 1,419,706.302(RCL1), CPT I/Y = 10.145%

[방법2]

1) 현금흐름의 분석([방법1]과 동일)

2) CF0 −600,000, C01 −300,000 (1), C02 50,000 (3), C03 50,000 + 1,200,000 (1), I 8.8,

IRR CPT = 10.465, RI 6.3, MOD = 10.145

17 ⑤ 1) 현금흐름의 분석

구 분	유 입	유 출
최초투자	–	1,000,000
1년 말	–	150,000
2년 말	100,000	–
3년 말	150,000	–
4년 말	200,000	–
5년 말	250,000 + 1,600,000	–

2) 유입된 현금의 미래가치

CF0 0, C01 0, C02 100,000 (1), C03 150,000 (1), C04 200,000 (1), C05 250,000 + 1,600,000 (1),

I 6, NPV CPT = 1,755,788.889 → 1,755,788.889 × 1.06^5 = 2,349,641.600(STO1)

3) 유출된 현금의 현재가치

CF0 −1,000,000, C01 −150,000 (1), I 8, NPV CPT = −1,138,888.889(STO2)

4) 수정내부수익률

PV −1,138,888.889(RCL2), N 5, FV 2,349,641.600(RCL1), CPT I/Y = 15.586%

4장 종합재무설계 프로세스

01 중요도 ★★ ㉮ p.148 ~ 151 ㉯ p.48 ~ 49

1단계 고객과의 관계정립에 대한 설명으로 적절하지 **않은** 것은?

① 재무설계가 단순한 투자상담 혹은 상품판매가 목적이 아님을 고객에게 확실히 이해시키는 것이 중요하다.
② 고객이 요청하는 업무를 수행하는 데 있어 영향을 미칠 만한 이해상충 가능성 여부를 점검하고 그 사실을 고객에게 알려야 한다.
③ 고객이 재무설계 프로세스 특성을 완전히 이해하지 않았어도 고객은 반드시 재무설계 프로세스 성공에 필수적인 개인적이고 재무적인 세부사항을 공개해야 한다.
④ 자격인증자는 업무 영역이 허용된 범위일지라도 고객이 상담을 원하지 않는 사항에 대해서는 이를 수행해선 안 된다.
⑤ 자격인증자는 고객에게 제공할 서비스의 범위, 보수 내역 등을 정하는 업무수행 계약서를 작성하여 고객에게 제시하고 고객의 동의를 구해야 한다.

02 중요도 ★★ ㉮ p.152, p.157 ~ 159 ㉯ p.49

1단계 고객과의 관계정립에서 업무수행 계약서 작성 시 포함되어야 하는 것으로 모두 묶인 것은?

> 가. 자격인증자와 고객의 역할과 책임
> 나. 포함되는 서비스와 포함되지 않는 서비스의 구분
> 다. 재무설계 업무의 보수에 관한 사항
> 라. 계약의 해지 및 종료에 대한 사항
> 마. 고객 및 가족 구성원 인적사항
> 바. 수입과 지출, 자산과 부채 및 저축과 투자 내역
> 사. 기혼가정의 경우 돈 관리의 주체

① 가, 나, 바
② 가, 다, 라
③ 가, 나, 다, 라
④ 나, 다, 라, 마
⑤ 라, 마, 바, 사

03

중요도 ★

㉮ p.155~156 ㉯ p.50

2단계 고객 관련 정보의 수집 시 재무관리 항목의 확인에 대한 설명으로 적절하지 **않은** 것은?

① 고객의 재무목표는 금액으로 정량화되어야 하며 기간이 설정되어 있어야 한다.
② 고객 스스로 현금 유출입을 가늠해 보도록 도우며, 이 때 가능한 세세한 항목의 구체적인 금액을 요구해야 한다.
③ 숙련된 자격인증자는 자료수집단계에서 간이현금흐름표를 작성하여 저축여력을 추산해볼 수 있다.
④ 간이현금흐름표 작성 시 저축여력이란 음식, 주거, 의복 등 개인필수품 항목에 지급한 뒤 지출, 투자, 저축을 위해 남는 세후 소득을 말한다.
⑤ 현금유출입을 확인하여 도출한 저축여력이 고객이 가늠하고 있는 저축여력과 부합하는지 확인한다.

04

중요도 ★★

㉮ p.158~159 ㉯ p.50

재무설계 수행을 위해 필요한 고객 관련 정보 중 정량적 정보로 모두 묶인 것은?

가. 연금자산 내역
나. 자산, 부채 내역
다. 고용에 대한 상황 및 기대
라. 투자경험 및 위험수용성향
마. 자산과 부채의 과세 특성
바. 수입, 지출, 저축 및 투자 내역

① 가, 나, 라
② 나, 다, 바
③ 다, 라, 마
④ 가, 나, 마, 바
⑤ 나, 다, 마, 바

정답 및 해설

01 ③ 고객이 재무설계 프로세스의 특성을 완전히 이해하지 않는 한, 고객은 재무설계 프로세스의 성공에 필수적인 개인적이고 재무적인 세부사항들을 공개하는 것을 거부할 수 있다.

02 ③ '가, 나, 다, 라'는 업무수행 계약서 작성 시 포함되어야 하는 사항이다.
'마, 바, 사'는 2단계 고객 관련 정보의 수집에서 수집될 내용이다.

03 ② 세세한 항목의 구체적인 금액을 요구하기보다는 몇 가지 카테고리로 나누어 총액기준으로 질문한다.

04 ④ '가, 나, 마, 바'는 정량적 정보(재무적 정보)에 해당한다.
'다, 라'는 정성적 정보(비재무적 정보)에 해당한다.

05
중요도 ★★

생애목적자금 분석에 대한 설명으로 가장 적절하지 **않은** 것은?

① 부동산가격 상승률이나 교육비 상승률 등이 그 추이에 변동성이 큰 경우이거나 자료 확보가 어려운 경우에는 물가상승률 등으로 갈음할 수 있다.
② 목적기간이 길어질수록 필요목적자금이나 필요저축액 등은 가변적이므로 고객에게는 실제 사례 위주로 자세하게 설명한다.
③ 부동산자금 분석을 위해 취득시점의 목표 부동산가격 종가 계산 시 목표부동산 가격과 목표 기간, 주거용부동산 가격상승률 등을 고려한다.
④ 해외유학생자녀를 두었거나 향후 유학을 생각하는 고객에게는 환위험에 대비해 외화 정기 예금에 가입하거나 환율 하락 시마다 조금씩 분할매입하는 대비 전략을 제안할 수 있다.
⑤ 자녀 교육자금과 달리 자녀독립자금은 증여세 과세대상임에 주의한다.

06
중요도 ★★★

개인재무제표 분석에 대한 설명으로 가장 적절한 것은?

① 재무상태표에서 고객에게 해당되지 않는 항목도 삭제하지 않고 그대로 표시하여 준다.
② 재무상태표 작성 시 명의가 다르더라도 자산, 부채 항목들이 중복하여 기입되지 않도록 유의한다.
③ 자격인증자는 순자산의 증가가 아닌 수익률을 바탕으로 고객으로부터 평가받아야 한다.
④ 근로소득자의 경우 현금흐름표상 매월 가계에 들어오는 현금흐름은 총수입(세전수입)이다.
⑤ 부채관리를 통해 조기상환을 유도할 경우 현금흐름표상 고정지출에는 부채상환원금과 대출 이자를 함께 표기한다.

07
중요도 ★★

금융자산 및 부동산자산 분석에 대한 설명으로 가장 적절하지 **않은** 것은?

① 투자자산 분석을 위한 기본사항에는 고객의 위험프로파일 분석, 기존 투자자산의 투자수익 률 검토 등이 있다.
② 주거관련부채부담율은 주거관련부채상환액을 월 총수입으로 나눈 금액으로 한다.
③ 수익성부동산의 경우 수익성지수가 1 미만이면 가계운영을 위한 차입이 필요하다.
④ 소유자가 실거주하는 주택의 보유세를 인상하면 이론적으로는 거래가 줄고 주택가격이 하락한다.
⑤ 토지에 대한 보상가치평가방법은 원칙적으로 시가보상으로 한다.

08

㉮ p.201 ㉯ p.59

중요도 ★★

4단계 재무설계 제안서 작성단계 중 도입에 반영될 수 있는 내용들을 모두 묶은 것은?

□

가. 고객의 재무목표 우선순위
나. 고객의 위험수용성향 제시
다. 재무설계 각 영역별 재무설계안 제시
라. 수정재무상태표와 수정현금흐름표의 제시
마. 고객과 합의된 목표수익률 제시
바. 재무관리 요약 및 저축여력의 배분 필요성 재확인

---

① 가, 나
② 마, 바
③ 다, 마, 바
④ 가, 나, 마, 바
⑤ 나, 라, 마, 바

정답 및 해설

05 ② 목적기간이 길어질수록 필요목적자금이나 필요저축액 등은 가변적이므로 고객에게는 개념 위주로 설명한다.

06 ① ② 재무상태표 작성 시 자산, 부채의 명의를 구분하는 것은 중요하기 때문에 필요하다면 같은 항목이라도 명의별로 구분하기 위해 중복하여 기입할 수 있다.
③ 순자산의 증가 ↔ 수익률
④ 근로소득자 → 개인사업자
⑤ 부채관리를 통해 조기상환을 유도할 경우 현금흐름표상 고정지출에는 대출이자만 표기하는 것이 바람직하다.

07 ② 주거관련부채부담율 → 주거관련부채비율
[참고] 주거관련부채부담율은 주거관련부채를 총자산으로 나눈 금액으로 한다.

08 ④ '가. 나. 마. 바'는 재무설계 제안서 작성단계 중 도입에 반영될 수 있는 내용에 해당한다.
다. 재무설계 제안서 작성단계 중 본론에 해당하는 내용이다.
라. 재무설계 제안서 작성단계 중 요약에 해당하는 내용이다.

중요도 ★★★　　　　　　　　　　　　　　　⑦ p.206 ~ 210, p.216　⑳ p.60

자격인증자가 제안서 작성 시 재무설계 각 영역별로 기본적으로 다루어야 할 방향성으로 가장 적절하지 **않은** 것은?

① 투자설계에 있어서 자격인증자는 투자지침서를 작성하고 이를 고객에게 설명하며 동의를 구해야 한다.

② 보험설계에서 상속재산이나 상속세 대납수단으로서의 니즈가 없는 고객에 대해서는 종신보험을 가입하도록 한다.

③ 부동산 의사결정 중 취득전략에 대한 주요 점검사항에는 투자시기 검토, 포트폴리오 구성, 자금조달방법 결정 등이 있다.

④ 부채관리를 위해 소비적 지출에 해당하는 소비 관련 부채는 최우선순위로 상환하도록 한다.

⑤ 노후종합설계를 위해서 취미나 여가생활과는 구분되는 생산적 소일거리를 확보한다.

중요도 ★★　　　　　　　　　　　　　　　⑦ p.198, p.224, p.229　⑳ p.62

5단계 재무설계 제안서 실행 단계에서 자격인증자가 수행해야 할 업무로 모두 묶인 것은?

> 가. 안정자산, 투자자산, 운용자산별 금융상품의 제안
> 나. 재무전략의 수립
> 다. 성과평가
> 라. 부동산 관련 실행사항 안내
> 마. 세무 관련 실행사항 안내

① 가, 다
② 나, 라
③ 라, 마
④ 가, 라, 마
⑤ 나, 다, 라

11 중요도 ★★   ㉮ p.229 ～ 231　㉯ p.63

☐ 6단계 고객 상황의 모니터링 단계에 대한 설명으로 가장 적절한 것은?

① 재무설계 프로세스 2단계인 고객 관련 정보수집자료를 바탕으로 재무목표, 니즈, 우선순위의 변화, 고객 및 가족상황의 변화 등을 점검한다.
② 고객에게 외부 경제환경 변화를 설명할 때에는 평가 – 영향 – 대응 – 요약 순으로 설명한다.
③ 고객에게 외부 경제환경 변화 설명 시 정보를 전달하는 것을 넘어 경제환경에 대해 해석해주는 사람으로서 인식되지 않도록 주의한다.
④ 외부 경제환경 변화를 설명할 때에는 고객과의 신뢰를 다지기 위해 담당 재무설계사로서의 전망이 틀릴 수 있음을 드러내지 않는다.
⑤ 보통 1년 주기로 성과평가와 무료갱신을 하되, 고객과의 협의에 따라 주기를 조정할 수 있다.

정답 및 해설

09 ②　종신보험 → 정기보험

10 ④　'가, 라, 마'는 5단계 재무설계 제안서 실행단계에서 자격인증자가 수행해야 할 업무이다.
　　　나. 4단계 재무설계 제안서 작성 및 제시 단계에서 자격인증자가 수행해야 할 업무이다.
　　　다. 6단계 고객 상황 모니터링과 성과평가 단계에서 자격인증자가 수행해야 할 업무이다.

11 ①　② 요약 – 평가 – 영향 – 대응 순으로 설명한다.
　　　③ 고객에게 외부 경제환경 변화 설명 시 정보를 전달하는 데 그쳐서는 안 되고 경제환경에 대해 해석해주는 사람으로서 인식되어야 한다.
　　　④ 이슈에 대한 담당 재무설계사로서의 소견을 밝히되, 전망이 틀릴 수 있음을 주지시킨다.
　　　⑤ 무료갱신 → 유료갱신

5장 부채관리

㉮ p.238 ~ 239 ㉯ p.65

01
중요도 ★★

부채적정성 평가지표에 대한 설명으로 가장 적절하지 <u>않은</u> 것은?

① 부채적정성 분석에는 현금흐름표상 정보를 활용하여 월수입 대비 부채상환의 비율을 평가하는 방식과 재무상태표의 정보를 활용하여 총자산에서 부채가 차지하는 비율을 평가하는 방식이 있다.

② 현재 총부채상환비율이 가이드라인인 36% 이내를 초과한다고 하더라도 앞으로 총수입액이 늘어날 것으로 예상된다면 부채부담능력이 추가적으로 남아있다고 평가할 수도 있다.

③ 주택담보대출을 받으려는 경우 부채부담능력은 부채적정성 평가지표가 아닌 LTV, DTI, DSR 등의 담보인정비율을 기준으로 다르게 평가될 수도 있다.

④ 주거관련부채부담율은 현금흐름표상 정보를 활용하여 주거관련부채를 총자산으로 나눈 값으로 평가한다.

⑤ 총부채가 총자산의 40% 이상을 차지하고 있어 총부채부담율의 가이드라인을 초과하였다면 현재 부채를 과다하게 보유하고 있다고 평가할 수 있다.

㉮ p.241 ~ 243 ㉯ p.66 ~ 67

02
중요도 ★★★

부채조달방법에 대한 설명으로 가장 적절한 것은?

① 신용대출을 받기 위해서 차주는 신용보증회사에서 신용보증서를 발급받아 금융회사에 제출해야 한다.

② 건별방식을 취하는 대출은 개별계약 없이 대출기간 동안 자유롭게 돈을 인출해서 사용하고 상환할 수 있는 포괄계약형으로 일명 마이너스 통장이라고 한다.

③ 일반적으로 대출기간이 3년 이하라면 변동금리를, 대출기간이 3년 이상이라면 고정금리를 선택하는 것을 권고한다.

④ 만기일시상환은 대출기간 동안은 이자만 내다가 만기일에 원금을 모두 상환하는 방식으로 대출상환방식 중 가장 적은 이자를 부담하게 된다.

⑤ 정책자금이 지원하는 대출은 금융회사가 자체 재원으로 취급하는 대출보다 대출한도액이 많지만 대출이자의 부담이 상대적으로 높다.

03

중요도 ★★★

⑦ p.246 ~ 248 ⑧ p.67

대출상환의 우선순위 결정에 대한 설명 중 (가) ~ (라)에 들어갈 내용으로 적절한 것은?

- (가)은 대출잔액이 더 적은 것부터 먼저 상환하는 방식으로 한 건씩 대출이 완제되는 것에 높은 성취감을 느끼는 고객에게 적합하다.
- (나)은 금리가 높아 이자부담이 많고 상대적으로 위험대출에 속하므로 일찍 상환하는 것이 좋다.
- (다)은 비교적 총이자부담액이 적고, 시간이 지날수록 대출잔액이 줄어들어 신용도 개선에 도움이 된다.
- (라)은 시장금리가 내려갈 것으로 예상될 때 우선적으로 상환하는 것이 좋다.

	가	나	다	라
①	눈사태기술	신용대출	균등분할상환대출	변동금리대출
②	눈사태기술	담보대출	만기일시상환대출	고정금리대출
③	눈덩이기술	신용대출	균등분할상환대출	고정금리대출
④	눈덩이기술	신용대출	만기일시상환대출	변동금리대출
⑤	눈덩이기술	담보대출	만기일시상환대출	변동금리대출

정답 및 해설

01 ④ 현금흐름표상 → 재무상태표상

02 ③ ① 신용대출 → 보증대출
② 건별방식 → 한도방식
④ 적은 → 많은
⑤ 정책자금이 지원하는 대출은 금융회사가 자체 재원으로 취급하는 대출보다 대출한도액이 적을 수 있으나 대출이 자의 부담이 상대적으로 낮다는 장점이 있다.

03 ③ 가. 눈덩이기술
나. 신용대출
다. 균등분할상환대출
라. 고정금리대출

04

중요도 ★★★ ⑦ p.250 ~ 254 ④ p.68

전세자금대출에 대한 설명으로 가장 적절한 것은?

① 일반가구가 버팀목전세자금대출을 받을 경우 부부합산 연소득이 5천만원 이하이고, 순자산 가액 기준금액 이하이면서 세대주를 제외한 세대원 중 1명이 무주택인 자를 대출대상으로 한다.

② 버팀목전세자금대출은 한국주택금융공사의 보증서 담보 전세자금대출에 비해 대출조건이나 대출한도 면에서는 유리하지만 대출이자는 더 많이 부담해야 해서 불리하다.

③ 한국주택금융공사의 보증서 담보 전세자금대출 보증비율은 대출금액의 100%로 완전 보증 상품이다.

④ 전세보증금 반환보증제도는 임대인이 정당한 사유 없이 임차보증금을 반환하지 않는 경우, 보증회사가 임차인에게 임차보증금을 돌려주는 상품이다.

⑤ 전세사기 피해를 피하려면 전세보증금 반환보증이 아닌 전세보증금 상환보증에 가입해야 한다.

05

중요도 ★★ ⑦ p.255 ~ 257 ④ p.68

주택담보대출 한도액에 대한 설명으로 가장 적절하지 않은 것은?

① 주택담보대출의 한도액은 담보대상인 주택가격에 대한 LTV, DTI, DSR 등을 기준으로 산정된다.

② LTV의 경우 선순위채권과 임차보증금 등이 주택담보대출금액에 합산된다.

③ DTI는 차주의 소득수준과 비교한 총 금융부채의 원리금상환부담을 판단하는 지표이다.

④ DTI는 주택담보대출의 이자에 원금을 더한 금액을 비율 산정에 반영한다.

⑤ DSR은 주택담보대출의 원리금상환액은 물론 모든 대출의 원금과 이자 상환액을 포함하여 평가한다.

06

중요도 ★★ ⑦ p.258 ④ p.70

내집마련디딤돌 대출에 대한 설명으로 적절하지 않은 것은?

① 국토교통부의 주택도시기금을 재원으로 하는 정책자금 대출로, 정책자금을 지원받는다는 점에서 한국주택금융공사의 보금자리론과 차이가 있다.

② 부부합산 연소득이 6천만원(신혼부부, 2자녀 이상 가구는 7천만원) 이하이고, 순자산 가액이 일정 범위(5.06억원 이하)에 해당하며, 전 세대원이 무주택자여야 대출자격이 주어진다.

③ 수도권의 대출대상주택은 접수일 현재 평가액 5억원(신혼가구, 2자녀 이상 가구는 6억원) 이하, 주거전용면적 $85m^2$ 이하인 주택이다.

④ 대출한도는 일반적으로 2.5억원, 생애최초 주택구입자 3억원 이내, 신혼가구 및 2자녀 이상 가구의 경우 4억원 이내이다.

⑤ 일반적으로 LTV는 70% 이내, 생애최초 주택구입자는 LTV 80% 이내를 적용한다.

07

중요도 ★

⑦ p.259～260 ⑧ p.70

주택담보대출에 대한 설명으로 적절하지 **않은** 것은?

☐

① 보금자리론의 담보비율은 LTV의 경우 최대 70%로 하지만 생애최초 주택구입자는 80%로 하고, DTI는 최대 60%다.

② 보금자리론의 경우 소득요건의 제한이 없는 대신 부부합산 무주택자여야 대출자격이 주어지지만, 대출실행일로부터 3년 내 처분한다면 1주택자도 가능하다.

③ 보금자리론은 내집마련디딤돌대출에 비해 대출조건이 완화되어 있고 대출한도가 높지만, 대출이자를 더 많이 부담한다.

④ 생활안정자금 목적의 주택담보대출은 통상 등기 후 3개월이 지나야 가능하다.

⑤ 생활안정자금 목적 주택담보대출의 경우 종전에는 LTV 한도 내에서라면 연간 대출한도가 없었지만, 연간 2억원으로 대출한도가 신설되었다.

정답 및 해설

04 ④ ① 세대주를 제외한 세대원 중 1명이 → 세대주를 포함한 세대원 전원이
　　　② 버팀목전세자금대출 ↔ 한국주택금융공사의 보증서 담보 전세자금대출
　　　③ 한국주택금융공사의 보증서 담보 전세자금대출 보증비율은 대출금액의 90%로 부분 보증 상품이다.
　　　⑤ 반환보증 ↔ 상환보증

05 ③ DTI → DSR

06 ① 차이가 있다. → 공통점이 있다.

07 ⑤ 생활안정자금 목적 주택담보대출의 경우 종전에는 연간 2억원의 대출한도가 있었지만, 지역별·1주택자·다주택자 LTV 한도 내에서라면 연간 대출한도가 폐지되었다.

01
⑦ p.264 ~ 266 ⑧ p.71

중요도 ★

재무설계와 행동재무학에 대한 설명으로 가장 적절하지 **않은** 것은?

① 행동재무학은 재무의사결정 과정에서 감정, 오류, 불확실성 등의 요소로 인해 비합리적인 의사결정을 내리는 현상을 분석하여 시장의 비이성적인 측면을 현실에 입각해 해석한다.
② 전망이론은 대표적인 행동재무학의 핵심이론으로, 사람들은 기댓값 또는 기대효용이 가장 큰 대안을 선택한다고 설명한다.
③ 손실 회피 경향, 과도한 자신감, 소속감 등의 심리적 편향은 주가의 상승·하락에 대한 사람들의 이성적인 판단을 방해한다.
④ 투자자들이 허위 정보나 소문에 민감하게 반응하면 시장에서 과도한 변동성이 발생할 수 있다.
⑤ 행동재무학을 관계에 통합하면 두 당사자 간의 긴밀한 유대(Intimacy)라는 이점을 얻을 수 있으며, 고객의 만족도를 높이고 자격인증자의 업무와 경력을 향상시킬 수 있다.

02
⑦ p.267 ~ 268 ⑧ p.72

중요도 ★★★

위 사례에 나타난 심리적 편향으로 모두 묶인 것은?

> 한 온라인 쇼핑몰에 가입하여 신규가입자 한정 할인쿠폰을 다수 발행받은 고객은 온라인 쇼핑을 평소보다 많이 했고 대금은 모두 신용카드로 결제했다. 평소 필요하지 않았던 물건까지 구입하는 바람에 할인쿠폰을 열심히 사용하는데도 쇼핑에 지출한 금액이 늘어났다.
>
> 가. 심적회계
> 나. 소유효과
> 다. 손실회피 편향
> 라. 자기통제 오류
> 마. 기준점 효과
> 바. 낙관주의 오류
> 사. 자기과신

① 가, 다
② 가, 라
③ 나, 라, 마
④ 나, 마, 바
⑤ 다, 마, 바, 사

03 중요도 ★★

㉮ p.269~272 ㉯ p.72~73

다음 중 심리적 편향에 대한 설명으로 가장 적절하지 **않은** 것은?

① 손실회피 편향을 가지는 사람은 확률이 50:50으로 전망될지라도 잠재적 이득이 잠재적 손실보다 최소한 두 배 이상이 되지 않는 종목에는 투자하지 않는다.

② 자기과신 편향을 가지는 고객에게는 고객이 가지고 있는 정보보다 질 좋은 고급정보를 제공하는 방식으로 대응하는 것이 효과적이다.

③ 개미투자자들이 하이리턴을 위해서는 하이리스크를 감당해야 한다고 생각하는 이유는 기준점 효과 때문이다.

④ 처음에 제시된 정보나 숫자에 과도하게 영향을 받아 이를 쉽게 수정하지 않으려는 경향은 닻내리기 편향이다.

⑤ 자신이 투자한 종목은 무조건 성공할 것이며 재무설계사가 권하는 매매 타이밍은 고려하지 않고 자신의 판단대로만 환매를 진행하는 고객은 자기통제 오류 편향이 있다고 볼 수 있다.

04 중요도 ★★★

㉮ p.273~274 ㉯ p.72~73

고객이 보장성 보험에 가입 후 아무런 위험이 발생하지 않아서 보험금을 받지 못하는 것은 낭비라고 생각하는 경우, 이와 관련한 심리적 편향에 대한 설명으로 가장 적절한 것은?

① 고객은 자신에게는 다른 사람들보다 나쁜 일이 발생할 확률이 적다고 판단하는 자기통제 오류를 가지고 있다.

② 고객은 자신이 가지고 있는 위험확률을 높이고 싶지 않은 동시에 위험확률을 줄이는 것에 비용을 지불하고 싶어하지 않는 닻 내리기 편향을 보이고 있다.

③ 자격인증자는 고객에게 기저율에 대한 이해를 할 수 있도록 도와 최소한의 보장성 보험이 필요함을 알게 하는 방법으로 심리적 편향에 대응할 수 있다.

④ 고객의 소유효과 편향을 극복하기 위해 의사결정을 하는 데에 있어 최대한 문제를 객관적으로 바라보게 하여 자신의 상황을 평가할 수 있도록 한다.

⑤ 낙관주의 오류 편향에 대응하기 위해 위험을 줄이기 위한 비용보다 증가된 위험에 대한 대가로 받는 금액이 훨씬 크다는 것을 인지하게 한다.

정답 및 해설

01 ② 전망이론은 대표적인 행동재무학의 핵심이론으로, 특정 대안의 기댓값보다는 해당 대안이 얼마나 확실한가를 더 중시하고 불확실한 확률로 주어진 이득보다는 확실한 이득을 더 높게 평가한다.

참고 사람들은 기댓값 또는 기대효용이 가장 큰 대안을 선택한다고 설명하는 이론은 기대효용이론이다.

02 ② 사례에 나타난 심리적 편향은 심적회계와 자기통제 오류이다.

03 ⑤ 자기통제 오류 → 자기과신

04 ③ ① 자기통제 오류 → 낙관주의 오류
② 닻 내리기 → 소유효과
④ 소유효과 → 낙관주의 오류
⑤ 낙관주의 오류 → 소유효과

7장 재무설계 실무사례

01 중요도 ★★   ㉜ p.278~281   ㉟ p.74
개인사업자 재무설계에 대한 설명으로 가장 적절하지 **않은** 것은?

① 개인사업자의 필요경비는 일반적으로 고정되어 있으나 매출이 변동적이기 때문에 근로소득자와 달리 매월의 수입이 불규칙하다.
② 개인사업자는 다른 투자대안의 검토·실행을 어려워하고, 본인의 사업으로 더 높은 수익을 낼 수 있다고 생각한다.
③ 사업용자산이나 개인자산에 대한 상속세 부담이 발생할 경우 가업승계전략을 통해 해소한다.
④ 사업용자금과 가계자금을 합산하여 변동적인 필요경비에 유동적으로 대응할 수 있도록 유도한다.
⑤ 개인사업자는 사업용 운전 자금 통장과 가계비상예비자금 통장, 총 2개의 비상예비자금 통장이 필요하다.

02 중요도 ★★   ㉜ p.282~283   ㉟ p.75
1인가구의 특징에 대한 설명으로 적절하지 **않은** 것은?

① 골드족을 제외한 1인가구 유형들은 미래의 불확실성이 다른 가구에 비해 확대될 가능성이 높다.
② 1인가구는 단독가구, 독신가구와 엄밀한 의미에서 동일한 개념이 아니다.
③ 1인가구는 자신의 생애 전 기간에 대한 재무적 책임을 스스로 짊어져야 한다는 부담감이 높다.
④ 주거비 부담을 줄이기 위한 소형임대주택 등 새로운 주거공간 수요가 증대되고 있다.
⑤ 1인가구의 소비는 가족이 아닌 자신을 위한 소비가 주축을 이룬다.

03
중요도 ★★★　　　　　　　　　　　　　㉐ p.284~291　㉓ p.75~76

한부모(이혼)가구 재무설계에 대한 설명으로 적절하지 **않은** 것은?

① 한부모가구의 여러 유형 중 가장 많은 비중을 차지하는 유형이 이혼가구이다.

② 이혼 재무설계에서의 정확한 고객 정보수집은 특히 중요하며 부동산 관련 서류, 각종 보험 및 연금 관련 증서와 서류 그리고 계약자 및 수익자 이름 등의 정보를 꼼꼼히 챙겨야 한다.

③ 양육자가 부모의 일방일 경우 양육자가 아닌 부모가 양육비 부담자이며, 양육자가 제3자일 경우 부모 쌍방이 양육비를 부담한다.

④ 재산 분할 시, 부부 공동소유로 되어 있는 공유재산은 그 공유지분대로 분할하지만, 결혼 후에 취득한 재산 중 제3자로부터 증여 또는 상속받은 재산은 재산분할의 대상이 아니다.

⑤ 이혼 시 위자료를 이유로 한 부동산 이전의 경우 증여세가 발생하고 양도소득세는 발생하지 않는다.

04
중요도 ★★★　　　　　　　　　　　　　㉐ p.293~294　㉓ p.77

장애인 특별부양신탁에 대한 설명으로 가장 적절한 것은?

① 장애인복지법에 의한 장애인이 신탁이익의 전부가 아닌 일부를 지급받는 수익자여야 한다.

② 지급주기는 고객의 선택에 따라 월, 분기, 연 단위로 정할 수 있지만 신탁재산은 금전으로만 가능하다.

③ 타인이 자산을 증여하고 장애인 특별부양신탁에 가입하면 최대 6억원까지 증여세를 감면받을 수 있다.

④ 장애인 특별부양신탁의 신탁기간은 고객의 선택에 따라 정할 수 있다.

⑤ 재산을 증여받은 장애인이 생활비를 위해 신탁을 해지하거나 원금의 일부를 찾아 쓰게 되면 해당 금액에 증여세가 부과된다.

정답 및 해설

01 ④　사업용자금과 가계자금을 혼용하면 개인종합재무설계를 수행하는 데 걸림돌이 되며, 자금혼용이 시간의 경과에 따라 누적될 경우 세무조사의 원인이 되기도 하므로 사업용자금과 가계자금을 분리한다.

02 ①　1인가구는 어떠한 유형이든 간에 미래의 불확실성이 다른 가구에 비해 확대될 가능성이 높다.

03 ⑤　증여세 ↔ 양도소득세

04 ⑤　① 장애인이 신탁이익의 전부를 지급받는 수익자여야 한다.
　　　② 신탁재산은 금전, 유가증권, 부동산 모두 가능하다.
　　　③ 6억원 → 5억원
　　　④ 장애인 특별부양신탁의 신탁기간은 장애인의 종신까지이다.

장애인 관련 금융상품에 대한 설명으로 적절한 것은?

① 장애인전용 연금보험은 장애인 사망률을 사용하고 일반 연금보험에 비해 높은 사업비를 부과한다.

② 장애인전용 연금보험의 연금수급개시 연령은 일반연금의 연금수급개시 연령인 45세보다 낮은 20세, 30세, 40세 등으로 다양하게 적용된다.

③ 장애인전용 연금보험은 선취형 사업비 체계로 운용하여 중도해지 하는 경우에 해약환급금이 낮아지도록 설계되어 있다.

④ 장애인전용 보장성보험은 암, 사망을 주로 보장하며 일반상품보다 보험료가 상대적으로 비싸다.

⑤ 세액공제의 경우 장애인 전용보험도 일반 보장성보험과 동일하게 연간 100만원 한도로 13.2%의 세액공제를 받는다.

06

㉮ p.306~309 ㉯ p.78

중요도 ★

재무설계 제안서 작성의 프레임워크에 대한 설명으로 가장 적절하지 **않은** 것은?

① 경제적 관점의 렌즈를 사용하는 자격인증자는 최적의 제안서란 무한대의 욕망을 가진 고객의 니즈와 제한된 자원의 균형을 맞춰 정량화될 수 있다는 가정을 가진다.

② 경제적 렌즈 관점으로 보면 고객의 재무목표를 충족하기 위해 선택할 수 있는 일련의 종합 재무설계안과 실행안은 항상 달성 가능하다.

③ 리소스 관리 렌즈를 사용하는 자격인증자들은 고객의 예상치 못한 니즈까지 충족하기 위해 리소스량을 늘릴 수 있는 방법에 초점을 맞춘다.

④ 리소스 획득 렌즈는 주로 중·저소득 가구와 함께 일하는 금융·사회 복지사 등과 같은 사람들이 활용한다.

⑤ 치료적 렌즈 관점을 가진 자격인증자들은 고객과 외부의 민간, 지역사회 및 정부 지원을 연결하는 데 중점을 둔다.

정답 및 해설

05 ② ① 높은 사업비 → 낮은 사업비
③ 장애인전용 연금보험은 후취형 사업비 체계로 운용하여 중도해지 하는 경우에도 해약환급금이 높아지도록 설계되어 있다.
④ 비싸다. → 저렴하다.
⑤ 장애인 전용보험은 일반 보장성보험과 별도로 연간 100만원 한도로 16.5%로 세액공제를 받을 수 있다.

06 ⑤ 치료적 렌즈 → 리소스 획득 렌즈

2 과목

재무설계사 직업윤리

[총 5문항]

문제풀이와 이론을 동시에 학습할 수 있도록 각 문제의 관련 이론이 수록된 기본서(한국FPSB 발간) 및 〈해커스 CFP 핵심요약집〉*
페이지를 표기하였습니다.

* 〈해커스 CFP 핵심요약집〉은 해커스금융 CFP 합격지원반, 환급반, 핵심요약강의 수강생에 한하여 무료로 제공됩니다.

01 중요도 ★★★   ㉮ p.10 ~ 12   ㉰ p.84 ~ 85

다음 설명에 해당하는 재무설계사의 고객에 대한 의무로 가장 적절한 것은?

□

다시 봐야 할
문제에 체크하세요!

> • 모든 전문직업인에게 요구되는 고객에 대한 기본적인 의무이다.
> • 재무설계사는 언제나 자신의 이익보다는 고객의 합법적인 이익을 최우선순위에 두어야 한다.
> • 재무설계사는 고객에게 사심 없는 공명정대한 조언을 하여야 한다.

① 충실의무   ② 고지의무
③ 진단의무   ④ 자문의무
⑤ 갱신유지의무

02 중요도 ★★★   ㉮ p.10 ~ 12   ㉰ p.84 ~ 85

재무설계사의 고객에 대한 의무에 관한 설명으로 적절하게 연결된 것은?

□

> 가. 충실의무   나. 고지의무
> 다. 진단의무   라. 자문의무

> A. 미국에서는 제안된 투자방안에 대한 주요한 관련 정보를 모두 알려주지 못한 경우 손해배상소송의 대상이 될 수도 있으며, 기만이나 사기방지를 위한 반사기조항과 관련된 법률의 적용 대상이 될 수도 있다.
> B. 투자자의 투자성향, 재무상황, 위험감수성향이 투자방안과 적절하게 조화되는지 여부를 나타내는 '투자자 적합성'이라는 개념이 내포되어 있다.
> C. 신인(信認) 또는 선관(善管) 의무라고도 소개되는 이 의무는 선량한 관리자로서의 주의의무와 충성의무로 구성된다.
> D. 고객이 비전문분야에 대한 서비스를 요청하는 경우 원만한 업무수행을 위해 분야별로 다른 전문가 그룹과 네트워크를 구성하고 긴밀한 협조관계를 유지해야 한다.

	가	나	다	라
①	A	B	C	D
②	A	C	B	D
③	C	A	B	D
④	C	A	D	B
⑤	C	D	B	A

03 중요도 ★★

⑦ p.10 ~ 12 ⑧ p.84 ~ 85

재무설계사의 고객에 대한 의무에 관한 설명으로 적절하지 **않은** 것은?

① 고객과의 이해상충을 회피할 수 있는 가장 확실한 방안은 관련된 모든 정보를 고객에게 미리 알려주는 것으로, 이는 고지의무에 해당한다.

② 재무설계사가 업무수행 중 자신의 개인적 능력의 한계를 넘는 사항이라는 생각이 들 때에는 해당 분야의 전문가로부터 자문을 받아야 하며, 이는 자문의무에 해당한다.

③ 재무설계사가 현재의 경제적 환경, 고객의 위험수용도, 금융상황, 현재의 자산운용상태 및 고객의 목표를 분석하고 이를 바탕으로 제안하는 것은 진단의무에 해당한다.

④ CFP®와 AFPK® 자격인증자는 2년마다 정해진 계속교육을 이수하여 고객의 재무설계에 영향을 미칠 수 있는 제반 사항에 대한 전문지식을 파악하고 보강하여야 하는 것은 갱신유지의무에 해당한다.

⑤ 충실의무는 재무설계사의 책임 중 핵심요소로서 재무설계사가 고객 관련 정보를 수집하고 분석할 때 고객에게 적절한 제안을 하기 위하여 필요한 모든 사항을 이해하려고 노력하여야 하는 것이다.

04 중요도 ★★★

⑦ p.14 ~ 17 ⑧ p.86 ~ 87

다음 (가) ~ (다)의 각 상황과 관련된 윤리원칙으로 적절하게 연결된 것은?

> 가. 자격인증자는 지성적인 정직과 공평무사한 분별력을 바탕으로 건전한 판단을 하여야 한다.
> 나. 자신이 받기 원하는 것과 동일하게 다른 사람을 대우하여야 한다.
> 다. 자격인증자는 고객의 의뢰를 받아 업무를 수행함에 있어 고객의 합법적인 이익을 최대한 보호하고 실현하도록 노력하여야 한다.

	가	나	다
①	객관성의 원칙	고객우선의 원칙	공정성의 원칙
②	전문가정신의 원칙	공정성의 원칙	고객우선의 원칙
③	객관성의 원칙	공정성의 원칙	고객우선의 원칙
④	근면성의 원칙	객관성의 원칙	고객우선의 원칙
⑤	공정성의 원칙	고객우선의 원칙	성실성의 원칙

정답 및 해설

01 ① 충실의무에 대한 설명이다.

02 ③ A. 고지의무, B. 진단의무, C. 충실의무, D. 자문의무

03 ⑤ 충실의무 → 진단의무

04 ③ 가. 객관성의 원칙, 나. 공정성의 원칙, 다. 고객우선의 원칙

05

윤리원칙에 대한 설명으로 적절하게 연결된 것은?

가. 성실성의 원칙	나. 객관성의 원칙
다. 공정성의 원칙	라. 능력개발의 원칙
마. 근면성의 원칙	

A. 자기 자신의 한계를 인식하고 적절한 시기에 다른 전문가의 자문을 구할 수 있는 지혜와 결단력이 있어야 한다.
B. 적절한 주의의무를 다하여 전문 서비스의 제공에 대한 적절한 사전계획을 세우는 것을 포함한다.
C. 자격인증자는 성실성을 기초로 전문가로서 고객에게 적절하다고 판단되는 서비스만 제공하여야 한다.
D. 정직과 솔직성을 바탕으로 개인적인 이해득실을 초월하여야 한다.
E. 이해관계의 균형을 유지하기 위하여 개인적 감정과 편견 및 욕구를 초월하여야 하며, 고객에게 중대한 이해상충의 사실을 정직하게 알려야 한다.

① 가 – B, 나 – C, 다 –E, 라 – A, 마 – D
② 가 – C, 나 – E, 다 –A, 라 – B, 마 – D
③ 가 – C, 나 – D, 다 –E, 라 – A, 마 – B
④ 가 – D, 나 – C, 다 –E, 라 – A, 마 – B
⑤ 가 – D, 나 – E, 다 –C, 라 – B, 마 – A

06

CFP® 자격인증자가 수행한 업무와 위반한 윤리원칙을 가장 적절하게 연결한 것은?

① CFP® 자격인증자가 소속직원에 대한 적절한 관리와 감독을 게을리한 것은 근면성의 원칙에 위반된다.
② CFP® 자격인증자가 고객을 확보하기 위해 자신의 경력을 부풀려서 홍보한 것은 객관성의 원칙에 위반된다.
③ CFP® 자격인증자가 고객에게 자신의 전문분야가 아닌 세무상담을 하고서 수수료를 받은 것은 전문가정신의 원칙에 위반된다.
④ CFP® 자격인증자가 업무수행 시에 고객의 이익보다 자신의 이익을 먼저 고려한 것은 공정성의 원칙에 위반된다.
⑤ CFP® 자격인증자가 재산이 많은 고객에게 더 많은 정보를 제공한 것은 객관성의 원칙에 위반된다.

07

중요도 ★★

㉮ p.18 ㉯ p.88

□

고객과의 관계정립단계에서 자격인증자가 업무수행계약을 맺기 전에 고객에게 제공하고 협의하여야 하는 정보로 모두 묶인 것은?

가. 계약 당사자별 의무와 책임
나. 업무수행에 따른 보수
다. 공급하는 서비스의 이용조건
라. 다른 전문가의 도움을 받게 되는 조건
마. 계약해지 절차
바. 고객의 불만 및 불평 해결절차

---

① 가, 나, 다
② 가, 다, 라, 마
③ 나, 다, 마, 바
④ 나, 다, 라, 마, 바
⑤ 가, 나, 다, 라, 마, 바

정답 및 해설

05 ④   A. 능력개발의 원칙, B. 근면성의 원칙, C. 객관성의 원칙, D. 성실성의 원칙, E. 공정성의 원칙

06 ①   ② 객관성의 원칙 → 성실성의 원칙
③ 전문가정신의 원칙 → 능력개발의 원칙
④ 공정성의 원칙 → 고객우선의 원칙
⑤ 객관성의 원칙 → 공정성의 원칙

07 ⑤   '가, 나, 다, 라, 마, 바' 모두 업무수행계약을 맺기 전에 고객에게 제공하고 협의하여야 할 정보이다.

08 중요도 ★★★

㉮ p.19 ~ 20 ㉯ p.89

고객의 정보와 자산에 대한 설명으로 적절한 것은?

① 자격인증자는 고객을 위한 서비스 업무수행에 필요한 경우라도 고객의 정보에 대하여 비밀을 유지하여야 한다.

② 자격인증자는 관리 중이거나 운용권한을 위임받은 고객의 자금 및 자산의 현재 상황을 구분하여 파악할 수 있도록 기록을 유지하고 관리하여야 한다.

③ 자격인증자는 고객의 자산을 보관하거나 관리하는 경우, 전체 고객의 자산을 자산별로 명확하게 구분해야 한다.

④ 자격인증자는 고객의 자산을 자신이나 소속 회사 또는 다른 고객의 자산과 공동으로 관리해야 한다.

⑤ 자격인증자의 소속회사가 대출영업기관이고 대출자금이 자격인증자의 자금인 경우, 자격인증자는 고객에게 자금을 빌려줄 수 있다.

09 중요도 ★★

㉮ p.20 ~ 21 ㉯ p.89 ~ 90

고객에 대한 의무(14개 행동규범)에 해당하는 내용으로 적절하지 **않은** 것은?

① 자격인증자는 자신의 업무수행과 관련된 모든 분야에서 전문능력을 유지하여야 한다.

② 자격인증자는 한국FPSB로부터 자격정지 또는 자격취소의 처분을 받은 경우에는 그 사실을 고객에게 알려야 한다.

③ 자격인증자는 전문 서비스를 제공하는 경우 전문가로서 합리적이고 신중한 판단을 내려야 한다.

④ 자격인증자는 책임을 위임한 직원이나 제3자에 대하여 전문가정신에 따라 관리하고 감독하여야 한다.

⑤ 자격인증자는 계속교육요건을 포함하여 자격의 유지와 갱신에 관한 제반 규정을 준수하여야 한다.

10

중요도 ★★

㉮ p.22 ~ 24　㉯ p.91

CFP® 자격인증자의 결격사유로 적절하지 **않은** 것은?

□

① 한국FPSB가 인증하는 자격을 사칭하거나, 자격표장을 무단으로 사용하거나 또는 고객의 이익을 침해한 사실이 확인된 후 3년이 지나지 아니한 자

② 파렴치한 범죄행위가 아닌 신념에 따른 위법행위로 금고 이상의 형의 선고를 받고 그 집행이 종료되거나 면제된 후 3년이 지나지 아니한 자

③ 음주운전이나 마약물 사용 등의 혐의로 벌금형을 선고받고 그 집행이 종료되거나 면제된 후 1년이 지나지 아니한 자

④ 금고 이상의 형의 집행유예를 선고받고 그 기간이 경과한 후 1년이 지나지 아니한 자

⑤ 정부기관, 업계자율규제기관, 금융기관 또는 기타 관련 법인 및 단체의 징계처분에 따라 업무정지, 자격정지, 직무정지처분을 받고 그 집행이 종료되거나 면제된 후 1년이 지나지 아니한 자

정답 및 해설

08 ② ① 고객을 위한 서비스 업무수행에 필요한 경우는 고객의 정보 비밀유지 예외사항에 해당하는 내용이다.
　　　③ 고객별로 명확하게 구분해야 한다.
　　　④ 자격인증자는 고객의 자산을 자신이나 소속 회사 또는 다른 고객의 자산과 공동으로 관리해서는 아니 된다. 다만 법률이나 고객과의 서면계약에 명백하게 허용된 경우에는 예외로 한다.
　　　⑤ 대출자금이 자격인증자의 자금인 경우 → 대출자금이 소속회사의 자금인 경우

09 ⑤ 한국FPSB에 대한 의무에 해당하는 내용이다.

10 ② 3년 → 1년

11 중요도 ★★ ㉮ p.29 ~ 36 ㉯ p.92 ~ 95

재무설계 업무수행과정에 따른 과정별 업무수행내용이 적절하게 연결되지 **않은** 것은?

① 업무수행내용 1-3 : 자격인증자와 고객은 제공되는 서비스에 대해 상호 합의한 후 결정하여야 한다.
② 업무수행내용 2-1 : 자격인증자와 고객은 재무설계 제안서를 작성하거나 실행하기 전에 업무수행범위와 관련된 고객의 개인적인 목표와 재무목표, 니즈 및 우선순위를 파악하여야 한다.
③ 업무수행내용 3-2 : 자격인증자는 고객의 현 재무상태의 강점과 약점을 평가하고 이를 고객의 목표, 니즈 그리고 우선순위와 비교하여야 한다.
④ 업무수행내용 4-2 : 자격인증자는 확정된 고객의 목표, 니즈 및 우선순위를 합리적으로 충족하기 위하여 선택된 전략을 토대로 재무설계 제안서를 작성하여야 한다.
⑤ 업무수행내용 5-1 : 자격인증자는 고객이 제안서의 내용을 잘 이해하고 적절한 결정을 내릴 수 있는 방법으로 제안사항과 합당한 근거를 함께 설명하여야 한다.

12 중요도 ★★★ ㉮ p.34 ~ 36 ㉯ p.94 ~ 95

재무설계 업무수행 제4단계 재무설계 제안서의 작성 및 제시에서의 업무수행내용에 관한 설명으로 적절하지 **않은** 것은?

① 자격인증자는 고객의 목표, 니즈 및 우선순위를 합리적으로 충족할 수 있도록 고객의 현행 자산운용방식에 대하여 적절한 여러 가지 전략을 고려해야 한다.
② 재무설계 제안서는 고객의 피드백을 반영하여 합리적이고 실행 가능한 것으로 수정될 수 있으며, 현행 자산운용방식을 유지하거나 변경하는 것을 제안할 수도 있다.
③ 전문가의 판단에는 주관성이 개입되므로 한 자격인증자가 도출한 전략이나 실행결과는 다른 자격인증자나 전문가들의 대응전략과 다를 수 있다.
④ 자격인증자는 고객의 개인 신상, 경제 및 다른 일반 조건이 변동되는 경우에는 재무설계 제안서가 변경될 필요가 있다는 점을 고객에게 알려야 한다.
⑤ 자격인증자는 고객이 수락한 재무설계 제안서에 부합되는 적절한 금융상품과 서비스를 선별하여 제시해야 한다.

13 중요도 ★★★　　　　　　　　　　　　　　　　　㉓ p.27, p.33 ~ 34　㉔ p.92, p.95

재무설계 업무수행내용 5-1에서 자격인증자의 실행책임에 포함되는 사항으로 적절하지 **않은** 것은?

① 자격인증자와의 이해상충에 관한 사항
② 자격인증자와 고객 간의 책임의 구분
③ 다른 전문가와의 협력
④ 고객정보 공유의 허용 범위
⑤ 금융상품과 서비스의 선별 및 확보

14 중요도 ★★★　　　　　　　　　　　　　　　　　㉓ p.35, p.36 ~ 37　㉔ p.94 ~ 95

재무설계 업무수행 제5단계의 업무수행내용에 대한 설명으로 가장 적절하지 **않은** 것은?

① 자격인증자와 고객은 금융상품과 서비스 또는 고객의 소비 및 저축 행동 변화 등이 포함된 제안사항의 실행책임에 대해 상호 합의해야 한다.
② 자격인증자는 고객의 재무상태에 적합하고 고객의 목표, 니즈 및 우선순위를 합리적으로 충족하는 금융상품과 서비스, 자산운용방식을 추천해야 한다.
③ 자격인증자가 고객에게 다른 전문가를 소개하는 경우에는 해당 전문가의 자격 내용과 소개의 근거를 설명하여야 한다.
④ 자격인증자는 고객의 목표, 니즈 및 우선순위를 합리적으로 충족할 수 있도록 고객의 현행 자산운용방식에 대하여 적절한 여러 가지 전략을 고려하여야 한다.
⑤ 자격인증자는 고객에게 개별 금융상품, 서비스 또는 자산운용방식에 대한 제안을 재무설계 전략 및 제안서와 함께 제시할 수 있다.

정답 및 해설

11 ⑤　재무설계 업무수행내용 4-3에 대한 설명이다.

12 ⑤　재무설계 업무수행내용 5-2에 대한 설명이다.

13 ①　재무설계 업무수행내용 1-3에서 자격인증자와 고객이 상호 합의하여 문서로 작성해야 하는 업무수행범위에 포함되어야 하는 사항이다.
　　　[참고] 그 밖의 재무설계 업무수행내용 1-3에서 자격인증자와 고객이 상호 합의하여 결정해야 하는 내용
　　　　• 계약 당사자 및 제3자를 포함하는 관련자의 책임
　　　　• 업무수행계약의 제반조건
　　　　• 재무설계업무의 보수에 관한 사항

14 ④　재무설계 업무수행내용 4-1에 대한 설명이다.

01 중요도 ★★★

㉮ p.43 ~ 45 ㉯ p.96

CFP® 자격표장사용기준에 대한 설명으로 적절하지 **않은** 것은?

① CFP® 자격상표에는 세 가지가 있으며, CFP® 자격표장이라 함은 CFP 상표 중 2개 이상을 집합적으로 지칭하는 용어이다.
② CFP® 자격상표는 항상 대문자로 사용하여야 한다.
③ CFP® 자격상표는 항상 한국FPSB가 승인하는 명사형으로 사용하여야 한다.
④ CFP®와 CERTIFIED FINANCIAL PLANNER™ 자격상표를 도메인 이름의 일부와 이메일 주소의 일부로 사용하여서는 아니 된다.
⑤ CERTIFIED FINANCIAL PLANNER™ 자격상표는 항상 대문자로 사용하여야 하지만, 큰 대문자와 작은 대문자의 혼용은 가능하다.

02 중요도 ★★★

㉮ p.43 ~ 45 ㉯ p.96

CFP® 자격표장 사용지침에 대한 설명으로 적절하지 **않은** 것은?

① 로고는 항상 로고를 구성하는 불꽃모양(flame)마크, 'CFP' 및 '®' 세 가지 요소를 같이 사용해야 한다.
② 로고는 항상 아트워크 원본으로부터 복제해야 하며, 로고를 변형하거나 수정하여서는 아니 된다.
③ 인터넷의 개별 웹사이트에 CFP® 자격표장을 사용하여서는 아니 된다.
④ CFP® 자격인증표장을 사용하는 경우에는 커뮤니케이션 및 마케팅자료 내의 적절한 위치에 태그라인의 국문을 적절하게 인쇄하여야 하며, 필요한 경우에는 영문을 국문 다음에 함께 인쇄할 수 있다.
⑤ CFP® 자격상표를 자격인증자의 이름 바로 다음에 표시하는 경우에는 독자적으로 사용할 수 있다.

03

□ 회원국 CFP® 자격인증자가 별도로 한국FPSB의 CFP® 자격인증을 받고자 하는 경우에 제출해야 하는 서류를 모두 묶은 것은?

가. CFP® 자격인증신청서
나. 한국FPSB가 시행하는 CFP 자격시험 중 사례형 및 지식형 시험의 합격증서
다. 거주지확인서(Proof of Residency)
라. 일반 회비납입을 증명하는 서류
마. 한국FPSB의 Cross-Border CFP 윤리규정준수서약서
바. CFP 라이선스비납입증명서

① 가, 다, 마
② 나, 다, 바
③ 라, 마, 바
④ 가, 나, 라, 마
⑤ 가, 다, 마, 바

정답 및 해설

01 ③   CFP® 자격상표는 적절한 명사를 수식하는 형용사형으로 사용하여야 하나, 자격인증자의 이름 바로 다음에 표시하는 경우에는 독자적으로 사용할 수 있다.
    참고 홍길동, CFP®

02 ③   인터넷의 개별 웹사이트에 CFP® 자격표장을 사용할 수 있으며, 사용 시 CFP® 자격표장과 함께 쉽게 판별할 수 있는 적절한 위치에 태그라인을 표시하는 것을 원칙으로 한다.

03 ⑤   '가, 다, 마, 바'는 회원국 CFP® 자격인증자가 별도로 한국FPSB의 CFP® 자격인증을 받고자 하는 경우에 제출해야 하는 서류이다.
    나. 사례형 및 지식형 → 사례형
    라. '일반 회비납입을 증명하는 서류'는 교수직 업무제한등록 서류에 해당한다.

04

중요도 ★★★

㉮ p.47 ~ 50 ㉯ p.97

회원국 간 CFP® 자격의 상호 인정에 대한 설명으로 적절하지 않은 것은?

① 회원국 CFP® 자격인증자가 일정 요건을 충족하는 경우에는 최초 자격인증국 이외의 회원국에서도 CFP 업무에 종사할 수 있도록 별도로 회원국의 CFP® 자격인증을 상호주의 원칙에 따라 부여하는 제도를 채택하고 있다.

② 회원국 CFP® 자격인증자가 CFP 업무 이외의 목적으로 대한민국 내를 여행하는 중에 교환하는 명함이나 안내책자 등에서 CFP® 자격표장을 일시적으로 사용하는 경우라도 한국 FPSB의 CFP® 자격인증을 별도로 받아야 한다.

③ 회원국 CFP® 자격인증자를 포함하여 한국FPSB가 정하는 자격인증요건을 충족하는 국내의 주된 거주자는 CFP® 자격인증규정에 따라 인종, 국적, 성별, 종교, 나이, 질병, 장애 등에 의한 차별 없이 대한민국의 CFP® 자격인증을 신청할 수 있다.

④ 회원국 CFP® 자격인증자가 별도로 한국FPSB의 CFP® 자격인증을 받고자하는 경우에는 신청일 기준 3개월 이내에 발급된 '자격을 인증한 모든 회원국 CFP® 자격인증기관의 추천서'를 제출하여야 한다.

⑤ 한국FPSB에 교수직 업무제한등록을 신청하여 승인받는 경우에는 제한된 CFP 관련 업무에 종사할 수 있다.

정답 및 해설

04 ② 회원국 CFP® 자격인증자가 CFP 업무 이외의 목적으로 대한민국 내를 여행하는 중에 교환하는 명함이나 안내책자 등에서 CFP® 자격표장을 일시적으로 사용하는 경우에는 한국FPSB의 CFP® 자격인증을 별도로 받지 않았다 하더라도 한시적으로 CFP® 자격표장을 대한민국 내에서 사용할 수 있다. 이 경우 CFP® 자격표장의 국외사용에 대한 기준에 따라 CFP® 자격을 인증받은 국명을 표시하여야 한다.

01

⑦ p.67～69 ⑧ p.98

중요도 ★★

세무사와의 관계에 대한 설명으로 적절하지 **않은** 것은?

① 세무사의 자격이 없는 CFP® 자격인증자가 무보수로 세무대리업무에 해당하는 행위를 하는 경우에는 세무사법에 위반되지 않는 것으로 해석한다.

② 세무사의 자격이 없는 자가 세무대리행위를 행하는 경우에는 3년 이하의 징역 또는 3,000만원 이하의 벌금에 처하도록 규정하고 있다.

③ CFP® 자격인증자가 고객의 요청에 지나치게 적극적으로 대응하려는 과정에서 개별적이고 구체적인 사항에 대하여 조세에 관한 상담이나 자문을 계속하게 되면 세무사법을 위반하게 될 수도 있다.

④ 조세에 관한 상담 또는 자문, 소득세법 또는 법인세법에 따른 성실신고에 관한 확인 등은 세무대리업무에 해당한다.

⑤ 세무사등록부에 등록한 세무사는 전문성과 윤리의식을 높이기 위하여 매년 8시간 이상의 보수교육을 받아야 한다.

정답 및 해설

01 ① 세무대리행위는 영리목적의 유무 또는 유상, 무상의 구분과는 상관이 없는 것으로 해석되고 있다. 따라서 무보수라 할지라도 세무사법에 위반되는 행위로 간주되어 처벌대상이 되므로 유의하여야 한다.

02

개업공인중개사의 금지행위로 가장 적절하지 않은 것은?

☐

① 중개대상물의 매매를 업으로 하는 행위

② 사례, 증여, 기타 어떠한 명목으로도 제32조에 따른 보수 또는 실비를 초과하여 금품을 받는 행위

③ 관계 법령으로 양도, 알선 등이 금지된 부동산의 분양, 임대 등과 관련 있는 증서 등의 매매, 교환 등을 중개하거나 그 매매를 업으로 하는 행위

④ 부당한 이익을 얻거나 제3자에게 부당한 이익을 얻게 할 목적으로 중개대상물의 시세에 부당한 영향을 주는 행위

⑤ 중개업무에 관하여 중개의뢰인으로부터 소정의 보수를 받는 행위

03

중요도 ★★

⑦ p.83~85 ⑧ p.102~103

개업공인중개사의 책임과 의무에 대한 설명으로 적절하지 **않은** 것은?

□

① 중개가 완성된 때에는 규정된 사항을 사실대로 기재한 거래계약서를 작성하여 거래당사자에게 교부해야 하며, 그 원본, 사본 또는 전자문서를 5년간 보존해야 한다.

② 다른 법률에 특별한 규정이 있는 경우를 제외하고는 업무상 알게 된 비밀을 누설하여서는 아니 되며, 이는 해당 업무를 떠난 후에도 같다.

③ 중개대상물의 상태, 입지, 권리관계, 법령의 규정에 의한 거래 또는 이용제한 사항 등이 포함된 확인설명서의 원본, 사본 또는 전자문서를 3년간 보존해야 한다.

④ 중개업무에 관하여 중개의뢰인으로부터 소정의 보수를 받게 되며 또한 중개대상물의 권리관계 확인과 계약금 등의 반환채무이행 보장에 소요되는 실비를 받을 수 있다.

⑤ 개업공인중개사가 중개행위를 함에 있어 고의로 거래당사자에게 재산상의 손해를 발생하게 한 경우 손해를 배상할 책임이 있으나, 과실로 손해가 발생한 경우에는 책임을 부담하지 않아도 된다.

정답 및 해설

02 ⑤ 개업공인중개사는 중개업무에 관하여 중개의뢰인으로부터 소정의 보수를 받을 수 있다.

[참고] 그 밖의 개업공인중개사의 금지행위
- 법에 의한 중개사무소 개설등록을 하지 아니하고 중개업을 영위하는 자인 사실을 알면서 그를 통하여 중개를 의뢰 받거나 그에게 자기의 명의를 이용하게 하는 행위
- 해당 중개대상물의 거래상의 중요 사항에 대하여 거짓된 언행 및 그 밖의 방법으로 중개의뢰인의 판단을 그르치게 하는 행위
- 중개의뢰인과 직접 거래하거나 거래당사자 쌍방을 대리하는 행위

03 ⑤ 개업공인중개사가 중개행위를 함에 있어 고의뿐만 아니라 과실로 거래당사자에게 재산상의 손해를 발생하게 한 경우에는 그 손해를 배상할 책임이 있다.

3 과목

위험관리와 보험설계

[총 25문항]

▌ 문제풀이와 이론을 동시에 학습할 수 있도록 각 문제의 관련 이론이 수록된 기본서(한국FPSB 발간) 및 〈해커스 CFP 핵심요약집〉* 페이지를 표기하였습니다.

* 〈해커스 CFP 핵심요약집〉은 해커스금융 CFP 합격지원반, 환급반, 핵심요약강의 수강생에 한하여 무료로 제공됩니다.

위험과 보험

⑦ p.10 ~ 12 ⑧ p.108

01 중요도 ★

다음 중 위험관리 프로세스의 단계와 내용이 가장 적절하게 연결된 것은?

☞ 다시 봐야 할 문제에 체크하세요!

① 1단계 : 고객의 위험을 측정하고 평가하기 위해 수집한 정보를 분석한다.
② 2단계 : 고객에게 노출된 위험을 인식하기 위해 보유재산위험, 인적자산위험 등에 관련한 정보를 수집한다.
③ 3단계 : 위험관리방법은 위험통제와 위험재무로 구분할 수 있다.
④ 4단계 : 고객이 직면한 새로운 위험을 인식하거나 누락된 위험을 보완할 수 있다.
⑤ 5단계 : 자격인증자는 고객이 정보에 입각한 합리적인 의사결정을 내릴 수 있도록 관련서비스를 제공하고 지원해야 한다.

⑦ p.12 ~ 13 ⑧ p.109

02 중요도 ★★★

다음 사례에 대한 위험관리방법이 적절하게 연결된 것은?

> 가. 자동차 사고 발생에 따른 배상책임위험을 담보하기 위해 자동차보험에 가입한다.
> 나. 선박을 소유한 기업이 선박사고에 대비하기 위해 자체적으로 손실보상준비금을 설정한다.
> 다. 붕괴 사고 발생의 위험을 없애기 위해 지진이 자주 발생하는 지역에는 건축물을 건설하지 않는다.
> 라. 질병발생의 위험에 대비하기 위해 주기적으로 건강검진을 받는다.

	위험회피	위험축소	위험보유	위험이전
①	나	라	가	다
②	다	가	나	라
③	다	나	라	가
④	다	라	나	가
⑤	라	가	나	다

03

중요도 ★★

다음 사례를 통해 추론할 수 있는 내용으로 가장 적절하지 **않은** 것은?

☐

> A씨 가계의 보유재산 1.5억원 중 주택재산은 1억원이며, 화재가 발생 확률은 20%이다.

① A씨가 보험에 가입하지 않은 상태에서 화재 발생으로 인해 주택이 전부 소실될 경우 효용은 0.5억원이다.

② A씨가 보험에 가입할 경우 공정한 보험료는 0.3억원이다.

③ A씨가 공정한 보험료를 납부하고 보험에 가입할 경우 효용은 1.3억원이다.

④ A씨가 위험회피자의 성향일 경우 보험가입 시 효용이 보험미가입 시 기대효용보다 높다.

⑤ A씨가 위험회피자의 성향일 경우 보험가입에 가입할 것이다.

3과목 위험관리와 보험설계 해커스 CFP 지식형 핵심문제집

정답 및 해설

01 ③ ① 위험관리 프로세스 단계 중 2단계에 대한 설명이다.
　　 ② 위험관리 프로세스 단계 중 1단계에 대한 설명이다.
　　 ④ 위험관리 프로세스 단계 중 5단계에 대한 설명이다.
　　 ⑤ 위험관리 프로세스 단계 중 4단계에 대한 설명이다.

02 ④ 가. 위험이전
　　 나. 위험보유
　　 다. 위험회피
　　 라. 위험축소

03 ② ② A씨가 보험에 가입할 경우 공정한 보험료는 0.2억원(= 0.2 × 1억원)이다.
　　 ③ A씨가 공정한 보험료를 납부하고 보험에 가입할 경우 효용은 1.3억원(= 1.5억원 − 0.2억원)이다.

04

㉮ p.20 ~ 22 ㉦ p.111

중요도 ★★

조기사망위험에 대한 적절한 설명으로만 모두 묶인 것은?

> 가. 맞벌이 부부와 달리 외벌이 부부의 가사 및 자녀양육 전담 배우자에 대한 사망보험의
>   가입은 고려하지 않아도 된다.
> 나. 상속세가 실물자산 중심이라면 상속세 납부재원으로써 사망보험금이 적절한 대안이 될
>   수 있다.
> 다. 부양의무가 없는 단독가구주의 조기사망은 타인에게 경제적 곤란을 초래하지 않는다.
> 라. 자녀가 없는 맞벌이 부부의 경우에도 배우자의 조기사망은 유족의 경제적 불안을 크게
>   초래하기 때문에 고액의 사망보험금에 대한 수요가 높을 것이다.

① 가
② 가, 나
③ 나, 다
④ 가, 다, 라
⑤ 나, 다, 라

05

㉮ p.23 ~ 24 ㉦ p.112

중요도 ★★★

김진수씨의 정보를 기초로 하여 생애가치법을 통해 산출된 사망보험 필요보장액으로 가장 적절한 것은?

> • 가족 관계 : 김진수(45세), 배우자(43세), 첫째 자녀(10세), 둘째 자녀(8세)
> • 연소득 : 60,000천원
> • 생활비 : 세후소득의 40%
> • 소득 기간 : 20년
> • 세후 투자수익률 : 5%
> • 소득세율 : 20%

① 318,640천원
② 358,912천원
③ 418,640천원
④ 508,458천원
⑤ 598,186천원

06

조기사망위험의 측정 방법과 그 내용이 가장 적절하게 연결된 것은?

가. 초기 투자자금을 소비하지 않고 보전하기 때문에 상속재산으로 활용할 수 있다.
나. 가장 사망 시 상실되는 장래소득의 현재가치를 산출하는 방식이다.
다. 가장의 사망 후 유족에게 필요한 금액을 추정한다.
라. 부양가족의 현재 및 장래 경제적 필요뿐만 아니라 공적연금 수령, 기 보유 중인 생명보험,
    금융자산 등을 모두 고려한다.

	생애가치법	니즈분석법	자본보유법
①	가	다	나, 라
②	나	가, 다	라
③	나	다, 라	가
④	다	가, 라	나
⑤	라	가	나, 다

정답 및 해설

04 ③ '나, 다'는 조기사망위험에 대한 적절한 설명이다.
    가. 외벌이 부부의 가사 및 자녀양육 전담 배우자에 대한 사망보험 가입도 고려해야 한다.
    라. 자녀가 없는 맞벌이 부부의 경우 배우자의 조기사망은 유족의 경제적 불안을 크게 초래하지 않기 때문에 고액의
        사망보험금에 대한 수요는 높지 않을 것이다.

05 ② • 세금 : 60,000 × 0.2 = 12,000천원
    • 생활비 : (60,000 − 12,000) × 0.4 = 19,200천원
    • 순소득 : 60,000 − (12,000 + 19,200) = 28,800천원
    ∴ 사망보험 필요보장액 : 358,912천원
        PMT(E) 28,800, N 20, I/Y 5, CPT PV = 358,912천원

06 ③ 가. 자본보유법에 대한 설명이다.
    나. 생애가치법에 대한 설명이다.
    다. 니즈분석법에 대한 설명이다.
    라. 니즈분석법에 대한 설명이다.

07

중요도 ★★★

다음 내용을 참고하여 강태준씨 본인 사망 시 막내가 독립하기 전까지 가족의 부양을 위해 추가로 필요한 생명보험 필요보장액을 니즈분석법에 따라 계산한 것은? (단, 수입은 기시에 필요한 것으로 가정함)

☐

[가족양육비 및 자녀 정보]
- 강태준씨 가정의 연간 생활비 : 현재물가기준 35,000천원
- 강태준씨 사망 시 유족생활비 : 막내 독립 전까지는 연간 생활비의 60%,
  막내 독립 후에는 연간 생활비의 40%

- 막내 연령 : 3세
- 막내 독립시기 : 25세
- 생활비는 매년 물가상승률만큼 증가함

[준비자금]
- 강태준씨 사망 시 현재물가기준으로 국민연금 유족연금이 매년 초 6,000천원 지급됨
- 강태준씨 본인을 피보험자로 하는 종신보험(사망보험금 100,000천원)에 가입되어 있음
- 적립식 주식형펀드 30,000천원
- 물가상승률 연 2.5%, 세후투자수익률 연 5%
- 희망 연수입은 매년 물가상승률만큼 증가함

---

① 8,257천원
② 129,233천원
③ 138,257천원
④ 232,926천원
⑤ 259,233천원

08

중요도 ★★★

□ 다음 자산부채상태표를 토대로 산정한 자본보유법에 의한 사망보험 필요보장액으로 가장 적절한 것은?

자 산		부채 및 순자산	
항 목	금액(천원)	항 목	금액(천원)
주 택	300,000	주택자금대출	100,000
자동차	30,000	자동차할부금	10,000
동 산	15,000	신용카드대출	5,000
투자자산	50,000	부 채	115,000
생명보험	250,000	순자산	530,000
자 산	645,000	부채 및 순자산	645,000

- 주택, 자동차 지분, 동산 및 투자자산은 비현금성자산이다.
- 사망 시 사후정리비용은 10,000천원이 발생한다.
- 긴급자금용도(10,000천원)와 교육자금(현가 30,000천원)을 우선 고려한다.
- 사망 시 소득목표는 40,000천원이며, 연간 보유자산의 투자수익률은 5%로 예상된다.
- 여타 보유자산으로부터 매년 10,000천원의 투자소득이 발생한다.

① 540,750천원

② 550,000천원

③ 635,244천원

④ 865,640천원

⑤ 945,000천원

정답 및 해설

07 ② 추가적인 생명보험 필요보장액 = 생명보험 총 필요보장액 − 준비금액
- 막내 독립 전 부양비 = 35,000천원 × 60%(유족생활비) − 6,000천원(유족연금) = 15,000천원
- 막내 독립 전 부양비의 현가 = 259,223.055천원
  PMT(B) 15,000천원, N 22, I/Y (5 − 2.5)/1.025, CPT PV = 259,233.055천원
- 유가족의 유동자산 = 100,000(종신보험 사망보험금) + 30,000(적립식 주식형펀드) = 130,000천원
  ∴ 추가적인 생명보험 필요보장액 = 259,233.055 − 130,000 = 129,233.055천원

08 ① • 소득창출에 활용 가능한 가용자산
  = 자산 − 부채 − 자금니즈 − 비현금성자산
  = 645,000 − 115,000 − 50,000 − 395,000 = 85,000천원
- 추가로 필요한 자금
  = 유족의 연간 목표소득금액 − 현재 보유자본에서 창출 가능한 소득 − 보유자산으로부터의 투자소득
  = 40,000 − (85,000 × 5%) − 10,000 = 25,750천원
  ∴ 자본보유법으로 산출한 사망보험 필요보장액 = 25,750/5% + 25,750 = 540,750천원

09

중요도 ★★

재산위험에 대한 설명으로 가장 적절하지 **않은** 것은?

① 자동차 충돌 사고로 자동차가 파손되었다면, 지출한 수리비가 직접손해에 해당한다.
② 재조달가액방식은 시간 경과에 따른 재산가치의 하락과 상승을 감안하는 방식으로 주로 TV, 에어컨 등 개인물품에 적용된다.
③ 현재가액방식에서 현재가액은 재조달가액에서 감가상각액을 차감한 금액이다.
④ 재조달가액방식 적용 시 보험가입금액이 보험가액의 80% 이상일 때는 보험가입금액을 한도로 손해액 전액을 보상한다.
⑤ 공제조항은 주로 재산보험, 건강보험 등에 활용되며, 사망보험과 대인배상보험에서는 적용되지 않는다.

10

중요도 ★★

배상책임위험에 대한 설명으로 적절하지 **않은** 것은?

① 우리나라 법체계는 피해자에 대한 손해배상 절차인 민사절차와 가해자에 대한 제재인 형사절차로 구분하고 있다.
② 손해배상제도는 손해의 공평·타당한 부담 원리에 기반하여 형사책임과 민사책임을 별개의 관점에서 검토한다.
③ 절대책임은 개인이나 사회에 대한 잠재적 피해가 커서 과실이 입증되지 않더라도 피해에 대해 책임을 부담시키는 것이다.
④ 민사책임은 타인의 법익을 침해한 데 대해 행위자의 개인적 책임을 묻는 것으로 피해자에게 발생한 손해의 전보를 목적으로 한다.
⑤ 자동차손해배상보장법은 자동차 운전자에게, 환경정책기본법은 사업자에게 무과실책임을 부과하고 있다.

11

중요도 ★★   ㉑ p.36 ~ 37   ㉾ p.118

일반불법행위에 의한 배상책임에 대한 설명으로 가장 적절하지 **않은** 것은?

① 고의나 과실로 인한 행위에 의해 타인에게 손해를 발생시키더라도 정당방위, 긴급피난의 경우에는 그 위법성이 배제되어 가해자에게 배상책임이 발생하지 않는다.

② 가해행위로 인해 피해자에게 손해가 발생한 경우, 피해자는 가해자의 작위 또는 부작위로 인해 피해가 발생했음을 입증해야 한다.

③ 가해자의 고실 또는 과실 요건은 가해자가 피해자에게 부담해야 하는 법적 의무가 있어야 하고, 이를 고의 또는 과실로 위반해야 한다.

④ 민법에서는 획일적으로 만 14세 미만을 책임무능력자로 정하는 반면, 형법에서는 연령, 교육기관의 학년, 발육정도 등 제반 요인을 고려하여 책임능력 여부를 판단한다.

⑤ 결과 발생을 구체적으로 인식하지 못하였으나, 일정한 결과가 발생할지도 모른다고 인식하면서 행위를 하는 것을 미필적 고의라고 한다.

정답 및 해설

09 ② 재조달가액방식 → 현재가액방식

10 ⑤ 운전자 → 운행자

11 ④ 민법 ↔ 형법

12 중요도 ★★★

다음 중 민법상 특수불법행위에 의한 배상책임에 해당하는 것으로만 모두 묶인 것은?

□

> 가. 셰퍼트가 지나가는 어린 아이의 발을 물어 상처를 입힌 경우 셰퍼트 주인의 배상책임
> 나. 술에 만취한 상태에서 지나가는 행인과 시비가 붙어 전치 3주의 상처를 입힌 경우 만취한 사람의 배상책임
> 다. 건설현장 근로자가 작업 중 도시가스배관을 터뜨려 발생한 손해의 경우 사용자의 배상책임
> 라. 건물 옥상에서 놀던 아이들이 실수로 옥상의 화분을 떨어뜨려 지나가는 행인을 사망하게 한 경우 아이들 부모의 배상책임
> 마. 주택의 담장이 무너져 지나가는 행인을 사상케 한 경우 주택 소유자의 배상책임
> 바. 결함 있는 제조물로 인해 타인의 생명이나 신체 또는 재산에 손해를 입힌 경우의 배상책임

① 나, 다
② 가, 마, 바
③ 가, 다, 라, 마
④ 나, 다, 라, 바
⑤ 가, 나, 다, 라, 마

13

중요도 ★★   ㉮ p.41 ~ 42 ㉯ p.119 ~ 120

상실수익액에 대한 적절한 설명으로만 모두 묶인 것은?

> 가. 국가배상법의 평가기준은 직업 등 개인적 특성을 고려하여 상실률을 적용한다.
> 나. A.M.A.방식은 전문 분야별로 최신 의학을 반영한 것이며, 직업이나 성별 등을 고려하지 않는다.
> 다. 맥브라이드방식은 신체 손상 부위에 따라 직업별 계수를 적용하며, 교통사고, 근로자사고 및 배상책임사고에 사용된다.
> 라. 배상책임으로 사망손해가 발생할 경우 상실수익액이 포함되며, 유족의 정신적 피해에 따른 위자료, 장례비 등은 제외된다.
> 마. 후유장해 손해에 대한 상실수익액은 현재소득과 노동능력상실률, 정년까지 남은 기간을 평가하여 산출한다.

① 가, 나
② 가, 나, 라
③ 나, 다, 마
④ 나, 다, 라, 마
⑤ 가, 나, 다, 라, 마

정답 및 해설

12 ③ '가, 다, 라, 마'는 민법상 특수불법행위에 의한 배상책임에 해당한다.
　　　나. 일반불법행위에 의한 배상책임에 해당한다.
　　　바. 특별법상 특수불법행위에 의한 배상책임에 해당한다.

13 ③ '나, 다, 마'는 상실수익액에 대한 적절한 설명이다.
　　　가. 국가배상법의 평가기준은 직업 등 개인적 특성을 고려하지 않는다.
　　　라. 배상책임으로 사망손해가 발생할 경우 상실수익액이 포함되며, 유족의 정신적 피해에 따른 위자료, 장례비 등이 포함된다.

01 중요도 ★★   ㉠ p.48 ～ 50   ㉰ p.121

보험요율에 대한 설명으로 가장 적절하지 **않은** 것은?

① 보험업법에서의 요율 산출 원칙으로는 비과도성, 충분성, 공정성이 있다.
② 등급요율을 산정하는 방식 중 하나인 순보험료법은 예상손해율과 경험손해율을 비교하여 요율을 정하는 방식이다.
③ 효율적인 등급요율을 산출하기 위해서는 위험이 동질적이고 대수의 법칙이 적용될 만큼 충분한 담보 위험이 존재해야 한다.
④ 판단요율은 산출대상 담보를 개별적으로 평가하는 것으로 주로 해상보험, 일부 내륙운송보험 등에서 활용된다.
⑤ 경험요율의 요율조정 폭은 피보험자의 과거 경험데이터에 대한 신뢰도 계수로 조정한다.

02 중요도 ★★   ㉠ p.49   ㉰ p.122

특정 등급에 속한 자동차 가입대수가 600천대, 1년 동안 발생한 사고로 인한 손실이 45,000천원이다. 사업비율을 영업보험료 대비 40% 부과한다고 가정할 경우 차량 1대당 순보험료와 영업보험료를 순서대로 구한 것으로 가장 적절한 것은? (단, 1년 동안 발생한 사고로 인한 손실은 손해조사비용을 포함함)

① 65원, 110원
② 75원, 125원
③ 75원, 188원
④ 90원, 125원
⑤ 90원, 155원

03
중요도 ★★

㉮ p.50 ㉯ p.122

배상책임보험에 가입한 상점의 경험통계가 다음과 같을 때, 경험요율 적용 시 다음 해 보험료로 가장 적절한 것은?

- 연간 보험료 : 40,000원
- 예상손해율 : 25%
- 실제손해율 : 35%
- 신뢰도 계수 : 0.27

---

① 35,680원

② 36,880원

③ 43,120원

④ 44,320원

⑤ 45,260원

04
중요도 ★

㉮ p.52 ~ 54 ㉯ p.122 ~ 123

언더라이팅에 대한 적절한 설명으로만 모두 묶인 것은?

가. 보험회사의 언더라이팅 업무는 정보의 비대칭성으로 인한 역선택 위험을 통제하고, 보험 목적을 선별적으로 인수함으로써 안정적인 경영을 도모하기 위한 목적을 두고 있다.

나. 요율 및 요율구조 변경은 통상적인 요율구조나 보험료 수준이 아니라 요율을 변경하거나 더 낮은 보험료를 부담한다는 조건으로 인수하는 것이다.

다. 공동보험은 자기가 부담해야 할 책임의 비율을 정하고, 발생한 손해에 대해서는 그 비율의 한도 내에서만 보험금을 지급한다.

라. 재보험은 인보험뿐만 아니라 손해보험, 항공기 사고, 자연재해와 같은 대형위험을 처리하기 위해 활용된다.

---

① 가

② 가, 나

③ 가, 다, 라

④ 나, 다, 라

⑤ 가, 나, 다, 라

정답 및 해설

01 ② 순보험료법 → 손해율법

02 ② • 순보험료 = 45,000천원/600천대 = 75원
- 영업보험료 = 순보험료/(1 − 사업비율)
  = 75/(1 − 0.4) = 125원

03 ④ • 보험료 조정 = {(실제손해율 − 예상손해율)/예상손해율} × 신뢰도 계수
- 보험료 조정 = {(0.35 − 0.25)/0.25} × 0.27 = 10.8%
- ∴ 경험요율 적용 시 다음 해 보험료 = 40,000 × (1 + 0.108) = 44,320원

04 ③ '가, 다, 라'는 언더라이팅에 대한 적절한 설명이다.
나. 낮은 보험료 → 높은 보험료

05 중요도 ★★
㉠ p.58 ~ 62 ㉡ p.125 ~ 127

RBC 제도와 K-ICS 제도에 대한 설명으로 가장 적절한 것은?

① RBC 제도는 모든 자산과 부채를 시가로 평가한다.
② RBC 제도에서 요구자본 산출 시 측정하는 리스크는 보험리스크, 금리리스크, 신용리스크, 해약리스크, 사업비리스크이다.
③ K-ICS 제도의 리스크 신뢰수준은 99%이며, RBC 제도의 리스크 신뢰수준은 99.5%이다.
④ K-ICS 제도에서는 미래 현금흐름에 충격을 가했을 때 감소하는 순자산 규모를 리스크로 측정하는 방식인 충격 시나리오방식을 도입하였다.
⑤ RBC 제도에서 보험리스크는 사고 발생 여부에 따라 보험가격리스크와 준비금리스크로 구분되며, 보험가격리스크는 이미 발생된 사고를 대상으로 한다.

06 중요도 ★★
㉠ p.63 ㉡ p.128

적기시정조치 중 경영개선요구의 조치내용으로 가장 적절한 것은?

① 영업의 일부정지
② 신규업무 진출 제한
③ 주식소각
④ 영업양도
⑤ 자본금의 증액

07 중요도 ★★
㉠ p.65 ~ 69 ㉡ p.129 ~ 131

영업행위 규제에 대한 설명으로 가장 적절하지 **않은** 것은?

① 손해보험에서는 보험계약자가 보장내용이 동일한 다수의 보험계약을 체결할 경우 중복보상이 가능하다.
② 보험계약자는 보험모집채널이 부당계약전환을 했을 경우 보험회사에 대해 해당 계약이 소멸한 날부터 6개월 이내에 소멸된 계약의 부활을 청구하는 동시에 새로운 보험계약을 취소할 수 있다.
③ 기존보험계약이 소멸된 날부터 1개월 이내에 새로운 보험계약을 청약하게 하는 행위는 부당계약전환에 해당한다.
④ 보험회사는 대리·중개하는 업무를 제3자에게 맡기거나 그 행위에 관해 수수료·보수나 그 밖의 대가를 지급하는 행위를 해서는 안 된다.
⑤ 보험계약자가 들은 설명의 내용과 실제 보험계약의 내용이 동일한지 확인할 수 있도록 설명서를 보험계약이 체결되기 전에 전자적 방법으로 제공해야 한다.

08
중요도 ★★★

㉮ p.75 ~ 79 ㉯ p.133 ~ 135

보험계약자의 권리와 의무에 대한 적절한 설명으로만 모두 묶인 것은?

□

> 가. 보험계약자는 보험증권을 받은 날로부터 15일 이내에 청약을 철회할 수 있다.
>
> 나. 보험사고 발생 시 인보험과 손해보험은 피보험자가 보험금을 청구할 수 있으며, 타인을 위한 보험에서는 타인이 수익의 의사표시를 하지 않더라도 보험금청구권을 갖는다.
>
> 다. 보험금청구권과 계약자적립액 반환청구권은 3년간 행사하지 않으면 소멸시효의 완성으로 권리를 행사할 수 없다.
>
> 라. 보험기간이 1년 미만인 보험의 계약자가 제2회 이후의 보험료를 납입기일까지 납입하지 않아 연체 중인 경우 회사는 14일 이상의 기간을 납입최고기간으로 두어야 한다.
>
> 마. 보험회사가 위험변경 및 증가의 통지를 받은 때에는 1개월 내에 보험료 증액을 청구할 수 있으며, 해약 이후 보험사고에 대해서는 책임지지 않아도 된다.

① 가, 나, 다
② 가, 다, 마
③ 나, 다, 라
④ 다, 라, 마
⑤ 가, 나, 다, 마

정답 및 해설

05 ④ ① RBC 제도 → K-ICS 제도
② RBC 제도에서 요구자본 산출 시 측정하는 리스크는 보험리스크, 금리리스크, 신용리스크, 시장리크스, 운영리스크이며, 해약리스크와 사업비리스크는 K-ICS 제도에서 측정하는 리스크이다.
③ K-ICS 제도 ↔ RBC 제도
⑤ RBC 제도에서 보험리스크는 사고 발생 여부에 따라 보험가격리스크와 준비금리스크로 구분되며, 보험가격리스크는 미래 발생할 사고를 대상으로 하는 반면, 준비금리스크는 이미 발생된 사고를 대상으로 한다.

06 ① '영업의 일부정지'는 경영개선요구의 조치내용에 해당한다.
②⑤ 경영개선권고의 조치내용에 해당한다.
③④ 경영개선명령의 조치내용에 해당한다.

07 ① 손해보험에서는 보험계약자가 보장내용이 동일한 다수의 보험계약을 체결하더라도 중복 보상을 받을 수 없다.

08 ② '가, 다, 마'는 보험계약자의 권리와 의무에 대한 적절한 설명이다.
나. 보험사고 발생 시 인보험은 보험수익자, 손해보험은 피보험자가 보험금청구권을 갖는다.
라. 14일 → 7일

01 중요도 ★★★   ㉮ p.84 ~ 89   ㉰ p.136 ~ 137

정기보험에 대한 적절한 설명으로만 모두 묶인 것은?

□

가. 체감정기보험은 보험기간의 경과에 따라 사망보험금이 감소하지만 납입보험료는 동일하다.

나. 체증정기보험은 인플레이션에 따른 사망보장급부의 실질가치 하락을 막기 위해 개발되었으며, 보험료는 보장금액의 증가에 따라 함께 증가한다.

다. 평준정기보험은 보험기간 내에 피보험자가 사망하면 동일한 사망보험금의 지급을 보장하는 상품으로 보험료는 자연보험료가 적용된다.

라. 갱신정기보험의 경우 보험회사는 피보험자의 요청에 따라 보험계약을 갱신하여야 하며, 갱신정기보험의 보험료는 비갱신정기보험의 보험료보다 더 낮게 책정된다.

마. 재가입정기보험은 피보험자가 적격 피보험체 여부에 대해 증명하고, 보험사가 이를 인정하면 그렇지 않은 때보다 더 낮은 보험료 수준으로 갱신할 수 있다.

---

① 가, 나, 다   ② 가, 나, 마

③ 나, 다, 라   ④ 가, 다, 라, 마

⑤ 가, 나, 다, 라, 마

02 중요도 ★★★   ㉮ p.89 ~ 91   ㉰ p.136 ~ 138

다음 중 재무설계사가 사회초년생인 고객에게 정기보험 가입과 관련하여 조언한 내용으로 적절하지 **않은** 것은?

□

① 이제 막 경제활동을 시작하셨기 때문에 소득이 한정되어 있고 이 한정된 소득도 경력개발에 최우선적으로 투자되어야 하므로 정기보험이 좋은 대안이 될 수 있습니다.

② 정기보험은 최초 가입 시 가장 낮은 보험료로 사망보장을 받을 수 있는데, 이는 보장기간 내내 가장 낮은 보험료를 의미하는 것입니다.

③ 정기보험을 통해 현재 필요보장금액보다 더 많은 보장금액을 적은 비용으로 구입한 후, 결혼이나 자녀 출생 시 늘어난 보장액을 충당시킬 수 있습니다.

④ 보험료 납입의 여력이 없으시다면 정기보험을 통해 필요보장액만큼 가입한 후, 나중에 경제적 상황이 나아지면 전환특약을 통해 계약자적립액을 적립하실 수 있습니다.

⑤ 소득은 적은데 높은 보장을 원하실 경우 정기보험이 아주 유용한 상품이 될 수 있으며, 일반적으로 정기보험은 종신보험에 비해 위험보험료당 보장금액이 크다는 장점이 있습니다.

중요도 ★★

㉮ p.85 ~ 87   ㉯ p.136 ~ 137

03 다음 중 정기보험의 종류와 그에 대한 설명이 가장 적절하게 연결된 것은?

□

> 가. 보험기간 내에 피보험자가 사망하면 보험금이 채권자에게 직접 지급되는 것이 특징이다.
> 나. 피보험자가 보험기간이 종료될 시점에 적격 피보험체 여부에 대한 증명 없이 보험을 갱신할 수 있는 권리를 포함하고 있으며, 역선택을 유도할 수 있기 때문에 보험료가 높은 편이다.
> 다. 대출기간 동안 피보험자의 생명을 보장하는 보험으로 보장금액은 대출 잔액이 줄어들면서 감소하며, 보험수익자는 보험금을 대출금상환을 위해 사용할 의무는 없다.
> 라. 보험기간이 경과함에 따라 생활자금을 받는 기간이 짧아져 생활자금의 총수령액이 줄어들기 때문에 체감정기보험에 속한다.

> A. 갱신정기보험
> B. 주택담보대출상환보험
> C. 신용생명보험
> D. 가족수입보장보험

① 가 – A, 나 – B, 다 – C, 라 – D
② 가 – A, 나 – D, 다 – B, 라 – C
③ 가 – B, 나 – A, 다 – C, 라 – D
④ 가 – C, 나 – A, 다 – B, 라 – D
⑤ 가 – C, 나 – A, 다 – D, 라 – B

정답 및 해설

01 ② '가, 나, 마'는 정기보험에 대한 적절한 설명이다.
다. 자연보험료 → 평준보험료
라. 더 낮게 책정된다. → 더 높게 책정된다.

02 ② 정기보험은 최초 가입 시 가장 낮은 보험료로 사망보장을 받을 수 있으나, 이는 피보험자의 보장기간 내내 가장 낮은 보험료를 의미하는 것은 아니다.

03 ④ 가. 신용생명보험
나. 갱신정기보험
다. 주택담보대출상환보험
라. 가족수입보장보험

04

중요도 ★★

전통형 종신보험에 대한 설명으로 가장 적절하지 **않은** 것은?

① 전기납 종신보험은 매년 또는 매월 납입하는 보험료 수준이 다른 보험에 비해 높은 편이다.
② 보장기간 대비 짧은 보험료 납입기간을 가지는 단기납 종신보험의 보험료는 전기납 종신보험의 보험료보다 높다.
③ 일시적으로 금전이 필요한 경우 해약환급금 범위 내에서 보험계약대출이 가능하다.
④ 수정종신보험은 계약초기 단계에서는 해약환급금이 평준보험료를 납입하는 경우보다 적고, 아주 초기에는 환급금이 전혀 지급되지 않을 수 있다.
⑤ 연생종신보험은 1개의 계약으로 복수의 피보험자에 대한 사망을 보장하는 상품으로 사망보험금 지급시기에 따라 선사망자보험과 후사망자보험으로 구분된다.

05

중요도 ★★

전통형 종신보험의 장단점에 대한 설명으로 적절하지 **않은** 것은?

① 보험계약준비금에 대한 최저보증이율을 설정할 수 있다.
② 보험계약준비금은 10년 경과 시 보험차익이 비과세된다.
③ 보험계약준비금에 대한 보험계약대출이 가능하다.
④ 보험계약준비금의 인플레이션 헤지 기능이 없다.
⑤ 가입초기에 정기보험보다 비교적 저렴한 보험료를 납입하여 경제적 여력이 없는 경우 부담을 덜 수 있다.

06

중요도 ★★★

유니버셜종신보험에 대한 적절한 설명으로만 모두 묶인 것은?

> 가. 제1회 보험료가 납입되면 보험회사는 사업비와 첫 번째 달의 위험보험료를 공제하고 잔액은 계약자적립액으로 이전된다.
> 나. 평준형 사망급부는 연령 증가에 따라 순보장금액의 단위당 위험보험료가 증가한다.
> 다. 유니버셜종신보험의 장점으로는 유연한 보험료 납입, 사망보험금의 변경, 개별화된 가격구조, 계약내역의 완전 공시 등이 있다.
> 라. 유니버셜종신보험의 보험료는 비정기적 납입 및 보험료 납입 중단이 가능하지만 중도인출은 불가능하다.
> 마. 증가형 사망급부는 체증정기보험과 증가하는 계약자적립액으로 구성된다.

① 가, 나, 다
② 가, 나, 라
③ 가, 나, 마
④ 나, 다, 라
⑤ 다, 라, 마

07

중요도 ★★★

㉮ p.96 ~ 99 ㉯ p.140 ~ 141

유니버셜종신보험에 대한 설명으로 가장 적절하지 **않은** 것은?

☐

① 유니버셜종신보험의 평준형 사망급부는 체감정기보험과 증가하는 계약자적립액으로 구성된다.

② 보험료 납입의 유연성에 대한 제약은 계약자적립액이 다음 달의 위험보험료와 사업비에 충당할 수 있을 만큼 충분하여야 한다는 것이다.

③ 유니버셜종신보험의 사망보험금은 평준보험료 방식이기 때문에 나이가 들어도 사망에 대한 위험보험료가 포함된 월대체보험료는 일정하다.

④ 금리가 공시이율의 적용을 받기 때문에 주식시장의 상승으로 인한 수익을 기대하기는 어렵다.

⑤ 계약 관련 정보의 완전공시로 연차보고서를 통해 계약자적립액의 변화 과정을 정확하게 알 수 있다.

정답 및 해설

04 ① 높은 편이다. → 낮은 편이다.

05 ⑤ 가입초기에 정기보험보다 보험료가 높은 편이며, 경제적으로 여력이 없는 경우에는 종신보험의 보험료가 부담이 될 수 있다.

06 ① '가, 나, 다'는 유니버셜종신보험에 대한 적절한 설명이다.
라. 비정기적 납입 및 보험료 납입 중단, 중도인출 모두 가능하다.
마. 체증정기보험 → 평준정기보험

07 ③ 유니버셜종신보험의 사망보험금은 자연보험료 방식이기 때문에 나이가 들수록 사망에 대한 위험보험료가 포함된 월대체보험료는 증가한다.

⑦ p.99 ~ 105　⑨ p.142 ~ 144

08

중요도 ★★★

변액종신보험에 대한 설명으로 가장 적절하지 **않은** 것은?

① 변액종신보험의 보험료는 정액이며, 사망보험금과 계약자적립액은 운용수익률에 따라 변동된다.
② 변액종신보험에는 계약자적립액에 대한 최저보증이 없기 때문에 보험계약자는 모든 투자위험을 스스로 감수해야 한다.
③ 보험계약자는 자신의 투자성향에 맞는 펀드를 선택할 수 있으며, 보험기간 중 시장상황에 맞게 펀드의 변경이 가능하다.
④ 최저사망보험금이 보증되지 않아 투자실적이 나쁠 경우에는 원금손실이 발생할 수 있다.
⑤ 변액종신보험의 보험료 납입은 월납과 일시납으로만 가능하다.

09

중요도 ★★★

⑦ p.100 ~ 105　⑨ p.142 ~ 144

변액종신보험에 대한 적절한 설명으로만 모두 묶인 것은?

가. 변액종신보험은 일반종신보험이나 변액유니버셜종신보험보다 보험료가 높은 편이다.
나. 사망보험금의 인플레이션 헤지가 가능하며, 투자환경에 맞춰 펀드를 자유롭게 선택할 수 있다.
다. 계약자가 납입한 제1회 보험료는 청약철회기간 내에 승낙된 경우 청약철회기간이 종료된 날에 특별계정으로 이체한다.
라. 제2회 이후의 보험료는 매월 계약해당일의 제2영업일 이전에 납입한 경우 매월 계약해당일에 특별계정으로 이체한다.
마. 해약환급금은 투자수익률에 따라 매일 변동되며, 투자실적이 악화될 경우에는 원금손실이 발생할 수도 있다.

① 가, 나
② 나, 라
③ 나, 다, 마
④ 나, 라, 마
⑤ 다, 라, 마

10 중요도 ★★★   ㉮ p.106~108   ㉯ p.144~145

변액유니버설종신보험에 대한 설명으로 가장 적절한 것은?

① 유니버설종신보험의 투자측면과 변액종신보험의 유연성을 결합한 상품이다.
② 해약환급금이 위험보험료 및 사업비를 충당할 수 있을 정도로 충분하더라도 보험료 납입을 중단할 수 없다.
③ 변액보험과 달리 계약자는 계약자적립액의 투자에 대한 선택권이 제한된다.
④ 적립형은 기본보험계약의 기본보험금을 최저보증 하는 반면, 보장형은 사망보험금으로 기납입보험료를 최저보증 한다.
⑤ 인플레이션이나 보장 니즈 변경에 따라 사망보험금액을 변경할 수 있다.

11 중요도 ★★   ㉮ p.108~109   ㉯ p.145

생사혼합보험에 대한 설명으로 가장 적절하지 **않은** 것은?

① 정기보험의 보장기능과 생존보험의 저축기능을 동시에 가지고 있다.
② 일반적으로 단기상품의 경우에는 저축기능이 강하고, 장기상품의 경우에는 보장기능이 강하다.
③ 정기보험보다 비교적 보험료가 낮지만, 동일한 보험료의 사망보장기능이 없는 저축성보험보다 계약자적립액이 적다는 단점이 있다.
④ 유럽에서는 모기지 상환을 위한 용도로 생사혼합보험을 이용하고 있다.
⑤ 생사혼합보험은 자녀 교육 및 결혼자금 등을 준비하기 위한 수단으로 적합한 상품이다.

정답 및 해설

08 ④   사망보험금에 대한 최저보증이 존재하기 때문에 투자실적이 나쁠 경우에도 보험가입금액에 해당하는 사망보험금은 지급받을 수 있다.

09 ④   '나, 라, 마'는 변액종신보험에 대한 적절한 설명이다.
     가. 변액종신보험은 계약자적립액에 대한 최저보증이 없고, 유니버설기능과 같은 유연성이 떨어지기 때문에 일반종신보험이나 변액유니버설종신보험에 비해 상대적으로 보험료가 낮은 편이다.
     다. 청약철회기간이 종료된 날 → 청약철회기간이 종료된 날의 다음 날

10 ⑤   ① 유니버설종신보험 ↔ 변액종신보험
     ② 해약환급금이 위험보험료 및 사업비를 충당할 수 있을 정도로 충분하다면 보험료 납입을 중단할 수 있다.
     ③ 변액보험과 똑같이 계약자의 책임하에 다양한 펀드를 선택할 수 있어 투자에 대한 선택권이 자유롭다.
     ④ 적립형 ↔ 보장형

11 ③   생사혼합보험은 정기보험보다 비교적 보험료가 높다.

12

연금보험에 대한 설명으로 가장 적절하지 않은 것은?

① 금리형 연금보험은 금리확정형과 금리연동형으로 구분되며, 금리연동형 연금보험은 투자형 연금보험보다 연금액의 변동성이 크다.
② 금리연동형 상품의 변동금리는 공시이율이 적용된다.
③ 연금 가입시기가 동일하더라도 연금지급개시일이 늦을수록 지급되는 연금액은 늘어난다.
④ 우리나라에서 즉시연금보험은 대부분 금리연동형 상품이며, 납입방식은 일시납 형태로 이루어진다.
⑤ 금리연동형 연금보험은 최저보증이율보장옵션을 제공하여 극단적인 저금리 상황이 전개될 때 활용할 수 있다.

13

연금보험 종류와 그에 대한 설명이 가장 적절하게 연결된 것은?

가. 즉시연금보험
나. 변액연금보험
다. 일반연금보험
라. 자산연계형 연금보험

A. 보험료 납입기간이 5년 이상이고, 관련 세법상 요건을 충족하는 경우 보험차익에 대해 비과세 혜택이 주어진다.
B. 가입 이후 연금이 필요하지 않은 경우에는 거치 후 연금을 개시할 수 있어 필요한 시점에 연금소득원을 확보할 수 있다.
C. 보험료의 일부를 주가지수 등 특정 지표 또는 자산에 연계한 후 발생한 수익을 연금액에 반영하여 지급한다.
D. 계약자적립액이 채권이나 주식 등에 투자되며, 연금소득 확보를 위해 다른 투자상품에는 없는 최저연금적립액보증(GMAB) 기능을 지닌다.

① 가 – A, 나 – D, 다 – B, 라 – C
② 가 – B, 나 – C, 다 – A, 라 – D
③ 가 – B, 나 – D, 다 – A, 라 – C
④ 가 – C, 나 – A, 다 – B, 라 – D
⑤ 가 – D, 나 – A, 다 – B, 라 – C

14 중요도 ★★ ㉮ p.119 ~ 121 ㉯ p.148 ~ 149

저축보험에 대한 설명으로 가장 적절하지 **않은** 것은?

① 연금보험은 원리금을 연금방식으로 받지만, 저축보험은 일시금의 형태로 받는다.
② 은퇴 이후 생활에 필요한 노후생활자금과 같은 장기 재무목표달성에 적합한 상품이다.
③ 보험료 추가납입제도 활용 시 계약체결비용이 추가로 부과되어 계약체결비용이 늘어날 수 있다.
④ 저축보험은 보험차익이 발생하면 이자소득으로 간주하여 소득세를 과세한다.
⑤ 납입기간 중 보험료를 감액하는 경우 감액된 부분은 해지된 것으로 처리한다.

15 중요도 ★★★ ㉮ p.124 ~ 126 ㉯ p.150 ~ 153

생명보험약관 조항에 대한 적절한 설명으로만 모두 묶인 것은?

가. 보험설계사가 모집과정에서 사용한 보험안내자료의 내용이 약관의 내용과 다른 경우에는 보험계약자에게 유리한 내용으로 계약이 성립된다.
나. 피보험자의 과실로 중요한 사항에 대해 사실과 다르게 알린 경우 회사가 그 사실을 안 날부터 3개월 이내에 보험계약을 해지할 수 있다.
다. 보험료 납입유예기간에는 연체가산료가 발생하지 않고, 보험계약도 보험료가 정상적으로 납입된 것과 동일한 효력을 가진다.
라. 보험계약이 부활의 청구요건은 해지된 계약에 대해 해약환급금이 지급되지 않아야 한다.
마. 건강진단계약 또는 보험 기간이 1년 미만인 계약은 청약철회가 불가능하다.

---

① 가, 나, 다 ② 나, 다, 라
③ 가, 다, 라, 마 ④ 나, 다, 라, 마
⑤ 가, 나, 다, 라, 마

정답 및 해설

12 ① 변동성이 크다. → 변동성이 작다.

13 ③ A. 일반연금보험
B. 즉시연금보험
C. 자산연계형 연금보험
D. 변액연금보험

14 ③ 보험료 추가납입제도 활용 시 추가납입보험료는 계약체결비용이 부과되지 않아 기본보험료만으로 보험료를 납입하는 것보다 계약체결비용을 절감할 수 있다.

15 ③ '가, 다, 라, 마'는 생명보험약관 조항에 대한 적절한 설명이다.
나. 3개월 → 1개월

㉓ p.129 ~ 130 ㉟ p.152

16 중요도 ★★

보험금수령방법과 이에 대한 설명이 가장 적절하게 연결된 것은?

> 가. 수익자가 지급받기 원하는 기간에 보험회사가 실세금리에 의해 확정기간 중 지급받을 금액을 결정하여 지급받는 방법이다.
>
> 나. 수익자가 기간 이내 사망할 경우 나머지 잔여기간 동안 급부를 지급하고, 기간 이후에도 생존하면 나머지 생존기간 동안 지급이 지속된다.
>
> 다. 원금과 이자가 모두 소멸할 때까지 지급기간은 계속되며, 보험수익자에게 인출 등과 관련된 융통성을 부여한다.
>
> 라. 원금과 최저수익률을 보장한다.

	이자지급방법	기간확정방법	금액확정방법	생애수입방법
①	가	나	다	라
②	나	라	가	다
③	다	가	라	나
④	라	가	다	나
⑤	라	가	나	다

㉓ p.131 ~ 133 ㉟ p.150 ~ 153

17 중요도 ★★

생명보험약관 조항에 대한 설명으로 가장 적절하지 **않은** 것은?

① 보험계약자의 보험증권을 교회, 자선단체 등에 기증하는 것은 절대양도에 해당한다.

② 보험수익자를 변경하고자 할 경우 보험금의 지급사유가 발생하기 전에 피보험자의 서면에 의한 동의를 얻어야 한다.

③ 보험료자동대출은 납입이자를 대출원금에서 제외시키므로 대출금에는 보험료만 포함되며, 이자는 제외된다.

④ 보험계약대출은 해약환급금을 담보로 하며, 보험회사의 승인을 필요로 하지 않는다.

⑤ 보험료 납입유예기간이 지났어도 보험료가 납입되지 않을 경우 불몰수조항이 자동으로 적용된다.

18

㉮ p.134 ~ 140 ㉯ p.153 ~ 155

중요도 ★

생명보험특약에 대한 설명으로 가장 적절하지 **않은** 것은?

① 선지급서비스특약의 부가대상은 주계약의 보험계약자와 피보험자가 동일하고, 사망보험금이 있는 보장성보험이어야 한다.

② 선지급서비스특약에 따라 주계약 사망보험금의 일부가 지급된 경우 주계약은 소멸한다.

③ 양육연금지급서비스특약을 신청할 경우 보험계약자는 사망보험금의 수익자를 가입자녀로 지정해야 한다.

④ 우량체 할인특약은 주계약 체결 후 보험기간 중도에도 부가할 수 있다.

⑤ 지정대리청구서비스특약에서 지정대리청구인은 피보험자와 동거하거나 생계를 같이 하는 피보험자의 가족관계등록부상 또는 주민등록상의 배우자나 3촌 이내 친족 중 1명으로 한다.

정답 및 해설

16 ④ 가. 기간확정방법
　　　나. 생애수입방법(보증부생애수입)
　　　다. 금액확정방법
　　　라. 이자지급방법

17 ③ 보험료자동대출은 납입이자를 대출원금에 포함시키기 때문에 대출금에 보험료뿐 아니라 이자도 포함된다.

18 ② 주계약 사망보험금의 전부가 지급된 경우 주계약은 소멸하지만, 일부가 지급된 경우에는 각 특약의 효력은 계속된다.

01 상해보험에 대한 적절한 설명으로만 모두 묶인 것은?

중요도 ★★

⑦ p.144 ~ 148 ⑧ p.156 ~ 158

> 가. 상해보험에서 신체손상은 급격하고도 우연한 외래의 사고와 상당인과관계가 있어야 한다.
> 나. 전문등반, 자동차 또는 오토바이에 의한 경기로 인해 상해 관련 보험금 지급사유가 발생한 때에는 보험금을 지급하지 않는다.
> 다. 교통상해보험은 운행 중인 자동차에 운전을 하고 있지 않은 상태로 탑승 중에 발생한 손해에 대해서는 보상하지 않는다.
> 라. 신주말교통상해는 사고발생지의 표준시를 기준으로 토요일, 법정공휴일(일요일 포함) 또는 근로자의 날에 교통사고로 인한 신체상해를 보상한다.

① 가, 나
② 다, 라
③ 가, 다, 라
④ 나, 다, 라
⑤ 가, 나, 다, 라

02 상해보험의 담보위험에 대한 설명으로 가장 적절한 것은?

중요도 ★★

⑦ p.144 ~ 147 ⑧ p.156 ~ 157

① 생명보험회사의 상해보험은 포괄주의 방식으로 담보되지 않은 위험을 제외한 모든 위험을 담보한다.
② 생명보험회사의 상해보험은 상해만을 담보하기보다는 주보험계약에 재해사망이나 질병사망을 동시에 보장한다.
③ 해외여행자보험은 피보험자가 국내의 공항이나 부두에 도착하여 여행을 마치고 출국을 위해 항공기나 선박에 탑승하기 직전까지 발생한 사고에 대하여 보상한다.
④ 단체상해보험은 가입 시 건강진단을 받거나 불확실성을 보완하기 위한 다른 보증서류를 제출하지 않아도 되지만, 개인보험에 비해 보험료가 높다는 단점이 있다.
⑤ 단체상해보험은 급여인상에 따른 사회보험의 보험료 및 퇴직금의 증가 등 고용비용을 상승시키는 부작용을 지니고 있다.

03 중요도 ★★

㉑ p.148 ~ 150 ㉰ p.158 ~ 159

상해보험 관련 특별약관에 대한 설명으로 가장 적절하지 **않은** 것은?

① 동일한 상해의 치료를 목적으로 보험기간 중에 2회 이상 입원한 경우 이를 1회 입원으로 보아 입원일수에 더한다.
② 상해입원일당의 지급일수는 1회 입원당 180일을 한도로 한다.
③ 군 복무 중 상해 특별약관에서 군 복무기간이란 피보험자가 입영한 시점부터 전역일까지의 기간을 말하며, 보험기간의 종료일이 전역일보다 빠른 경우 보험기간 종료일을 전역일로 한다.
④ 피보험자가 과중한 업무부담의 지속으로 인해 업무 중 뇌혈관질환 내지 심질환의 급격한 발현으로 사망하게 된 경우에는 보험가입금액 전액을 과로사 보험금으로 지급한다.
⑤ 동일한 상해사고로 인해 두 종류 이상의 수술을 받은 경우에는 각각 수술에 대하여 수술비를 지급한다.

04 중요도 ★★

㉑ p.151 ~ 158 ㉰ p.160 ~ 161

질병보험에 대한 설명으로 가장 적절하지 **않은** 것은?

① 질병은 내·외재적 원인에 의한 신체결함상태를 의미한다.
② 암보험 책임개시일 90일 이전의 암으로 진단 확정이 된 경우 보험계약은 무효가 된다.
③ 질병보험은 질병 치료를 위한 비용뿐만 아니라 질병으로 인해 소득을 상실할 경우 이에 대한 생활자금도 담보한다.
④ GI보험은 한국표준질병·사인분류(KCD)기준 방식을 사용하여 해당하는 진단코드에 합당한 경우 보험금 지급대상이 된다.
⑤ CI보험은 계약일 이후 일정한 기간 이내 발병한 질병에 대하여 보험가입금액의 일부만 지급한다.

정답 및 해설

01 ① '가, 나'는 상해보험에 대한 적절한 설명이다.
다. 교통상해보험은 운행 중인 자동차에 운전하고 있지 않은 상태로 탑승 중에 발생한 손해에 대해서도 보상한다.
라. 신주말교통상해 → 주말교통상해

02 ② ① 생명보험회사의 상해보험은 담보위험을 열거하고 이에 해당하는 사고발생 시 위험을 보장한다.
③ 해외여행자보험 → 국외 거주자의 국내여행자보험
④ 단체상해보험은 보험료가 개인보험에 비해 보험료가 낮다.
⑤ 단체상해보험은 단순급여 인상 시 부담하는 사회보험의 보험료 및 퇴직금의 증가가 동반되지 않아 고용비용 절감 효과가 있다.

03 ⑤ 동일한 상해사고를 직접적인 원인으로 두 종류 이상 또는 같은 종류의 상해 수술을 2회 이상 받은 경우에는 그 수술 중 가장 높은 지급금액에 해당하는 한 종류의 수술에 대해서만 수술비를 지급한다.

04 ① 질병은 상해와 달리 외래성이 인정되지 않으며, 신체 내재적 원인에 의한 신체결함상태를 말한다.

중요도 ★★

⑦ p.154 ~ 156 ④ p.160 ~ 161

질병보험의 담보위험에 대한 설명으로 가장 적절한 것은?

① 손해보험회사의 CI보험은 생명보험회사와는 달리 종합보장보험의 한 특약 형태가 아닌 독립상품의 형태를 취한다.
② 손해보험회사의 CI보험은 생명보험회사의 상품과 같이 종신보장의 효과를 볼 수 있다.
③ 암보험에서 특정 암 진단급여금의 지급사유가 일반 암 진단급여금을 지급한 후 발생한 경우에도 특정 암 진단급여금 전액을 지급한다.
④ 암 수술보험금은 피보험자가 동시에 두 종류 이상의 암 수술을 받은 경우 각 수술비용을 합산하여 지급한다.
⑤ 암 입원보험금이 지급된 최종 입원의 퇴원일로부터 180일이 경과하여 개시한 입원은 새로운 입원으로 간주한다.

06

중요도 ★★

⑦ p.153, 158 ④ p.160

다음 중 질병보험에서 보상하는 경우로만 모두 묶인 것은?

> 가. 청약서상 계약 전 알릴 의무에 해당하는 질병으로 과거에 진단 또는 치료를 받은 경우
> 나. 타인의 사망을 보험금 지급사유로 하는 계약에서 피보험자의 서면동의를 받지 않은 경우
> 다. 만 15세 미만인 자의 사망을 보험금 지급사유로 한 경우
> 라. 만 15세 미만인 자의 암을 담보하는 계약에서 보장개시일 이후 90일간의 기간 중 암 진단이 확정된 경우

① 라
② 가, 라
③ 나, 다
④ 가, 나, 라
⑤ 가, 나, 다, 라

07

중요도 ★★★

⑦ p.162 ~ 165 ④ p.162 ~ 163

실손의료보험에 대한 설명으로 적절하지 **않은** 것은?

① 실손의료보험은 국민건강보험의 보충적 보험으로 피보험자의 질병 및 상해, 간병 등의 의료비를 보상해주는 민영의료보험이다.
② 실손의료보험은 국민건강보험 급여항목 중 본인부담액과 법정 비급여항목의 합계액에서 자기부담금을 공제한 후 지급한다.
③ 4세대 실손의료보험은 1년마다 갱신되며, 재가입주기는 최대 5년이다.
④ 4세대 실손의료보험에서 표준형 상해입원의 경우 보상대상 의료비의 80% 해당액을 지급한다.
⑤ 4세대 실손의료보험에서 표준형 상해통원의 외래진료비는 보장대상 의료비에서 병원규모별 1 ~ 2만원과 보상대상 의료비의 20% 중 적은 금액을 차감한 금액을 지급한다.

08

중요도 ★★★

㉮ p.163　㉯ p.162 ~ 163

4세대 실손의료보험에 대한 설명으로 가장 적절하지 않은 것은?

① 4세대 실손의료보험은 비급여에 대한 3세대 실손의료보험의 포괄적 보장구조를 급여와 비급여로 분리하였다.

② 4세대 실손의료보험은 재가입주기를 15년에서 5년으로 단축하였다.

③ 의료비용이 많으면 자기부담이 감소하도록 자기부담비율을 하향조정 하였다.

④ 기존 실손의료보험보다 소비자의 보험료 부담이 감소하였다.

⑤ 직전 1년간 비급여 지급보험금을 등급별로 구분하여 보험료가 할인·할증된다.

정답 및 해설

05 ⑤　① 손해보험회사의 CI보험은 생명보험회사와는 달리 독립상품의 형태가 아닌 종합보장보험의 한 특약 형태를 취한다.

② 손해보험회사의 CI보험은 생명보험회사의 상품과 같은 종신 보장의 효과를 볼 수 없다.

③ 암보험에서 특정 암 진단급여금의 지급사유가 일반 암 진단급여금을 지급한 후 발생한 경우 특정 암 진단급여금에서 일반 암 진단급여금을 뺀 금액을 지급한다.

④ 암 수술보험금은 피보험자가 동시에 두 종류 이상의 암 수술을 받은 경우에는 그 수술 중 가장 높은 급여에 해당하는 수술에 대한 암 수술급여만을 지급한다.

06 ①　'라'는 질병보험에서 보상하는 경우에 해당한다.

가. 청약서상 계약 전 알릴 의무에 해당하는 질병으로 과거에 진단 또는 치료를 받은 경우에는 해당 질병과 관련한 보험금은 5년 면책조항에 해당되어 지급하지 않는다.

나. 타인의 사망을 보험금 지급사유로 할 경우 피보험자의 서면에 의한 동의가 있어야 한다.

다. 만 15세 미만인 자, 심신상실자, 심신박약자의 사망을 보험금 지급사유로 할 경우 계약은 무효화된다.

07 ⑤　적은 금액 → 큰 금액

08 ③　의료비용이 많으면 자기부담이 증가하도록 자기부담비율을 상향조정 하였다.

09

중요도 ★★

㉮ p.164 ㉯ p.162 ~ 163

실손의료보험의 전환 시 유의해야 할 사항으로 가장 적절하지 **않은** 것은?

① 일반적으로 기존 실손의료보험 가입자는 별도의 심사 없이 4세대 실손의료보험으로 전환이 가능하다.
② 4세대 실손의료보험으로 전환 후 6개월 이내에 보험금 수령이 없는 경우 계약 전환을 철회하고 기존 상품으로 돌아갈 수 있다.
③ 기존 상품으로 복귀 후 4세대 실손의료보험으로 재전환하고자 하는 경우에는 별도 전환 심사를 거쳐야 한다.
④ 4세대 실손의료보험으로 전환 후에는 전환 전 계약의 무사고 할인 적용을 위한 무사고 기간을 인정받을 수 없다.
⑤ 전환 전 이미 계약에서 무사고 할인을 적용받고 있는 경우에는 전환 시점부터 1년간 다시 보험료 할인을 받을 수 있다.

10

중요도 ★★★

㉮ p.166 ㉯ p.162 ~ 163

A씨가 가입한 기본형 실손의료비보험에서 지급하는 입원의료비 보험금으로 가장 적절한 것은?

- 기본형 실손의료보험 질병급여형 가입
- 입원기간 : 총 30일(2023년 3월 2일 ~ 2023년 3월 31일)
- 입원치료 본인부담 총액 : 6,500만원(감면받은 의료비 250만원 포함)
- 감면받은 의료비 250만원은 법령 등에 따라 감면받은 금액임
- A씨가 입원치료를 받던 중 2023년 3월 16일자로 해당 보험계약이 종료됨

① 0원
② 5,000만원
③ 5,200만원
④ 6,250만원
⑤ 6,500만원

11 중요도 ★★ ㉞ p.167~168 ㉦ p.163

노후 실손의료보험과 유병력자 실손의료보험에 대한 적절한 설명으로만 모두 묶인 것은?

□

> 가. 노후 실손의료보험 기본형은 급여와 비급여 부분의 20%를 자기부담금으로 한다.
> 나. 노후 실손의료보험 기본형은 입원과 통원을 합산하여 1억원 한도에서 보상한다.
> 다. 노후 실손의료보험과 유병력자 실손의료보험의 경우 처방 조제는 보상하지 않는다.
> 라. 유병력자 실손의료보험에 가입한 자가 상해·질병으로 입원 시 자기부담금은 30%이며, 최소자기부담금은 10만원이다.

① 나   ② 가, 다
③ 나, 라   ④ 다, 라
⑤ 가, 나, 다

정답 및 해설

09 ④   4세대 실손의료보험으로 전환 후에는 전환 전 계약의 무사고 할인 적용을 위한 무사고 기간을 인정받을 수 있다.

10 ②   기본형 실손의료비보험의 입원의료비 보험금 = 본인부담액(6,250만원)의 80% = 5,000만원
  • 본인부담액의 80% = {본인부담 총액(6,500만원) – 법령 등에 따라 감면받은 의료비(250만원)} × 80%
          = 5,000만원
  • 피보험자가 입원치료를 받던 중 보험계약이 종료되더라도 그 계속 중인 입원에 대해서는 보험계약 종료일 다음날부터 180일까지 보상한다.

11 ③   '나, 라'는 노후 실손의료보험과 유병력자 실손의료보험에 대한 적절한 설명이다.
  가. 노후 실손의료보험 기본형은 급여부분의 20%, 비급여 부분의 30%를 자기부담금으로 한다.
  다. 유병력자 실손의료보험의 경우에만 처방 조제를 보상하지 않는다.

12

중요도 ★★   ⑦ p.169   ⑧ p.164

실손보험과 정액보험을 비교한 내용 중 (가)~(다)에 들어갈 내용으로 가장 적절한 것은?

구 분	실손보험	정액보험
보상금액	–	(가)
보상범위	(나)	–
다수보험의 처리	(다)	–

	가	나	다
①	실제 부담한 금액	열거주의	사전약정금액을 보상
②	실제 부담한 금액	포괄주의	사전약정금액을 보상
③	사전에 약정한 금액	열거주의	비례보상
④	사전에 약정한 금액	포괄주의	비례보상
⑤	사전에 약정한 금액	포괄주의	사전약정금액을 보상

13

중요도 ★★★   ⑦ p.171~173   ⑧ p.165~166

실손의료보험에서 보상하지 **않는** 경우로만 모두 묶인 것은?

> 가. 보험회사가 보장하는 보험금 지급사유와 보장개시일로부터 2년이 지난 후에 습관성 유산이 발생한 경우
> 나. 유독가스 또는 유독물질을 상습적으로 흡입한 결과로 생긴 중독증상
> 다. 선박에 탑승하는 것을 직무로 하는 사람이 직무상 선박에 탑승하고 있는 동안 발생한 상해
> 라. 보험가입 당시 피보험자가 선천성 뇌질환을 가진 태아인 경우

① 가, 라   ② 나, 다
③ 가, 나, 다   ④ 나, 다, 라
⑤ 가, 나, 다, 라

14

중요도 ★★ ⑦ p.175~179 ⑧ p.167~168

장해소득보상보험에 대한 설명으로 가장 적절한 것은?

① 우리나라에서는 주로 장해소득보상보험을 주보험의 형태로 제공한다.
② 장해소득보상보험의 보험금 지급은 연금의 형태로만 제공된다.
③ 같은 상해로 두 가지 이상의 후유장해가 생긴 경우에는 후유장해지급률을 합산하여 지급한다.
④ 동일한 신체부위에 두 가지 이상의 장해가 발생한 경우에는 일반적으로 두 가지의 후유장해 지급률을 합산하여 지급한다.
⑤ 영구히 고정된 증상은 아니지만, 치료 종결 후 한시적으로 나타나는 장해에 대해서 그 기간이 3년 이상인 경우에는 해당 장해 지급률의 20%를 장해지급률로 한다.

15

중요도 ★★ ⑦ p.183~187 ⑧ p.169

장기간병보험에 대한 설명으로 가장 적절한 것은?

① 장기간병보험은 피보험자가 상해, 질병 등으로 치매상태를 제외한 일상장해상태 진단이 확정될 경우 보험금을 지급하는 보험이다.
② 노인장기요양보험과는 별도로 운영되며 약관규정도 달리 적용하고 있다.
③ 일상생활장해상태로 인한 책임개시일은 계약일로부터 그날을 포함하여 90일이 지난날로 한다.
④ 치매상태로 인한 책임개시일은 그날을 포함하여 만 1~2년이 지난날의 다음날로 한다.
⑤ 장기요양상태는 60세 이상 노인 또는 노인성 질병을 가진 60세 미만의 자로서 노인장기요양보험법에 따라 장기요양 1등급 또는 2등급으로 판정받은 경우를 말한다.

정답 및 해설

12 ④ 가. 사전에 약정한 금액
나. 포괄주의
다. 비례보상

13 ② '나. 다'는 실손의료보험에서 보상하지 않는 경우에 해당한다.
가. 피보험자의 임신, 출산, 산후기는 보상하지 않으나, 보험회사가 보장하는 보험금 지급사유와 보장개시일로부터 2년이 지난 후에 습관성 유산, 불임 및 인공수정 관련 합병증으로 인한 경우에는 보상한다.
라. 선천성 뇌질환에 대해서는 보상하지 않으나, 피보험자가 보험가입 당시 태아인 경우에는 보상한다.

14 ③ ① 우리나라에서는 주로 장해소득보상보험을 주보험보다는 특약의 형태로 부가하고 있다.
② 장해소득보상보험의 보험금 지급은 일시금 또는 연금의 형태로 제공된다.
④ 동일한 신체부위에 두 가지 이상의 장해가 발생한 경우에는 일반적으로 그 중 높은 지급률을 적용한다.
⑤ 3년 → 5년

15 ④ ① 치매상태를 포함한다.
② 장기간병보험은 노인장기요양보험 등급과 연계되며 약관규정의 내용을 함께 적용한다.
③ 90일이 지난 날 → 90일이 지난 날의 다음 날
⑤ 장기요양상태는 65세 이상 노인 또는 노인성 질병을 가진 65세 미만의 자로서 노인장기요양보험법에 따라 장기요양 1등급 또는 2등급으로 판정받은 경우를 말한다.

5장 손해보험

01
중요도 ★★

㉯ p.192 ~ 194, p.198 ~ 200 ㉰ p.170 ~ 172

화재보험에 대한 설명으로 가장 적절한 것은?

① 일반화재보험의 보통약관은 화재 및 소방, 피난손해뿐만 아니라 폭발 그 자체의 손해도 함께 보상한다.
② 교습소, 치료 용도로 사용하는 병용주택은 주택물건이 아닌 일반물건으로 분류한다.
③ 잔존물 제거비용은 보험가입금액 범위 내에서 재산손해액의 20%를 한도로 보상한다.
④ 화재보험의 목적물 중 보험증권에 기재하여야 담보를 받을 수 있는 물건을 자동담보물건이라 한다.
⑤ 특수건물의 대상물건은 지하층을 제외한 11층 이상의 건물 등이 해당되며, 건물 이외의 가재도구, 집기비품, 동산(재고자산) 등은 특수건물에 포함되지 않는다.

02
중요도 ★★★

㉯ p.192 ~ 195, p.200 ~ 202 ㉰ p.170 ~ 172

화재보험의 담보위험에 대한 적절한 설명으로만 모두 묶인 것은?

가. 화재보험의 보통약관은 일반물건, 공장물건을 대상으로 하여 적용된다.
나. 주택의 부속건물로서 가재도구만을 수용하는 데 쓰이는 것은 주택물건에 포함되지 않는다.
다. 다중이용업소 화재배상책임보험은 다중이용업소의 화재·폭발로 인한 타인의 생명·신체 및 재산상의 손해를 보상하며, 재산피해는 1사고당 10억원 한도 내에서 보상한다.
라. 다중이용업소 화재배상책임보험에 의한 보상한도는 사망 시 1인당 1억원, 부상의 경우 최대 1,000만원까지 보상한다.
마. 화재 발생 시 생긴 도난 또는 분실로 생긴 손해는 보상하지 않는다.

① 가, 다
② 나, 마
③ 다, 라
④ 가, 나, 라
⑤ 가, 다, 마

03 화재보험금 지급보험금에 대한 설명으로 가장 적절하지 **않은** 것은?

① 보험가입금액과 보험가액의 크기에 따라 전부보험, 일부보험, 초과보험 등으로 구분된다.

② 보험가입금액이 보험가액의 80% 이상인 경우 보험가입금액 한도 이내에서 손해액 전액을 보상한다.

③ 재산손해액과 잔존물 제거비용에 대한 보험금의 합계는 보험가액을 한도로 지급한다.

④ 잔존물 제거비용을 제외한 비용손해는 보험가입금액을 초과하여도 보상받을 수 있다.

⑤ 주택화재보험에서 보험가입금액이 보험가액의 80% 미만일 경우 재산손해와 동일하게 비용손해도 비례보상이 된다.

정답 및 해설

01 ⑤　① 일반화재보험은 화재(벼락포함), 소방손해, 피난손해를 보상하며 폭발 그 자체의 손해는 제외된다. 단, 주택화재보험에서는 폭발 및 파열의 손해도 담보하고 있다.
　　　　② 교습소, 치료 용도로 사용하는 병용주택은 주택물건에 해당한다.
　　　　③ 20% → 10%
　　　　④ 자동담보물건 → 명기물건

02 ⑤　'가, 다, 마'는 화재위험의 담보위험에 대한 적절한 설명이다.
　　　　나. 포함되지 않는다. → 포함된다.
　　　　라. 1억원 → 1.5억원, 1,000만원 → 3,000만원

03 ③　보험가액 → 보험가입금액

04

⑦ p.198 ⑧ p.171 ~ 172

중요도 ★★★

A씨 소유의 주택건물에 화재가 발생한 경우 다음 정보를 통해 계산한 지급보험금으로 가장 적절한 것은?

□

- 보험가입금액 : 3억원
- 보험가액 : 5억원
- 재산손해액 : 1억원
- 잔존물 제거비용 : 2,000만원

① 7,000만원
② 7,200만원
③ 8,500만원
④ 9,000만원
⑤ 9,200만원

05

⑦ p.197 ~ 198 ⑧ p.171 ~ 172

중요도 ★★★

공장건물의 화재로 인한 재산손해액에 대하여 일반화재보험에서 지급되는 보험금을 계산한 것으로 가장 적절한 것은? (단, 공장건물의 보험가액은 1억원으로 가정함)

□

① 보험가입금액이 1억원, 재산손해액이 8,000만원인 경우 지급보험금은 1억원이다.
② 보험가입금액이 8,000만원, 재산손해액이 5,000만원인 경우 지급보험금은 8,000만원이다.
③ 보험가입금액이 8,000만원, 재산손해액이 5,000만원인 경우 잔존물 제거비용은 1,000만원을 초과해서는 안 된다.
④ 보험가입금액이 5,000만원, 재산손해액이 5,000만원인 경우 지급보험금은 2,500만원이다.
⑤ 보험가입금액이 1.5억원, 재산손해액이 8,000만원인 경우 보험가액을 초과한 부분도 보상한다.

06

중요도 ★★

⑦ p.199 ~ 202   ④ p.172 ~ 174

화재보험 특별약관에 대한 설명으로 적절하지 **않은** 것은?

① 건물 이외의 가재도구, 집기비품, 동산 등은 특수건물에 포함되지 않는다.
② 연면적이 1,000m² 이상인 국유건물 및 부속건물은 특수건물에 해당한다.
③ 신체손해배상책임담보 특별약관과 다중이용업소 화재배상책임보험 특별약관 모두 사망 시 피해자 1명당 1.5억원 한도로 보상한다.
④ 특수건물 화재로 타인 부상을 당한 경우 신체손해배상책임담보 특별약관에 따라 최고 3,000만원을 지급한다.
⑤ 다중이용업소 화재배상책임보험에서는 재산피해에 대해 1사고당 5억원 한도 내에서 보상한다.

07

중요도 ★★

⑦ p.202 ~ 204   ④ p.172 ~ 174

화재보험 특별약관에 대한 설명으로 가장 적절하지 **않은** 것은?

① 재고가액통지 특별약관은 재고자산에 대해 손해가 발생했을 때 실제 재고가액을 기준으로 보상받을 수 있다.
② 재고가액통지 특별약관은 매월 재고가액을 보험회사에 통보하고, 보험기간이 종료된 시점에서 통지된 재고가액의 월 평균금액을 산출하여 확정보험료를 계산한다.
③ 재조달가액담보 특별약관에 가입할 경우 사용재산에 대해 감가공제액을 차감한 현재가액으로 보상받을 수 있어 사고 시 원상회복을 위한 추가적인 비용을 절감할 수 있다.
④ 실손보상 특별약관 가입 시 보험가액 대비 보험가입금액이 일정 비율 이상일 경우 보험가입금액 한도 실제로 발생한 손해액을 보상한다.
⑤ 실손보상 특별약관의 지급보험금은 주택화재보험의 부보비율 조건부 실손보상조항과 동일하게 계산된다.

정답 및 해설

04 ③ • 재산손해액 : 1억원 × 3억원/(5억원 × 80%) = 7,500만원
　　• 비용손해액
　　　잔존물 제거비용 : 2,000만원 × 3억원/(5억원 × 80%) = 1,500만원
　　　※ 잔존물 제거비용 한도 = 재산손해액의 10% = 1,000만원
　　• 총 지급보험금 : 7,500만원 + 1,000만원 = 8,500만원

05 ④ 지급보험금 = 재산손해액 × 보험가입금액/보험가액 = 5,000만원 × 5,000만원/1억원 = 2,500만원
　　① 보험가입금액과 보험가액이 같은 전부보험은 손해액 전액(8,000만원)을 보험가입금액 한도로 지급한다.
　　② 보험가입금액이 보험가액의 80% 이상이면 전부보험과 동일하게 보험금을 지급하므로 손해액 전액(5,000만원)을 보험가입금액 한도로 지급한다.
　　③ 보험가입금액이 8,000만원, 재산손해액이 5,000만원인 경우 잔존물 제거비용은 500만원(= 5,000만원 × 10%)을 초과해서는 안 된다.
　　⑤ 보험가입금액이 보험가액보다 큰 경우 보험가액을 초과한 부분은 무효가 된다.

06 ⑤ 5억원 → 10억원

07 ③ 감가공제액을 차감한 현재가액 → 재조달가액(새롭게 재조달하는 비용)

08 중요도 ★
화재보험의 보험료에 대한 적절한 설명으로만 묶인 것은?

> 가. 화재보험의 보험료는 물건의 종류에 따라 주택물건·일반물건·공장물건요율 등으로 구별된다.
> 나. 화재보험 보험료의 최종적용요율은 기본요율에 각종 할증·할인율을 곱한 뒤 특약요율을 차감하여 산출한다.
> 다. 11층 이상, 높이가 35m를 초과하는 고층건물에 대해서는 건물층수에 따라 고층건물할증이 적용된다.
> 라. 보험기간이 1년 초과 3년 이하인 일시납계약에 대해서는 단기요율을 적용한다.

① 가, 나
② 가, 다
③ 다, 라
④ 가, 다, 라
⑤ 나, 다, 라

09 중요도 ★
동산종합보험에 대한 설명으로 가장 적절하지 **않은** 것은?

① 피보험자의 재산 중 동산이 우연한 사고로 입은 교환가치손해를 보상하는 보험이다.
② 보험의 목적이 동산이라는 점에서 장소를 불문하고 면책위험을 제외한 모든 위험을 담보하는 전위험담보이다.
③ 화재 및 소방손해, 도난손해는 보상하는 손해에 해당하며, 자연소모·마모로 인한 손해, 하자·가공 중의 손해 등은 보상하지 않는다.
④ 동산종합보험 가입 시 필요한 사항은 일반적으로 위험조사보고서를 통하여 이루어진다.
⑤ 동산종합보험 영문약관은 보통약관에 구체적인 보상하는 손해와 이에 따르는 보상하지 않는 손해가 규정되어 있다.

10 중요도 ★★

배상책임보험의 분류에 대한 적절한 설명으로만 모두 묶인 것은?

가. 의무배상책임보험은 피보험자의 자위수단으로서의 기능을 우선하는 반면, 임의배상책임
  보험은 피해자 구제수단으로서의 기능을 우선시한다.
나. 자동차보험(대인배상Ⅰ, 대물배상)은 대표적인 의무배상책임보험이다.
다. 전문직배상책임보험의 대부분은 손해사고기준 배상책임보험으로 운영된다.
라. 보관자 배상책임보험은 보상한도액 이내에서 비례보상하고, 제3자 배상책임보험은 실제
  손해액을 보상한도액 이내에서 실손보상한다.

① 가, 다
② 나, 라
③ 다, 라
④ 가, 나, 다
⑤ 나, 다, 라

정답 및 해설

08 ② '가, 다'는 화재보험의 보험료에 대한 적절한 설명이다.
  나. 차감하여 산출한다. → 더하여 산출한다.
  라. 단기요율 → 장기계약 일시납 보험요율

09 ⑤ 영문약관 → 국문약관

10 ② '나, 라'는 배상책임보험의 분류에 대한 적절한 설명이다.
  가. 의무배상책임보험 ↔ 임의배상책임보험
  다. 손해사고기준 → 배상청구기준

중요도 ★★　　　　　　　　　　　　　　　　　　　　　　　㉠ p.216 ~ 218　㉮ p.176

다음 사례를 읽고, 추측할 수 있는 배상책임보험에 대한 내용으로 가장 적절하지 **않은** 것은?

> 도시락 제조회사 A는 1사고당 한도액 1.5억원 및 총 보상한도액 2.5억원으로 하는 생산물배상책임보험에 가입한 후 한 초등학교 행사에 400개의 도시락을 판매하였다. 그러나 반찬의 가공부주의로 도시락 소비자 300명이 모두 식중독에 걸려 1인당 50만원의 치료비가 발생하였다.

① 사고발생의 객체는 불특정 타인의 재물이나 신체 또는 생명이다.
② 배상책임보험에서는 사고가 발생한 시점을 사고로 보는 손해사고설을 가장 보편적으로 사용한다.
③ 인명피해는 보험사고로 인한 신체침해 외에 정신적 피해도 모두 포함한다.
④ 원인설에 의하면 1.5억원이 보험금으로 지급된다.
⑤ 효과설에 의하면 2.5억원이 보험금으로 지급된다.

12

중요도 ★★　　　　　　　　　　　　　　　　　　　　　　　㉠ p.218 ~ 220　㉮ p.177 ~ 178

배상책임보험의 보상범위에 대한 설명으로 가장 적절하지 **않은** 것은?

① 배상책임보험의 보상은 피해자에 대한 손해보상금과 사고처리 제비용으로 구분할 수 있다.
② 후유장해에 따른 손해는 장례비를 제외하고, 생계비를 공제하지 않고 일실수익을 산출한다.
③ 직접손해로 재물이 멸실된 경우에는 멸실 당시의 교환가격이 통상 발생하는 손해가 되며, 수리 불능 시에는 훼손시의 시가가 손해가 된다.
④ 잔존물대위는 제3자의 행위로 발생된 손해를 보험회사가 보상한 경우 피보험자가 제3자에 대하여 가지는 손해배상청구권을 보험자가 대위하는 것을 말한다.
⑤ 손해방지비용과 소송비용은 전액 보상한다.

중요도 ★★　　　　　　　　　　　　　　　　　　　　　　　㉠ p.221 ~ 223　㉮ p.178 ~ 179

배상책임보험의 보험금 결정과 지급에 대한 설명으로 가장 적절하지 **않은** 것은?

① 모든 책임보험의 경우 제3자의 보험회사에 대한 직접청구권을 인정하고 있다.
② 배상책임보험은 법률상 부담하는 최고한도액이 무한하므로 보험가액 또한 무한이라고 할 수 있다.
③ 일반적으로 보험가액을 확정할 수 없는 책임보험은 일부보험이 적용될 여지가 없다.
④ 가스사고배상책임보험은 대인배상에 관하여 1인당의 보상한도액과 1사고당 및 총 보상한도액이 정해져 있지 않다.
⑤ 보험가입금액은 전액 지급 시 그 보험계약이 소멸하는 반면, 보상한도액은 전액을 지급하더라도 계약이 유효하다.

14
㉮ p.223 ~ 226 ㉯ p.179 ~ 180

중요도 ★★

영업배상책임보험에 대한 설명으로 가장 적절하지 **않은** 것은?

① 영업배상책임보험은 보통약관상 담보내용이 없고 특약에 따라 담보가 설정된다.
② 시설소유·관리자 특별약관에서는 피보험자의 근로자가 피보험자의 업무에 종사 중 입은 신체장해에 대해 보상하지 않는다.
③ 항공기나 자동차와 같이 타 보험 종목이 있는 경우에는 시설소유·관리자 특별약관의 가입 대상에서 제외된다.
④ 임차자배상책임 특별약관의 가입 물건은 원칙적으로 영업용 또는 주거용 건물이다.
⑤ 임차자배상책임 특별약관은 피보험자가 소유, 임차, 사용하는 재물손해를 예외적으로 담보 하는 유일한 약관이다.

15
㉮ p.236 ㉯ p.182

중요도 ★★

자동차보험의 피보험자에 대한 설명으로 적절하지 **않은** 것은?

① 기명피보험자는 보험증권에 기재된 피보험자를 말하며, 피보험자동차를 소유하지 않고 사용 또는 관리하는 자는 친족피보험자에 해당한다.
② 기명피보험자와 살림을 같이하는 친족은 피보험자가 될 수 없다.
③ 사용피보험자는 기명피보험자가 피보험자동차를 사용자의 업무에 사용하고 있는 때에 한한다.
④ 승낙피보험자는 기명피보험자의 승낙을 얻어 피보험자동차를 사용 또는 관리하는 자이다.
⑤ 다른 피보험자를 위하여 피보험자 자동차를 운전 중인 자를 운전피보험자라 한다.

정답 및 해설

11 ⑤ 2.5억원 → 2억원(= 400개 × 50만원)

12 ④ 잔존물대위 → 청구권대위

13 ④ 가스사고배상책임보험은 대인배상에 관하여 1사고당 및 총 보상한도액은 정하지 않지만, 1인당의 보상한도액은 정해 진다.

14 ④ 임차자배상책임 특별약관은 영업배상책임보험의 특별약관이기 때문에 영업용이 아닌 주거용 건물은 원칙적으로 인수대상이 아니다.

15 ② 기명피보험자와 같이 살거나 살림을 같이하는 친족은 친족피보험자로 구분할 수 있다.

16

중요도 ★★★

㉮ p.235 ~ 246 ㉯ p.182 ~ 185

자동차보험의 담보위험에 대한 적절한 설명으로 모두 묶인 것은?

> 가. 대인배상 I 은 자동차손해배상보장법에 의한 의무책임보험이며, 피해자 1사고당 한도액 범위 내에서만 보장된다.
> 나. 대인배상 II 는 대인배상 I 을 체결한 경우에 한하여 가입이 가능하며, 대인배상 I 을 초과 하는 금액에 대하여 보상이 이루어진다.
> 다. 대물배상은 2,000만원까지는 의무적으로 가입해야 하며, 보험가입금액은 1사고당 2,000만원부터 무한까지 선택하여 가입할 수 있다.
> 라. 무보험자동차상해는 대인배상 I, 대인배상 II, 자기신체사고가 모두 함께 체결된 경우에 한하여 가입할 수 있다.
> 마. 자기신체사고의 보상한도는 사망과 후유장해는 최대 1억원, 부상은 최대 5,000만원으로 한다.

① 가, 나, 다
③ 나, 다, 라
⑤ 나, 라, 마

② 가, 라, 마
④ 나, 다, 마

17

중요도 ★★★

㉮ p.238 ~ 239 ㉯ p.182 ~ 184

자동차보험금 지급에 대한 설명으로 적절하지 **않은** 것은?

① 자동차보험의 장례비는 500만원이다.
② 약관지급기준에 의한 사망자 본인 또는 유족의 위자료의 경우 65세 미만은 8,000만원, 65세 이상은 5,000만원이다.
③ 상실수익액 계산시 사용하는 호프만계수는 해당 금액의 원금에서 복리에 의한 중간이자를 공제하고 계산하는 방식이다.
④ 산출된 사망보험금이 2,000만원 미만인 경우 사망보험금은 2,000만원으로 한다.
⑤ 부상보험금의 위자료는 부상급수에 따라 1급 ~ 14급에 해당하는 금액을 지급한다.

18 중요도 ★★★ 　　　　　　　　　　　　　　　　　　　　　㉮ p.241　㉯ p.183

다음 사례를 통해 계산한 사망자 A의 상실수익액으로 가장 적절한 것은? (단, 보험금지급일과 사망일 또는 노동능력상실일은 동일한 것으로 가정함)

2024년 9월 15일 24시경 A씨가 자신의 차량으로 시내 주행 중 교차로에서 정지신호를 무시한 채 그대로 운전하다 우회전 하는 상대 차량과 충격하여 자신 A는 현장에서 사망하고, 상대차량 운전자 B가 중상을 입은 사고가 발생하였다.

- A의 소득기초자료
  - 연령 : 만 30세(취업가능월수 : 420개월)
  - 세금공제 후 월평균 현실소득액 : 450만원(단, 업종별 정년은 감안하지 않음)
- 적용 호프만계수(가정) : 242.7

---

① 218,430,000원

② 364,050,000원

③ 546,075,000원

④ 728,100,000원

⑤ 849,450,000원

---

16 ④ '나, 다, 마'는 자동차보험의 담보위험에 대한 적절한 설명이다.

　　　　가. 대인배상 I 은 피해자 1인당 한도액 범위 내에서 보장되며, 1사고당 한도는 없다.

　　　　라. 무보험자동차상해는 대인배상 II, 대물배상, 자기신체사고가 모두 함께 체결된 경우에 한하여 가입할 수 있다.

17 ③ 복리 → 단리

18 ④ 상실수익액 = (월평균 현실소득액 − 생활비) × 호프만계수

　　　　　　　　　　 = 450만원 × 2/3 × 242.7 = 728,100,000원

　　　　※ 생활비는 현실소득액의 1/3을 추정하여 공제한다.

㉮ p.248 ~ 252 ㉯ p.185 ~ 187

19 중요도 ★★

자동차보험에 대한 적절한 설명으로 모두 묶인 것은?

> 가. 무보험자동차상해에 가입하면 기명피보험자는 다른 자동차운전담보 특별약관에 별도의
> 가입절차가 없어도 자동으로 가입된다.
> 나. 자기차량손해의 보험가입금액은 보험가액의 범위 내에서 보험가액 전부 또는 보험가액의
> 60% 이상으로 해야 하며, 보험증권에 기재된 기명피보험자만이 피보험자에 해당한다.
> 다. 일부 부분품이나 부속기계만의 도난도 보상하며, 도난에 대한 보험금 청구는 경찰관서에
> 신고한 날로부터 30일 이후에 하도록 한다.
> 라. 자동차보험에는 과실상계가 존재하며, 무보험자동차에 의한 상해의 경우에서 과실상계
> 한 후의 금액이 치료관계비 해당액에 미달하는 때에는 치료관계비 해당액을 보상한다.
> 마. 운전자 한정 특별약관은 대인배상 I 에는 적용되지 않는다.

① 가, 나, 다   ② 나, 라, 마
③ 가, 나, 다, 라   ④ 가, 나, 라, 마
⑤ 나, 다, 라, 마

20 중요도 ★★

㉮ p.251 ~ 252 ㉯ p.187

운전자 범위제한 특별약관에서 담보하는 운전자의 범위에 해당하는 경우로 모두 묶인 것은?

> 가. 기명피보험자의 사실혼 관계에 있는 배우자
> 나. 기명피보험자와 사실혼 관계에 있는 자의 부모
> 다. 기명피보험자의 자녀와 사실혼 관계에 있는 며느리
> 라. 사실혼 관계에서 태어난 기명피보험자의 계자녀
> 마. 기명피보험자의 양부모

① 가, 나, 다   ② 가, 나, 라
③ 가, 라, 마   ④ 나, 다, 라
⑤ 나, 다, 마

21

중요도 ★★

☐

장기손해보험과 일반손해보험에 대한 설명으로 적절한 것은?

① 일반손해보험의 보험기간은 3년 이내인 반면 장기손해보험은 5년 이상을 원칙으로 한다.

② 장기손해보험의 보험료는 순보험료와 부가보험료로 구성되며, 순보험료는 위험보험료와 같다.

③ 일반손해보험은 보험기간이 만료되는 시점에서 계약자에게 환급금을 지급한다.

④ 일반손해보험은 1회의 사고로 지급되는 보험금이 보험가입금액의 80% 미만이면 몇 번의 사고가 발생하여도 보험가입금액이 감액되지 않는다.

⑤ 장기손해보험의 보험료는 생명보험과 마찬가지로 예정기초율을 이용하여 수지상등의 원칙에 입각하여 산출한다.

정답 및 해설

19 ④ '가, 나, 라, 마'는 자동차보험에 대한 적절한 설명이다.
　　다. 일부 부분품이나 부속기계만의 도난은 보상하지 않는다.

20 ③ '가, 라, 마'는 가족운전한정특약의 운전자 범위에 해당한다.
　　'나, 다'는 가족운전한정특약의 운전자 범위에서 제외된다.

21 ⑤ ① 장기손해보험의 보험기간은 최소 3년 이상 최대 15년 이내이다.
　　② 장기손해보험의 순보험료는 위험보험료와 저축보험료로 구성되어 있다.
　　③ 일반손해보험 → 장기손해보험
　　④ 일반손해보험 → 장기손해보험

22 장기손해보험에 대한 적절한 설명으로 모두 묶인 것은?

중요도 ★★

□

> 가. 장기손해보험은 주로 개인의 일상생활에서 발생하는 보험사고를 보장하는 가계성 보험이다.
> 나. 장기화재보험은 화재보험물건을 주택물건, 일반물건, 공장물건 3가지로 구분하고 일반물건을 기본물건, 직업물건, 작업물건으로 세분화한다.
> 다. 장기운전자보험은 보통약관상 상해위험만을 담보하고, 특별약관으로 비용손해, 형사상의 손해 및 정신적 손해까지 보상하는 실질적인 종합보험이라고 할 수 있다.
> 라. 장기종합보험은 화재위험에 가재도난손해를 더하여 보장하지만 상해, 질병 등 제3보험 범위의 손해는 보장하지 않는다.
> 마. 장기운전자보험 특별약관은 피보험자가 운전 중 사고로 피해자에게 상해를 입힌 경우 피보험자가 형사합의금으로 지급한 금액을 피해자 1인당 정해진 한도 내에서 교통사고처리 지원금으로 지급한다.

① 가, 나
② 가, 다, 마
③ 가, 나, 다, 라
④ 가, 나, 다, 마
⑤ 나, 다, 라, 마

정답 및 해설

22 ④ '가, 나, 다, 마'는 적절한 설명이다.
　　라. 장기종합보험은 화재위험에 가재도난손해를 더하여 보장하기도 하고 상해, 질병 등 제3보험 범위의 손해를 더해서 보장하기도 한다.

6장 보험설계

01
중요도 ★★

⑦ p.278 ② p.193

다음 중 유동자산의 분류를 가장 적절하게 연결한 것은?

□

가. 상속받게 될 자산
나. 개인연금
다. 미술품 등의 수집품
라. 결제용 계좌
마. 부동산
바. 자동차
사. 보석 등과 같은 동산

	유동자산으로 분류될 수도 되지 않을 수도 있는 자산	유동자산이나 비유동자산 어느 쪽으로도 분류할 수 없는 자산
①	가, 다, 라, 바	나, 마, 사
②	나, 다, 마	가, 라, 바, 사
③	다, 마, 바, 사	가, 나, 라
④	라, 마, 바	가, 나, 다, 사
⑤	가, 나, 라, 사	다, 마, 바

정답 및 해설

01 ② '나, 다, 마'는 유동자산으로 분류될 수도 되지 않을 수도 있는 자산에 해당한다.
　　 '가, 라, 바, 사'는 유동자산이나 비유동자산 어느 쪽으로도 분류할 수 없는 자산에 해당한다.

⑦ p.278 ⑧ p.193

02

중요도 ★

생명보험 필요보장액 결정 프로세스 2단계의 사망 시 유동자산 평가에 대한 설명으로 가장 적절하지 **않은** 것은?

① 사망 시 쉽게 현금화할 수 있는 자산을 공정하게 시장가치대로 모두 평가한다.

② 주식, 채권, MMF 등의 투자자산은 유동자산으로 분류해야 할 자산에 해당하며, 특정한 목적에 사용하기로 되어 있지 않은 자산이어야 한다.

③ 일시금으로 지급받기까지 1 ~ 2년이 걸리는 연금은 유동자산이나 비유동자산 어느 쪽으로도 분류할 수 없는 자산에 해당한다.

④ 가입하고 있는 모든 생명보험계약에서 보험계약대출이나 기타 보험금 지급 시 공제되는 금액을 제외한 순일반사망보험금은 유동자산으로 분류한다.

⑤ 보석 등과 같은 동산과 자동차는 유동자산이나 비유동자산 어느 쪽으로도 분류할 수 없다.

⑦ p.286 ~ 287 ⑧ p.194

03

중요도 ★★

벨쓰방식의 코스트 평가 방법에 대한 적절한 설명으로 모두 묶인 것은?

가. 각 보험계약의 사망보험금을 결정하며, 기간에 따라 사망보험금이 다를 경우 상담 시 당해 보험연도 초의 사망보험금을 적용해야 한다.

나. 특정 회사와 비교대상 회사의 보험금액 10만원당 보험료를 직접 비교하는 것으로 재무설계사나 고객이 사용하기에 무리가 있는 방식이다.

다. 해약환급금을 결정할 때는 보험계약대출금은 감안하지 않는다.

라. 사망보험금을 결정할 때는 재해사망보장금은 제외시켜야 한다.

마. 피보험자의 현재 연령을 결정한다.

① 가, 나
② 다, 라
③ 나, 다, 라
④ 다, 라, 마
⑤ 가, 나, 다, 마

04

중요도 ★★★

㉮ p.286∼287 ㉰ p.194

벨쓰방식에 의한 단위 보험금액당 코스트 계산식에 대한 설명으로 적절하지 **않은** 것은?

☐

$$단위\ 보험금액당\ 코스트 = \frac{(P + CVP)(1 + i) - (CV + D)}{(DB - CV) \times 0.00001}$$

① P는 연간보험료를 의미한다.
② CVP는 당해 보험연도 말의 해약환급금을 의미한다.
③ D는 배당금을 의미한다.
④ DB는 일반사망보장금액을 의미한다.
⑤ 이자율 i를 제외한 모든 변수는 고객에게 수집된 정보로부터 결정된다.

정답 및 해설

02 ③ 유동자산이나 비유동자산 어느 쪽으로도 분류할 수 없는 자산 → 유동자산으로 분류될 수도 되지 않을 수도 있는 자산

03 ④ '다, 라, 마'는 적절한 설명이다.
가. 당해 보험연도 초 → 당해 보험연도 말
나. 벨쓰방법은 재무설계사가 생명보험 코스트를 평가하는 데 사용하는 방법 중 하나이다.

04 ② CVP는 직전 보험연도 말의 해약환급금을 의미하며, CV는 당해 보험연도 말의 해약환급금을 의미한다.
[참고] 계산식에서 0.0001은 보험금액을 10만원 단위로 환산하기 위한 상수이다.

05 중요도 ★   ㉮ p.302 ~ 303 ㉯ p.195

손해보험설계 프로세스 중 위험관리상태 분석 및 평가단계에 대한 설명으로 적절하지 **않은** 것은?

① 위험평가 시에는 손해발생 후 원상회복이라는 관점에서 현재가액으로 평가하는 것이 바람직하다.
② 프로우티는 위험관리상태 분석 및 평가 시 손실발생확률을 고려해야 하는 것은 중간, 확정단계라고 본다.
③ 프로우티는 손실규모평가 시 최대가능손실과 추정최대손실로 나눌 것을 제안하였으며, 일반적으로 추정최대손실을 위험평가의 기본원칙으로 한다.
④ 최대가능손실은 최악의 상황에서 일어날 수 있는 손실의 최대금액을 의미한다.
⑤ 프리드랜더는 화재에 의한 손해의 심각성을 위험축소시설의 작동 여부에 따라 일반손실, 추정최대손실, 예상 가능한 최대손실, 최대가능손실로 구분하였다.

06 중요도 ★   ㉮ p.305 ~ 307 ㉯ p.195 ~ 196

손해보험설계 프로세스 중 위험관리 제안서의 실행 단계에 대한 설명으로 적절하지 **않은** 것은?

① 고객의 현금흐름상 필수보장을 구입할 자금이 부족할 경우 회원에 대해 저렴한 비용으로 보장을 제공하는 공제에서 동일한 보장이 제공되는지 여부를 확인한다.
② 보험료를 줄이기 위해 공제액의 설정을 높이는 방법을 강구할 경우 보험상품에 따라 공제액 설정에 제한이 있을 수 있다는 점에 유의해야 한다.
③ 개인이나 조직이 직면한 위험 중 보험으로 부보 가능하지 않거나 보험으로 부보할 경우 코스트가 높은 위험에 대해 보험 이외의 위험처리방법을 고려해야 한다.
④ 공제의 경우 가입자에게 구상권을 행사하지 않아 손해발생 시 위험이 잔존할 가능성이 낮다.
⑤ 보장금액이 예상되는 추정최대손실이나 최대가능손실에 미달할 경우, 부족분에 대한 위험처리방법이 강구되어야 한다.

07

중요도 ★★

㉺ p.308 ~ 309 ㉾ p.196

손해보험상품 선택 시 고려사항에 대한 설명으로 적절하지 **않은** 것은?

① 보험을 보장의 목적으로 가입하는지 또는 저축의 목적으로 가입하는지를 분명히 해야 한다.

② 보장성보험은 저축성보험에 비하여 보험료, 납입기간, 보험사 면책사항 등을 꼼꼼히 따져 보아야만 추후 사고발생 시 적정한 보장을 받을 수 있다.

③ 보험계약기간은 보험계약이 성립해서 소멸할 때까지의 기간을 의미하며, 보험기간과 같을 수도 다를 수도 있다.

④ 보험기간은 보험료 산출의 기초가 되는 기간으로 보통 1년을 단위로 한다.

⑤ 해약환급금은 책임준비금에서 해약공제를 하고 남은 금액으로 계산되는데, 국내에서는 해지시점 계약의 책임준비금에서 미상각된 신계약비를 공제하여 계산한다.

정답 및 해설

05 ① 현재가액 → 재조달가액

06 ④ 공제의 경우 가입자에게 구상권을 행사하는 경우가 있어 손해발생 시 위험이 그대로 잔존할 가능성이 높다.

07 ④ 보험기간 → 보험료기간

4 과목

은퇴설계

[총 25문항]

문제풀이와 이론을 동시에 학습할 수 있도록 각 문제의 관련 이론이 수록된 기본서(한국FPSB 발간) 및 〈해커스 CFP 핵심요약집〉* 페이지를 표기하였습니다.

* 〈해커스 CFP 핵심요약집〉은 해커스금융 CFP 합격지원반, 환급반, 핵심요약강의 수강생에 한하여 무료로 제공됩니다.

1장 은퇴설계 개요

01
㉮ p.11 ~ 16 ㉯ p.202

중요도 ★★
다음 중 소비자선택이론에 대한 설명으로 가장 적절하지 **않은** 것은?

다시 봐야 할 문제에 체크하세요!

① 기간 간 소비자선택이론에서는 소비에 대한 선호, 소득, 이자율의 변화에 따라 소비자선택이 달라지게 된다.
② 생애주기가설은 소비자가 효용극대화를 위해 전 생애에 발생하는 소득을 이용한다는 가설이다.
③ 한계효용이론에서는 효용을 측정할 수 있다고 가정하지만, 무차별곡선에서는 효용을 측정할 수는 없고 크기를 비교하여 순서만 정할 수 있다고 본다.
④ 기대효용이론은 부가 증가할수록 기대효용과 그 증가율이 점차 증가한다고 본다.
⑤ 기대효용이론은 소비자가 완전한 정보를 갖지 못한 불확실한 상황에서 어떠한 선택을 하는지 설명하는 이론이다.

02
㉮ p.16 ~ 19 ㉯ p.203

중요도 ★★
은퇴설계의 이론적 근거에 대한 적절한 설명으로 모두 묶인 것은?

> 가. 절대소득가설은 은퇴자들이 은퇴 후 소득 수준에 맞추어 생활하는 것을 어려워하는 이유를 설명할 수 있는 가설이다.
> 나. 절대소득가설에 의하면 현재소득이 증가하면 현재소비와 저축이 증가하게 되지만 소득이 증가할수록 현재소비를 증가시키는 정도는 점차 감소되고 저축증가율이 더 커지게 된다.
> 다. 항상소득가설에서는 소득이 항상소득과 임시소득으로 구성되고, 항상소득에 의해 소비가 결정된다고 하였다.
> 라. 항상소득가설은 소득이 소비지출보다 높은 시기에 저축을 늘려서 소득이 부족한 시기를 대비해야 함을 설명한다.
> 마. 상대소득가설은 소비가 현재소득 뿐만 아니라 과거의 최고소득, 자신이 속한 사회계층의 소득에도 영향을 받는다는 가설이다.

① 가, 라
② 나, 마
③ 가, 나, 다
④ 가, 라, 마
⑤ 나, 다, 마

03

중요도 ★★

㉮ p.25 ~ 30 ㉯ p.206

은퇴설계의 운용방식에 대한 설명으로 가장 적절한 것은?

① 은퇴기간이 길어질수록 안전자산의 비중을 높여 포트폴리오를 관리하는 것이 필요하다.

② 자격인증자들은 고객의 은퇴준비 수단에 따라 발생할 세금을 예측하여 최대한 절세가 가능한 전략을 수립해야 한다.

③ 은퇴기에는 노년의료비와 간병비를 제외한 설계가 이루어져야 한다.

④ 은퇴생활 적응 단계인 활동기, 회상기, 은퇴기의 특성을 참고하여 각 단계에서 발생할 것으로 예측되는 내용을 은퇴설계에 반영해야 한다.

⑤ 은퇴기간 시작 후 사망하기 전까지 종신형 연금보다는 확정기간형 연금이 유리하다.

정답 및 해설

01 ④ 기대효용이론은 돈에 대해 느끼는 심리적 가치가 실제로 가지고 있는 돈의 가치와 다르다는 데서 출발하고, 부가 증가할수록 기대효용이 증가하기는 하지만 그 증가율은 점차 감소한다고 본다.

02 ⑤ '나, 다, 마'는 적절한 설명이다.
가. 절대소득가설 → 상대소득가설
라. 항상소득가설 → 생애주기가설

03 ② ① 은퇴기간이 길어질수록 사망 전에 은퇴자금이 부족해질 가능성이 커지기 때문에, 적정 수준의 위험자산을 포함하고 정기적으로 포트폴리오를 관리하는 것이 필요하다.
③ 은퇴설계를 할 때에는 은퇴기에 생활비의 많은 비중을 차지할 수 있는 노년의료비와 간병비를 마련하기 위한 설계가 반드시 포함되어야 한다.
④ 은퇴기 → 간병기
⑤ 은퇴기간 시작 후 사망하기 전까지 지속적으로 소득이 발생해야 하므로 확정기간형 연금보다는 종신형 연금이 유리하다.

04

중요도 ★★

다음 중 은퇴자산 축적기의 은퇴설계 과정이 순서대로 나열된 것은?

> 가. 추가 필요은퇴일시금 마련을 위한 연간 저축액 계산
> 나. 연간 목표은퇴소득 설정 및 은퇴기간 중 필요한 총은퇴일시금 산정
> 다. 추가 필요은퇴일시금 마련을 위한 저축(투자)계획 수립
> 라. 현재 준비하고 있는 은퇴자산의 은퇴시점 기준 일시금 평가 및 목표은퇴소득 충족가능성 평가
> 마. 은퇴설계를 위한 정보 수집 및 경제적 가정조건 결정
> 바. 목표은퇴소득 마련을 위한 추가 필요은퇴일시금 계산

① 나 – 마 – 라 – 바 – 가 – 다
② 마 – 나 – 가 – 바 – 라 – 다
③ 마 – 나 – 라 – 바 – 가 – 다
④ 마 – 바 – 나 – 라 – 가 – 다
⑤ 바 – 마 – 나 – 라 – 가 – 다

정답 및 해설

04 ③ '마 – 나 – 라 – 바 – 가 – 다'의 순이다.

01
중요도 ★★
㉮ p.47 ~ 49 ㉯ p.210

소득대체율 산정에 대한 설명으로 가장 적절한 것은?

① 소득대체율이 65%라면 은퇴직전 소득을 100만원으로 가정했을 때 은퇴 후 35만원의 소득을 확보할 수 있다는 의미이다.
② 소득대체율은 은퇴 전 소득(소비) 수준을 은퇴 후 소득(소비) 수준으로 나누어 산출한다.
③ 은퇴 이후에 세금 등의 비소비지출이 차지하는 비중이 높은 경우 소득보다는 생활비나 소비지출을 기준으로 하는 것이 더 바람직할 것이다.
④ 은퇴 후 소득은 은퇴 직전 소득이나 생애평균 소득, 은퇴 전 일정 기간 동안의 평균 소득을 이용하기도 한다.
⑤ 소득대체율은 은퇴 전 생활과 유사한 수준을 은퇴 후에도 유지하고자 할 때 어느 정도의 은퇴소득을 확보해야 하는지 결정하는 데 도움이 된다.

02
중요도 ★★
㉮ p.54 ~ 56 ㉯ p.211

은퇴소득 유형에 대한 설명으로 가장 적절한 것은?

① 은퇴 이후 소득의 유형은 연금소득, 자산소득, 근로소득, 기타소득으로 구분할 수 있으며, 이전소득은 포함하지 않는다.
② 직역연금 중 선택에 의해 일시금을 받는 경우 연금소득 보다는 기타소득 유형에 포함하는 것이 더 바람직할 것이다.
③ 금융자산의 경우 지나치게 많은 금액을 목돈으로 보유하는 것은 바람직하지 않을 수 있다.
④ 기타소득은 항상소득가설에서의 항상소득에 해당한다고 볼 수 있다.
⑤ 기타소득은 인출기 단계보다는 은퇴자금을 모으는 축적기에 있는 은퇴자 가계의 은퇴소득 유형으로 보는 것이 타당하다.

정답 및 해설

01 ⑤　① 35만원 → 65만원
　　　　② 은퇴 전 소득(소비) 수준 ↔ 은퇴 후 소득(소비) 수준
　　　　③ 소득 ↔ 생활비나 소비지출
　　　　④ 은퇴 후 소득 → 은퇴 전 소득

02 ③　① 은퇴 이후 소득의 유형에 이전소득도 포함된다.
　　　　② 기타소득 → 자산소득
　　　　④ 항상소득 → 임시소득
　　　　⑤ 인출기 단계 ↔ 은퇴자금을 모으는 축적기

03
중요도 ★

은퇴소득 확보계획 수립 절차의 현재 재무상태 분석에 대한 적절한 설명으로 모두 묶인 것은?

> 가. 비상예비자금은 소득 중단 상황 등이 발생했을 때 장기적인 계획을 갖고 진행중인 은퇴
> 저축을 방해하지 않는 역할을 할 수 있다.
> 나. 저축과 투자 항목 중에서 불필요하거나 재무목표에 맞지 않게 실행되고 있는 부분이
> 있는지 살펴본다.
> 다. 주택담보대출이 은퇴 후까지 계속되어야 하는 경우 해결대안으로서 대출상환형 주택연
> 금을 고려해 볼 수 있다.
> 라. 현금흐름표를 통해 현재 총소득과 총지출 구성이 어떻게 되어 있는지 확인하고 소득 중
> 지출이 차지하는 비중을 통해 소비성향을 파악할 수도 있다.
> 마. 은퇴 후 소득은 연금형태로 수령하는 방식이 바람직하며, 물가변화에 대처할 수 있도록
> 매년 조정되도록 하는 것이 좋다.

① 가, 나
② 가, 다, 라
③ 가, 다, 마
④ 나, 라, 마
⑤ 다, 라, 마

04

중요도 ★★

⑦ p.66~67 ⑨ p.214

생애재무설계에 대한 설명 중 각 단계가 적절하게 연결된 것은?

가. 축적기(accumulation phase)
나. 가속기(acceleration phase)
다. 보존기(preservation phase)

A. 은퇴소득 마련을 위해 연금성 상품을 금융회사별로 다양하게 보유하여 은퇴소득 총액을 자연스럽게 증가시키고, 국민연금에 반드시 가입하여 연금의 3층보장체계를 확보해야 한다.
B. 중단기 재무목표를 달성하는 데 초점을 맞추기 때문에 은퇴자금 마련이라는 장기 재무목표에 소홀할 수 있어, 연금저축 등의 연금성 상품을 가입하여 소액이라도 장기적으로 꾸준히 저축해야 한다.
C. 위험부담이 낮은 안정성 자산을 보유하는 동시에 적립식펀드, 인덱스펀드 등의 금융상품을 활용하여 예적금 이자보다 높은 수익을 지속적으로 내고, 일부는 주식형펀드 등에 투자하여 은퇴자산 포트폴리오를 다양하게 운영한다.

① 가 - A, 나 - B, 다 - C
② 가 - A, 나 - C, 다 - B
③ 가 - B, 나 - A, 다 - C
④ 가 - B, 나 - C, 다 - A
⑤ 가 - C, 나 - A, 다 - B

정답 및 해설

03 ② '가, 다, 라'는 적절한 설명이다.
　　나. 추가저축 여력 분석에 대한 설명이다.
　　마. 은퇴소득 확보 수준 분석에 대한 설명이다.

04 ③ A. 가속기
　　B. 축적기
　　C. 보존기

01 ㉮ p.73 ~ 77 ㉯ p.215

중요도 ★★★

기초연금에 대한 적절한 설명으로 모두 묶인 것은?

가. 만 65세 이상이고 공무원연금, 사립학교교직원연금 등 직역연금 수급권자 및 그 배우자가 아니어야 한다.

나. 소득인정액에는 일용근로소득, 공공일자리소득, 자활근로소득이 포함된다.

다. 소득인정액은 월 소득평가액과 재산의 월 소득환산액의 합으로 계산된다.

라. 월 소득평가액 산정 시 기타소득에는 공적이전소득, 무료임차소득이 제외된다.

마. 근로소득이 있다면 월 소득평가액은 근로소득에서 110만원을 공제한 후 70%를 곱한 금액에 기타소득을 더하여 산정한다.

---

① 가, 나

② 나, 라

③ 나, 마

④ 나, 다, 라

⑤ 가, 다, 마

02 ㉮ p.77 ~ 79 ㉯ p.216

중요도 ★★★

다음 중 기초연금액의 결정 및 지급에 대한 설명으로 적절하지 **않은** 것은?

① 기준연금액은 전년도 기준연금액에 전국소비자물가변동률을 반영하여 보건복지부 장관이 매년 고시한다.

② 부양가족연금액을 제외한 국민연금 월 급여액이 기준연금액의 150%를 초과하면 기준연금액이 감액되어 부가연금액 미만으로 지급된다.

③ 국민연금의 유족연금이나 장애연금을 받고 있는 자의 기초연금액은 기준연금액 전액으로 산정된다.

④ 부부가 모두 기초연금을 받는 경우에는 각각에 대하여 산정된 기초연금액의 20%를 감액하여 지급한다.

⑤ 개인별 기초연금 급여액이 기준연금액의 10% 이하로 산정될 경우 최저연금액을 지급한다.

03

중요도 ★★★

⑦ p.81 ~ 82 ⑧ p.217

국민연금 가입자 종류 및 자격요건에 대한 설명으로 적절하지 **않은** 것은?

① 국민연금 적용사업장에 종사하는 18세 이상 60세 미만의 근로자와 사용자는 사업장가입자가 되며, 18세 미만의 근로자도 사업장가입자로 적용하나 본인의 희망에 의하여 사업장가입자에서 제외될 수 있다.

② 연금보험료를 납부한 사실이 없는 자는 임의계속가입이 허용되지 않는다.

③ 국민기초생활수급자는 본인의 희망에 따라 사업장가입자가 되지 않을 수 있다.

④ 현재 26세인 가입자가 2년 동안 다니던 직장에서 퇴사하여 소득이 없게 된다면 임의가입 대상자가 된다.

⑤ 소득활동에 종사하지 않은 60세 미만의 주부, 실직자 등은 임의가입자로 가입이 가능하다.

04

중요도 ★★★

⑦ p.81 ⑧ p.217

다음 중 국민연금의 지역가입자 제외 대상이 **아닌** 경우는?

① 1년 6개월간 행방불명된 자

② 소득이 없는 24세 학생으로, 연금보험료를 납부한 사실이 없는 자

③ 국민기초생활보장법상 보장시설 수급자의 배우자

④ 직역연금의 퇴직연금 수급권자

⑤ 국민연금법상 노령연금 수급권자의 배우자로서 별도의 소득이 없는 자

정답 및 해설

01 ⑤ '가, 다, 마'는 적절한 설명이다.
나. 포함된다. → 제외된다.
라. 월 소득평가액 산정 시 기타소득에는 사업소득, 재산소득, 공적이전소득, 무료임차소득이 포함된다.

02 ② 국민연금의 A급여액에 따라 기초연금이 감액될 수는 있으나 100% 감액하는 것이 아니라 부가연금액 만큼은 보장하는 장치를 두고 있다.

03 ④ 연금보험료를 납부한 사실이 있는 자가 소득이 없게 되는 경우, 지역가입자 가입 대상이 된다.
[참고] 연금보험료를 납부한 사실이 없는 18세 이상 27세 미만인 자로서 학생이거나 군복무 등으로 소득이 없는 자는 지역가입자 가입대상에서 제외된다.

04 ③ 국민기초생활보장법상 보장시설 수급자 본인은 지역가입자 대상에서 제외되지만 그 배우자는 제외되지 않는다.

⑦ p.83~84   ⑧ p.218

05

중요도 ★★★

다음 중 국민연금보험료에 대한 적절한 설명으로 모두 묶인 것은?

> 가. 사업장가입자와 지역가입자의 경우 사용자와 가입자가 각각 보험료의 50%를 분담하고, 임의가입자 및 임의계속가입자의 연금보험료는 본인이 전액 부담한다.
> 나. 연금보험료는 1년 이내의 기간 범위 내에서 선납이 가능하며, 가입자가 50세 이상인 경우에는 5년 범위 내에서 가능하다.
> 다. 해당 연도에 연금보험료를 납부한 이력이 있는 가입자로서 종합소득이 있는 자는 가입자 본인이 부담한 연금보험료 전액에 대하여 소득공제를 받을 수 있다.
> 라. 연금보험료는 현금이 아닌 직불카드 또는 신용카드 등으로 납부가 불가능하다.

① 가, 나
② 가, 라
③ 나, 다
④ 나, 라
⑤ 다, 라

06

중요도 ★★★

⑦ p.82~84   ⑧ p.218

국민연금보험료의 납부에 대한 설명으로 가장 적절하지 **않은** 것은?

① 연금보험료 선납 시에는 선납 신청일이 속하는 연도의 3년 만기 정기예금이자율로 보험료를 할인해준다.
② 농어업인인 지역가입자는 보험료를 분기별로 납부할 수 있다.
③ 종업원 없이 개인사업을 하는 김자영씨의 개인사업소득이 250만원이라면 225,000원을 본인의 부담으로 납부하여야 한다.
④ 연금보험료를 체납한 경우 30일까지는 1일 경과마다 1/1,500, 31일부터는 1일 경과마다 1/6,000에 해당하는 금액이 가산되며, 각각 연금보험료의 2%, 5%를 초과하지는 못한다.
⑤ 연금보험료 자동이체로 납부하는 임의가입자 김민수씨의 경우는 매월 보험료에서 230원이 균등 감액된다.

07

중요도 ★★★

국민연금 급여종류와 수급요건에 대한 적절한 설명으로 모두 묶인 것은?

□

> 가. 국민연금급여는 크게 연금과 일시금으로 나눌 수 있으며 연금급여에는 노령연금, 장애연금, 유족연금이 있고, 일시금 급여에는 반환일시금 및 사망일시금이 있다.
>
> 나. 분할연금은 배우자의 가입기간 중 혼인 기간이 10년 이상인 자가 배우자와 이혼하였고, 배우자였던 사람이 노령연금 수급권자였으며, 분할연금 수급권자 본인이 60세인 요건을 모두 갖추면 지급한다.
>
> 다. 수급개시연령에 도달하여 노령연금을 받고 있는 사람이 일정 수준을 초과하는 소득이 있는 업무에 종사하는 경우 수급개시연령부터 5년 동안은 소득수준에 따라 감액된 금액으로 지급되며, 부양가족연금액은 지급되지 않는다.
>
> 라. 장애등급이 2급인 경우 부양가족연금액을 포함한 기본연금액의 70%를 장애연금으로 지급한다.
>
> 마. 유족연금은 노령연금이나 장애등급 3급 이상의 장애연금을 받던 사람이 사망하면 그에 의하여 생계를 유지하던 유족에게 연금을 지급하여 남아있는 가족들이 안정된 삶을 살아갈 수 있도록 하기 위한 제도이다.

① 가, 나
② 가, 다
③ 가, 다, 마
④ 나, 라, 마
⑤ 다, 라, 마

정답 및 해설

05 ③ '나, 다'는 적절한 설명이다.
   가. 사업장가입자의 경우 사용자와 가입자가 각각 보험료의 50%를 분담하고, 지역가입자, 임의가입자 및 임의계속가입자의 연금보험료는 본인이 전액 부담한다.
   라. 연금보험료는 현금뿐만 아니라 직불카드 또는 신용카드 등으로 납부가 가능하다.

06 ① 3년 만기 → 1년 만기

07 ② '가, 다'는 적절한 설명이다.
   나. 10년 → 5년
   라. 70% → 80%
   마. 3급 → 2급

08
㉓ p.87 ㉔ p.220

중요도 ★★★

노령연금 수급개시연령에 대한 설명으로 가장 적절하지 <u>않은</u> 것은?

① 1953년생 가입자의 조기노령연금 수급개시연령은 56세이다.
② 1952년생 가입자의 분할연금 수급개시연령은 60세이다.
③ 1962년생 가입자의 노령연금 수급개시연령은 63세이다.
④ 1970년생 가입자의 분할연금 수급개시연령은 64세이다.
⑤ 1972년생 가입자의 노령연금 수급개시연령은 65세이다.

09
㉓ p.87 ~ 89 ㉔ p.220

중요도 ★★★

노령연금에 대한 설명으로 가장 적절하지 <u>않은</u> 것은?

① 노령연금은 가입기간이 10년 이상인 가입자 또는 가입자였던 자에 대하여 연금수급개시연령이 된 때부터 그가 생존하는 동안 기본연금액과 부양가족연금액을 합산하여 지급하는 연금이다.
② 수급개시연령에 도달한 노령연금 수급자가 월평균소득금액이 A값을 초과하는 업무에 종사하는 경우 수급개시연령부터 +5년의 기간 동안 부양가족연금액은 지급되지 않는다.
③ 1958년생인 가입자가 57세에 노령연금을 신청할 경우 조기노령연금의 연령별 지급률은 기본연금액의 70%이다.
④ 노령연금 연기제도로 인하여 지급이 연기된 연금을 다시 받을 때에는 연기를 신청하기 전 부양가족연금액을 제외한 원래의 노령연금액에 대하여 연기된 매 1년당 7.2%(월 0.6%)를 더한 금액을 지급한다.
⑤ 연금지급의 연기를 희망하는 경우 그 연금액의 전부에 대하여 연기가 가능하며, 일부만을 연기할 수는 없다.

10

중요도 ★★★

⑦ p.88 ⑧ p.220

다음 자료를 토대로 계산한 노령연금 연금액(현재물가기준)으로 가장 적절한 것은?

☐

- 연금수급개시연령 : 65세
- 국민연금 가입기간 : 20년
- 기본연금액 : 현재물가기준 600만원(부양가족연금액 없음)
- 연금의 전액을 연기 신청하였고, 50개월 후부터 수령할 예정

① 0원
② 754만원
③ 780만원
④ 800만원
⑤ 806만원

정답 및 해설

08 ④ 64세 → 65세

참고 노령연금 수급개시연령

출생 연도	노령연금	조기노령연금	분할연금
1952년생 이전	60세	55세	60세
1953 ~ 1956년생	61세	56세	61세
1957 ~ 1960년생	62세	57세	62세
1961 ~ 1964년생	63세	58세	63세
1965 ~ 1968년생	64세	59세	64세
1969년생 이후	65세	60세	65세

09 ⑤ 연금지급의 연기를 희망하는 경우 그 연금액의 전부 또는 일부의 지급을 연기할 수 있다.

10 ③ 연기기간에 따른 가산율 = 0.6% × 50개월 = 30%

∴ 50개월 후 수령 시 기본연금액 = 600만원 × (1 + 30%) = 780만원

참고 부양가족연금액은 연금지급 연기에 따라 조정된 기본연금액에 합산한다.

11 ㉮ p.91 ~ 92 ㉯ p.220 ~ 221

중요도 ★★★

분할연금에 대한 설명으로 가장 적절하지 **않은** 것은?

① 분할연금 급여수준은 전 배우자의 노령연금액 중 혼인기간에 해당하는 기본연금액과 부양 가족연금액의 1/2이다.

② 분할연금은 일정 요건이 충족될 때 본인의 신청에 의해 받을 수 있으며, 지급사유 발생일로 부터 5년 이내에 신청해야 한다.

③ 분할연금 수급권 취득이 가능한 자는 이혼일로부터 3년 이내에 선청구가 가능하다.

④ 분할연금 청구 후 사망하여 수급권이 소멸한 경우 노령연금 수급권자에게 분할연금 해당 금액을 지급하지 않는다.

⑤ 분할연금 수급권자의 재혼 여부는 수급요건에 영향을 미치지 않는다.

12 ㉮ p.92 ~ 93, p.98 ㉯ p.221, p.224

중요도 ★★★

장애연금에 대한 설명으로 가장 적절하지 **않은** 것은?

① 장애연금은 가입자나 가입자였던 자가 질병 또는 부상으로 인하여 신체적 또는 정신적 장애 가 남았을 때 이에 따른 소득 감소부분을 보전하기 위해 지급되는 연금이다.

② 장애등급 3급의 경우 부양가족연금액을 포함한 기본연금액의 60%를 장애연금으로 지급한다.

③ 국민연금 가입대상기간 10년 중 체납 기간이 3년이더라도 초진일로부터 5년간 가입되어 있는 경우는 연금보험료 납부요건을 만족한 것으로 본다.

④ 초진일이 18세 생일부터 노령연금 지급연령 생일의 전날까지 있어야 하고, 국외이주 기간 중에 있지 않아야 한다.

⑤ 장애연금 수급권자가 장애연금의 지급사유와 같은 사유로 근로기준법에 의한 장애보상을 받을 수 있는 경우 장애연금액의 1/2을 지급받는다.

13 중요도 ★★★

□ 유족연금은 일정 요건에 해당하는 자가 사망한 경우에 지급되는데, 다음 중 그 해당자로만 모두 묶인 것은?

가. 노령연금 수급권자

나. 가입기간 10년 이상인 가입자

다. 가입대상기간 9년 중 4년의 기간 동안 보험료를 납부한 가입자

라. 장애등급 3급 이상의 장애연금 수급권자

마. 사망일 5년 전부터 사망일까지의 기간 중 2년 이상 연금보험료를 낸 가입자

---

① 가, 나, 다

② 가, 다, 라

③ 나, 다, 마

④ 나, 라, 마

⑤ 다, 라, 마

정답 및 해설

11 ① 분할연금은 전 배우자의 노령연금 중 혼인기간에 해당하는 기본연금액의 1/2이며 부양가족연금액은 분할대상이 아니다.

12 ③ 초진일 당시 5년 전부터 초진일까지의 기간 중 연금보험료를 낸 기간이 3년 이상인 경우 연금보험료 납부요건을 만족하는 것으로 보나, 가입대상기간 중 체납기간이 3년 이상인 경우는 제외된다.

13 ① '가, 나, 다'는 해당자이다.

라. 3급 → 2급

마. 2년 → 3년

14

중요도 ★★★   ㉮ p.93～96   ㉯ p.222～223

유족연금에 대한 설명으로 가장 적절하지 **않은** 것은?

① 일정 요건을 충족하는 배우자, 자녀, 부모, 손자녀, 조부모 순위 중 최우선 순위자에게 유족연금을 지급한다.

② 가입기간이 10년인 경우 유족연금으로 기본연금액의 40%와 부양가족연금액을 합산한 금액이 지급된다.

③ 연령도달로 유족연금 수급권이 소멸되는 자녀인 경우 유족연금 수급권이 소멸할 때까지 지급받은 유족연금액이 사망일시금보다 적으면 그 차액을 보전해준다.

④ 유족연금 수급권자가 배우자인 경우 수급권이 발생한 때부터 3년 동안 유족연금을 지급한 후 55세가 될 때까지 지급을 중지하는 것이 원칙이나, 그 배우자가 장애등급 2급 이상인 경우에는 지급을 중지하지 않는다.

⑤ 유족연금은 배우자인 수급권자가 재혼한 때 그 수급권은 소멸된다.

15

중요도 ★★★   ㉮ p.93～95, p.98   ㉯ p.222～224

다음 정보의 국민연금(노령연금) 수급권자 김태현씨(65세)가 사망한 경우 유족연금에 대한 설명으로 가장 적절한 것은? (단, 부양가족연금액, 물가상승 등은 고려하지 않음)

- 가입기간 : 15년
- 기본연금액 : 월 2,000천원
- 연금수급개시연령인 60세부터 연금수령
- 김태현씨에 의해 생계를 유지하고 있던 가족
  - 김호준씨(자녀, 28세) : 소득 없음, 장애 가지고 있지 않음
  - 김용현씨(아버지, 85세) : 소득 없음, 장애 가지고 있지 않음

---

① 김태현씨는 가입기간 20년을 채우지 못했으므로 유족연금이 지급되지 않는다.

② 사망자의 자녀가 부모보다 우선 순위자이므로 자녀 김호준씨에게 유족연금이 지급된다.

③ 유족연금액으로 월 1,000천원이 지급된다.

④ 아버지 김용현씨가 본인의 노령연금을 수급 중이라면, 노령연금과 유족연금 전액을 동시에 지급받을 수 있다.

⑤ 유족연금 수급권자인 아버지 김용현씨가 유족연금 수령 중 사망하면, 김태현씨 사망에 따른 유족연금 수급권이 자녀 김호준씨에게 넘어간다.

16

국민연금 급여 중 부양가족연금액이 지급되지 않는 급여로 모두 묶인 것은?

□

> 가. 노령연금 수급자가 연금수급개시연령부터 +5년의 기간 중에 월평균소득금액이 A값을 초과하는 업무에 종사하는 경우 지급받는 노령연금
> 나. 장애등급이 4급인 경우 지급되는 장애연금
> 다. 분할연금
> 라. 유족연금
> 마. 노령연금 수급자가 연금수급개시연령부터 5년이 경과한 이후에 월평균소득금액이 A값을 초과하는 업무에 종사하는 경우 지급받는 노령연금

① 가
② 나, 라
③ 가, 나, 다
④ 나, 라, 마
⑤ 가, 나, 다, 마

정답 및 해설

14 ② 40% → 50%

15 ③ 가입기간이 10년 이상 20년 미만인 경우 유족연금으로 기본연금액의 50%가 지급된다.
    ① 노령연금 수급권자가 사망했으므로 유족연금이 지급된다.
    [참고] 10년 이상 가입자 또는 가입자였던 자가 사망한 경우에도 유족연금이 지급된다.
    ② 자녀가 부모보다 우선 순위자이지만, 자녀는 25세 미만 또는 장애등급 2급 이상의 요건을 만족하지 못하고, 아버지는 60세 이상으로 요건을 만족하기 때문에 아버지가 유족연금 수급자가 된다.
    ④ 노령연금 수급권자에게 유족연금 수급권이 생기면 중복급여 조정에 따라 노령연금과 유족연금을 선택해야 한다.
    [참고] 노령연금 수급권과 유족연금 수급권이 동시에 생길 경우, 유족연금을 선택하면 '유족연금'만 지급되며, 노령연금을 선택하면 '노령연금 + (유족연금 × 30%)'가 지급된다.
    ⑤ 유족연금은 수급권자가 사망한 때 그 수급권은 소멸된다.

16 ③ '가, 나, 다'는 부양가족연금액이 지급되지 않는다.
    '라, 마'는 부양가족연금액이 지급된다.
    [참고] 연금수급개시연령부터 5년이 경과한 이후에는 노령연금 수급자의 소득액에 상관없이 기본연금액과 부양가족연금 전액이 지급된다.

17

⑦ p.96 ⑧ p.223

중요도 ★★

반환일시금에 대한 설명으로 가장 적절하지 **않은** 것은?

① 국적을 상실하거나 국외로 이주한 경우 반환일시금 지급대상에 해당된다.

② 반환일시금은 가입자 또는 가입자였던 자가 납부한 연금보험료에 연금보험료를 낸 날이 속하는 달의 다음 날부터 지급사유 발생일이 속하는 달까지의 기간에 대해 3년 만기 정기예금 이자율로 산정한 이자를 더한 금액을 지급한다.

③ 반환일시금은 가입기간 10년 미만인 자가 60세가 되었을 때 지급한다.

④ 반환일시금은 수급권 발생일로부터 10년이 경과하면 소멸시효가 완성되어 반환일시금을 지급받을 수 없다.

⑤ 반환일시금은 가입자였던 자가 사망하였으나 유족연금에 해당되지 않는 경우 지급한다.

18

⑦ p.97 ~ 98 ⑧ p.224

중요도 ★★

국민연금의 급여지급과 조정에 대한 설명으로 가장 적절한 것은?

① 장애연금 수급권자가 노령연금 수급권이 발생하는 경우 둘 중에 하나만 선택하여 지급받을 수 있다.

② 노령연금 수급권자가 유족연금 수급권이 발생하는 경우 노령연금을 선택하면 노령연금만 지급받을 수 있다.

③ 장애연금의 연금급여 지급사유 발생일은 완치일 또는 초진일로부터 1년 경과일이다.

④ 유족연금 수급권자가 산업재해보상보험법상 유족보상을 받을 수 있는 경우에 유족연금액의 30%에 해당하는 금액을 지급받게 된다.

⑤ 제3자의 가해행위로 장애연금을 지급할 사유가 발생하고 가해자로부터 손해배상액을 수령한 경우에도 연금지급은 정지되지 않는다.

19

⑦ p.99 ~ 101 ⑧ p.225

중요도 ★★

기초연금 활용에 대한 설명으로 적절하지 **않은** 것은?

① 기초연금은 65세 생일 월부터 받을 수 있지만 생일 월 이후 신청하면 신청 월부터 지급하므로 65세 생일 1개월 전에 신청하는 것이 좋다.

② 공무원연금, 사립학교교직원연금 수급권자 및 그 배우자는 원칙적으로 기초연금 수급대상에서 제외된다.

③ 기초연금 수급자가 이동통신 감면 서비스를 신청하면 월정액, 음성통화료, 데이터통화료를 합쳐 최종 청구된 금액의 최대 11,000원이 감액 제공된다.

④ 부부 모두 기초연금을 받는 경우 부부 모두가 동의하면 배우자의 계좌로 입금받을 수 있다.

⑤ 본인 또는 배우자의 주민등록상 주소지 주택이 자녀명의이고, 시가표준액 9억원 이상인 경우 무료임차소득을 적용하여 본인의 소득인정액에 포함시킨다.

20

중요도 ★★

⑦ p.101 ~ 103   ⑭ p.226

국민연금 활용에 대한 설명으로 가장 적절한 것은?

□

① 반환일시금 반납방법으로는 분할납부만 가능하다.

② 전업주부의 경우 임의가입을 하여 20년 이상 연금보험료를 납부하면 노령연금을 받을 수 있다.

③ 반환일시금을 받은 자가 지급받은 반환일시금 전부 또는 일부에 대해 반납하는 경우 연금 가입기간을 늘려 연금액을 높일 수 있다.

④ 반환일시금 반납 분할납부 횟수는 가입 기간이 5년 이상인 경우 12회 범위에서 신청 가능하다.

⑤ 임의가입자 및 기타임의계속가입자가 추후납부를 신청하면 해당 가입자의 현 기준소득월액을 그대로 적용하여 결정한다.

정답 및 해설

17 ④ 10년 → 5년

18 ① ② 노령연금과 유족연금 수급권이 중복하여 발생한 경우 노령연금을 선택하면 노령연금 전액과 유족연금액의 30% 를 지급받을 수 있다.
③ 1년 → 1년 6개월
④ 30% → 50%
⑤ 제3자의 가해행위로 장애 또는 유족연금을 지급할 사유가 발생하고 가해자로부터 손해배상액을 수령한 경우 그 배상액의 범위 안에서 연금지급이 정지된다.

19 ⑤ 9억원 → 6억원

20 ③ ① 반환일시금 반납방법에는 일시납부와 분할납부가 있다.
② 20년 → 10년
④ 12회 → 24회
⑤ 임의가입자 및 기타임의계속가입자가 추후납부를 신청하면 해당 가입자의 현 기준소득월액을 그대로 적용하는 것이 아니라 매년 정해지는 상한 기준소득월액과 비교하여 결정한다.

21

중요도 ★★

연금보험료 국가지원제도에 대한 설명으로 적절하지 **않은** 것은?

① 사업장가입자 연금보험료 지원대상은 국민연금 사업장가입자 중 사용자를 제외한 근로자가 10명 미만인 사업장에 근무하면서 기준소득월액이 고시소득(270만원)의 상한액 미만인 근로자이다.

② 농어업에 종사하는 지역가입자 및 지역임의계속가입자는 발생하는 소득 수준에 관계없이 동일한 수준으로 연금보험료 지원을 받을 수 있다.

③ 사업장가입자 연금보험료 지원대상자의 연금보험료 중 근로자기여금 및 사용자부담금에 대하여 각각 80%를 지원한다.

④ 지역가입자 연금보험료 지원 상한액은 지역가입자 중위수 기준소득월액의 9%에 해당하는 금액이다.

⑤ 지역가입자 연금보험료의 지원 횟수는 제한이 없으며, 1인당 생애 최대 12개월까지 지원한다.

22

중요도 ★★

국민연금 크레딧 제도에 대한 설명으로 적절한 것은?

① 실업크레딧은 국민연금 가입자 또는 가입자였던 자 중 18세 이상 60세 미만의 구직급여 수급자가 대상이다.

② 출산크레딧의 경우 노령연금 수급권 취득 후에 출산 또는 입양으로 얻은 자녀 등도 적용된다.

③ 출산크레딧은 자녀 수에 따라 최대 48개월까지 산입된다.

④ 출산크레딧의 경우 추가로 산입되는 기간의 기준소득월액은 A값의 50%를 인정하며 그 재정은 전액 국가가 부담한다.

⑤ 실업크레딧의 경우 연금보험료의 75%를 신청인이 부담하는 경우에 한해 연금보험료의 25%를 지원하여 가입기간을 추가 산입한다.

23 중요도 ★★

㉮ p.109 ~ 110 ㉳ p.228 ~ 229

다음 중 노후긴급자금 대부(실버론)에 대한 적절한 설명으로 모두 묶인 것은?

> 가. 국민기초생활보장법(생계, 의료, 주거)에 의한 급여를 받는 자도 대상자가 될 수 있다.
> 나. 대부상환 방법은 거치기간을 미설정하면 최대 10년간 원금균등분할 상환해야 한다.
> 다. 연금급여 지급이 중지 또는 해외송금 중인 자는 대상에서 제외된다.
> 라. 만 60세 이상 국민연금 수급자에게 전·월세 보증금, 의료비, 배우자 장제비 등의 긴급한 자금이 필요한 경우 일정 한도 내에서 낮은 금리로 대출해 주는 제도이다.

① 가, 나
② 가, 라
③ 나, 다
④ 나, 라
⑤ 다, 라

4과목

은퇴설계 해커스 CFP 지식형 핵심문제집

정답 및 해설

21 ② 농어업에 종사하는 지역가입자 및 지역임의계속가입자는 연금보험료를 국가에서 지원받을 수 있으나, 기준소득월액에 따라 지원 규모가 다르다.

22 ① ② 노령연금 수급권 취득 후에 출산 또는 입양으로 얻은 자녀 등은 적용에서 제외된다.
③ 48개월 → 50개월
[참고] 군복무크레딧은 6개월의 가입기간을 인정해주고, 실업크레딧은 최대 1년을 한도로 가입기간을 추가할 수 있다.
④ 출산크레딧 → 군복무크레딧
⑤ 75% ↔ 25%

23 ⑤ '다, 라'는 적절한 설명이다.
가. 국민기초생활보장법에 의한 급여를 받는 자는 대상에서 제외된다.
나. 10년간 → 5년간

24

중요도 ★★

㉮ p.112 ~ 114 ㉯ p.230

공적연금 연계에 대한 설명으로 적절하지 **않은** 것은?

① 국민연금 가입기간과 직역연금 재직기간 부족으로 연금수급권을 취득하지 못하는 경우 각각의 기간을 연계하여 10년 이상이 되면 연금으로 지급한다.

② 퇴직일시금 수급권을 취득한 경우 일시금을 수령하지 않았다면 퇴직일로부터 5년 이내에 연계신청이 가능하고, 퇴직일시금을 수령하였다면 그 일시금을 지급받은 연금기관에 반납하고 연계신청을 하여야 한다.

③ 임의계속가입기간, 출산·군복무 크레딧은 국민연금 연계대상기간에서 제외한다.

④ 연계급여의 종류에는 연계노령연금, 연계퇴직연금, 연계노령유족연금, 연계퇴직유족연금 등이 있으며, 국민연금제도의 장애연금과 다른 공적연금제도의 장해연금 간에도 연계급여가 있다.

⑤ 직역연금에서 국민연금으로 이동하여 국민연금 가입자가 된 때에는 퇴직일시금을 수령하지 않은 경우 퇴직일로부터 5년 이내에 연계신청을 하여야 한다.

25

중요도 ★★

㉮ p.112 ~ 115 ㉯ p.230 ~ 231

공적연금 연계에 대한 설명으로 가장 적절한 것은?

① 국민연금과 사학연금 가입기간의 합이 10년 이상이더라도 사학연금 가입에 따른 연계퇴직연금을 받을 수 없다.

② 국민연금법상 임의계속가입 후 반납금 또는 추납보험료를 납부하여 가입기간이 늘어나는 경우 해당 기간은 연계대상기간에 포함된다.

③ 퇴직연금 수급권을 취득한 경우에는 퇴직연금 수급 후에 언제든 연계신청이 가능하다.

④ 연계가입기간이 10년 미만인 경우 연계노령유족연금 급여는 기본연금액의 40%에 부양가족연금액을 합산하여 지급된다.

⑤ 연계가입기간이 10년 미만인 경우 연계노령연금 급여는 국민연금법에 따른 노령연금액이 지급된다.

정답 및 해설

24 ④ 국민연금제도의 장애연금과 다른 공적연금제도의 장해연금 간에는 연계급여가 없다.

25 ② ① 공적연금 연계제도의 시행으로 국민연금과 사학연금 가입기간의 합이 10년 이상이면 연계법에 의하여 사학연금 가입에 따른 연계퇴직연금을 받을 수 있다.
③ 퇴직연금 수급권을 취득한 경우 퇴직연금 수급 전이면 연계 가능하고, 연계신청일이 퇴직연금 최초 지급일에 앞서는 경우 연계신청을 인정한다.
④ 연계가입기간이 10년 미만인 경우 연계노령유족연금 급여는 '기본연금액의 40% × (가입기간/10)'의 수준으로 산정된다.
⑤ 10년 미만 → 10년 이상
〔참고〕 연계가입기간이 10년 미만인 경우 연계노령연금 급여는 '기본연금액 × (가입기간/20)'의 수준으로 산정된다.

4장 퇴직연금

01 중요도 ★★★

㉮ p.120~121 ㉯ p.232

퇴직급여제도에 대한 설명으로 가장 적절한 것은?

① 기존의 퇴직금제도가 적용되고 있는 사업장의 사용자는 근로자대표의 동의를 얻어 퇴직금 제도를 퇴직연금제도로 변경할 수 있다.
② 퇴직연금, 중소기업퇴직연금 또는 기업형IRP를 도입하지 않는 경우에는 퇴직연금제도를 설정한 것으로 본다.
③ 중소기업퇴직연금기금제도는 근로복지공단에서 운영하며, 상시 10인 이하의 중소기업이 가입할 수 있다.
④ DB형 퇴직연금과 DC형 퇴직연금을 동시에 도입하고 근로자가 그 중 하나를 선택하여 가입할 수 있는 퇴직연금제도를 도입하는 것은 불가능하다.
⑤ 근퇴법에서는 퇴직급여제도를 퇴직금제도, 확정급여형 퇴직연금, 확정기여형 퇴직연금으로 규정하고 있다.

02 중요도 ★★★

㉮ p.121~124 ㉯ p.233

퇴직급여 수준에 대한 설명으로 가장 적절하지 **않은** 것은?

① 사용자는 1년 이상 계속 근로한 근로자가 퇴직하는 경우 계속근로연수 1년당 30일분 이상의 평균임금을 퇴직급여로 지급하여야 한다.
② DC형 퇴직연금을 가입한 근로자의 퇴직급여는 퇴직일을 기준으로 계속근로연수 1년에 대하여 30일분 이상의 평균임금이 지급된다.
③ 평균임금이란 근로자의 퇴직사유가 발생한 날 이전 3개월 동안에 근로자에게 지급된 임금 총액을 그 기간의 총 일수로 나눈 금액이다.
④ 계속근로기간이 4주간을 평균하여 1주간의 소정근로시간이 15시간 미만인 근로자에 대하여는 퇴직급여를 지급하지 않아도 된다.
⑤ DB형 퇴직연금을 도입한 사업장에서 정년연장을 조건으로 임금피크제를 도입하면 임금피크 시점 이후에 퇴직하는 근로자는 퇴직금 중간정산을 하여 중간정산금을 IRP로 납입하는 방법을 선택할 수도 있다.

정답 및 해설

01 ① ② 퇴직연금제도 → 퇴직금제도
③ 10인 이하 → 30인 이하
④ 불가능하다. → 가능하다.
⑤ 근퇴법에서는 퇴직급여제도를 퇴직금제도, 확정급여형 퇴직연금, 확정기여형 퇴직연금, 중소기업퇴직연금기금제도로 규정하고 있다.

02 ② DC형 퇴직연금 → DB형 퇴직연금

⑦ p.125 ㉦ p.234

03

중요도 ★★

퇴직연금 적립금의 담보제공이 허용되는 경우로 모두 묶인 것은?

> 가. 무주택자인 근로자가 배우자 명의로 주택을 구입하는 경우
> 나. 근로자의 부양가족이 6개월 이상 요양을 필요로 하는 사람의 의료비를 가입자가 본인의
>   연간 임금총액의 12.5%를 초과하여 부담하는 경우
> 다. 무주택자인 가입자가 입사 후 최초로 주거를 목적으로 보증금을 부담하는 경우
> 라. 퇴직금 중간정산을 신청하는 날로부터 역산하여 10년 이내에 개인회생절차 개시결정을
>   받은 경우

① 가, 나
② 가, 라
③ 나, 다
④ 나, 라
⑤ 다, 라

04

중요도 ★★

⑦ p.126 ~ 127 ㉦ p.235

퇴직급여 지급방법에 대한 설명으로 가장 적절하지 **않은** 것은?

① 근로자가 퇴직한 경우 사용자는 그 지급사유가 발생한 날부터 14일 이내에 퇴직급여를
  지급하여야 한다.
② 사용자가 퇴직급여를 지급기일까지 지급하지 않고 지연하여 지급하는 경우에는 퇴직급여액
  에 연 20%의 지연이자를 가산하여 지급한다.
③ 근로자가 55세 이후에 퇴직하는 경우, 퇴직급여가 300만원 이하인 경우는 IRP로 이전
  지급하지 않고 현금으로 지급할 수 있다.
④ 외국인이 국내에서 근로를 제공하고 퇴직 후 국외로 출국한 경우 IRP로 이전 지급하지
  않고 근로자 명의의 예금으로 지급할 수 있다.
⑤ 퇴직금 중간정산금이나 DC형 퇴직연금 등의 중도인출금은 근로자 명의의 IRP로 이전하는
  방식으로만 지급하여야 한다.

05

중요도 ★★

㉮ p.127~129 ㉯ p.235

퇴직급여 세제에 대한 적절한 설명으로 모두 묶인 것은?

□

가. 퇴직소득세는 근속연수가 짧을수록, 퇴직소득금액이 많을수록 실효세율이 높아진다.

나. 소득세법상 연금수령 요건 중 이연퇴직소득이 있는 경우에는 가입일로부터 5년의 경과 규정을 적용하지 않는다.

다. 소득세법상 연금수령 요건을 갖추어 연금으로 수령하는 경우 연금소득세가 과세되며, 이 경우 연금수령연차가 1년차부터 10년차까지는 이연퇴직소득세의 60%를, 11년차 이후에는 70%가 과세된다.

라. 연금계좌 취급자의 영업 인·허가의 취소, 연금계좌 가입자의 해외 이주의 사유는 부득이한 인출의 요건에 해당하지 않는다.

마. 퇴직연금계좌에서 55세 이전에 인출하거나, IRP에서 소득세법에 정한 사유 이외의 사유로 연금수령한도를 초과하여 인출하는 이연퇴직소득에 대해서는 이연퇴직소득세의 100%가 분리과세된다.

---

① 가, 나, 다
② 가, 나, 마
③ 가, 다, 라
④ 나, 다, 마
⑤ 나, 라, 마

정답 및 해설

03 ③ '나, 다'는 퇴직연금 적립금의 담보제공이 허용되는 경우에 해당한다.
가. 배우자 → 본인
라. 10년 → 5년

04 ⑤ 퇴직금 중간정산금이나 DC형 퇴직연금 등의 중도인출금은 근로자 명의의 예금통장으로 지급할 수 있다.

05 ② '가, 나, 마'는 적절한 설명이다.
다. 60% ↔ 70%
라. 해당하지 않는다 → 해당한다.

06

확정급여형 퇴직연금에 대한 설명으로 가장 적절한 것은?

① DB형 퇴직연금은 퇴직급여 지급을 위하여 사용자가 부담하여야 할 부담금의 수준이 사전에 결정되어 있는 퇴직연금으로, 가입한 근로자가 적립금 운용에 대한 책임을 진다.

② IRP로 이전된 퇴직급여의 일부인출은 허용된다.

③ DB형 퇴직연금의 적립금은 안전자산에는 적립금 전액을 운용할 수 있고, 상환금액의 최대 손실이 원금의 40% 이상인 파생결합증권 등에도 투자할 수 있다.

④ 근퇴법에서는 퇴직연금사업자에게 매 사업장연도 종료 후 6개월 이내에 DB형 퇴직연금 적립금 수준에 대한 재정검증을 하여 적립금이 최소적립금 기준을 충족하는지 여부를 확인하고 그 결과를 사용자에게 알리도록 규정하고 있다.

⑤ DB형 퇴직연금 적립금 수준에 대한 재정검증 결과 적립금이 최소적립금의 120%를 초과하는 경우 사용자는 그 초과분을 한도로 반환요청을 할 수 있다.

07

확정급여형 퇴직연금에 대한 적절한 설명으로 모두 묶인 것은?

가. 근퇴법에서는 퇴직연금의 급여종류를 연금 또는 일시금으로 하되, 연금수급요건은 55세 이상으로서 가입기간이 10년 이상인 가입자에게 지급하도록 되어 있다.

나. 사용자가 적립금 운용결과에 대해 책임을 지며, 적립금 수준에 따라 차회 이후의 사용자 부담금 수준이 변동될 수 있다.

다. DB형 퇴직연금을 설정한 사용자는 급여 지급능력을 확보하기 위해 매 사업장연도 말 기준 기준책임준비금의 200%를 최소적립금으로 적립하여야 한다.

라. 퇴직연금의 적립금은 안전자산에는 적립금 전액을 운용할 수 있고, 상장지수펀드(ETF), 리츠(REITS) 등 위험자산에는 투자할 수 없다.

마. IRP로 이전된 퇴직급여를 일시금으로 인출하기 위해서는 IRP계좌 전부를 해지해야 하며, 인출 시 퇴직소득세에 대한 경감 등의 세제 혜택은 없다.

① 가, 나, 다
② 가, 나, 마
③ 가, 라, 마
④ 나, 다, 라
⑤ 나, 라, 마

08

중요도 ★★★

확정기여형 퇴직연금에 대한 설명으로 가장 적절한 것은?

㉮ p.134 ~ 137 ㉯ p.237

① DC형 퇴직연금을 설정한 사용자는 매 반기 1회 이상 정기적으로 가입자별 연간 임금총액의 1/12 이상의 사용자부담금을 가입자의 퇴직연금계좌에 납입하여야 한다.

② DC형 퇴직연금은 사전에 퇴직급여 수준이 결정되는 방식으로, 사용자부담금이 적립금의 운용결과에 따라 달라진다.

③ DC형 퇴직연금 가입자가 퇴직급여를 IRP로 이전받은 경우 IRP 일부를 해지하여 일시금으로 받거나 55세부터 연금으로 지급받을 수 있다.

④ 가입자가 적립금 운용지시를 하지 않은 경우에는 사전에 지정한 운용방법(디폴트옵션)으로 운용된다.

⑤ 위험자산 투자는 집합투자의 방법(펀드나 ETF 등) 뿐만 아니라 상장·비상장주식에 대한 직접투자도 허용된다.

정답 및 해설

06 ④ ① DB형 퇴직연금 → DC형 퇴직연금

[참고] DB형 퇴직연금은 근로자가 받을 급여의 수준이 사전에 결정되어 있는 퇴직연금으로, 사용자가 적립금 운용에 책임을 진다.

② 허용된다. → 허용되지 않는다.

③ 투자할 수 있다. → 투자할 수 없다.

⑤ 120% → 150%

07 ② '가, 나, 마'는 적절한 설명이다.

다. 200% → 100%

라. 퇴직연금의 적립금은 '원리금보장상품'과 '투자위험을 낮춘 운용방법' 등의 안전자산뿐만 아니라 상장주식, 다양한 유형의 펀드, 상장지수펀드(ETF), 리츠(REITS) 등 위험자산에도 투자할 수 있다.

08 ④ ① 매 반기 → 매년

② DC형 퇴직연금은 사전에 사용자부담금 수준이 결정되는 방식으로, 적립금 운용결과에 따라 퇴직급여 수준이 달라진다.

③ 일부를 → 전부를

⑤ 위험자산 투자는 집합투자의 방법(펀드나 ETF 등)으로만 허용되며, 상장·비상장주식에 대한 직접투자는 금지된다.

4과목 운퇴설계 해커스 CFP 지식형 핵심문제집

09 중요도 ★★★
확정기여(DC)형 퇴직연금에 대한 적절한 설명으로 모두 묶인 것은?

가. 상장 및 비상장주식에 대한 직접투자를 할 수 있다.
나. 사용자가 사용자부담금을 퇴직연금규약에 정한 기일까지 가입자와 합의 없이 지연하여 납입하는 경우에는 지연일수에 대한 연체이자와 함께 부담금을 납입하여야 한다.
다. 퇴직연금규약에 경영평가성과급을 DC형 퇴직연금계좌에 납입할 수 있다는 규정을 정하면 경영평가성과급을 DC형 퇴직연금계좌에 납입하고, 55세 이후에 연금으로 수령할 수 있다.
라. 사용자부담금과 별도로 가입자가 스스로 추가부담금을 납입할 수 없다.

① 가, 나
② 가, 다
③ 가, 라
④ 나, 다
⑤ 나, 라

10 중요도 ★★★
개인형 퇴직연금에 대한 설명으로 가장 적절한 것은?

① IRP는 기본적으로 DB형 퇴직연금의 성격을 갖고 있으며, 적립금 운용방법, 투자대상 및 투자한도 등은 DB형 퇴직연금과 동일하다.
② IRP는 여러 금융회사에 계좌를 설정할 수 있으며 동일 금융회사에도 여러 계좌를 설정할 수 있다.
③ 계속근로기간이 1년 미만인 근로자와 4주간 평균하여 1주간의 소정근로시간이 15시간 미만인 근로자는 IRP를 설정할 수 없다.
④ IRP의 납입한도는 다른 연금계좌 납입금과 합산하여 연간 1,800만원이며, 가입기간이 3년 이상 경과한 개인종합자산관리계좌(ISA)의 만기지급금도 납입한도에 포함된다.
⑤ IRP 가입자가 55세 이전에는 근퇴법에 정한 중도인출 사유에 해당하지 않는 경우 적립금 일부를 인출하는 것은 허용되지 않으며, IRP를 해지하여 전액 인출하는 방법만 가능하다.

중요도 ★★★ ㉠ p.138 ~ 139 ㉰ p.238

개인형 퇴직연금에 대한 설명으로 가장 적절하지 <u>않은</u> 것은?

① IRP는 납입되는 소득원천에 따라 적립IRP와 퇴직IRP로 구분하기도 하지만, 설정된 하나의 IRP계좌에 퇴직급여와 가입자부담금을 같이 운용할 수 있다.

② 가입자가 적립금 운용지시를 하여야 하며, 운용지시를 하지 않은 적립금은 일정 기간이 경과한 후 사전에 선택한 사전지정운용방법(디폴트옵션)으로 운용된다.

③ 기업형IRP를 설정한 사용자는 매년 1회 이상 가입자별로 연간 임금총액의 1/12 이상에 해당하는 부담금을 현금으로 가입자의 IRP계좌에 납입하여야 한다.

④ 연간납입한도 초과여부 판단은 당해 연도에 납입한 금액을 기준으로 적용하며, 연간 납입한 금액이 납입한도에 미달하면 잔여한도금액이 다음 해로 이월된다.

⑤ 적립금 운용대상 중 원리금보장형 및 투자위험을 낮춘 운용방법에는 적립금 전액을 운용할 수 있고, 주식 등 위험자산에 대한 투자한도는 적립금의 70%까지이다.

정답 및 해설

09 ④ '나, 다'는 적절한 설명이다.
가. 상장 및 비상장주식에 대한 직접투자는 금지된다.
라. DC형 퇴직연금규약에 사용자부담금과 별도로 가입자가 스스로 추가부담금을 납입할 수 있다는 내용을 규정하게 되면 가입자의 추가납입도 가능하다.

10 ⑤ ① IRP는 기본적으로 DC형 퇴직연금의 성격을 갖고 있으며, 적립금 운용방법, 투자대상 및 투자한도 등은 DC형 퇴직연금과 동일하다.
② IRP는 여러 금융회사에 계좌를 설정할 수 있으나 동일 금융회사에는 하나의 계좌만을 설정할 수 있다.
③ 설정할 수 없다. → 설정할 수 있다.
④ 사용자가 지급한 퇴직급여와 가입기간이 3년 이상 경과한 개인종합자산관리계좌(ISA)의 만기지급금 또는 해약환급금은 납입한도에서 제외된다.

11 ④ 연간납입한도 초과여부 판단은 당해 연도에 납입한 금액을 기준으로 적용하며, 연간 납입한 금액이 납입한도에 미달하더라도 잔여한도금액이 다음 해로 이월되지 않는다.

중요도 ★★

㉔ p.140~143 ㉘ p.239~240

12 중소기업퇴직연금기금제도에 대한 적절한 설명으로 모두 묶인 것은?

> 가. DC형 퇴직연금과 달리 가입자가 적립금 운용지시를 하지 않으며, DB형 퇴직연금과 달리 가입자의 퇴직급여가 미리 정해져 있지 않다.
> 나. 상시근로자 30인 이하 사업장의 사용자는 근로자 대표 또는 근로자 과반수의 동의를 얻어 공단과 계약을 체결하는 방식으로 중소기업퇴직연금을 설정한다.
> 다. 사용자 기본부담금은 정기부담금과 정산부담금으로 구분되며, 정산부담금은 중소기업퇴직연금 가입 이후 가입자의 연간 임금총액의 변경 또는 퇴직으로 인하여 부담금을 추가 납입하거나 반환하는 부담금이다.
> 라. 중소기업퇴직연금 수수료는 DB형 또는 DC형 퇴직연금의 수수료보다 상대적으로 높은 수준이다.
> 마. 가입근로자가 중소기업퇴직연금 가입기간이 10년에 미달하는 경우에는 연금으로 수령할 수 없고 일시금으로 지급한다.

① 가, 나
② 가, 다, 라
③ 나, 다, 마
④ 가, 나, 다, 마
⑤ 가, 나, 다, 라, 마

중요도 ★★

㉔ p.143~144 ㉘ p.239~240

13 중소기업퇴직연금기금에 대한 설명 중 (가)~(다)에 들어갈 내용으로 적절하게 연결된 것은?

> • 공단은 중소기업퇴직연금을 설정한 사업장과 가입자가 사용자부담금 지원요건을 충족하는 경우 사용자가 기한 내에 납입한 해당 연도 정기부담금의 (가)에 해당하는 금액을 (다)년간 사용자에게 지원한다.
> • 사용자부담금 지원요건으로는 중소기업퇴직연금 신청일 기준 상시근로자수가 (나)명 이하인 사업장이어야 하고, 중소기업퇴직연금에 최초로 가입한 날로부터 (다)년 이내 지원 신청을 해야 하며, 국가 및 공공기관이 아니어야 한다.

	가	나	다
①	10%	10	5
②	10%	30	3
③	10%	30	5
④	20%	10	3
⑤	20%	30	3

14

중요도 ★★

퇴직연금제도 변경에 대한 설명으로 가장 적절하지 **않은** 것은?

① DB형 퇴직연금 가입자는 DC형 퇴직연금으로 변경 시 과거 근로기간을 소급하여 변경할 수 없다.

② DC형 퇴직연금을 DB형 퇴직연금으로 변경하면, DC형 퇴직연금에 적립된 적립금은 퇴직 등 지급사유 발생일 전까지 운용하다가 근로자의 퇴직 등 지급사유가 발생한 경우에 IRP계좌로 지급한다.

③ DC형 퇴직연금을 폐지하고 DB형 퇴직연금으로 변경하면 변경된 시점부터 사용자는 매 사업연도 말까지 최소적립금 이상의 적립금을 유지할 수 있도록 부담금을 납입하여야 한다.

④ DB형 퇴직연금을 폐지하고 DC형 퇴직연금으로 변경하면 변경일 이후에 매년 1회 이상 가입자의 연간 임금총액의 1/12 이상을 사용자부담금으로 납입하여야 한다.

⑤ 하나의 사업장에 DB형 퇴직연금과 DC형 퇴직연금을 모두 설정할 수 있다.

정답 및 해설

12 ④ '가, 나, 다, 마'는 적절한 설명이다.
라. 높은 → 낮은

13 ② 가. 10%
나. 30
다. 3

14 ① 변경할 수 없다. → 변경할 수 있다.

15 중요도 ★★

⑦ p.149 ~ 153 ⑧ p.243 ~ 244

DC형 퇴직연금 및 IRP 적립금 운용방법에 대한 설명으로 적절하지 **않은** 것은?

① 위험자산은 실적배당형 상품으로 투자원금에 대한 보장을 하지 않으며, DC형 퇴직연금 또는 IRP의 위험자산에 대한 투자한도는 적립금의 70%까지이다.

② 안전자산은 원리금보장상품과 분산투자 등으로 투자위험을 낮춘 상품으로 구분할 수 있으며, DC형 퇴직연금 가입자는 적립금의 100%까지 안전자산에 투자할 수 있다.

③ DC형 퇴직연금 적립금으로 부동산집합투자기구가 발행하는 집합투자증권, 상장 및 비상장 주식에 대한 투자는 금지하고 있다.

④ 가입자가 운용중인 상품을 해지한 후 일정 기간 이내에 운용지시를 하지 않은 경우에는 디폴트옵션이 적용되지 않는다.

⑤ DC형 퇴직연금 및 IRP 적립금 운용 시 집중투자로 인한 위험을 방지하기 위해 동일 법인에 속한 기업이 발행한 증권에 대한 투자 한도를 가입자별 적립금의 30% 이내로 규정하고 있다.

16 중요도 ★★

⑦ p.157 ⑧ p.245

적격TDF의 요건에 대한 적절한 설명으로 모두 묶인 것은?

가. 투자적격등급 이외의 채권 투자한도는 펀드자산 총액의 30% 이내로 하고, 채권 총투자액의 50% 이내로 할 것
나. 은퇴예상시기 등 투자목표시점이 다가올수록 위험자산의 비중을 점차 줄여나가는 생애주기형 자산배분전략을 통하여 투자위험을 낮추는 운용방법 및 운용지침 등을 갖출 것
다. 투자목표시점을 집합투자기구(펀드) 설정일로부터 3년 이후로 하고, 집합투자증권의 명칭에 기재할 것
라. 주식의 투자한도는 투자목표시점까지는 펀드자산 총액의 80% 이내로 하고, 투자목표시점 이후에는 펀드자산 총액의 40% 이내로 할 것

① 가, 나
② 가, 라
③ 나, 다
④ 나, 라
⑤ 다, 라

17 중요도 ★★ ⑦ p.158 ~ 161 ⑨ p.246

타겟데이트펀드(TDF)에 대한 설명으로 적절하지 **않은** 것은?

① 대부분의 TDF는 개별 주식이나 채권 등에는 투자를 하지 않는다.
② 적극투자형 가입자라면 자산배분 유형과 투자목표시점이 동일한 TDF라 하더라도 투자목표시점까지는 위험수준이 상대적으로 높은 to-방식이 수익률 측면에서 유리할 수 있다.
③ TDF는 동일한 자산배분 형태를 갖는 같은 이름의 TDF에 투자목표시점을 5년 단위로 구분하여 시리즈로 설계한다.
④ 가입자가 적립금 운용에 자신이 없거나, 시간적 여유가 없는 등 장기간에 걸쳐 투자관리에 소홀할 수밖에 없는 상황이라면 TDF를 선택하여 적립금을 운용하는 것이 바람직하다.
⑤ TDF의 대부분은 해외의 자산운용사에 위탁하여 운용하는 등 재간접투자 방식으로 운용하고 있으며, 재간접투자 방식의 TDF는 다양한 다른 자산운용사가 설정한 펀드에 투자가 가능하다.

4과목

운퇴설계 해커스 **CFP** 지식형 핵심문제집

정답 및 해설

15 ④ 적용되지 않는다. → 적용된다.

16 ④ '나, 라'는 적격TDF의 요건에 해당한다.
가. 30% → 20%
다. 3년 → 5년

17 ② to-방식 → through-방식
[참고] TDF는 투자목표시점까지는 투자기간 경과에 따라 위험자산의 비중을 점차 축소해 나가면서 운용하지만, 연금개시 이후에는 연금개시 시점의 위험자산 투자 비중을 유지하는 방식(to-방식)과 연금수령 기간경과에 따라 지속적으로 위험자산의 비중을 축소하여 운용하는 방식(through-방식)이 있다.

18 중요도 ★★

사전지정운용제도에 대한 설명 중 (가) ~ (다)에 들어갈 내용으로 적절하게 연결된 것은?

- 퇴직연금사업자는 일정 요건을 갖춘 운용방법을 사전에 (가)(으)로부터 사전지정운용방법으로 승인받아야 한다.
- 2022년 7월 12일 이후 신규로 DC형 퇴직연금 및 IRP를 가입한 자가 최초 부담금 납입 이후 (나)간 운용지시가 없을 경우 사전에 지정한 디폴트옵션으로 자동 매수 처리된다.
- 디폴트옵션 적용 이후 납입하는 부담금은 (다)간의 유예기간(대기기간) 없이 입금일 익일에 지정되어있는 디폴트옵션으로 자동 매수 처리된다.

	가	나	다
①	근로자 대표	4주	2주
②	근로자 대표	4주	4주
③	고용노동부 장관	2주	2주
④	고용노동부 장관	2주	4주
⑤	고용노동부 장관	4주	4주

19 중요도 ★★★

사전지정운용제도에 대한 설명으로 적절하지 **않은** 것은?

① 적격디폴트옵션 상품의 유형 중 채권, 주식 등의 자산에 분산투자하되 금융시장 상황, 시장 전망 및 펀드 내 가치변동 등을 고려하여 주기적으로 자산배분을 조정하는 방식으로 운용하는 방법을 타겟데이트펀드(TDF)라고 한다.

② 디폴트옵션은 포트폴리오의 위험도에 따라 상품이 분류되는데, 이 때 포트폴리오 위험도는 '편입 단일상품 위험도 × 투자 비중'을 가중평균한 값이다.

③ 디폴트옵션으로 적립금을 운용하고 있지 않은 가입자는 언제든지 디폴트옵션으로 본인의 적립금을 운용하는 것을 선택할 수 있다.

④ DC형 퇴직연금을 도입한 사용자는 디폴트옵션 제도에 관한 사항과 퇴직연금사업자가 제공한 적격디폴트옵션 상품 중 사용자가 선택한 디폴트옵션의 유형들을 근로자대표의 동의를 얻어 DC형 퇴직연금규약에 반영해야 한다.

⑤ 퇴직연금사업자가 승인받은 사전지정운용방법의 변경이 필요하다고 판단할 경우 고용노동부 장관의 승인을 받아 변경할 수 있으며, 변경 승인을 받은 경우 가입자에게 그 변경내용을 통지해야 한다.

20

중요도 ★★

DC형 및 IRP의 적립금 운용을 위한 포트폴리오를 구성하는 과정에서 고려해야 할 사항에 대한 적절한 설명으로 모두 묶인 것은?

□

가. 퇴직연금 적립금 운용을 위한 포트폴리오 구성 시 가입자 스스로 본인의 위험수용성향을 객관적으로 평가를 할 필요가 있다.

나. 포트폴리오와 포트폴리오 내 자산군별 최대손실허용치를 설정하게 되면 시장이 극도로 악화되는 추세에서 적립금 손실은 최소화할 수 있게 된다.

다. 국내뿐만 아니라 해외의 다양한 자산으로 포트폴리오를 구성하면 시장이나 경기가 급변할 때 발생하는 개별 자산의 위험을 줄일 수 있다.

라. 신규로 납입하는 부담금에 대해서만 운용지시를 할 경우 기존의 적립금에서 위험자산의 운용 비중을 확인하고 그 잔여 한도 이내에서만 위험자산에 대한 투자를 할 수 있다는 점에 유의하여야 한다.

---

① 가, 나
② 가, 나, 다
③ 가, 나, 라
④ 나, 다, 라
⑤ 가, 나, 다, 라

정답 및 해설

18 ③ 가. 고용노동부 장관
    나. 2주
    다. 2주

19 ① 타겟데이트펀드(TDF) → 밸런스드펀드(BF)

20 ⑤ '가, 나, 다, 라'는 DC형 및 IRP의 적립금 운용을 위한 포트폴리오를 구성하는 과정에서 고려해야 할 사항이다.

21

DC형 퇴직연금 및 IRP 활용에 대한 설명으로 가장 적절한 것은?

① 근로자가 비교적 경제적 여유가 많아 퇴직급여가 아니더라도 은퇴기간 중 필요한 은퇴소득을 확보할 수 있는 유형의 근로자라면 DC형 퇴직연금을 선호할 수 있다.

② IRP와 연금저축펀드는 모두 연금계좌 상품으로 연금계좌세액공제와 연금수령 시 절세효과 등의 세제 혜택을 받는다.

③ 30 ~ 40년간으로 예상되는 은퇴기간 중 필요한 은퇴소득을 확보하기 위해 퇴직급여를 적극적으로 운용하여 일정 수준의 목표금액을 마련하고 싶은 유형의 근로자라면 DB형 퇴직연금을 선택하는 것이 필요하다.

④ DC형 퇴직연금 및 IRP의 가입자는 원리금보장상품이나 채권형펀드 등 투자위험을 낮춘 상품에 70% 이상을 투자해야 하며 적립금 전액을 투자할 수 있다.

⑤ IRP와 연금저축펀드는 모두 근퇴법상 사유 해당 시 중도인출이 가능하며, 근퇴법상 사유에 해당하지 않는 경우 전부 해지하여야만 인출이 가능하다.

22

연금소득의 활용에 대한 설명으로 가장 적절하지 **않은** 것은?

① 퇴직급여를 퇴직일시금으로 지급받은 근로자의 경우 퇴직급여를 IRP에 납입하고 연금으로 수령하기 위해서는 퇴직일시금을 지급받은 날로부터 90일 이내에 퇴직금의 전부 또는 일부를 IRP에 납입해야 한다.

② 경영평가성과급을 DC형 퇴직연금계좌로 납입하고 운용하다 55세 이후에 연금으로 수령하면 근로소득세가 아닌 저율의 연금소득세가 과세되어 절세효과를 얻을 수 있다.

③ 퇴직급여를 55세 이후 연금으로 수령하면 이연퇴직소득세의 70% 또는 60%가 연금소득세로 과세되므로 절세효과를 누리면서 은퇴기간 중 연금소득을 확보하는 효과적인 방법이 된다.

④ DB형 퇴직연금만을 도입한 사업장의 근로자가 경영평가성과급을 퇴직연금계좌에 납입하기 위해서는 근로자대표의 동의를 얻어 DC형 퇴직연금을 도입하고, DC형 퇴직연금규약에 근로자가 지급받는 경영평가성과급을 납입할 수 있도록 하는 규정을 하여야 한다.

⑤ 근퇴법에 따라 소규모 사업장 근로자의 경우에도 퇴직급여를 IRP로만 이전하여 지급해야 한다.

23 중요도 ★★★ ㉮ p.178 ~ 179 ㉰ p.251

ISA를 활용하여 연금소득을 확보하는 방법에 대한 적절한 설명으로 모두 묶인 것은?

가. 개인종합자산관리계좌(ISA)는 19세 이상 국내 거주자가 소득과 무관하게 가입할 수 있으며, 근로소득이 있으면 15세부터 가입이 가능하다.

나. ISA의 의무가입기간은 2년이며, 만기가 도래하면 가입기간을 연장할 수 있다.

다. ISA에는 연간 2,000만원을 한도로 1억원까지 저축할 수 있고, 연간 한도는 차년도로 이월이 불가능하다.

라. 가입자가 만기 이후에 ISA를 해지하는 경우 가입기간 중에 발생한 이자와 배당손익은 통산하여 소득수준에 따라 200만원(일반형) 또는 400만원(서민형)까지는 과세를 하지 않는다.

마. ISA를 의무가입기간 이후 해지하여 전부 또는 일부금액을 연금저축계좌에 납입하면 해당 연도 종합소득 신고 시 납입금액의 10%(한도 300만원)에 대해 연금계좌세액공제 대상이 될 수 있다.

① 가, 나, 다
② 가, 다, 마
③ 가, 라, 마
④ 나, 다, 라
⑤ 나, 다, 마

정답 및 해설

21 ② ① DC형 → DB형
③ DB형 → DC형
④ 70% → 30%
[참고] DC형 퇴직연금 및 IRP의 위험자산 투자한도는 적립금 70%까지이다.
⑤ IRP와 연금저축펀드는 모두 → IRP는
[참고] 연금저축펀드는 IRP와 달리 자유롭게 중도인출이 가능하다.

22 ⑤ 퇴직급여는 근로자의 IRP로 이전하는 방식으로 지급하도록 근퇴법에 규정되어 있지만, 소규모 사업장의 근로자의 경우 퇴직급여를 근로자의 예금계좌로 지급하는 경우가 많다.

23 ③ '가, 라, 마'는 적절한 설명이다.
나. 2년 → 3년
다. 불가능하다. → 가능하다.

개인연금

01 중요도 ★★★   ㉮ p.184   ㉲ p.252

□ 세제적격연금과 세제비적격연금에 대한 설명 중 (가) ~ (라)에 들어갈 내용으로 가장 적절한 것은?

구 분	세제적격연금	세제비적격연금
상품유형	–	(가)
가입대상	(나)	–
납입한도	(다)	–
납입액에 대한 세액(소득)공제	–	(라)

	가	나	다	라
①	연금저축펀드	거주자	납입한도 제한 없음	가 능
②	변액연금보험	거주자	납입한도 제한 없음	불가능
③	금리연동형 연금보험	거주자	연금계좌 합산 연간 1,800만원	불가능
④	연금저축신탁	거주자 및 비거주자	연금계좌 합산 연간 1,800만원	가 능
⑤	변액연금보험	거주자 및 비거주자	납입한도 제한 없음	불가능

02
중요도 ★★★

연금유형별 특성에 대한 설명으로 가장 적절하게 연결된 것은?

□

> 가. 단생종신연금
> 나. 연생종신연금
> 다. 보증부종신연금
> 라. 확정기간연금

> A. 다른 유형의 종신연금과 비교하여 동일한 연금적립금이라면 정기적으로 지급하는 단위당 연금수준이 가장 높다.
> B. 연금지급기간이 확정되어 있기 때문에 연금상품 적립금의 운용수익률에 따라 매년 지급되는 연금액이 변동된다.
> C. 피보험자가 2명 또는 그 이상인 연금으로 가입자가 모두 사망할 때까지 연금이 지급되며, 부부 모두 생존 시에는 지급되는 연금액에서 일정 수준 감액하여 연금을 지급한다.
> D. 납입원금 대비 최대의 수입이 발생하며, 확정된 보증기간 중 지급될 연금을 일시금으로 수령할 수 있다는 장점이 있다.

① 가 – A, 나 – C, 다 – B, 라 – D
② 가 – A, 나 – C, 다 – D, 라 – B
③ 가 – B, 나 – C, 다 – A, 라 – D
④ 가 – C, 나 – A, 다 – B, 라 – D
⑤ 가 – C, 나 – A, 다 – D, 라 – B

정답 및 해설

01 ③ 가. 금리연동형 연금보험 또는 변액연금보험
　　 나. 거주자
　　 다. 연금계좌 합산 연간 1,800만원
　　 라. 불가능

02 ② A. 단생종신연금
　　 B. 확정기간연금
　　 C. 연생종신연금
　　 D. 보증부종신연금

연금지급 유형에 대한 설명으로 가장 적절하지 **않은** 것은?

① 보증부종신연금은 일반 종신연금과 비교하여 정기적으로 지급받는 단위당 연금액이 적다.
② 보증부종신연금은 인플레이션 진행에 따라 연금의 실질가치가 하락할 위험이 존재한다.
③ 우리나라 대부분의 개인형퇴직연금(IRP), 중소기업퇴직연금 등에서는 확정금액연금을 채택하고 있다.
④ 연생종신연금은 연금보험이나 변액연금보험에는 적용되지 않으며 연금저축보험에만 적용된다.
⑤ 보험회사의 연금보험 대부분은 연금적립금의 운용수익률과 관계없이 최저보증연금액을 보증하고 일정 수준 이상의 운용수익률이 발생하는 경우 기본연금액에 가산연금을 더하여 지급하는 구조이다.

개인연금 가입 시 고려사항에 대한 설명으로 가장 적절하지 **않은** 것은?

① 세제적격연금인 연금보험은 세액공제 혜택이 없지만 비과세요건을 충족하는 경우 세금부담 없이 인출하여 다양한 목적자금으로 활용할 수 있다.
② 연금상품의 수익률을 검토할 때 최근의 운용수익률뿐만 아니라 과거 3년, 5년, 10년 등 장기간 동안 실현한 운용수익률을 살펴보아야 한다.
③ 연금상품을 최종적으로 선택하기 전에 기존의 은퇴저축(투자)계획에 따른 은퇴자산 포트폴리오에 미치는 영향을 평가하고 조정하는 과정이 필요하다.
④ 시간적 여유나 투자전문성이 부족하여 연금상품의 적립금을 직접 운용하는 것이 부담스러운 가입자라면 연금저축보험이나 연금보험을 선택한다.
⑤ 보수적인 성향을 갖고 있는 가입자라면 공시이율로 부리하는 연금저축보험이나 연금보험이 적절하지만, 연금보험의 공시이율 이상의 수익률을 얻고자 한다면 연금저축펀드나 변액연금보험을 선택한다.

05

중요도 ★★★   ㉑ p.192~196 ㉦ p.255

세제적격연금에 대한 설명으로 가장 적절한 것은?

☐

① 가입한 연금저축의 운용수익률이 낮아 불만이 생긴 경우라도 연금저축에서 연금을 수령하기 전까지는 연금저축을 이전할 수 없다.

② 연금저축의 가입자격은 만 18세 이상 개인이다.

③ 연금저축펀드에 가입한 경우 정액적립식 저축방법으로 장기저축하면 매입단가평준화효과를 얻을 수 있다.

④ 연금저축계좌에 납입할 수 있는 금액은 모든 금융기관에 설정되어 있는 연금계좌 납입액을 합산하여 연간 2,000만원까지이다.

⑤ 연금저축은 IRP와 동일하게 연금수급개시 전 또는 후에 일부인출이 불가능하다.

정답 및 해설

03 ④ 연금보험이나 변액연금보험 ↔ 연금저축보험

04 ① 세제적격연금 → 세제비적격연금

05 ③ ① 연금저축 가입자는 가입한 금융회사의 운용수익률이 낮아 불만이 많은 등의 사유로 다른 금융회사의 연금저축이나 IRP로 적립금을 이전하기를 원하는 경우, 연금저축에서 연금을 수령하기 전까지는 연금저축을 이전할 수 있다.
② 연금저축은 나이나 소득과 관계없이 가입이 가능하다.
④ 2,000만원 → 1,800만원
⑤ 연금저축은 IRP와 다르게 연금수급개시 전 또는 후에 해지(또는 전부인출)뿐만 아니라 일부인출도 가능하다.

06

중요도 ★★★

세제적격연금에 대한 적절한 설명으로 모두 묶인 것은?

가. 연금계좌 계좌이체 시 이체되는 금액은 인출로 보아 과세되며, 계좌이체 후의 연금저축 가입기간은 이체 전 가입기간을 포함하여 산정된다.

나. 연금저축에 대한 세제 혜택은 근로소득자 뿐만 아니라 종합소득이 있는 자영업자 등도 연금저축에 납입한 금액의 일정 한도 내에서 연금계좌세액공제를 받을 수 있다.

다. 거주자는 나이나 소득과 관계없이 연금저축을 가입할 수 있으며, 동일한 금융회사에 하나 또는 둘 이상의 연금저축 상품을 선택하여 가입할 수 있다.

라. 소득세법에서는 연금계좌에서 중도인출 시 '세액공제를 받지 않은 납입금액 → 이연퇴직소득 → 세액공제를 받은 납입금액과 연금저축 운용수익'의 순서로 인출되는 것으로 규정하고 있다.

마. 종신연금을 수령 중인 연금저축계좌는 연금수령 전인 다른 연금저축계좌로 전액 계좌이체할 수 있다.

① 가, 나, 다
② 가, 다, 라
③ 나, 다, 라
④ 나, 라, 마
⑤ 다, 라, 마

07

중요도 ★★★

다음 중 연금저축의 세제에 대한 설명으로 가장 적절하지 **않은** 것은?

① 종합소득금액이 5,000만원인 A씨는 연금저축 납입액에 대하여 지방소득세 포함 13.2%의 세액공제율을 적용받는다.

② 연금저축 납입금의 전액은 연간 600만원 한도로 세액공제 대상이 된다.

③ 소득세법상 부득이한 사유로 연금저축을 중도해지하여 적립금을 인출하는 경우 연령에 따라 3.3 ~ 5.5%의 연금소득세가 과세된다.

④ 근로소득만 4,500만원 있는 B씨는 연금저축 납입액에 대하여 지방소득세 포함 13.2%의 세액공제율을 적용받는다.

⑤ 종합소득금액이 6,000만원인 C씨는 연금저축 납입액에 대하여 지방소득세 포함 13.2%의 세액공제율을 적용받는다.

08

중요도 ★★★

㉮ p.198 ~ 200   ㉯ p.256

연금저축계좌에 대한 설명으로 가장 적절한 것은?

① 연금저축펀드의 투자위험은 가입자가 부담하므로 원금손실위험이 있지만 예금자보호 대상이다.

② 연금저축펀드는 가입자가 납입한 보험료 중 사업비를 제외한 금액을 공시이율을 적용하여 부리한다.

③ 연금저축신탁은 납입한 원금이 보장되지만 납입 및 인출이 자유롭지 못하다는 단점이 있다.

④ 연금저축신탁은 예금자보호대상이 되며, 기대수익률은 연금저축펀드보다 높은 수준이다.

⑤ 연금저축보험의 경우 보험상품의 성격상 사업비가 부과되어 있어 납입액 대비 실질수익률이 평균공시이율보다 적을 수 있다.

정답 및 해설

06 ③ '나, 다, 라'는 적절한 설명이다.
가. 연금계좌 계좌이체 시 이체되는 금액은 인출로 보지 않기 때문에 과세하지 않는다.
마. 종신연금을 수령 중인 연금저축계좌는 상품의 특성상 계좌이체가 불가능하다.

07 ④ 13.2% → 16.5%

08 ⑤ ① 연금저축펀드는 투자위험을 가입자가 부담하기 때문에 원금손실위험이 있으며 예금자보호가 안 된다.
② 연금저축펀드 → 연금저축보험
③ 연금저축신탁은 납입 및 인출이 자유롭다.
④ 연금저축신탁은 예금자보호대상이 되며, 신탁상품의 성격상 적립금 운용을 보수적으로 하기 때문에 기대수익률은 연금저축펀드보다 낮은 수준이다.

09 중요도 ★★

연금저축펀드 적립금 운용에 대한 적절한 설명으로 모두 묶인 것은?

> 가. 가입자는 금융회사가 제공하는 투자상품 중 하나를 선택하거나 둘 이상의 투자상품으로
>   포트폴리오를 구성하여 운용지시를 할 수 있다.
> 나. 연금저축펀드는 위험자산에 적립금의 100%를 투자할 수 있으며, 국내 거래소에 상장된
>   주식형ETF, 공모형 리츠(REITs) 등에도 투자할 수 있다.
> 다. 가입자는 매입한 집합투자증권의 환매가 금지된다.
> 라. 연금저축펀드의 투자대상에 정기예금 등 원리금보장형 상품도 포함된다.

① 가, 나
② 가, 라
③ 나, 다
④ 나, 라
⑤ 다, 라

10 중요도 ★★

연금저축펀드 선택기준에 대한 설명으로 가장 적절하지 **않은** 것은?

① 과거수익률을 검토할 때 최소한 3년, 5년 또는 펀드설정일 이후 기간에 대한 수익률 등을
   참고한다.
② 표준편차가 낮은 펀드가 반드시 우량한 펀드라고 할 수 없지만, 동일한 기대수익률을 갖는
   펀드라면 위험수준이 낮은 펀드를 선택하는 것이 합리적이다.
③ 펀드 선택 시 펀드평가사의 평가등급 자료를 참고하여 펀드평가등급이 1 ~ 2등급인 펀드를
   선택한다.
④ 펀드설정 후 3년이 지나도 운용규모가 50억원 미만의 소규모 펀드라면 장기투자를 하는
   연금저축펀드에 적합하지 않다.
⑤ 위험수용성향은 공격투자형, 위험중립형, 안정형의 3가지 유형으로 구분되며, 이에 따라
   투자 가능한 펀드가 제한된다.

중요도 ★★★　　　　　　　　　　　　　　　　　　　　㉮ p.206 ~ 208　㉤ p.258

세제비적격연금 중 연금보험에 대한 적절한 설명으로 모두 묶인 것은?

☐

> 가. 추가납입보험료는 기본보험료에 비해 사업비가 상대적으로 많이 부과되어 있다.
> 나. 연금적립금은 공시이율을 적용하므로 가입자는 지급되는 연금수준이 어느 정도인지 예측할 수 있다.
> 다. 조기집중연금은 은퇴초기 상대적으로 은퇴소득이 많이 필요한 사람에게 적합하다.
> 라. 인출할 수 있는 횟수는 보험회사별로 다를 수 있지만 통상 연 12회 이내에서 가능하다.
> 마. 연금개시 전까지 약관에서 정한 일정 한도(통상 해약환급금의 70%) 내에서 수수료 없이 인출하여 사용할 수 있다.

① 가, 나, 다
② 가, 다, 라
③ 나, 다, 라
④ 나, 라, 마
⑤ 다, 라, 마

정답 및 해설

09 ① '가, 나'는 적절한 설명이다.
　　　 다. 가입자는 언제든지 매입한 집합투자증권을 환매 또는 매도할 수 있다.
　　　 라. 연금저축펀드의 투자대상에 정기예금 등 원리금보장형 상품은 제외된다.

10 ⑤ 위험수용성향은 공격투자형, 적극투자형, 위험중립형, 안정추구형, 안정형의 5가지 유형으로 구분되며, 이에 따라 투자 가능한 펀드가 제한된다.

11 ③ '나, 다, 라'는 적절한 설명이다.
　　　 가. 많이 → 적게
　　　 마. 70% → 50%

⑦ p.205 ~ 207 ② p.258

12

중요도 ★★★

연금보험의 특징에 대한 설명으로 가장 적절하지 **않은** 것은?

① 연금보험은 은퇴기에 사용할 연금소득을 확보하기 위한 장기저축성보험을 말하며, 적립식 연금보험과 일시납 연금보험으로 구분된다.

② 적립금 운용에 따른 투자위험을 가입자가 부담하고, 보험회사에서는 연금보험 가입 시 적용이율 수준별로 지급하는 예상연금액을 가입자에게 제공한다.

③ 일시납의 경우 총납입한도는 기본보험료 총액의 100%까지이다.

④ 보험료 납입 일시중지는 보험계약일로부터 5년이 지난 이후부터 가능하며, 납입일시중지 신청 시 기본보험료의 보험료 납입기간은 납입일시 중지기간만큼 연장된다.

⑤ 연금보험의 연금수령 방법은 보험회사별로 다양한데, 종신연금이 기본형태이며 이외에 확정기간연금, 조기집중연금, 상속연금, 혼합형연금이 있다.

⑦ p.209 ~ 211 ② p.259

13

중요도 ★★

변액연금보험의 적립금 운용옵션에 대한 설명으로 가장 적절하게 연결된 것은?

가. 정액분할투자 나. 펀드자동재배분 다. 펀드변경 옵션 라. 자동자산배분
A. 가입자의 신청에 의해 현재 운용 중인 특별계정에서 적립금의 전부 또는 일부를 다른 펀드로 변경할 수 있는 옵션이다. B. 가입자가 보험계약 시 특별계정에 납입되는 보험료를 선택한 펀드별로 일정한 비율을 정하여 운용하는 옵션이다. C. 일시납 또는 추가납입보험료 등을 일시에 특별계정으로 이체하지 않고 가입자가 정한 기간 단위별로 정한 금액을 이체하는 옵션이다. D. 투자성과에 따라 변동된 적립금을 일정 기간 단위별로 가입자가 정한 펀드별 투자비율로 재조정하여 운용하는 옵션이다.

① 가 - A, 나 - B, 다 - C, 라 - D

② 가 - B, 나 - A, 다 - D, 라 - C

③ 가 - C, 나 - A, 다 - D, 라 - B

④ 가 - C, 나 - D, 다 - A, 라 - B

⑤ 가 - D, 나 - C, 다 - B. 라 - A

14

중요도 ★★

변액연금보험에 대한 설명으로 가장 적절하지 **않은** 것은?

① 가입자는 보험회사가 제시하는 다양한 펀드 유형 중 운용방법을 선택 또는 변경하여 적립금을 운용하고 운용결과는 가입자가 책임을 지게 된다.

② 가입자 입장에서 GMAB가 부가된 변액연금은 원금손실에 대한 불안감을 줄이고, 예측 가능한 연금을 지급받을 수 있다는 장점이 있다.

③ 연금적립금을 특별계정에서 운용하는 방법을 선택하면 연금을 지급받는 중에 일반계정으로 전환이 불가능하다.

④ 일반계정에서 연금적립금을 운용하는 경우 장기간에 걸친 인플레이션 위험에 노출될 수 있다는 단점이 있다.

⑤ 특별계정에서 연금적립금을 운용하는 경우 투자성과에 따라 연금액이 증가하거나 연금지급 기간을 연장할 수 있으나, 투자위험에 노출되어 연금적립금 가치가 감소할 수 있다.

정답 및 해설

12 ② 적립금 운용에 따른 투자위험은 보험회사가 부담한다.

13 ④ A. 펀드변경 옵션
　　　B. 자동자산배분
　　　C. 정액분할투자
　　　D. 펀드자동재배분

14 ③ 연금적립금을 특별계정에서 운용하는 방법을 선택하여 연금을 지급받는 중 특정 시점에서 잔여 연금 적립금을 일반 계정으로 전환이 가능하다.

15

중요도 ★★

㉮ p.210 ~ 212 ㉯ p.259

변액연금보험의 다양한 연금지급보증옵션에 대한 설명 중 (가) ~ (라)에 들어갈 내용으로 적절하게 연결된 것은?

☐

- (가)은(는) 특별계정의 적립금 변동위험을 완화하도록 보험회사에서 최저적립금을 보증하는 옵션이다.
- (나)란 연금개시 이후 특별계좌의 투자성과에 관계없이 보증된 일정 수준의 이율을 적용한 연금액을 지급하는 옵션으로 특별계정의 운용성과가 낮더라도 보증된 연금이 지급된다는 장점이 있다.
- (다)는 연금개시 이후 특별계정 투자성과와 관계없이 일정 수준의 연금지급을 보증하며, 보증기간 중 연금적립금이 '0(zero)'수준이 되어도 약정된 연금이 지급된다.
- (라)는 연금개시 이후 특별계정 투자성과에 관계없이 일정 수준의 연금을 가입자가 사망할 때까지 지급을 보증하는 옵션이다.

	가	나	다	라
①	GMAB	GMIB	GMWB	GLWB
②	GLWB	GMIB	GMWB	GLWB
③	보험료반환	GMIB	GMWB	GMAB
④	Step-up	GMDB	GLWB	GMAB
⑤	GMAB	GMWB	GMIB	Step-up

16

중요도 ★★

㉮ p.212 ~ 214 ㉯ p.260

즉시연금보험에 대한 적절한 설명으로 모두 묶인 것은?

☐

가. 즉시연금은 일시금을 납입하고 그 다음 달 계약해당일로부터 연금을 지급하는 연금보험으로 금리연동형 연금과 변액연금으로 구분할 수 있다.
나. 변액연금은 일시납으로 납입된 보험료를 주식, 채권 등 펀드에 투자하는 방법으로 운용하고 운용성과에 따라 연금수준이 변동된다.
다. 금리연동형 연금보험 방식은 공시이율을 적용하지만 최저보증이율을 보장하기 때문에 시장 상황과 관계없이 비교적 안정적인 연금을 수령할 수 있다.
라. 즉시연금은 연금수령형태가 종신형인 경우 인출금액에 대해 소득세가 과세될 수 있다.
마. 변액연금은 연금지급기간이 종신연금처럼 장기간인 경우 인플레이션 진행에 따라 실질 구매력이 하락할 수 있다는 단점이 있다.

① 가, 나, 다   ② 가, 다, 라
③ 가, 라, 마   ④ 나, 다, 마
⑤ 나, 라, 마

17

중요도 ★★

㉮ p.213 ~ 214 ㉰ p.260

즉시연금보험의 연금지급방법에 대한 설명으로 가장 적절하지 **않은** 것은?

① 상속연금 가입자가 보장개시일로부터 10년 이내에 사망하면 일시납보험료의 10%와 사망 당시의 연금계약적립금을 수령한다.

② 종신연금 가입자가 조기에 사망하면 연금적립금이 소멸될 위험이 있어, 보험회사는 종신연금에 지급보증기간을 정하여 조기사망에 따른 원금손실 위험을 완화하고 있다.

③ 확정기간 연금은 보장개시일 만 1개월 이후 계약해당일로부터 연금수급개시 시점의 연금계약적립금을 기준으로 공시이율을 적용하여 확정기간 동안 나눈 연금월액을 지급한다.

④ 확정기간연금은 계약자가 선택한 확정기간 동안 연금액을 지급하되, 가입자가 사망한 경우 즉시연금계약이 소멸되므로 잔여 연금적립금은 상속되지 않는다.

⑤ 상속연금은 가입자가 10년 이후에 사망하면 사망 당시의 연금계약적립금을 사망 시 수익자로 지정된 자가 수령한다.

정답 및 해설

15 ① 가. GMAB

나. GMIB

다. GMWB

라. GLWB

16 ① '가, 나, 다'는 적절한 설명이다.

라. 연금수령방법을 종신형으로 정한 경우에는 인출하는 시기와 관계없이 수령하는 연금에 대해 과세하지 않는다.

[참고] 즉시연금은 연금수령형태가 종신형이 아닌 확정기간형으로 한 경우 소득세법상 장기저축성보험 과세제외요건(10년 이상 가입)을 충족하지 못한 것으로 보아 연금 또는 일시금을 인출할 때 과세를 하게 된다.

마. 변액연금 → 금리연동형 연금

17 ④ 확정기간 연금은 가입자가 확정기간 중에 사망하면 잔여 연금적립금은 상속된다.

18 중요도 ★★★ ㉮ p.215 ~ 216 ㉾ p.261

개인연금 활용에 대한 설명으로 가장 적절한 것은?

① 납입기간 중 사망 또는 장애발생시 보장을 받고 싶을 경우 연금보험 대신 연금저축을 선택한다.
② 연금보험은 소득세법상 과세제외요건을 충족하는 인출금액에 대해서 과세하지 않는다.
③ 납입기간 중 납입액에 대한 세액공제 혜택을 받고 싶을 경우 연금저축 대신 연금보험을 선택한다.
④ 연금보험의 경우 과세이연에 따른 투자수익 증대와 연금소득을 확보할 수 있다는 장점이 있지만, 중도인출 제한 등 유동성 제약이 따르게 된다.
⑤ 적립식펀드는 납입액에 대한 세액공제 혜택과 운용수익에 대한 과세이연 효과로 동일한 운용방식의 연금저축펀드보다 기대수익률이 높다.

19 중요도 ★★★ ㉮ p.216 ~ 217 ㉾ p.261

개인연금 활용에 대한 설명으로 가장 적절하지 **않은** 것은?

① IRP는 소득이 있어야 가입이 가능하지만 연금저축은 소득 유무와 관계없이 가입이 가능하다.
② IRP는 적립금의 70%를 한도로 위험자산에 투자할 수 있지만 연금저축은 적립금의 전부를 위험자산에 투자할 수 있다.
③ 가입자가 납입액에 대한 세액공제는 받고 싶고 원리금보장이 되는 은퇴저축을 희망하고 있다면 IRP를 선택해야 한다.
④ 연금저축펀드와 IRP는 납입한도, 세액공제, 중도인출 허용 여부, 계좌이체, 계좌승계 등 기본적인 연금계좌의 특성이 동일하다.
⑤ 연금저축펀드 투자대상에는 원리금보장형 상품이 없으며, 국내 거래소에 상장된 주식형 ETF 등에 투자할 수 있다.

정답 및 해설

18 ② ① 연금보험 ↔ 연금저축
　　　 ③ 연금저축 ↔ 연금보험
　　　 ④ 연금보험 → 연금저축
　　　 ⑤ 적립식펀드 ↔ 연금저축펀드

19 ④ 연금저축펀드와 IRP는 납입한도, 세액공제, 과세이연, 인출 시 과세, 계좌이체, 계좌승계 등 기본적인 연금계좌의 특성은 동일하지만, 가입자격, 투자대상의 범위, 위험자산에 대한 투자한도, 중도인출 허용 여부 등에서 차이가 있다.

은퇴자산 축적을 위한 투자관리

6장

01

중요도 ★★

㉑ p.221 ~ 225 ㉒ p.262

총은퇴일시금 산정방식에 대한 설명으로 가장 적절하지 **않은** 것은?

① 전통적 접근방식은 계산과정이 복잡하지만 물가상승률과 은퇴기간 중 은퇴자산에 대한 세후투자수익률을 반영하여 총은퇴일시금을 산정한다는 장점이 있다.

② 총은퇴일시금은 고객이 목표로 하는 은퇴생활을 영위하기 위해 은퇴시점에서 공적연금 이외에 확보되어 있어야 할 은퇴자산을 의미하며, 은퇴시점물가기준으로 산정한다.

③ 물가상승률을 너무 낮은 수준으로 정하고 총은퇴일시금을 산정하면 은퇴소득이 부족할 수 있고, 물가상승률을 너무 높게 정하면 산정되는 총은퇴일시금의 규모가 커지게 되어 저축여력의 문제가 발생한다.

④ 은퇴소득 인출률 적용방식에서 초기 인출률을 적용하여 은퇴소득을 인출하는 경우 은퇴자산이 은퇴기간 중에 조기에 소진되지 않도록 금융시장 환경을 고려하여 적절한 자산배분을 해야한다는 문제가 있다.

⑤ 다른 조건이 동일하다면 은퇴자산에 대한 세후투자수익률이 낮을수록 총은퇴일시금은 상대적으로 적어지며, 반대의 경우에는 총은퇴일시금이 상대적으로 커진다.

정답 및 해설

01 ⑤ 낮을수록 → 높을수록

02 중요도 ★★

은퇴자산 유형별 평가방법에 대한 적절한 설명으로 모두 묶인 것은?

☐

> 가. 은퇴자산을 즉시연금으로 연금화하는 경우 연금수령 시 과세되는 이자소득세를 차감한
>   세후연금액을 연금지급금액 산정에 적용되고 있는 공시이율을 적용하여 은퇴시점에서
>   일시금으로 평가한다.
> 나. 세제적격연금의 은퇴시점 평가액은 은퇴기간 중 예상되는 세전연금액을 산출하여 은퇴
>   시점에서 일시금으로 평가한다.
> 다. 은퇴설계 시 공적연금은 은퇴자산으로 분류하여 총은퇴일시금 산출 시 반영한다.
> 라. 예상하는 상속재산은 상속이 확정된 경우라면 해당 자산별로 은퇴시점가액을 평가할 수
>   있지만, 확정되지 않은 경우에는 상속 변동 가능성 등을 고려하여 은퇴자산으로 평가하
>   지 않는다.

① 가, 나
② 가, 라
③ 나, 다
④ 나, 라
⑤ 다, 라

03 중요도 ★★

자산배분 실행절차에 대한 설명으로 가장 적절하지 **않은** 것은?

☐

① 목표수익률은 포트폴리오를 구성하는 자산군별 역사적 평균수익률을 참고하여 결정하는 것
   이 합리적이며, 역사적 평균수익률은 10년 또는 20년간의 장기수익률을 사용한다.
② 자산배분 실행은 '자산배분을 위한 정보수집 → 투자목표 설정 → 자산군별 투자 비중 결정
   → 투자포트폴리오 구성'의 순으로 진행된다.
③ 장기간에 걸친 은퇴저축의 속성상 투자관리의 용이성을 고려한다면 간접투자상품을 선택
   하여 분산투자하는 것보다는 개별 투자자산을 선택하여 분산투자효과를 최대화하는 것이
   바람직하다.
④ 자산배분 시 투자위험을 분산하기 위해 상관계수가 낮은 자산군을 대상으로 포트폴리오를
   구성한다.
⑤ 국내 및 해외 펀드 및 상장지수펀드(ETF) 등으로 은퇴자산 포트폴리오를 구성하는 경우
   자산배분위험, 시장위험, 환율변동위험 등과 같은 투자위험에 노출될 수 있다.

04 중요도 ★★

㉑ p.263~266 ㉘ p.265~266

포트폴리오 성과평가 척도에 대한 설명으로 가장 적절하게 연결된 것은?

가. 샤프비율
나. 트레이너비율
다. 소티노비율
라. 정보비율

A. 포트폴리오의 실현수익률에서 무위험이자율을 차감한 초과수익률을 베타(시장위험)로 나눈 값으로, 벤치마크와 비교하여 이 비율이 높을수록 펀드 운용성과가 상대적으로 양호한 것으로 평가된다.
B. 포트폴리오의 실현수익률에서 무위험수익률을 차감한 초과수익률을 포트폴리오의 위험(표준편차)으로 나눈 값으로, 체계적 위험과 비체계적 위험을 포함한 총위험 대비 초과수익률의 비율이다.
C. 포트폴리오 실현수익률과 벤치마크수익률 간의 수익률 추적오차를 이용하여 성과를 평가하는 척도이다.
D. 포트폴리오의 실현수익률이 투자자의 목표수익률 이하로 하락하는 위험을 강조한 성과평가 척도이며, 하방위험 기준 표준편차가 극단인 경우 실용성이 떨어진다는 단점이 있다.

① 가 – A, 나 – C, 다 – B, 라 – D
② 가 – B, 나 – C, 다 – A, 라 – D
③ 가 – B, 나 – A, 다 – D, 라 – C
④ 가 – C, 나 – A, 다 – D, 라 – B
⑤ 가 – C, 나 – A, 다 – B. 라 – D

정답 및 해설

02 ② '가, 라'는 적절한 설명이다.
　나. 세제적격연금의 은퇴시점 평가액은 은퇴기간 중 예상되는 세전연금액에서 연금소득세 등 세금을 차감한 세후연금액을 산출하여 은퇴시점에서 일시금(세후 연금적립금)으로 평가한다.
　다. 은퇴설계 시 공적연금은 은퇴자산으로 분류하지 않고 총은퇴일시금 산출 시 반영한다.

03 ③ 장기간에 걸친 은퇴저축의 속성상 투자관리의 용이성을 고려한다면 개별 투자자산을 선택하여 분산투자하는 것보다는 간접투자상품을 선택하여 분산투자효과를 최대화하는 것이 바람직하다.

04 ③ A. 트레이너비율
　B. 샤프비율
　C. 정보비율
　D. 소티노비율

7장 은퇴소득 인출전략과 지출관리

01
㉮ p.279 ~ 285 ㉯ p.267 ~ 268

중요도 ★

☐

은퇴소득 인출전략에 대한 설명으로 가장 적절하지 **않은** 것은?

① 은퇴자산을 추가하는 경우 인출전략이 시작되는 첫해에 노후자금 변화곡선이 시작되는 Y절편이 위쪽으로 이동하게 되어 사망시점에 인출금액과 일치하게 된다.
② 안정적인 종신지급은 장수위험 관리 측면에서 은퇴 후반기에 은퇴소득을 확보하지 못하는 것을 방지하기 위한 원칙이다.
③ 특별히 구매력을 감소시키거나 증가시키려는 계획이 없는 이상 어느 정도 일정한 구매력을 유지할 수 있도록 물가상승률을 반영하여야 한다.
④ 은퇴자금 인출전략에 포함되는 인출금액은 비정기적이고 일정하지 않은 금액이어야 하므로 반복적으로 발생하는 추가 비용을 포함하는 것이 좋다.
⑤ 이미 축적된 은퇴자금을 인출하는 기간에는 수익률 변화가 은퇴자금의 가치에 크게 영향을 미치게 되며, 일반적으로 수익률 변동성은 표준편차로 표현된다.

02
㉮ p.288 ~ 290 ㉯ p.269 ~ 270

중요도 ★★

☐

은퇴자산 인출모델에 대한 설명으로 가장 적절하지 **않은** 것은?

① 고정수익률 활용 모델은 인출모델을 설정하는 과정에서 인출 후 남은 은퇴자산에 적용되는 수익률을 하나의 값으로 적용하는 모델이다.
② 고정수익률 활용 모델에서의 적용수익률은 과거 평균수익률을 참고하기 보다 고객의 목표수익률로 결정하는 것이 일반적이다.
③ 몬테카를로 시뮬레이션은 난수를 통계적으로 가장 최적의 결과값을 얻을 수 있도록 여러 번 반복하여 목표값의 확률분포를 알아내는 방법이다.
④ 몬테카를로 시뮬레이션을 활용한 인출모델은 수익률과 물가상승률이 인출전략이 적용되는 기간 동안 과거와 유사하게 반복된다고 가정한다.
⑤ 몬테카를로 시뮬레이션은 한정된 인출자산을 최대한 활용하기 위해 향후 발생할 수 있을 불확실한 상황을 반영한다는 데에 의의를 둔다.

03

중요도 ★★ ㉑ p.320 ~ 321 ㉒ p.276

주택연금에 대한 설명으로 가장 적절한 것은?

① 공시가격 등이 9억원 이하의 주택 또는 주거 용도의 오피스텔을 소유한 경우면 누구나 이용할 수 있으며, 다주택자인 경우에는 부부 소유주택의 공시지가를 합산한 가격이 12억원 이하이면 신청할 수 있다.

② 가입조건으로 부부 둘 다 만 55세 이상이어야 하고, 주택연금 가입주택을 가입자 또는 배우자가 실제로 거주지로 이용하고 있어야 한다.

③ 집값을 초과하여 연금을 수령하게 되면 상속인에게 청구된다.

④ 확정기간방식을 선택하면 개별인출제도를 활용할 수 있어 은퇴기간 중 긴급자금이 필요할 때 유용하게 활용할 수 있다.

⑤ 주택담보대출이 남아있는 경우 연금대출한도의 30 ~ 100% 범위 안에서 일시에 목돈을 찾아 대출잔액을 상환하고 남은 돈으로 평생 연금을 수령할 수 있다.

정답 및 해설

01 ④ 비정기적이고 일정하지 않은 금액 → 정기적이고 일정한 금액

02 ② 적용수익률은 고객이 기대하는 수익률 또는 목표수익률이 될 수도 있으나 과거 평균수익률을 참고하여 결정하는 것이 일반적이다.

03 ④ ① 9억원 → 12억원
② 부부 둘 다 만 55세 이상 → 부부 중 한 명이라도 만 55세 이상
③ 집값을 초과하여 연금을 수령하였더라도 상속인에게 청구되지 않는다.
⑤ 30 ~ 100% → 50 ~ 90%

01 중요도 ★   ㉑ p.352 ~ 353   ㉘ p.278

노인 일자리 유형에 대한 설명으로 가장 적절한 것은?

① 우리나라 노인복지법에서는 국가 또는 지방자치단체에서 노인의 사회참여 확대를 위해 근로능력이 있는 노인에게 일할 기회를 우선적으로 제공하도록 노력할 것을 제시하고 있다.

② 정부가 제공하고 있는 노인일자리는 공공형, 사회서비스형 그리고 민간형으로 구분되며, 공공형은 65세 이상의 기초연금수급자가 대상이므로 대기자가 없더라도 65세 미만의 계층은 참여할 수 없다.

③ 시니어 인턴십은 민간형으로 만 55세 이상자의 고용촉진을 위해 기업에 인건비를 지원하여 계속 고용을 유도하는 사업이다.

④ 공익활동은 지역사회 돌봄, 안전 관련 등 사회적 도움이 필요한 영역에 서비스를 제공하는 일자리이다.

⑤ 시장형사업단이나 취업알선형은 나이 제한 없이 사업특성 적합자를 대상으로 한다.

02 중요도 ★★   ㉑ p.356 ~ 357   ㉘ p.279

사회관계망 이론에 대한 적절한 설명으로 모두 묶인 것은?

> 가. 콘보이 모델(Convoy model)은 자신을 중심으로 친밀감의 정도에 따라 집단을 분류한 것으로, 서로 완전히 독립적이지는 않으면서 상호작용하는 관계로 친구, 지인, 이웃 등을 1차적 관계라고 하였다.
> 나. 직장 관련된 사람, 종교단체, 공공기관 등 공식적 역할을 바탕으로 관계를 맺은 집단은 변화가 가능하다고 하였다.
> 다. 사회관계망은 연령이 증가하고 사회적 자원이 한정될수록 기존의 관계를 유지하기 보다는 새로운 관계에 대한 형성에 더 강해지는 경향이 있다.
> 라. 일련의 관계들이 모여 관계망을 이루는데, 이때 관계망은 경제적, 사회정서적, 도구적지지 기능을 갖는다.
> 마. 사회적 관계가 긍정적으로 작용하기 위해서는 개인의 욕구와 선호 등에 적합한 형태로 제공되어야 하며 사회적 관계망에서는 접촉빈도와 지속기간은 중요하지 않다.

① 가, 라   ② 가, 마
③ 나, 다   ④ 나, 라
⑤ 다, 마

03

중요도 ★★

㉑ p.371 ~ 373 ㉭ p.280

은퇴 후 주거유형과 관련한 용어와 그 설명이 적절하게 연결된 것은?

☐

가. 시니어 코하우징(Senior Co-housing)
나. 에이징인플레이스(Aging in Place)
다. 컬렉티브 하우스(Collective house)

A. 노인의 건강상태나 경제적 여건의 변화에 따라 거주지를 여기저기로 옮기는 것이 아니라 나이가 들고 건강이 악화되어도 자신이 살아왔던 거주지와 지역공동체 내에서 지속적으로 거주하는 생활방식을 말한다.

B. 거주목적이 자녀양육이나 가사분담 또는 공동체적 삶을 살기 위한 것이 아니라 건강한 시니어들이 은퇴 후 노후주거의 대안으로 공동 활동에 자발적으로 참여하며 자치적으로 생활하는 노인주택의 하나이다.

C. 여러 세대가 골고루 입주하는 세대교류형 주택으로, 노인과 젊은이들이 골고루 입주하여 주방과 거실을 공유함으로써 세대고립을 막고 결합가정의 역할을 한다는 측면에서 정서적, 심리적인 안정을 얻고 제2의 가정을 이룰 수 있다는 장점이 있다.

---

① 가 - A, 나 - B, 다 - C
② 가 - A, 나 - C, 다 - B
③ 가 - B, 나 - A, 다 - C
④ 가 - B, 나 - C, 다 - A
⑤ 가 - C, 나 - A, 다 - B

정답 및 해설

01 ① ② 대기자가 없는 경우 60 ~ 64세의 차상위 계층도 참여가 가능하다.
③ 만 55세 → 만 60세
④ 공익활동 → 사회서비스형
⑤ 시장형사업단이나 취업알선형은 만 60세 이상으로 사업특성 적합자를 대상으로 한다.

02 ④ '나, 라'는 적절한 설명이다.
가. 1차적 관계 → 2차적 관계
다. 사회관계망은 연령이 증가하고 사회적 자원이 한정될수록 새롭게 관계를 형성하기 보다는 기존의 관계에 대한 애착과 투자가 더 강해지는 경향이 있다.
마. 사회적 관계망에서는 접촉빈도와 밀도, 구성, 지속기간이 중요하다.

03 ③ A. 에이징인플레이스
B. 시니어 코하우징
C. 컬렉티브 하우스

5 과목

부동산설계

[총 20문항]

> 문제풀이와 이론을 동시에 학습할 수 있도록 각 문제의 관련 이론이 수록된 기본서(한국FPSB 발간) 및 〈해커스 CFP 핵심요약집〉* 페이지를 표기하였습니다.
>
> * 〈해커스 CFP 핵심요약집〉은 해커스금융 CFP 합격지원반, 환급반, 핵심요약강의 수강생에 한하여 무료로 제공됩니다.

1장 부동산시장분석

⑦ p.9 ~ 10 ⑧ p.286

01 중요도 ★★
부동산의 특징에 대한 설명으로 가장 적절하지 **않은** 것은?

다시 봐야 할 문제에 체크하세요!

① 토지의 고정성은 동산과 부동산을 구별하는 근거가 되며, 이로 인해 부동산 임장활동의 중요성이 부각된다.
② 토지의 내구성은 물리적인 내구성에 한정된다.
③ 토지의 이질성으로 인해 부동산의 가격과 수익은 개별화되며, 사용과 판매에 있어서 대체가능성이 없게 된다.
④ 공유수면을 매립하거나 개간으로 택지를 확보하는 것은 부증성의 예외이다.
⑤ 부증성과 희소성은 토지이용을 집약화 시키는 계기가 된다.

02 중요도 ★★
⑦ p.9 ~ 12 ⑧ p.286
부동산시장에 대한 특징으로 가장 적절하지 **않은** 것은?

① 부동산이 가진 특성으로 인해 부동산시장은 분할되며, 지역성을 갖게 된다.
② 단기적으로 부동산 공급은 고정되어 있다고 본다.
③ 신규 공급의 규모는 기존 재고에 비해 매우 작기 때문에 급격한 수요의 감소는 부동산 폭등을 야기할 수 있다.
④ 부동산 수요의 분화와 계층화는 각 공급자들의 분리를 유도하며, 각 시장의 전문화된 서비스를 공급하게 하는 유인으로 작용한다.
⑤ 부동산 거래의 높은 비용은 수요가 변동되더라도 즉각적인 부동산 소비로 이어지지 않는 원인이 될 수 있다.

03 중요도 ★★★   ㉮ p.12 ~ 15   ㉯ p.286 ~ 287

디파스퀠리·위튼의 4사분면 모형에 관한 설명으로 가장 적절하지 **않은** 것은?

① 부동산 공간시장과 부동산 자산시장의 관계를 설명한 모형이다.
② 1사분면은 임대료와 공간재고량의 관계를 나타낸다.
③ 2사분면은 공간재고량과 자산가격의 관계를 나타낸다.
④ 3사분면은 자산가격과 신규 건설량의 관계를 나타낸다.
⑤ 4사분면은 신규 건설량과 공간재고량의 관계를 나타낸다.

04 중요도 ★★★   ㉮ p.12 ~ 15   ㉯ p.286 ~ 287

디파스퀠리·위튼의 4사분면 모형에 대한 적절한 설명으로만 모두 묶인 것은?

가. 1사분면에서 공간의 수요가 임대료 수준에 민감할수록 곡선은 수직에 가깝게 된다.
나. 경기가 상승하면 1사분면의 곡선은 위쪽으로 이동한다.
다. 2사분면에서 원점을 지나는 직선은 자산시장에서의 자본환원율을 나타낸다.
라. 3사분면에서 다른 조건이 일정할 경우 자산가격이 높아질수록 신규 건설량은 감소한다.
마. 공간 재고의 균형은 신규 건설량과 감가상각량이 일치하는 수준에서 결정된다.

---

① 가, 나   ② 나, 라
③ 가, 다, 마   ④ 나, 다, 라
⑤ 나, 다, 마

정답 및 해설

01 ④   공유수면을 매립하거나 개간으로 택지를 확보하는 것은 부증성의 예외가 아니라 토지이용의 전환이라고 볼 수 있다.

02 ③   수요의 감소 → 수요의 증가

03 ③   2사분면은 임대료와 자산가격의 관계를 나타낸다.

04 ⑤   '나, 다, 마'는 적절한 설명이다.
       가. 수직 → 수평
       라. 감소 → 증가
       ※ 자산가격이 높아질수록 신규 건설에 대한 이윤이 증가하므로 건설량은 증가한다.

05 중요도 ★★★

공간서비스시장과 자산시장과의 연계과정을 가장 적절한 순서대로 나열한 것은?

> 가. 임대료에 균형에서의 자본환원율을 적용하면 그에 맞는 자산가격이 결정된다.
> 나. 공간 재고의 균형은 신규 건설량과 감가상각량이 일치하는 수준에서 결정된다.
> 다. 자산가격에 맞는 신규 건설량이 결정되고, 그 기간 말에 공간에 대한 재고는 신규 건설량 만큼 증가한다.
> 라. 주어진 기간 초에 공간의 재고가 주어지면 그 공급에 맞는 수요가 재고와 일치되는 임대료가 결정된다.

① 가 – 나 – 다 – 라
② 나 – 라 – 가 – 다
③ 다 – 가 – 라 – 나
④ 라 – 가 – 나 – 다
⑤ 라 – 가 – 다 – 나

06 중요도 ★★★

주택시장의 장단기 공급과 수요 그래프에 대한 설명으로 가장 적절하지 **않은** 것은?

① 주택의 공급은 단기적으로 고정되어 있으므로, 단기주택공급곡선은 완전 비탄력적이다.
② 주택시장의 수요 그래프는 우하향 하는 형태를 띈다.
③ 금리인하가 발생하였다면 수요 그래프는 우측으로 이동할 것이다.
④ 주택의 가격이 상승하면 단기공급곡선은 좌측으로 이동할 것이다.
⑤ 주택시장의 공급곡선은 장기로 갈수록 우상향하는 형태를 띠게 된다.

07 중요도 ★★

보증금 운영방식 중 레버리지 추구에 대한 설명으로 가장 적절하지 **않은** 것은?

① 보증금을 투입할 자기자본의 규모를 줄이는 데 이용하는 수익구조이다.
② 총투입자금은 자기자본과 임차인의 보증금 부채로 차입한 금액이다.
③ 보증부월세의 경우 보증금에 해당하는 만큼의 임대료를 받지 않는다.
④ 보증금의 규모가 커짐에 따라 매각에 따른 자본이득도 증가한다.
⑤ 완전 월세부터 전세까지 어떤 스펙트럼을 선택하던 자기자본 투자에 대한 수익률은 동일할 수 있다.

08

주택시장에 영향을 미치는 요인에 대한 적절한 설명으로만 모두 묶인 것은?

□

> 가. 금리 상승으로 인한 수요의 위축은 부동산가격의 상승을 가져오는 요인이 될 수 있다.
> 나. 대출금리가 상승하면 자금의 조달비용이 낮아져 구매력을 높이고 레버리지를 일으키려는 수요자가 많아진다.
> 다. 주택시장에서의 구매력은 주로 PIR과 HAI를 활용하여 측정한다.
> 라. 화폐가치가 하락하면 부동산의 가격은 상승한다.
> 마. 정부는 부동산 경기 침체 시 세제를 강화하고, 부동산 경기 과열 시 세금 완화정책을 펼친다.

① 가, 다   ② 다, 라
③ 가, 나, 마   ④ 나, 다, 라
⑤ 다, 라, 마

정답 및 해설

05 ⑤ '라 – 가 – 다 – 나'의 순서이다.

06 ④ 좌측 → 우측
주택의 가격이 상승하면 건설회사들은 신규 공급을 증가시키고자 한다. 따라서 공급량의 증가로 인해 단기공급곡선이 우측으로 이동한다.

07 ④ 자본이득은 보증금의 규모와 관계없이 동일하게 유지된다.

08 ② '다, 라'는 부동산시장에 영향을 미치는 요인에 대한 적절한 설명이다.
가. 금리 상승으로 인한 수요의 위축은 부동산가격의 하락을 가져오는 요인으로 작용할 수 있다.
나. 상승 → 하락
마. 정부는 부동산 경기 침체 시 세금 완화정책을 펼치고, 부동산 경기 과열 시 세제를 강화하여 수요를 억제한다.

09

중요도 ★

㉮ p.23 ~ 25 ㉯ p.290

상업용 부동산시장에 대한 설명으로 가장 적절하지 **않은** 것은?

① 상업용 부동산은 광의의 개념으로 사무실, 아파트, 호텔, 공장 등도 포함할 수 있다.
② 상업지역에서의 건폐율의 최대한도는 중심상업지역이, 용적률의 최대한도는 유통상업지역이 가장 높다.
③ 상업용지는 수익성 토지로서 개발이 가장 활발하고 필요에 의한 변화의 압력이 가장 큰 지역이다.
④ 상업용지의 시장분석 시 용지의 입지, 유동인구의 통행패턴, 경제적 측면 등을 분석해야 한다.
⑤ 상업용지의 시장분석에서 주민의 수준이란 해당 배후지의 거주하는 주민들의 연령, 성별, 소득 등을 말한다.

10

중요도 ★★

㉮ p.26 ~ 28 ㉯ p.291

상가 유형과 그 특징이 가장 적절하게 연결된 것은?

가. 다른 상가 유형에 비해 공실 위험이 적다.
나. 장기적인 관점에서 접근해야 하며, 자금력과 경험이 많은 투자자들이 선호한다.
다. 상가건물이 주를 이루며 생활밀착형 업종 위주로 구성되어 있다.
라. 다른 상가 유형에 비해 법적 재제가 엄격하고 제약사항이 많다.

	아파트단지 내 상가	근린상가	중심지 상가
①	가	나	다, 라
②	가, 라	다	나
③	나	가, 다	라
④	나	다, 라	가
⑤	라	가, 나	다

11

중요도 ★   ㉦ p.28 ~ 30 ㉮ p.291

상권분석의 요소에 대한 설명으로 가장 적절하지 않은 것은?

① 해당 상업지역에 소비를 위해 오는 소비자들이 거주하는 곳의 범위를 상권이라 한다.

② 내 상가 혹은 위치하고 있는 상권에서 소비할 수 있는 사람의 수를 배후 세대라 한다.

③ 배후 세대가 많고 그들이 이용할 상권이 클수록 투자가치는 높다.

④ 건물의 외부 동선의 경우 끊이지 않고 흐름을 이어 나갈 수 있는 여러 동선이 복수로 걸쳐 있는 곳이 가장 좋은 위치이다.

⑤ 상가는 동선과 닿아 있는 전면의 폭이 넓을수록 임대료가 올라갈 가능성이 높다.

정답 및 해설

09 ② 상업지역에서의 건폐율과 용적율의 최대한도는 중심상업지역이 가장 높다.

10 ② '가, 라'는 아파트단지 내 상가에 대한 특징이다.
  나. 중심지 상가에 대한 특징이다.
  다. 근린상가에 대한 특징이다.

11 ③ 배후 세대가 많고 그들이 이용할 상권이 작을수록 투자가치는 높다.

㉮ p.33 ~ 35 ㉰ p.292

12 중요도 ★★★

다음 그래프를 통해 알 수 있는 적절한 사실로만 모두 묶인 것은?

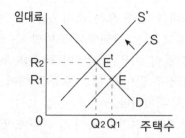

가. 위 그래프는 자가주택시장에서 주택보유세의 경제적 효과를 나타낸 것이다.

나. 주택보유세가 부과되면, 임대주택 소유자의 세후 임대 소득이 증가한다.

다. 주택보유세가 강화되면, 균형거래량은 감소한다.

라. 임대부동산의 경우 임대료 상승을 통해 조세를 임차인에게 전가한다.

① 가, 나
③ 가, 나, 다
⑤ 가, 나, 다, 라

② 다, 라
④ 나, 다, 라

㉮ p.35 ~ 38 ㉰ p.293

13 중요도 ★★★

주택거래세에 대한 설명으로 가장 적절하지 **않은** 것은?

① 주택거래세는 수요와 공급곡선의 탄력성에 따라 부담 수준이 달라진다.

② 정부가 주택의 매수에 대해 세금을 부과할 경우 주택 매도자들이 받는 가격은 하락한다.

③ 정부의 양도세 부과는 주택의 공급에 영향을 미친다.

④ 정부가 주택의 매도에 대해 세금을 부과할 경우 주택 매수자들의 지불가격은 상승한다.

⑤ 공급이 탄력적이고 수요가 비탄력적인 시장에서 세금이 부과될 경우 공급자가 수요자보다 많은 세금을 부담하게 된다.

14

중요도 ★★★

임대료와 분양가 규제에 대한 설명으로 가장 적절한 것은?

① 정부의 임대료 규제의 한도가 시장균형가격보다 낮은 경우에는 초과공급이 발생한다.

② 임대료 규제로 인해 임대주택의 질이 상승하게 된다.

③ 분양가상한제는 시장 가격 이상으로 상한 가격을 설정하여 무주택자의 주택가격 부담을 완화시키고자 하는 제도이다.

④ 분양가상한제는 장기적으로 신규주택의 공급을 위축시킴으로써 주택 가격을 상승시킬 수 있다.

⑤ 분양가상한제를 통해 다수의 사람들이 큰 시세차익을 누릴 수 있다.

정답 및 해설

12 ② '다, 라'는 적절한 설명이다.
가. 자가주택시장 → 임대주택시장
나. 증가한다. → 감소한다.

13 ⑤ 공급자 ↔ 수요자

14 ④ ① 초과공급 → 초과수요
② 주택소유자는 추가적인 비용을 들여 주택을 수선하여도 임대료 규제로 인해 임대료를 높일 수 없으므로 임대주택의 질은 하락하게 된다.
③ 시장 가격 이상으로 → 시장 가격 이하로
⑤ 분양가상한제로 인해 우연히 당첨된 소수의 수분양자만이 큰 시세차익을 누리게 된다.

01 ㉮ p.49 ~ 51 ㉯ p.296

중요도 ★

국토계획에 대한 적절한 설명으로만 모두 묶인 것은?

> 가. 국토종합계획은 국가정책의 기본방향이 포함된 국토에 관한 최상위 국가계획이다.
> 나. 국토종합계획은 10년 단위로 수립한다.
> 다. 국토계획의 계획기간이 만료되었음에도 차기 계획이 수립되지 않은 경우에는 해당 계획의 기본이 되는 계획에 저촉되지 않는 범위에서 종전의 계획을 따를 수 있다.
> 라. 국토종합계획은 군사에 관한 계획을 포함하여 다른 법령에 따라 수립되는 국토에 관한 계획에 우선하며 그 기본이 된다.

① 가, 다
③ 나, 라
⑤ 가, 나, 다, 라
② 나, 다
④ 가, 나, 다

02 ㉮ p.62 ~ 65, p.68 ~ 70 ㉯ p.299 ~ 301

중요도 ★★

도시 및 토지이용정책에 대한 설명으로 가장 적절하지 **않은** 것은?

① 토지이용규제는 토지이용규제 기본법에 따른 원칙 및 절차를 다른 법률에 우선하여 준수하도록 규정하고 있다.
② 제1기 수도권 신도시는 주택의 대량 공급을 통해 주택가격 안정화를 달성했다는 평가를 받는다.
③ 제2기 수도권 신도시는 수도권의 과밀 해소와 주거안정에 기여할 목적으로 개발되었다.
④ 기업도시는 산업입지와 경제활동을 위해 민간기업주도로 기업이 투자 이전계획을 가지고 직접 개발하는 도시를 의미한다.
⑤ 혁신도시 시즌2는 중앙정부가 추진주체가 되어 국가균형발전을 위한 신지역성장거점 육성을 정책비전으로 한다.

부동산 매매에 대한 설명으로 가장 적절하지 **않은** 것은?

① 매수인은 계약에 의한 목적물을 인도받음과 동시에 대금지급의무를 갖게 되며, 만일 대금지급이 지체될 경우 그 대금의 이자도 지급해야 한다.

② 계약금의 지급이 없어도 매매계약은 유효하게 성립될 수 있다.

③ 계약금은 당사자 사이의 별도의 특약이 없는 한 위약금으로 추정되며, 당사자 일방이 중도금 지급 등 이행에 착수하기 전까지 매수인은 계약금을 포기하고 매매계약을 해제할 수 있다.

④ 대리권이 없는 대리인과 계약을 한 경우 그 법률행위는 원칙적으로 무효가 된다.

⑤ 토지를 매수하는 경우 토지매수목적에 맞게 해당 토지를 활용할 수 있는지 검토해야 한다.

정답 및 해설

01 ① '가, 다'는 국토계획에 대한 적절한 설명이다.
나. 10년 → 20년
라. 군사에 관한 계획을 포함하여 → 군사에 관한 계획을 제외한

02 ⑤ 중앙정부 → 지방정부

03 ③ 계약금은 당사자 사이의 별도의 특약이 없는 한 해약금으로 추정된다.

04 중요도 ★★★

㉮ p.76 ~ 80　㉯ p.303 ~ 304

주택임대차보호법과 상가건물임대차보호법에 대한 적절한 설명으로만 모두 묶인 것은?

> 가. 임차주택의 일부가 주거 외의 목적으로 사용되는 경우에도 주택임대차보호법의 적용대상이 된다.
> 나. 임대차계약 당사자는 약정한 차임이나 보증금의 증감을 청구할 수 있으며, 증액 청구는 약정한 차임이나 보증금의 10%를 초과하지 못한다.
> 다. 상가건물임대차는 그 등기가 없는 경우에도 임차인이 건물의 인도와 사업자등록을 마치면 그 다음 날부터 제3자에 대하여 효력이 발생한다.
> 라. 상가건물임차인의 계약갱신요구권은 최초 임대차기간을 포함한 전체 임대차기간이 10년을 초과하지 않는 범위에서만 행사할 수 있다.
> 마. 주택임대차보호법은 6개월 전부터 1개월 전까지 임차인에게 갱신 거절의 통지를 하지 않은 경우에는 그 기간이 만료된 때에 전 임대차와 동일한 조건으로 다시 임대한 것으로 본다.

① 가, 나, 다
② 가, 다, 라
③ 나, 다, 라
④ 나, 라, 마
⑤ 나, 다, 라, 마

정답 및 해설

04 ② '가, 다, 라'는 주택임대차보호법과 상가건물임대차보호법에 대한 적절한 설명이다.
　　나. 10% → 5%
　　마. 1개월 → 2개월

3장 부동산투자분석

01

중요도 ★
㉮ p.86 ~ 88 ㉯ p.305

감정평가에 대한 설명으로 가장 적절하지 않은 것은?

① 감정평가란 토지 등의 경제적 가치를 판정하여 그 결과를 가액으로 표시하는 것이다.
② 감정평가의 기준시점은 원칙적으로 대상물건의 가격 조사를 시작한 날짜로 한다.
③ 실지조사는 대상물건이 있는 곳에서 대상물건의 현황 등을 직접 확인하는 절차를 말한다.
④ 감정평가 시 대상물건별로 정한 감정평가방법 중 주된 방법을 적용하여 감정평가를 하는 것이 원칙이다.
⑤ 감정평가수수료의 상한수수료는 기준 수수료의 최대 1.2배까지 측정된다.

02

중요도 ★★
㉮ p.89 ~ 90 ㉯ p.306

부동산 가격발생요인에 대한 적절한 설명으로만 모두 묶인 것은?

> 가. 효용은 쾌적성과 수익성뿐만 아니라 생산성의 개념도 포함된 것으로 보통 활용가치가 있는 것을 의미한다.
> 나. 가격이 발생하기 위해서는 재화의 공급보다 재화를 원하는 수요가 더 많아 상대적 희소성의 조건이 충족되어야 한다.
> 다. 부동산 중 토지는 부동성과 개별성으로 인해 상대적 희소성을 갖는다.
> 라. 유효수요는 특정 재화를 구매하고자 하는 욕망과 구매력이 결합된 개념으로 실질적인 구매력이라고도 한다.
> 마. 부동산은 법률적으로 안전하게 소유권이전이 가능해야만 가격이 발생한다.

① 가, 나, 다
② 가, 다, 라
③ 나, 라, 마
④ 가, 나, 라, 마
⑤ 나, 다, 라, 마

정답 및 해설

01 ② 감정평가의 기준시점은 원칙적으로 대상물건의 가격 조사를 완료한 날짜로 한다.

02 ④ '가, 나, 라, 마'는 부동산 가격발생요인에 대한 적절한 설명이다.
　　 다. 부동성 → 부증성

⑦ p.90 ~ 91   ④ p.306

03 부동산 가격형성요인에 대한 설명으로 가장 적절하지 **않은** 것은?

중요도 ★★

① 부동산의 가격발생요인에 영향을 주는 요인을 가격형성요인이라고 한다.
② 전반적인 경제상황, 교육수준, 부동산정책 등은 부동산 가격형성요인 중 일반요인에 해당한다.
③ 지역요인은 다른 지역과 구별되는 지역 특성을 형성시키는 요인을 말한다.
④ 감정평가의 대상이 된 부동산이 속한 지역으로서 부동산의 이용이 동질적이고 지역요인을 공유하는 지역을 동일수급권이라고 한다.
⑤ 개별분석은 부동산의 개별요인을 분석하여 그 최유효이용을 판단하는 작업을 말한다.

⑦ p.93 ~ 96   ④ p.307

04 표준공시지가에 대한 설명으로 가장 적절하지 **않은** 것은?

중요도 ★★

① 표준공시지가는 토지시장에 지가정보를 제공하고 일반적인 토지거래의 지표가 된다.
② 표준지 선정 시 표준지는 과세대상 필지를 대상으로 선정한다.
③ 선정된 표준지가 대상토지의 특성 및 지역요인의 변동으로 인해 표준지로서의 역할을 할 수 없는 경우에는 적정표준지를 새로 선정한다.
④ 국토교통부 장관은 일반적인 토지거래의 지표로 공시지가를 활용하도록 하기 위해 지가공시 후 공시한 내용을 일반인에게 열람하도록 한다.
⑤ 공시된 지가에 이의가 있는 자는 공시일로부터 60일 이내에 서면으로 국토교통부 장관에게 이의를 신청할 수 있다.

05

중요도 ★

㉮ p.98 ~ 99, p.103 ~ 107 ㉯ p.307 ~ 308

부동산가격공시제도에 대한 적절한 설명으로만 모두 묶인 것은?

□

> 가. 개별공시지가는 표준공시지가를 기준으로 토지가격비준표를 사용하여 산정한다.
> 나. 개별공시지가는 시장·군수·구청장이 매년 5월 31일까지 결정 및 공시한다.
> 다. 공동주택가격 공시제도는 토지와 건물을 각각 구별하여 적정가격을 산정하는 방식을 채택하고 있다.
> 라. 공동주택가격은 보유세·거래세 등의 세액 산출의 기초가 되는 과세표준의 기준으로 활용된다.
> 마. 개별주택가격은 표준주택가격을 기준으로 국토교통부 장관이 산정하여 공시한 주택가격이다.

① 가, 다
② 가, 나, 라
③ 나, 라, 마
④ 가, 나, 다, 라
⑤ 나, 다, 라, 마

정답 및 해설

03 ④ 동일수급권 → 인근지역

04 ⑤ 60일 → 30일

05 ② '가, 나, 라'는 부동산가격공시제도에 대한 적절한 설명이다.
　　　 다. 공동주택가격 공시제도는 토지와 건물을 각각 구별하여 산정하는 방식이 아닌 일반적인 거래 관행에 맞게 토지와 건물의 가격을 일괄하여 조사·산정한다.
　　　 마. 개별주택가격은 표준주택가격을 기준으로 시장·군수·구청장이 산정하여 공시한 주택가격이다.

㉮ p.110 ~ 111 ㉯ p.309

06 중요도 ★★★

다음을 읽고 원가법을 이용하여 해당 건물의 가치를 산정한 것으로 가장 적절한 것은?

☐

> 준공된 지 2년이 된 건물의 연면적은 300m²이다. 이 건물의 2년 전 재조달원가는 m²당 1,200천원이었고, 지금은 m²당 1,500천원의 비용이 드는 것으로 조사된다. 이 건물의 내용연수는 30년으로 추정되며, 정액법으로 감가할 예정이다.

① 336,000천원 ② 360,000천원
③ 420,000천원 ④ 450,000천원
⑤ 520,000천원

㉮ p.112 ~ 113 ㉯ p.310

07 중요도 ★★★

다음 사례부동산의 사정보정치로 가장 적절한 것은?

☐

> • 면적이 1,000m²인 토지를 100,000천원에 구입하였으나, 이는 인근의 표준적인 획지보다 고가로 매입한 것으로 확인되었다.
> • 표준적인 획지의 정상가격이 60천원/m²로 조사되었다.

① 0.3 ② 0.4
③ 0.5 ④ 0.6
⑤ 0.7

㉮ p.109 ~ 115 ㉯ p.309 ~ 311

08 중요도 ★★★

부동산가치평가 방식에 대한 설명으로 가장 적절한 것은?

☐

① 적산법은 대상물건의 재조달원가에 감가수정을 하여 대상물건의 가액을 산정하는 감정평가방법이다.
② 원가법에서 감가수정 시 매년 말의 가격에 일정한 감가율을 곱하여 매년의 감가액을 산출하는 방법을 정액법이라고 한다.
③ 일반적으로 수익형 부동산의 가치를 평가할 때 거래사례비교법이 가장 많이 활용된다.
④ 거래사례비교법에 따라 산정된 가액을 수익가액이라고 한다.
⑤ 직접환원법에서 사용할 순수익은 가능총수익에서 공실손실상당액과 대손충당금을 공제하여 유효총수익을 구한 후 영업경비를 차감한 순영업소득을 구하여 사용한다.

09

중요도 ★★★

㉮ p.114 ~ 116 ㉯ p.311

수익방식에 대한 적절한 설명으로만 모두 묶인 것은?

가. 직접환원법에서 사용하는 환원율은 투자결합법으로 구하는 것을 원칙으로 한다.
나. 할인현금흐름분석법은 대상물건의 보유기간에 발생하는 현금흐름과 보유기간 말의 복귀가액에 적절한 할인율을 적용하여 현재가치로 할인한 후 더하여 대상물건의 가액을 산정하는 감정평가방법이다.
다. 수익환원법은 대상물건이 장래 산출할 것으로 기대되는 순수익이나 미래의 현금흐름을 환원하거나 할인하여 대상물건의 가액을 산정하는 방법이다.
라. 수익분석법으로 산정된 임대료를 수익임료, 수익환원법에 의해 산정된 가액을 수익가액이라고 한다.

① 가, 나
② 가, 라
③ 나, 다
④ 가, 다, 라
⑤ 나, 다, 라

---

06 ③ 300m² × 1,500천원 × 28/30 = 420,000천원

07 ④ • 거래사례가격 = 100,000천원 ÷ 1,000m² = 100천원/m²
 • 사정보정치 = 정상가격 ÷ 거래사례가격
   = 60천원/m² ÷ 100천원/m² = 0.6

08 ⑤ ① 적산법 → 원가법
 ② 정액법 → 정률법
 ③ 거래사례비교법 → 할인현금흐름분석법
 ④ 수익가액 → 비준가액

09 ⑤ '나, 다, 라'는 수익방식에 대한 적절한 설명이다.
 가. 투자결합법 → 시장추출법

⑦ p.115 ② p.311

10 중요도 ★★★

직접환원법에서 사용하는 용어와 그 설명이 가장 적절하게 연결된 것은?

가. 가능총수익
나. 유효총수익
다. 영업경비
라. 순영업소득

A. 유효총수익에서 영업경비를 공제하여 산정한 금액
B. 보증금 운용수익, 연간 임대료, 연간 관리비 수입 등을 합산한 금액
C. 용역인건비 및 직영인건비, 세금 및 공과금, 보험료 등 그 밖의 경비를 합산한 금액
D. 가능총수익에 공실손실상당액 및 대손충당금을 공제하여 산정한 후 대상물건의 운용에 따른 주된 수입을 합산한 금액

---

① 가 – A, 나 – B, 다 – C, 라 – D
② 가 – A, 나 – D, 다 – B, 라 – C
③ 가 – B, 나 – A, 다 – C, 라 – D
④ 가 – B, 나 – D, 다 – C, 라 – A
⑤ 가 – C, 나 – A, 다 – D, 라 – B

⑦ p.114 ~ 116 ② p.311

11 중요도 ★★★

다음 자료를 활용하여 직접환원법으로 산정한 대상부동산의 수익가액으로 가장 적절한 것은?

• 가능총수익 : 연 100,000천원
• 공실율 : 3%
• 영업경비 : 연간 27,000천원
• 시장추출법에 의한 환원율(자본환원율) : 5.00%

---

① 1,100,000천원
② 1,280,000천원
③ 1,400,000천원
④ 1,460,000천원
⑤ 1,830,000천원

12

중요도 ★★★

다음 자료를 활용하여 직접환원법으로 산정한 대상부동산의 순영업소득으로 가장 적절한 것은?

☐

> • 가능총수익 : 연 70,000천원
> • 공실상당액 및 대손충당금 : 가능총수익의 5%
> • 영업경비 : 유효총수익의 40%
> • 시장추출법에 의한 환원율(자본환원율) : 10%

① 26,600천원
② 39,900천원
③ 46,500천원
④ 57,200천원
⑤ 63,600천원

5과목
부동산설계   해커스 CFP 지식형 핵심문제집

정답 및 해설

10 ④ A. 순영업소득
  B. 가능총수익
  C. 영업경비
  D. 유효총수익

11 ③ • 공실손실액 = 100,000천원 × 3% = 3,000천원
  • 유효총수익 = 100,000천원 − 3,000천원 = 97,000천원
  • 순영업소득 = 97,000천원 − 27,000천원(영업경비) = 70,000천원
    ∴ 수익가액 = 70,000천원/5.00% = 1,400,000천원

12 ② • 공실손실액 = 70,000천원 × 5% = 3,500천원
  • 유효총수익 = 70,000천원 − 3,500천원 = 66,500천원
  • 영업경비 = 66,500천원 × 40% = 26,600천원
    ∴ 순영업소득 = 66,500천원 − 26,600천원 = 39,900천원

13

㉮ p.117 ~ 121   ㉱ p.312 ~ 313

중요도 ★★

부동산 감정평가에 대한 적절한 설명으로만 모두 묶인 것은?

> 가. 토지 감정평가 시 표준지공시지가를 기준으로 한 공시지가기준법을 적용하는 것이 원칙
> 이다.
> 나. 토지 감정평가 시 비교표준지의 개별요인은 기준시점을 기준으로 하고, 대상토지의 개별
> 요인은 공시기준일을 기준으로 한다.
> 다. 건물을 감정평가 할 때는 수익환원법을 적용하는 것이 원칙이다.
> 라. 구분소유부동산을 감정평가 할 때에는 건물과 대지사용권을 일체로 한 거래사례비교법
> 을 적용해야 한다.
> 마. 임대료는 산정 기간 동안에 임대인에게 귀속되는 모든 경제적 대가에 해당하는 실질임대
> 료를 구하는 것을 원칙으로 한다.

① 가, 나, 라
② 가, 라, 마
③ 나, 다, 라
④ 가, 다, 라, 마
⑤ 나, 다, 라, 마

14

㉮ p.123 ~ 127   ㉱ p.314 ~ 315

중요도 ★★

수익률에 대한 설명으로 가장 적절하지 **않은** 것은?

① 투자수익률이 요구수익률보다 크면 투자자는 투자를 결정한다.
② 요구수익률은 무위험이자율과 위험프리미엄을 합하여 산정한다.
③ 투자수익률은 일반적으로 투자한 금액에 대한 순수익의 비율을 의미하며, 순수익에는 부동
산으로부터 발생한 소득과 자본이득이 있다.
④ 실현수익률은 투자하기 전에 수익률을 산정하는 것이다.
⑤ 내부수익률은 투자안의 현금유입의 현가와 현금유출의 현가를 일치시키는 할인율을 의미한다.

15

㉮ p.130 ~ 131 ㉯ p.315

중요도 ★★★

순현가법(NPV법)과 수익성지수(PI법)에 대한 설명으로 가장 적절하지 **않은** 것은?

① NPV법에서 순현가는 현금유입의 현재가치에서 현금유출의 현재가치를 차감한 값을 의미한다.
② NPV법은 투자안의 NPV가 0보다 크면 채택하고 0보다 작으면 기각하며, 우선순위 결정시에는 NPV가 가장 큰 투자대안을 선택한다.
③ PI법은 NPV법의 변형된 방법으로 투자안의 규모가 서로 다를 때 사용하기 좋은 평가기법이다.
④ PI법에서 수익성지수는 현금유입의 현가를 현금유출의 현가로 나눈 값으로서 투자수익비용비율이라고도 한다.
⑤ NPV > 0이면 PI < 1, NPV < 0이면, PI > 1이 되고, NPV = 0이면 PI = 1이 된다.

정답 및 해설

13 ② '가, 라, 마'는 부동산 감정평가에 대한 적절한 설명이다.
　　나. 기준시점 ↔ 공시기준일
　　다. 수익환원법 → 원가법

14 ④ 실현수익률은 투자 후 실제 투입된 비용대비 실제 발생한 순수익을 가지고 계산하는 것을 말한다.

15 ⑤ NPV > 0이면 PI > 1, NPV < 0이면, PI < 1이 되고, NPV = 0이면 PI = 1이 된다.

16

중요도 ★★★

레버리지효과에 대한 설명으로 가장 적절하지 **않은** 것은?

① 투자금액 중 타인자본을 이용하여 자기자본에 대한 투자수익률을 높이기 위해 사용한다.

② 총투자수익률보다 대출이자율이 낮을 때, 자기자본수익률이 총투자수익률보다 크게 되는 것을 긍정적 레버리지 효과라고 한다.

③ 대출이자율이 낮고 대출 비중이 작을수록 레버리지효과는 긍정적으로 크게 나타난다.

④ 부정적 레버리지효과가 발생한다면 투자를 연기하거나 모두 자기자본을 이용하는 것이 좋다.

⑤ 투자시점에서 부정적 레버리지효과로 매년 손해가 발생하더라도 큰 매각차익을 기대할 수 있는 때에는 투자를 할 수 있다.

17

중요도 ★★★

다음 사례를 통해 알 수 있는 사실로 가장 적절하지 **않은** 것은? (단, 각 보기는 별개의 사례이며, 대출금리는 고정금리로 가정함)

> A씨는 임대소득이 1억원으로 기대되는 총 10억원짜리 상가건물을 매입하고자 LTV 70%의 조건으로 은행에서 대출을 받고자 한다.

① A씨가 대출 없이 상가건물을 매입한다면, 연 10%의 총투자수익률을 기대할 수 있다.

② 은행의 대출금리가 연 4%라면, A씨는 은행에 연 2,800만원의 이자를 지불해야 한다.

③ 은행의 대출금리가 연 7%라면, A씨는 은행에 연 4,900만원의 이자를 지불해야 한다.

④ A씨가 대출금리가 연 4%인 대출을 받아 상가건물을 매입한다면, 긍정적 레버리지 효과가 발생한다.

⑤ A씨가 대출금리가 연 7%인 대출을 받아 상가건물을 매입한다면, 부정적 레버리지 효과가 발생한다.

18

중요도 ★★★

다음 자료를 바탕으로 산정한 자기자본수익률로 가장 적절한 것은?

☐

- 총투자수익률 : 연 7%
- 대출이자율 : 연 5%
- LTV : 60%

---

① 8% ② 9%

③ 10% ④ 11%

⑤ 12%

정답 및 해설

16 ③ 대출이자율이 낮고 대출 비중이 클수록 레버리지효과는 긍정적으로 크게 나타난다.

17 ⑤ 부정적 → 긍정적
A씨가 대출금리가 연 7%인 대출을 받아 상가건물을 매입한다면, 5,100만원(= 1억원 - 4,900만원)의 소득이 발생되어 17%(= 5,100만원/3억원)의 자기자본수익률을 기대할 수 있다. 따라서 총투자수익률인 10%보다 큰 자기자본수익률이 발생하므로 긍정적 레버리지 효과가 발생한다.

18 ③ 자기자본수익률 = 총투자수익률 + (총투자수익률 - 대출이자율)(대출비중/자기자본 투자 비중)
= 7% + (7% - 5%)(60%/40%) = 10%

4장 부동산투자

⑦ p.145 ~ 146   ⑧ p.317

01 중요도 ★★
주택 점유형태 결정 시 유의사항으로 가장 적절하지 **않은** 것은?

☐

① 임차는 대출이자와 전세금으로 상실하게 되는 기회비용이 존재한다.
② 매매 결정 시 향후 벌어들일 차익에 대한 세금 수준도 매매와 임차를 결정짓는 중요한 요소가 된다.
③ 매매는 취득비용을 기본으로 매달 대출이자와 매년 보유세를 부담하게 된다.
④ 주택을 구입하는 데 있어 매입가격에 대한 융자비율과 이자율이 낮을수록 매입이 쉬워진다.
⑤ 아파트 가격의 상승폭은 주택 보유에 대한 상대적인 비용을 낮추는 효과를 가져온다.

⑦ p.147   ⑧ p.317 ~ 318

02 중요도 ★★
금리의 종류에 대한 설명으로 가장 적절하지 **않은** 것은?

☐

① 고정금리는 실세금리 상승기에도 동일한 금리가 적용되므로 추가 이자 부담이 없으나 변동금리보다 금리가 높다는 단점이 있다.
② 변동금리는 시장 기준금리의 변동 약정주기(3 ~ 6개월)에 따라 금리를 변경 적용하며, 금리 상승기에 상승폭만큼 이자부담이 증가하고 금리 하락기에는 하락폭만큼 이자부담이 감소한다.
③ 혼합형금리는 일반적으로 일정 기간 동안 고정금리를 적용한 후 잔여기간 동안 변동금리를 적용하는 것으로, 대출금 신청자의 자금계획 또는 니즈에 맞추어 운용이 가능하다.
④ 수신금리는 대출금리에 가장 많은 영향을 미치는 요인으로 대출금리의 조달원가라고 할 수 있으며, 양도성예금금리, 우량회사채이자율 등을 기준으로 적용한다.
⑤ 위험프리미엄은 부동산의 수익성 및 환가성이 낮을수록, 동일한 부동산에 대해서도 대출기간이 짧아질수록 높다.

중요도 ★★★ ㉮ p.148 ㉯ p.318

대출금상환방식과 그에 대한 설명을 가장 적절하게 연결한 것은?

□

> 가. 약정기간 중에는 이자만 부담하다가 만기일에 전액 원금상환하는 방식이다.
> 나. 매년(월) 상환할 원금과 이자가 일정하므로 매년(월) 일정한 수입이 있을 경우 자금계획을 세우기에 용이하다.
> 다. 대출금을 대출기간 동안 매년(월) 균등하게 나누어 상환하는 방식으로서, 매년(월) 상환해야 할 원금을 따로 준비해야 한다.
> 라. 차입자의 대출상환 능력을 고려하여 매월 상환금액이 증가하는 방식으로서, 초기에는 월 상환금액에 대한 부담이 완화된다.

	가	나	다	라
①	만기일시상환	원금균등분할상환	원리금균등분할상환	점증상환방식
②	만기일시상환	원리금균등분할상환	원금균등분할상환	점증상환방식
③	만기일시상환	점증상환방식	원리금균등분할상환	원금균등분할상환
④	점증상환방식	원금균등분할상환	원리금균등분할상환	만기일시상환
⑤	점증상환방식	원리금균등분할상환	원금균등분할상환	만기일시상환

정답 및 해설

01 ④ 주택을 구입하는데 있어 매입가격에 대한 융자비율이 높을수록, 이자율이 낮을수록 매입이 쉬워진다.

02 ⑤ 대출기간이 짧아질수록 높다. → 대출기간이 길어질수록 높다.

03 ② 가. 만기일시상환
　　　　나. 원리금균등분할상환
　　　　다. 원금균등분할상환
　　　　라. 점증상환방식

04

중요도 ★★★

대출액 산정기준에 대한 적절한 설명으로만 모두 묶인 것은?

> 가. DCR은 대출금의 연간 원리금상환액 또는 대출이자에 대한 순영업소득의 비율로서 1을
> 초과하지 않는 것이 바람직하다.
> 나. DCR은 사업의 대출금 변제능력을 보는 지표로서 주로 수익형 부동산에 활용된다.
> 다. DTI은 주택담보대출뿐만 아니라 모든 부채의 원리금상환액을 산정하기 때문에 DSR를
> 적용한 것보다 대출가능금액이 작아진다.
> 라. 신DTI는 기존 DTI에 기존 주택담보대출 원리금상환액까지 반영하여 산정한다.

① 가, 다

② 나, 라

③ 가, 나, 다

④ 나, 다, 라

⑤ 가, 나, 다, 라

05

중요도 ★★★

할인현금흐름분석법에 대한 설명으로 가장 적절하지 **않은** 것은?

① 화폐의 시간가치를 고려한 대표적 기법으로 감채기금계수와 대출상수를 활용한다.

② 할인현금흐름분석법은 매기의 현금흐름을 적절한 할인율로 할인하여 대상부동산의 투자가
치를 구하는 방법이다.

③ 할인현금흐름분석법은 투자대상의 매수가격, 매 기간의 현금흐름, 기간 말의 예상 매도가격과
할인율이 사전에 주어져야 분석이 가능하다.

④ 기간 말의 예상 매도가격은 과거와 현재의 부동산가격 추세 등을 고려하여 외생적으로 산정
되거나 기간 말 예상되는 순영업소득에 적절한 환원율을 적용하여 산정하기도 한다.

⑤ 내부산정법은 과거의 물가상승률 또는 각종 변수와의 관계 등을 고려하여 기간 말 양도가액
을 산출하는 방법이다.

06

중요도 ★★★

㉠ p.160 ㉮ p.322 ~ 323

수익률의 종류에 대한 설명으로 가장 적절하지 **않은** 것은?

① 대출수익률은 대출기관이 대출금에 대해 획득하는 수익률로 대출액 현가와 매 기간의 대출 서비스액 및 기간 말 대출복귀액을 말한다.

② 이자율은 현재가치를 미래가치로 변환하는 비율이며, 할인율은 미래가치를 현재가치로 변환하는 비율이다.

③ 내부수익률은 투자자본의 현재가치와 향후 매 기간마다 창출되는 수익의 현재가치를 일치 시키는 할인율이다.

④ 수익의 발생원천을 중시하는 측면에서 종합수익률은 자기 및 타인 자본에 대한 결합수익률 로서 자기자본수익률과 대출수익률의 가중평균이 된다.

⑤ 자기자본수익률은 투자자가 자기자본에 대해 획득하는 수익률로서 자기자본의 현가와 매 기간 현금흐름 현가의 내부수익률을 말한다.

정답 및 해설

04 ② '나, 라'는 대출액 산정기준에 대한 적절한 설명이다.
가. 1을 초과하지 않는 것이 바람직하다. → 1을 초과하는 것이 바람직하다.
다. DTI ↔ DSR

05 ⑤ 내부산정법 → 외부산정법

06 ④ 수익의 발생원천을 중시하는 측면 → 수익의 귀속 주체를 강조하는 측면

⑦ p.160 ~ 163 ⑧ p.322 ~ 323

07 중요도 ★★★
수익률의 종류에 대한 적절한 설명으로만 모두 묶인 것은?

> 가. 요구수익률은 대상부동산에 투자하기 위해 투자자가 요구하는 최대 수익률을 의미한다.
> 나. 부동산시장이 균형을 이루고 있을 경우 기대수익률과 요구수익률은 균형을 이루려고 한다.
> 다. 종합수익률은 소득수익률과 자본수익률의 결합으로 표시되며, 기간 중 현금흐름의 변화와 기간 말 현금흐름의 변화를 모두 고려한다.
> 라. 종합환원율은 부동산의 시장가치를 산정하는 수익환원법에 사용된다.
> 마. 종합환원율은 자본에 대한 수익률과 회수율로 구성되며, 한 기간의 순영업소득을 대상으로 수익률을 산정한다.

① 가, 나, 라
② 나, 라, 마
③ 다, 라, 마
④ 가, 나, 다, 라
⑤ 나, 다, 라, 마

⑦ p.160 ~ 162 ⑧ p.322 ~ 323

08 중요도 ★★★
다음 부동산의 5년간 소득수익률과 자본수익률을 가장 적절하게 계산한 것은?

> • 5년간 소득수익의 현가 : 2억원
> • 5년 후 매도가격의 현가 : 6억원
> • 부동산 최초 매수가격 : 4억원

	소득수익률	자본수익률
①	33.3%	17.5%
②	33.3%	50%
③	50%	50%
④	50%	66.7%
⑤	66.7%	50%

09 중요도 ★★★

㉮ p.163 ㉴ p.323

투자결정지표가 되는 수익률에 대한 설명으로 적절하게 연결된 것은?

□

> 가. 대상부동산에 투자하기 위해서 투자자가 요구하는 최소 수익률
> 나. 투자로부터 기대되는 예상 세후현금흐름을 투자로부터 기대되는 예상 지출로 나눈 수익률
> 다. 투자 후 실현된 세후현금흐름을 투자 시 지출비용으로 나눈 수익률

	가	나	다
①	요구수익률	실현수익률	세후기대수익률
②	요구수익률	세후기대수익률	실현수익률
③	실현수익률	요구수익률	세후기대수익률
④	세후기대수익률	요구수익률	실현수익률
⑤	세후기대수익률	실현수익률	요구수익률

5과목 부동산설계 해커스 CFP 지식형 핵심문제집

정답 및 해설

07 ⑤ '나, 다, 라, 마'는 수익률의 종류에 대한 적절한 설명이다.
가. 최대 수익률 → 최소 수익률

08 ③ • 소득수익률 = 소득수익의 현가/최초 매수가격 = 2억원/4억원 = 0.5(50%)
• 자본수익률 = (기간 말 매도가격의 현가 – 최초 매수가격)/최초 매수가격 = (6억원 – 4억원)/4억원 = 0.5(50%)
　참고　• 종합수익률 = 소득수익률 + 자본수익률 = 100%
　　　　• 부동산수익 = 소득수익의 현가 + (기간 말 매도가격의 현가 – 최초 매수가격)
　　　　　　　　　 = 2억원 + (6억원 – 4억원) = 4억원

09 ② 가. 요구수익률
나. 세후기대수익률
다. 실현수익률

10 주택임대사업자에 대한 적절한 설명으로만 모두 묶인 것은?

□

> 가. 임대주택은 취득 유형에 따라 민간건설임대주택과 민간매입임대주택으로 구분된다.
> 나. 주택을 임대목적으로 매입하여 취득일로부터 90일 이내에 주택임대사업자로 등록할 경우
>   일정조건을 충족하면 취득세를 면제 또는 감면받을 수 있다.
> 다. 재산세를 감면받기 위해서는 민간매입임대주택과 민간건설임대주택 모두 공동주택 2세대
>   이상이어야 한다.
> 라. 주택임대사업자 등록신청 시 면세사업자로 동시에 신청이 가능하다.

① 가, 나   ② 다, 라
③ 가, 다, 라   ④ 나, 다, 라
⑤ 가, 나, 다, 라

11 임대사업자의 주요 의무사항에 대한 설명으로 가장 적절하지 **않은** 것은?

□

① 임대사업자가 임차인에게 임대의무기간, 임대주택 권리관계 등에 대한 사항을 설명하지
   않았을 경우 임대사업자에게 500만원 이하의 과태료가 부과된다.
② 임대사업자가 임대차계약을 체결할 때 표준임대차계약서 양식을 사용하지 않을 경우 임대
   차계약 신고가 수리되지 않을 수 있다.
③ 임차인이 증액 비율을 초과하여 증액된 임대료를 지급한 경우 초과 지급한 임대료의 반환을
   청구할 수 있다.
④ 임대사업자는 임대의무기간 중에 등록임대주택을 임대하지 않거나 무단으로 양도할 수 없다.
⑤ 임대차계약 또는 약정한 임대료 증액이 있은 후 2년 이내에는 임대료를 증액할 수 없다.

12

중요도 ★★★   ㉑ p.179~181 ㉓ p.327

부동산 권리분석에 대한 내용으로 가장 적절하지 **않은** 것은?

① 대위변제란 소멸될 위기에 있는 후순위권리자가 선순위의 저당권 등을 대신 변제하는 것이다.
② 말소기준권리보다 먼저 설정된 권리들은 매각 후에도 소멸되지 않는다.
③ 공유자가 최고매수신고가격과 같은 가격에 우선매수를 신청한 경우 법원은 최고가매수신고인이 있더라도 공유자에게 매각을 허가해야 한다.
④ 동일인 소유의 토지와 건물 중 토지만 경매가 되는 경우에는 대상토지에는 관습법상 법정지상권이 설정되지 않는다.
⑤ 관습법상 법정지상권이 성립하기 위해서는 그 소유권이 유효하게 변동될 당시에 동일인이 토지와 그 지상 건물을 소유했던 것으로 족하다.

13

중요도 ★★★   ㉑ p.181~182, p.186 ㉓ p.328~329

경매에 대한 설명으로 가장 적절하지 **않은** 것은?

① 임의경매는 담보물권을 가진 채권자가 담보권행사에 의해 경매가 진행되는 것을 말한다.
② 강제경매란 채권 발생 당시에는 해당 물건의 경매에 대한 예정이 없었으나 채권자가 판결을 통해 채무자의 재산을 압류하여 경매를 진행하는 것을 말한다.
③ 임의경매와 달리 강제경매는 그 실행에 집행권원을 요하지 않는다.
④ 집행권원이란 일정한 사법상의 급여청구권의 존재 및 범위를 표시함과 동시에 그 청구권을 실현할 수 있는 집행력을 인정한 공정증서이다.
⑤ 입찰에 참가하기 위해서는 최저매각가격의 10% 이상을 보증금액으로 제출해야 한다.

정답 및 해설

10 ③ '가, 다, 라'는 주택임대사업자에 대한 적절한 설명이다.
나. 90일 → 60일

11 ⑤ 2년 → 1년

12 ④ 동일인 소유의 토지나 건물 중 한 가지만 경매가 되는 경우 대상토지에는 관습법상 법정지상권이 설정된다.

13 ③ 임의경매 ↔ 강제경매

⑦ p.182 ～ 188　ⓐ p.329

14

중요도 ★★

다음 중 법원경매 절차를 순서대로 나열한 것은?

가. 경매신청 및 경매개시결정
나. 배당절차
다. 배당요구종기 결정 및 공고
라. 매각의 실시
마. 매각대금 납부
바. 매각허부결정 및 즉시항고
사. 매각기일 및 매각결정기일의 지정·공고

① 가 – 나 – 다 – 바 – 라 – 마 – 사
② 가 – 다 – 라 – 사 – 바 – 마 – 나
③ 가 – 다 – 사 – 라 – 바 – 나 – 마
④ 가 – 다 – 사 – 라 – 바 – 마 – 나
⑤ 가 – 바 – 다 – 사 – 라 – 마 – 나

15

중요도 ★★★

⑦ p.184　ⓐ p.328

다음 중 배당요구종기까지 반드시 배당요구를 하여야 배당이 되는 채권자로만 모두 묶인 것은?

가. 집행력이 있는 판결문 정본을 가진 채권자
나. 경매신청자
다. 국세 등의 교부청구권자
라. 첫 경매개시결정등기 전에 가압류한 채권자
마. 대항력과 확정일자가 있는 주택임차권자

① 가, 나, 라　　　　　　② 가, 다, 마
③ 나, 다, 라　　　　　　④ 나, 라, 마
⑤ 다, 라, 마

16

중요도 ★★

⑦ p.186 ~ 187 ⑧ p.329

경매 절차에 대한 설명으로 가장 적절한 것은?

☐

① 최초의 매각기일은 공고일로부터 7일 이상의 간격을 두며, 통상 매각기일 후 14일 이내에 매각결정기일이 지정된다.

② 경매의 입찰보증금은 입찰가격의 10% 이상을 제출해야 한다.

③ 최고가매수인의 입찰가격에서 매수신청보증금액을 공제한 금액을 넘는 가격으로 입찰에 참가한 자는 차순위매수신고를 할 수 있다.

④ 매각결정에 대해 항고를 하고자 하는 사람은 보증으로 매각대금의 20%에 해당하는 현금 또는 유가증권을 공탁해야 한다.

⑤ 즉시항고는 원결정을 고지한 날로부터 14일 이내에 제기해야 한다.

17

중요도 ★

⑦ p.192 ~ 193 ⑧ p.330

공매부동산에 대한 설명으로 가장 적절하지 **않은** 것은?

☐

① 유입자산은 금융회사로부터 인수한 부실채권의 담보물건을 경매절차에서 한국자산관리공사가 취득한 재산이다.

② 수탁재산의 소유자는 금융기관 또는 공기업이며, 일반적으로 명도책임은 매도인이 부담한다.

③ 압류재산의 소유자는 체납자이며, 명도책임은 매도인이 진다.

④ 국유 일반재산은 국유재산 중 행정재산을 제외한 모든 재산으로 대부 및 매각이 가능한 재산이다.

⑤ 국유재산의 소유자는 기획재정부이며, 명도책임은 매수인이 진다.

정답 및 해설

14 ④ '가 – 다 – 사 – 라 – 바 – 마 – 나'의 순이다.

15 ② '가, 다, 마'는 배당요구종기까지 반드시 배당요구를 하여야 배당이 되는 채권자이다.
'나, 라'는 배당요구종기까지 배당을 요구하지 않아도 당연히 배당에 참가할 수 있는 채권자이다.

16 ③ ① 14일 → 7일
② 입찰가격의 10% 이상 → 최저매각가격의 10% 이상
④ 20% → 10%
⑤ 14일 → 7일

17 ③ 매도인 → 매수인

18

중요도 ★★★

경매와 공매를 비교한 내용 중 (가) ~ (라)에 들어갈 내용으로 가장 적절한 것은?

☐

구 분	경 매	공 매
입찰방법	–	(가)
인도명령	(나)	–
보증금액		(다)
매각방법	(라)	–

	가	나	다	라
①	온라인 입찰	인 정	최저매각가격의 10%	기간입찰 방식
②	온라인 입찰	불인정	최저매각가격의 10%	기일입찰 방식
③	온라인 입찰	인 정	입찰가격의 10%	기일입찰 방식
④	현장 입찰	인 정	입찰가격의 10%	기일입찰 방식
⑤	현장 입찰	불인정	최저매각가격의 10%	기간입찰 방식

정답 및 해설

18 ③ 가. 온라인 입찰
나. 인정
다. 입찰가격의 10%
라. 기일입찰 방식

5장 부동산금융

01

중요도 ★★

㉐ p.201~202 ㉔ p.331

프로젝트 파이낸싱의 개념에 대한 적절한 설명으로만 모두 묶인 것은?

> 가. 개별사업주체와 경제적·법적으로 독립된 회사를 설립한 뒤 해당 사업의 미래 발생할 현금흐름을 담보로 사업에 필요한 자금을 조달하는 금융기법이다.
> 나. 사업주의 신용이나 담보에 따라 채무의 상환 여부가 결정된다.
> 다. 법적으로 독립된 회사는 사업주가 파산을 하더라도 사업을 안정적으로 추진할 수 있다.
> 라. 사업주 모회사 재무상태표에 차입금이 표시되지 않는다.

① 가, 나
② 다, 라
③ 가, 나, 다
④ 가, 다, 라
⑤ 나, 다, 라

정답 및 해설

01 ④ '가, 다, 라'는 프로젝트 파이낸싱의 개념에 대한 적절한 설명이다.
　　 나. 사업주의 신용이나 담보가 아닌 해당 사업의 사업성에 따라 채무의 상환 여부가 결정된다.

02
중요도 ★

프로젝트 파이낸싱의 담보에 대한 적절한 설명으로만 모두 묶인 것은?

☐

> 가. 일반적인 아파트 건설사업의 경우 해당 프로젝트의 사업부지 및 아파트에 대한 우선수익권과 통상 관리형 토지신탁계약을 요구한다.
> 나. 해당 프로젝트의 사업성 악화로 기한의 이익을 상실하는 경우 법적으로 독립된 회사의 사업시행권을 대주단이 지정하는 자에게 사업시행권을 양도해야 하는 포기각서를 요구한다.
> 다. 프로젝트 파이낸싱을 체결한 법적으로 독립된 회사의 계좌에 대하여 대주단을 근질권자로 하는 예금근질권설정계약을 요구한다.
> 라. 부동산사업의 경우 운용리스크를 최소화하기 위해 추가적으로 건설공사보험계약을 체결하기도 한다.

① 가, 나   ② 다, 라
③ 가, 나, 다   ④ 가, 다, 라
⑤ 나, 다, 라

03
중요도 ★★

부동산신탁방식에 대한 설명으로 가장 적절하지 않은 것은?

☐

① 부동산신탁은 부동산재산권을 갖고 있는 위탁자가 수탁자에게 그 명의를 이전하고 부동산 산업에 전문성을 가진 수탁자가 수탁 받은 재산에 대해 관리·처분·개발하는 것을 말한다.
② 담보신탁은 부동산 소유자인 위탁자가 자신의 채권자에 대한 채무를 담보하기 위한 신탁이며, 수익자는 위탁자의 채권자로 설정한다.
③ 갑종관리신탁은 부동산 소유자로부터 신탁계약을 통해 부동산을 신탁받아 부동산 소유권만을 관리하며, 을종관리신탁은 소유권관리는 물론 임대차관리, 시설관리 등 부동산에 대한 종합관리업무를 수행한다.
④ 임대형토지신탁은 토지 소유자가 위탁한 토지에 신탁회사가 건축물을 개발한 후 이를 임대함으로써 장기적이고 안정적인 부동산 임대수익을 실현할 목적으로 이용된다.
⑤ 분양관리신탁은 건축물 분양사업에 있어 수탁자가 신탁부동산의 소유권과 분양대금을 보전 및 관리하여 수분양자를 보호하기 위함을 목적으로 한다.

04

중요도 ★★

부동산신탁방식에 대한 적절한 설명으로만 모두 묶인 것은?

□

> 가. 토지신탁은 사업비용 자금조달주체에 따라 임대형과 분양형토지신탁으로, 토지의 처분 유형에 따라 차입형과 관리형토지신탁으로 분류할 수 있다.
> 나. 처분신탁은 부동산 소유자가 처분절차에 어려움이 있는 부동산을 안정적으로 처분하기 위해 이용한다.
> 다. 관리형토지신탁은 신탁회사가 토지 개발에 소요되는 비용의 자금조달 주체가 된다.
> 라. 분양형토지신탁은 토지 소유자의 토지에 건축물 등을 개발한 뒤 수분양자에게 분양하는 신탁이다.

① 가, 다
② 나, 라
③ 가, 나, 다
④ 가, 다, 라
⑤ 나, 다, 라

정답 및 해설

02 ③ '가, 나, 다'는 프로젝트 파이낸싱 담보에 대한 적절한 설명이다.
라. 운용리스크 → 준공리스크

03 ③ 갑종관리신탁 ↔ 을종관리신탁

04 ② '나, 라'는 부동산신탁방식에 대한 적절한 설명이다.
가. 사업비용 자금조달주체 ↔ 토지의 처분 유형
다. 관리형토지신탁 → 차입형토지신탁

⑦ p.215 ~ 217 ⑧ p.334 ~ 335

05

중요도 ★

신탁과 세금에 대한 설명으로 가장 적절하지 **않은** 것은?

① 국세기본법에 따라 과세대상이 되는 소득의 귀속이 명의일 뿐이고, 사실상 귀속되는 자가 따로 있을 경우에는 사실상 귀속되는 자를 납세의무자로 한다.

② 법인세법에 따라 신탁재산에 귀속되는 소득에 대해서는 그 신탁의 이익을 받을 수익자가 그 신탁재산을 가진 것으로 본다.

③ 수익자가 특별히 정해지지 않거나 존재하지 않는 신탁의 경우에는 신탁재산에 귀속되는 소득에 대하여 그 신탁의 위탁자가 법인세를 납부할 의무가 있다.

④ 부동산의 취득은 관계 법령에 따른 등기나 등록을 하지 않은 경우라도 사실상 취득하면 각각 취득한 것으로 보고 해당 취득물건의 소유자 또는 양수인을 각각 취득자로 한다.

⑤ 신탁의 종료로 인해 수탁자로부터 위탁자에게 신탁재산을 이전하는 경우에는 취득세를 부과해야 한다.

06

신탁과 세금에 대한 적절한 설명으로만 모두 묶인 것은?

□

> 가. 소득세법에 따라 신탁의 이익을 권리의 양도로 발생하는 소득은 양도소득으로 과세된다.
> 나. 신탁재산을 실질적으로 지배하고 소유하는 것으로 볼 수 있는 경우는 양도로 보지 않는다.
> 다. 수탁자의 명의로 등기·등록된 신탁재산의 경우에는 위탁자가 신탁재산을 소유한 것으로
>   보아 납세의무자는 위탁자가 된다.
> 라. 위탁자가 타인을 신탁의 이익의 일부를 받을 수익자로 지정한 경우 수익자의 증여재산가
>   액으로 하는 해당 신탁의 이익을 받을 권리의 가액은 상속재산으로 본다.
> 마. 유언대용신탁의 경우 위탁자의 사망 시 상속세가 과세되지 않는다.

① 가, 나, 다   ② 가, 다, 라
③ 나, 라, 마   ④ 가, 나, 라, 마
⑤ 나, 다, 라, 마

정답 및 해설

05 ⑤   부과해야 한다. → 부과하지 않는다.

06 ①   '가, 나, 다'는 신탁과 세금에 대한 적절한 설명이다.
　　　　라. 상속재산으로 본다. → 상속재산으로 보지 않는다.
　　　　마. 상속세 → 증여세

6장 부동산설계 사례

01 중요도 ★
주거용 부동산의 용어에 대한 설명으로 가장 적절한 것은? ㉮ p.223 ~ 225 ㉯ p.336

① 주택보급률은 총가구수 대비 주택수의 비율을 의미한다.
② 주택보급률 산정 시 주택수에는 다가구주택을 각 호수별로 계산한다.
③ 자가점유율은 거주 여부와 관계없이 주택을 소유한 가구의 비율이다.
④ 자가보유율은 양적지표의 기능을 하는 주택보급률의 한계점을 보완하는 역할을 한다.
⑤ 자가보유율은 주택공급확대정책의 성과를 나타내는 주택정책적 지표로 활용된다.

02 중요도 ★★
A는 단독주택의 재개발 사업의 사업성을 분석하고 있다. 다음 정보를 통해 산정한 조합원 권리 ㉮ p.235 ~ 237 ㉯ p.337
가액으로 가장 적절한 것은? (단, 세금 및 기타 비용은 고려하지 않는 것으로 가정함)

- 단독주택 취득가액 : 25,000만원
- 감정평가액 : 15,000만원
- 비례율 : 120%
- 조합원 분양가 : 40,000만원
- 일반분양가 : 46,000만원

① 12,000만원
② 18,000만원
③ 30,000만원
④ 36,000만원
⑤ 48,000만원

03

중요도 ★★

㉮ p.244　㉱ p.338

재건축사업과 재개발사업에 대한 설명으로 가장 적절하지 **않은** 것은?

① 재건축사업은 정비기반시설은 양호하나, 노후·불량건축물에 해당하는 공동주택 주거환경을 개선하기 위하여 시행하는 사업이다.

② 재개발사업은 도로, 상하수도, 공원 등 정비기반시설이 열악하고 노후·불량건축물이 밀집한 지역에서 주거환경을 개선하기 위한 사업이다.

③ 일반적으로 재개발사업은 안전진단을 실시하나, 재건축사업은 안전진단을 실시하지 않는다.

④ 재개발사업 추진위원회가 조합을 설립하기 위해서는 토지등소유자의 3/4 이상, 토지면적의 1/2 이상 토지소유자의 동의를 얻어야 한다.

⑤ 재건축사업과 재개발사업은 도시 및 주거환경정비법을 근거법령으로 두고 있다.

04

중요도 ★

㉮ p.253 ~ 255　㉱ p.339

오피스텔의 장단점에 대한 적절한 설명으로만 모두 묶인 것은?

> 가. 오피스텔은 분양 시 일반임대사업자로 물건을 등록하면 주택수에서 제외된다.
> 나. 오피스텔은 호실별로 투자가 가능해 초기 자본이 적게 들어간다.
> 다. 전용면적 대비 분양면적이 작기 때문에 거주 공간 대비 관리비가 낮다.
> 라. 대지지분이 적고 그로 인해 재건축이 현실적으로 어렵다.
> 마. 업무지역과 상업지역에 위치하는 경우가 많아 다세대주택에 비해 상대적으로 공실 위험이 높다.

① 가, 나, 다　　　　　　　　② 가, 나, 라

③ 나, 라, 마　　　　　　　　④ 다, 라, 마

⑤ 가, 나, 라, 마

정답 및 해설

01 ② ① 총가구수 → 일반가구수
③ 자가점유율 → 자가보유율
④ 자가보유율 → 자가점유율
⑤ 자가보유율 → 주택보급률

02 ② 조합원 권리가액 = 감정평가액 × 비례율 = 15,000만원 × 120% = 18,000만원

03 ③ 재개발사업 ↔ 재건축사업

04 ② '가, 나, 라'는 오피스텔에 대한 적절한 설명이다.
다. 전용면적 대비 분양면적이 크기 때문에 거주 공간 대비 관리비가 높다.
마. 높다. → 낮다.

6과목

투자설계

[총 28문항]

문제풀이와 이론을 동시에 학습할 수 있도록 각 문제의 관련 이론이 수록된 기본서(한국FPSB 발간) 및 〈해커스 CFP 핵심요약집〉* 페이지를 표기하였습니다.

* 〈해커스 CFP 핵심요약집〉은 해커스금융 CFP 합격지원반, 환급반, 핵심요약강의 수강생에 한하여 무료로 제공됩니다.

01 중요도 ★★

⑦ p.11 ~ 13 ⑧ p.344

다음 중 총수요곡선에 대한 설명으로 가장 적절한 것은?

□

다시 봐야 할
문제에 체크하세요!

① 총수요는 국가경제의 지출국민소득과 동일하며, 물가수준이 하락하면 총수요량이 증가한다.
② 물가가 상승하면 화폐의 실질가치가 상승하여 가계의 자산가치와 소비도 증가한다.
③ 물가가 상승하면 금리가 하락하여 기업의 투자가 위축된다.
④ 물가가 하락하면 정부지출은 증가한다.
⑤ 물가가 하락하면 원화가치의 상승으로 인해 순수출이 증가한다.

02 중요도 ★★

⑦ p.14 ~ 16 ⑧ p.344

총공급곡선에 대한 설명 중 (가) ~ (다)에 들어갈 내용으로 적절하게 연결된 것은?

□

- 케인즈학파는 예상보다 물가수준이 더 높게 상승하면 임금상승률은 제품가격상승률보다 (가) 된다고 보았다.
- 착각이론에 의하면 물가수준이 예측치보다 더 높게 상승할 때 기업은 자사 제품의 산출량을 (나)시킨다.
- 장기총공급곡선에서 물가수준의 변동은 장기적으로 (다)에만 영향을 미친다.

	가	나	다
①	높아지게	증 가	명목 GDP
②	높아지게	감 소	실질 GDP
③	낮아지게	감 소	실질 GDP
④	낮아지게	증 가	명목 GDP
⑤	낮아지게	증 가	실질 GDP

03

㉮ p.18 ~ 20 ㉯ p.346

중요도 ★★★

대부자금이론에 따른 균형이자율에 대한 설명으로 가장 적절하지 **않은** 것은?

□

① 다른 조건이 동일하고 물가만 상승한다면 대부자금시장에서 결정되는 명목이자율은 영향을 받지 않는다.
② 공급곡선이 일정하다고 가정할 때 경기가 회복될 것으로 전망되면 대부자금시장의 수요곡선이 우측으로 이동하여 이자의 상승을 예상할 수 있다.
③ 정부가 소득세율을 낮추면 균형이자율이 하락하여 가계와 기업의 투자가 증가한다.
④ 정부의 차입은 민간이 사용할 수 있는 자금의 감소를 유발하여 균형이자율이 상승한다.
⑤ 이자율이 상승하면 대부자금의 공급량은 증가하지만, 차입비용이 증가하여 수요량은 감소한다.

04

㉮ p.20 ~ 21 ㉯ p.346

중요도 ★★★

유동성선호이론에 대한 설명으로 적절하지 **않은** 것은?

□

① 케인즈가 제시한 이론으로 이자율은 화폐시장에서 경제주체들의 유동성에 대한 선호와 화폐공급의 상호작용에 의해서 결정된다고 파악하였다.
② 화폐공급이 중앙은행의 독자적인 권한으로 이자율 변동과 무관하게 이루어지기 때문에 화폐공급함수는 이자율에 대해 비탄력적인 수직의 모습을 가진다.
③ 이자율이 상승하면 무수익자산인 화폐의 보유에 대한 기회비용의 상승으로 화폐보유를 줄이게 되므로 화폐수요함수는 이자율과 음(−)의 관계를 가진다.
④ 유동성효과로 인해 이자율이 하락하면 투자수요와 소비수요가 증가하여 총수요증대에 따라 소득과 인플레이션이 상승한다.
⑤ 통화공급 증대는 중장기적으로 소득효과 및 피셔효과에 의해 이자율을 하락시키는 요인으로 작용한다.

정답 및 해설

01 ① 총수요는 가계소비, 기업투자, 정부지출, 순수출을 합한 금액으로 국가경제의 지출국민소득과 동일하다.
② 물가가 상승하면 → 물가가 하락하면
③ 금리가 하락하여 → 금리가 상승하여
④ 정부지출은 물가수준이 변동과 무관하다.
⑤ 원화가치의 상승 → 원화가치의 하락

02 ④ 가. 낮아지게
나. 증가
다. 명목 GDP

03 ① 명목이자율 → 실질이자율
대부자금이론에서 결정되는 이자율은 실질이자율이다.

04 ⑤ 하락 → 상승
통화공급 증대는 단기적으로는 유동성효과에 의해 이자율을 하락시키는 요인이 되지만, 중장기적으로는 소득효과 및 피셔효과에 의해 오히려 이자율을 상승시키는 요인으로 작용할 수 있다.

05

중요도 ★★★

⑦ p.22 ~ 24　⑧ p.347

환율결정이론에 대한 설명으로 가장 적절한 것은?

① 구매력평가설은 자본수지에 초점을 맞추어 균형환율을 설명한다.
② 이자율평가설은 일물일가의 법칙(Law of One Price)을 전제로 한다.
③ 구매력평가설은 환율변동률의 대략적인 값을 외국물가변동률에서 국내물가변동률을 차감하여 구할 수 있다.
④ 이자율평가설은 국가간 자본이동이 자유롭더라도 미래 예상되는 환율변동이 두 국가 간 이자율 차이와 같다고 보지 않는다.
⑤ 이자율평가설에 따르면 국내이자율이 해외이자율보다 낮을 경우 원화절하가 예상된다.

06

중요도 ★★

⑦ p.24　⑧ p.347

국내 투자자가 150만원을 원달러환율 1,000원으로 환전한 후, 연 5%의 이자를 지급하는 미국 금융자산에 투자하였다. 기대환율이 1,050원일 경우, 이자율평가설에 의한 국내이자율은 얼마인가?

① 5%
② 7.5%
③ 10%
④ 12.5%
⑤ 15%

07

중요도 ★★

⑦ p.28　⑧ p.348

경기순환의 원인에 대한 견해와 경제학파를 적절하게 연결한 것은?

> 가. 경제주체들의 장래에 대한 기대 변화 등으로 인해 투자와 지출이 변함으로써 경기변동이 초래된다.
> 나. 불완전정보 하에서 경제주체들의 기대를 경기순환의 원인으로 본다.
> 다. 자본주의에서 경기순환이 나타나는 것은 통화당국의 자의적인 통화량 조절 때문이다.

	가	나	다
①	루카스	슘페터	케인즈
②	루카스	케인즈	프리드먼
③	케인즈	루카스	슘페터
④	케인즈	루카스	프리드먼
⑤	케인즈	프리드먼	슘페터

08

㉮ p.29 ~ 31 ㉯ p.349

경기동향 판단 및 예측에 대한 설명으로 가장 적절하지 **않은** 것은?

① 동행종합지수의 증가 속도가 추세치 증가 속도보다 빠르면 동행지수 순환변동치는 기준치를 상회한다.

② 현재의 경기국면과 전환점을 판단하는 데는 동행종합지수에서 추세변동을 제거한 동행종합지수 순환변동치가 주로 사용되고 있다.

③ 경기종합지수는 경기변동의 진폭, 방향, 국면 및 전환점은 물론 변동속도까지도 분석할 수 있다.

④ 모든 경기국면에서 모든 경제활동이 동일한 방향으로 움직인다.

⑤ 기업경기실사지수(BSI)는 민간의 경제상황에 대한 심리지수를 나타내며 100을 넘어야 민간의 경제심리가 과거 평균보다 낙관적임을 의미한다.

정답 및 해설

05 ⑤ ① 구매력평가설 → 이자율평가설
　　　　② 이자율평가설 → 구매력평가설
　　　　③ 국내물가변동률 ↔ 외국물가변동률
　　　　④ 같다고 보지 않는다. → 같다고 본다.

06 ③ 국내이자율 = 미국이자율 + 기대 원달러환율 변동율 = 5% + (1,050원 - 1,000원)/1,000원 = 10%

07 ④ 가. 케인즈, 나. 루카스, 다. 프리드먼

08 ④ 어느 한 경기국면에서도 모든 경제활동이 동일한 방향으로 움직이지 않을 수도 있으므로 경기종합지수와 함께 그 구성지표의 움직임도 파악해야 한다.

09 중요도 ★★★   ⑦ p.33~34 ㉯ p.350

재정정책이 금융시장에 미치는 영향으로 가장 적절하지 **않은** 것은?

① 정부지출이 증가하면 대부자금시장에서 자금 공급이 감소하여 이자율이 상승하게 된다.
② 정부지출이 증가하더라도 총수요는 승수효과만큼 증가하지 않아 재정정책의 효과가 제한적이다.
③ 정부가 소득세를 인하하면 가계의 가처분소득이 증가하여 세금 인하액을 한도로 총수요가 증가한다.
④ 정부의 소득세 인하는 단기적으로 산출량을 증가시키지만 장기적으로 물가가 상승하면서 자연산출량 수준으로 복귀한다.
⑤ 정부가 소득세를 인하하더라도 사람들이 이를 일시적인 것으로 예상한다면 총수요증가 효과는 축소될 수 있다.

10 중요도 ★★★   ⑦ p.34~38 ㉯ p.351

다음 중 통화정책에 대한 적절한 설명으로 모두 묶인 것은?

> 가. 통화정책은 재정정책과 달리 중앙은행이 즉시 실행할 수 있다.
> 나. 양적완화는 중앙은행이 통화량을 증가시키고 시장금리를 낮추고자 할 때 사용한다.
> 다. 한국은행은 시장금리를 직접 결정하는 방법을 통해 통화정책을 실시한다.
> 라. 지급준비율이 인하되면 더 많은 신용이 창출되어 통화량이 증가한다.
> 마. 중앙은행이 테이퍼링을 할 경우 시중 통화량은 감소하여 금융시장에 테이퍼 탠트럼이 발생하기도 한다.

① 가, 나, 다   ② 가, 나, 라
③ 가, 나, 마   ④ 나, 다, 라
⑤ 다, 라, 마

11 중요도 ★★   ⑦ p.41 ㉯ p.351

다음의 자료를 바탕으로 테일러준칙(Taylor's rule)에 따라 계산한 적정 기준금리는 얼마인가?

> • 균형 실질이자율 : 6%   • 실제 물가상승률 : 2.5%
> • 목표 물가상승률 : 2%   • GDP갭 : 0.9%

① 9%   ② 9.2%
③ 9.4%   ④ 9.6%
⑤ 9.8%

12 중요도 ★★★

㉮ p.41 ~ 43　㉲ p.351 ~ 353

통화정책에 대한 설명으로 가장 적절하지 **않은** 것은?

☐

① 통화량의 급격한 증가는 장기적으로 산출량은 변화하지 않고 물가만 상승할 수 있다.

② 테일러준칙에 따르면 중앙은행은 실제 인플레이션율이 목표치보다 높은 경우 금리를 올린다.

③ 중앙은행이 양적완화를 실시하면 금융기관의 대출이 감소하고 대출금리가 상승한다.

④ 중앙은행의 정책금리 조정은 외화의 수급에 영향을 주어 환율변동을 유발할 수 있다.

⑤ 중앙은행은 경기가 침체기에 있으면 통화량을 증가시키거나 정책금리를 인하한다.

정답 및 해설

09 ③　승수효과로 인해 총수요는 세금 인하액보다 더 큰 폭으로 증가한다.

10 ②　'가, 나, 라'는 적절한 설명이다.
　　　다. 한국은행은 시장금리를 직접 결정하지 않고, 기준금리를 통해 시장금리에 영향을 미친다.
　　　마. 중앙은행이 테이퍼링을 하더라도 시중 통화량은 증가하지만, 그럼에도 불구하고 테이퍼링이 시행되면 유동성을
　　　　 축소하는 정책이 시행될 것으로 예상하여 금융시장에 테이퍼 탠트럼이 발생하기도 한다.

11 ②　• 적정 기준금리 = 균형 실질이자율 + 실제 물가상승률 + 0.5 × (인플레이션 갭 + GDP 갭)
　　　• 인플레이션 갭 = 실제 물가상승률 − 목표 물가상승률 = 2.5% − 2% = 0.5%
　　　　∴ 적정 기준금리 = 6% + 2.5% + 0.5 × (0.5% + 0.9%) = 9.2%

12 ③　중앙은행이 양적완화를 실시하면 금융기관의 대출이 증가하고 대출금리가 하락한다.

2장 현대포트폴리오 이론

㉮ p.50 ~ 51 ㉯ p.354

01 중요도 ★★

정규분포에 대한 설명으로 적절하지 **않은** 것은?

① 평균을 중심으로 종모양의 좌우대칭을 이룬다.
② 정규분포의 평균은 분포의 위치를 나타내고 표준편차는 분포의 모양을 나타낸다.
③ t분포는 표본의 크기가 줄어들수록 정규분포에 수렴한다.
④ 정규분포곡선 아래의 전체 면적은 1이다.
⑤ 실제수익률이 평균에서 표준편차의 3배를 가감한 구간 안에 위치할 확률은 99.73%이다.

㉮ p.50 ~ 51 ㉯ p.354

02 중요도 ★★★

자산 A와 B로 이루어진 포트폴리오의 수익률 구간에 대한 설명으로 가장 적절한 것은? (단, 수익률의 분포는 왜도가 0이고, 첨도가 3인 특수한 형태를 따른다고 가정함)

자 산	투자비중	기대수익률	표준편차
A	50%	12%	8%
B	50%	12%	

① 포트폴리오의 실제 수익률이 7 ~ 17% 구간에 위치할 확률은 약 95.45%이다.
② 포트폴리오의 실제 수익률이 17%를 초과할 확률은 약 32%이다.
③ 포트폴리오의 실제 수익률이 2 ~ 22% 구간에 위치할 확률은 약 99.73%이다.
④ 포트폴리오의 실제 수익률이 7% 이상일 확률은 약 84%이다.
⑤ 포트폴리오의 실제 수익률이 22% 이상일 확률은 약 4.55%이다.

03

중요도 ★★★

다음 투자포트폴리오에 대한 설명으로 가장 적절하지 **않은** 것은?

개별자산	보유비중	기대수익률	표준편차	자산 간 상관계수
주 식	30%	12%	15%	• 주식과 채권 = −0.2
채 권	40%	5%	2%	• 주식과 부동산 = −0.1
부동산	30%	4%	7%	• 채권과 부동산 = 0.1

① 현재 포트폴리오의 기대수익률은 6.8%이다.

② 포트폴리오의 기대수익률을 10%로 높이기 위해서는 주식의 비중을 확대해야 한다.

③ 주식 50%, 채권 50% 투자 시 포트폴리오의 기대수익률은 8.5%이다.

④ 현재 포트폴리오의 표준편차는 4.72%이다.

⑤ 주식 50%, 채권 50% 투자 시 포트폴리오의 표준편차는 8.55%이다.

6과목 투자설계 해커스 CFP 지식형 핵심문제집

정답 및 해설

01 ③ 줄어들수록 → 늘어날수록

02 ④ 68.27%/2 + 50% = 약 84%
- 포트폴리오의 기대수익률 = 0.5 × 12% + 0.5 × 12% = 12%
- 포트폴리오의 표준편차 = $\{(0.5 \times 8\%)^2 + (0.5 \times 6\%)^2\}^{1/2}$ = 5%
  ① 약 95.45% → 약 68.27%
  ② 약 32% → 약 16%
     (100% − 68.27%)/2 = 약 16%
  ③ 약 99.73% → 약 95.45%
  ⑤ 약 4.55% → 약 2.28%
     (100% − 95.45%)/2 = 약 2.28%

03 ⑤ 8.55% → 7.37%
$\{(0.5 \times 15\%)^2 + (0.5 \times 2\%)^2 + 2 \times 0.5 \times 0.5 \times (-0.2) \times 15\% \times 2\%\}^{1/2}$ = 7.37%
  ① (0.3 × 12%) + (0.4 × 5%) + (0.3 × 4%) = 6.8%
  ② 포트폴리오의 기대수익률을 높이기 위해서는 6.8%보다 높은 기대수익률을 가진 주식의 비중을 확대하여야 한다.
  ③ (0.5 × 12%) + (0.5 × 5%) = 8.5%
  ④ $\{(0.3 \times 15\%)^2 + (0.4 \times 2\%)^2 + (0.3 \times 7\%)^2 + 2 \times 0.3 \times 0.4 \times (-0.2) \times 15\% \times 2\% + 2 \times 0.4 \times 0.3 \times 0.1$
     $\times 2\% \times 7\% + 2 \times 0.3 \times 0.3 \times (-0.1) \times 15\% \times 7\%\}^{1/2}$ = 4.72%

04

중요도 ★★★

⑦ p.57 ~ 60　⑧ p.355 ~ 356

포트폴리오의 기대수익률과 위험에 대한 설명으로 가장 적절하지 **않은** 것은?

① 포트폴리오의 기대수익률은 개별자산들의 기대수익률과 투자비중에 의해 결정된다.
② 포트폴리오의 위험은 개별자산들의 기대수익률, 위험, 투자비중과 개별자산 간 상관계수에 의해 결정된다.
③ 개별자산수익률 간 상관계수가 1인 경우에는 분산투자의 효과가 없어 포트폴리오의 표준편차는 개별 자산의 가중평균위험과 같다.
④ 두 자산의 상관계수가 1보다 작으면 개별 자산수익률의 표준편차를 가중평균한 값보다 포트폴리오의 위험이 작아진다.
⑤ 상관계수가 작은 자산들의 결합을 통해 포트폴리오의 위험을 축소할 수 있다.

05

중요도 ★★

⑦ p.68 ~ 69　⑧ p.358 ~ 359

무차별곡선과 최적 포트폴리오에 대한 설명으로 적절하지 **않은** 것은?

① 최적 포트폴리오는 효율적 투자기회선과 투자자의 무차별곡선 중 가장 효용이 높은 곡선이 만나는 점에 해당한다.
② 위험을 선호하는 투자자일수록 무차별곡선의 기울기는 가파르다.
③ 위험을 기피하는 투자자는 상대적으로 높은 수익이 기대될 때만 위험을 선택한다.
④ 무차별곡선이 높아지면 그만큼 투자자의 효용이 증가하므로 투자자는 높은 무차별곡선을 선호한다.
⑤ 투자자의 무차별곡선은 곡선상에 있는 투자대안에 대하여 똑같이 선호한다는 의미이다.

06

중요도 ★★

⑦ p.72 ~ 75　⑧ p.360

포트폴리오 선택이론과 단일지표모형에 대한 설명으로 가장 적절한 것은?

① 기대수익률이 동일할 경우 위험이 큰 투자안이 위험이 작은 투자안을 지배한다.
② 지배원리에 의해 효율적인 포트폴리오들을 연결한 것을 최적 투자기회선이라 한다.
③ 단일지표모형은 각 종목의 개별 주식들 간의 모든 공분산을 고려한다.
④ 단일지표모형은 개별 증권의 가격 변동을 이분화하여 구분한다.
⑤ 증권특성선의 기울기가 크다는 것은 개별증권의 비체계적 위험이 크다는 것을 의미한다.

07

중요도 ★

㉮ p.77 ~ 78 ㉯ p.361

다음 중 자본자산가격결정이론의 투자자에 대한 가정에 대한 설명으로 가장 적절하지 **않은** 것은?

① 모든 투자자는 하나의 동일한 투자기간을 가지며 투자기간 이후 발생하는 결과는 무시한다.
② 모든 투자자는 무위험의 고정금리로 제약 없이 대출 혹은 차입을 할 수 있다.
③ 모든 투자자는 세금, 매매수수료, 서비스비용 등의 거래비용을 모두 동일하게 지불한다.
④ 모든 투자자는 합리적이며 지배원리를 반영하는 평균-분산 최적화 전략을 선택한다.
⑤ 모든 투자자는 같은 방법으로 증권을 분석하며, 미래 현금흐름에 대한 예측이 동일하다.

08

중요도 ★★★

㉮ p.78 ~ 81 ㉯ p.361 ~ 362

자본시장선(CML)에 대한 설명으로 가장 적절하지 **않은** 것은?

① 무위험자산의 표준편차와 다른 자산과의 상관계수는 0이다.
② 무위험자산이 포함된 포트폴리오의 표준편차는 위험자산의 표준편차와 선형관계이다.
③ 위험이 있는 자산으로 결합된 가장 이상적인 포트폴리오를 시장포트폴리오라고 한다.
④ 무위험자산과 시장포트폴리오를 연결한 직선을 자본시장선(CML)이라고 한다.
⑤ 자본시장선 위의 어느 점을 선택할 것인가는 투자자의 자금관리 결정과는 무관하다.

정답 및 해설

04 ② 포트폴리오의 위험은 개별자산들의 위험, 투자비중과 개별자산 간 상관계수에 의해 결정되며, 개별자산들의 기대수익률은 고려하지 않는다.

05 ② 가파르다. → 완만하다.
위험을 기피하는 투자자일수록 무차별곡선의 기울기가 가파르고, 위험을 선호하는 투자자라면 무차별곡선의 기울기가 완만하다.

06 ④ ① 기대수익률이 동일할 경우 위험이 작은 투자안이 위험이 큰 투자안을 지배한다.
② 최적 투자기회선 → 효율적 투자기회선
③ 개별 주식들 간의 모든 공분산을 고려하는 것은 마코위츠의 완전공분산모형이다.
⑤ 비체계적 → 체계적

07 ③ 자본자산가격결정이론은 모든 투자자가 세금, 매매수수료, 서비스비용 등의 거래비용을 일체 지불하지 않는다고 가정한다.

08 ⑤ 자본시장선 위의 어느 점을 선택하여야 투자자에게 최적의 포트폴리오인가를 결정하는 문제는 투자자의 위험선호와 투자자의 자금관리 결정에 달려 있다.

09 중요도 ★★★ ㉮ p.78 ~ 81 ㉯ p.361 ~ 362

자본시장선(CML)에 대한 설명으로 가장 적절하지 **않은** 것은?

① 자본시장선 상에 존재하는 것은 무위험자산과 시장포트폴리오의 결합으로 이루어지는 효율 적인 포트폴리오들이다.
② 자본시장선 중에서 시장포트폴리오의 우측 직선상의 어느 한 점을 대출포트폴리오라고 한다.
③ 무위험자산을 투자대상에 포함시킬 경우 마코위츠의 모형에서 설명한 효율적 투자기회선은 더 이상 효율적 투자기회선이 될 수 없다.
④ 이론적인 시장포트폴리오의 대용치로 실제로 많이 이용되는 것은 KOSPI나 KOSPI200 지수이다.
⑤ 위험을 선호하는 투자자의 경우 자금을 차입하여 시장포트폴리오에 추가로 투자하여 시장 포트폴리오보다 높은 수익을 기대할 수 있다.

10 중요도 ★★★ ㉮ p.81 ~ 85 ㉯ p.362

증권시장선(SML)에 대한 설명으로 가장 적절하지 **않은** 것은?

① 포트폴리오의 구성 종목 수가 증가하면 포트폴리오의 총위험은 체계적 위험에 수렴한다.
② 시장수익률 15%, 무위험이자율 10%, 베타 1.6인 주식의 요구수익률은 18%이다.
③ 체계적 위험이 큰 자산은 보다 높은 수익률이 기대되고, 체계적 위험이 작은 자산은 낮은 수익률이 될 수 있다는 자본자산가격결정모형(CAPM)의 결론을 보여준다.
④ 증권시장선보다 위쪽에 위치한 주식은 현재 주가가 고평가되어 있다는 것을 의미하고, 증권 시장선보다 아래쪽에 위치한 주식은 현재 주가가 저평가되어 있다는 것을 의미한다.
⑤ 자본시장선이 성립하는 균형 상태에서 효율적 포트폴리오뿐만 아니라 비효율적 포트폴리오 나 개별자산을 포함하는 모든 자산의 기대수익률과 체계적 위험의 관계를 나타낸 모형이다.

중요도 ★★★

㉮ p.87 ~ 88 ㉯ p.363

증권시장선(SML)보다 위쪽에 위치하는 주식으로 모두 묶인 것은?

주 식	기대수익률	베타계수	무위험이자율	시장 위험프리미엄
A	12.5%	0.7	7%	3.5%
B	10.42%	1.0	7%	
C	8.57%	1.3	7%	
D	10.0%	1.5	7%	
E	9.5%	0.5	7%	

① A, B
② A, E
③ B, C
④ C, D
⑤ D, E

정답 및 해설

09 ② 대출포트폴리오 → 차입포트폴리오

10 ④ 고평가 ↔ 저평가

11 ② 증권시장선보다 위쪽에 위치한 주식은 현재 주가가 저평가되어 있다는 것을 의미한다. 따라서 요구수익률보다 기대수익률이 큰 경우를 찾으면 된다.
- A의 요구수익률 = 7% + 0.7 × 3.5% = 9.45%
- B의 요구수익률 = 7% + 1.0 × 3.5% = 10.5%
- C의 요구수익률 = 7% + 1.3 × 3.5% = 11.55%
- D의 요구수익률 = 7% + 1.5 × 3.5% = 12.25%
- E의 요구수익률 = 7% + 0.5 × 3.5% = 8.75%

12 중요도 ★★★

□ 자본시장선(CML)과 증권시장선(SML)에 대한 설명으로 가장 적절하지 **않은** 것은?

① 무위험자산을 포함시키면 마코위츠의 효율적 투자기회선보다 더 효율적인 투자기회선을 도출할 수 있으며, 이를 기대수익률과 총위험의 선형관계로 나타낸 것을 증권시장선이라 한다.

② 자본시장선은 효율적 포트폴리오의 기대수익률을 나타내고 증권시장선은 개별자산과 포트폴리오의 기대수익률을 나타낸다.

③ 자본시장선 상에는 효율적 포트폴리오만 존재하지만 증권시장선 상에는 비효율적 포트폴리오도 존재한다.

④ 자본시장선은 기대수익률과 총위험의 관계를 나타내고 증권시장선은 기대수익률과 체계적 위험의 관계를 나타낸다.

⑤ 자본시장선 중에서 시장포트폴리오(M)의 좌측에 위치한 포트폴리오는 투자자금의 일부는 국채를 매입하고 나머지는 위험이 있는 자산에 투자하는 대출포트폴리오이다.

13 중요도 ★★

□ 증권시장선(SML)의 활용방안에 대한 사례 중 (가) ~ (다)에 들어갈 내용으로 적절하게 연결된 것은?

> • 전자제품을 제조하는 A사는 새로운 제품을 위한 투자를 검토하였다. 산업의 기대수익률이 21%, 무위험이자율이 5%이고, A사의 베타는 1.2이다. 이 때 새로운 제품을 위한 투자의 예상수익률이 24%인 경우, A사는 이 투자가 (가)고 판단한다.
> • 투자자가 증권시장선보다 위에 있는 B주식과 증권시장선보다 아래에 있는 C주식, 증권시장선상에 놓인 D주식 중 하나에 투자하고자 한다. 해당 투자자가 현재 과소평가 되어 있는 주식을 구매하고자 한다면, (나)에 투자할 가능성이 높다.
> • 새로운 수도설비를 위해 150억원을 투자한 수자원공사는 연간 최소수입이 어느 정도 되어야 하는지 파악하고자 한다. 현재 무위험이자율은 4%, 시장위험프리미엄 10%, 베타 1.4임을 확인하였다면, 수자원공사의 최소수입은 (다) 이상이 되어야 한다.

	가	나	다
①	타당하다	B주식	27억원
②	타당하다	C주식	18.6억원
③	타당하지 않다	B주식	27억원
④	타당하지 않다	C주식	18.6억원
⑤	타당하지 않다	D주식	18.6억원

14

중요도 ★   ㉑ p.90 ~ 91

자본자산가격결정모형(CAPM)이론을 현실에 적용할 때의 문제점으로 적절하지 **않은** 것은?

① 베타가 0인 주식의 수익률이 무위험이자율보다 높다.

② 실제로 과거 자료들을 살펴본 결과 주가하락 시에 베타가 위험을 제대로 반영하지 못한다.

③ 위험 수준이 낮은 주식의 실제수익률은 CAPM이론이 예측한 것보다 적고, 위험 수준이 높은 주식의 실제수익률은 CAPM이론이 예측한 것보다 많다.

④ 주가 상승기에 베타 값이 낮은 주식의 수익률이 베타 값이 높은 주식의 수익률보다 큰 경우가 있다.

⑤ 베타 이외에 정체를 알 수 없는 체계적인 위험이 존재한다.

정답 및 해설

12 ① 증권시장선 → 자본시장선

13 ③ 가. 타당하지 않다
       나. B주식
       다. 27억원
         바람직한 최소수입 = 투자액 × 요구수익률 = 150억원 × (4% + 10% × 1.4) = 27억원

14 ③ 위험 수준이 낮은 주식의 실제수익률은 CAPM이론이 예측한 것보다 많았으며, 위험 수준이 높은 주식의 경우에는 CAPM이론이 예측한 것보다 적었다. 이는 실제 자료에 바탕을 두어서 만들어진 위험과 수익률 간의 상관관계 그래프가 CAPM이론에 입각한 그래프보다 완만한 형태를 나타냄을 의미한다.

㉓ p.92 ~ 94 ㉘ p.364

15 중요도 ★★

차익거래가격결정이론(APT)에 대한 설명으로 가장 적절하지 **않은** 것은?

① 차익거래가격결정이론은 다요인모형에 의해 증권수익률을 설명할 수 있음을 전제한다.
② 차익거래가격결정이론에서의 차익거래는 특정 증권이 시장의 균형가격을 벗어나면 개별 투자자는 최대한 많은 포지션을 취하여 시장가격의 균형을 찾는다.
③ 차익거래가격결정이론은 CAPM의 지배원리보다 시장가격의 균형회복에 많은 투자자가 필요하지 않으므로 회복력이 더 강하다고 볼 수 있다.
④ 차익거래가격결정이론은 포트폴리오가 잘 분산되어 있을 경우 수익률에 영향을 주는 것은 비체계적 위험뿐이라고 가정한다.
⑤ 다른 모든 조건이 동일한 자산 A와 B가 있을 때, A의 기대수익률이 B의 기대수익률보다 높다면 차익거래가 발생한다.

㉓ p.95 ~ 96 ㉘ p.364

16 중요도 ★★

자산 A의 1년간 기대수익률은 7%이며, 변수에 대한 민감도는 다음과 같을 때, 다요인모형에 의한 기대수익률을 계산한 것으로 적절한 것은? (단, 개별기업의 추가적인 영향은 1.5%임)

변 수	민감도	예상수치	실제수치
1	2	4.0%	3.5%
2	1	3.8%	4.0%
3	0.5	5.0%	6.0%

① 5.5%   ② 6.7%
③ 8.2%   ④ 9.8%
⑤ 10.4%

㉓ p.79 ~ 80, p.85, p.87, p.93 ㉘ p.361 ~ 364

17 중요도 ★★★

다음 중 포트폴리오이론에 대한 설명으로 가장 적절한 것은?

① 자본시장선은 개별기업의 수익률과 시장수익률 간의 관계를 나타내는 모형이다.
② 무위험이자율로 자금을 빌려서 시장포트폴리오(M)에 투자한다면 그 때의 포트폴리오는 자본시장선 중에서 시장포트폴리오(M)의 좌측에 위치하게 된다.
③ 증권시장선보다 위쪽에 위치한 주식은 현재 주가가 고평가되어 있고, 아래쪽에 위치한 주식은 현재 주가가 저평가되어 있다는 것을 의미한다.
④ 자본시장선에는 효율적인 포트폴리오만 존재하지만, 증권시장선은 비효율적 포트폴리오도 존재한다.
⑤ 차익거래가격결정이론은 포트폴리오가 잘 분산되어 있다면 비체계적인 위험만 수익률에 영향을 준다고 가정한다.

18

㉮ p.97 ~ 100 ㉯ p.365 ~ 366

중요도 ★★★

위험조정 성과평가 척도와 그에 대한 설명을 적절하게 연결한 것은?

☐

가. 젠센척도	나. 트레이너척도
다. 샤프척도	라. 정보비율
마. 소티노척도	

A. 총위험 한 단위당 어느 정도의 보상을 받았는지를 의미하는 위험보상율을 나타낸다.
B. 체계적 위험 한 단위당 실현된 초과수익률을 의미한다.
C. 종목선택 능력만을 평가하는 방법으로 자산배분 권한이 없는 펀드매니저에 대한 평가척도로 적합하다.
D. 벤치마크와 펀드 간의 수익률 추적오차를 이용하여 성과를 평가하는 척도를 말한다.
E. 목표수익률 이하로 하락한 수익률만 위험으로 간주하는 하방위험만을 위험으로 이용한다.

① 가 – C, 나 – A, 다 – B, 라 – D, 마 – E
② 가 – C, 나 – B, 다 – A, 라 – D, 마 – E
③ 가 – C, 나 – B, 다 – E, 라 – A, 마 – D
④ 가 – D, 나 – A, 다 – B, 라 – E, 마 – C
⑤ 가 – D, 나 – B, 다 – E, 라 – C, 마 – A

정답 및 해설

15 ④ 비체계적 위험 → 체계적 위험

16 ③ 다요인모형에 의한 기대수익률 = $E_i + m + \varepsilon_i$
- 1년간 기대수익률(E_i) = 7%
- 자산의 고유한 특성으로 인한 예상하지 못한 수익률의 변화(m)
  = Σ{민감도 × (실제수치 – 예상수치)}
  = 2 × (3.5% – 4.0%) + 1 × (4.0% – 3.8%) + 0.5 × (6.0% – 5.0%)
  = –0.3%
- 개별기업의 특수성에 의해 추가로 영향을 받는 부분(ε_i) = 1.5%
  ∴ 다요인모형에 의한 기대수익률 = 7% + (–0.3%) + 1.5% = 8.2%

17 ④ 일반적으로 소수의 주식들로 구성된 포트폴리오의 베타는 시간이 경과함에 따라 쉽게 변하고, 많은 주식들로 구성된 포트폴리오의 베타는 위험을 잘 예측한다.
① 자본시장선은 무위험자산을 투자대상으로 포함할 때 효율적인 포트폴리오들의 기대수익률과 총위험의 관계를 나타낸 모형이다.
② 좌측 → 우측
③ 고평가 ↔ 저평가
⑤ 비체계적인 → 체계적인

18 ② A. 샤프척도
B. 트레이너척도
C. 젠센척도
D. 정보비율
E. 소티노척도

19

⑦ p.97 ⑧ p.365

중요도 ★★

다음 자료를 토대로 계산한 젠센척도로 적절한 것은?

☐

- 시장의 연평균 수익률 : 10%
- 무위험수익률 : 8%
- 해당 포트폴리오의 베타 : 1.3
- 해당 포트폴리오의 실제 수익률 : 12%
- 추적오차(Tracking error)의 표준편차 : 1.5%

---

① -1.2%

② +1.2%

③ -1.4%

④ +1.4%

⑤ +1.8%

20

⑦ p.98 ~ 99 ⑧ p.365 ~ 366

중요도 ★★★

☐ 샤프척도와 트레이너척도를 이용하여 다음의 펀드들을 평가하였을 때, 각 척도별 성과가 가장 우수한 펀드를 적절하게 연결한 것은? (단, 연평균 무위험이자율은 6.5%라고 가정함)

펀 드	펀드의 연평균 수익률	베타계수	표준편차
A	10%	0.80	18%
B	11%	0.90	22%
C	12%	1.00	26%
D	13%	1.10	32%
E	14%	1.20	36%

	샤프척도	트레이너척도
①	펀드 A	펀드 B
②	펀드 B	펀드 D
③	펀드 C	펀드 E
④	펀드 D	펀드 C
⑤	펀드 E	펀드 A

21

중요도 ★★★

위험조정 성과평가 지표에 대한 설명으로 가장 적절하지 **않은** 것은?

① 대규모 연기금의 경우에는 샤프척도가 적합하고, 개인투자자가 몇 개 이내의 펀드에 투자할 경우에는 트레이너척도가 적합하다.

② 정보비율은 펀드의 투자수익률과 벤치마크수익률 간의 차이인 초과수익률을 추적오차로 나누어 산출한다.

③ 샤프척도는 총위험을 기준으로, 트레이너척도는 체계적 위험을 기준으로 포트폴리오의 성과를 평가한다.

④ 젠센척도는 재무설계사의 자산배분능력이나 고객자산관리의 효율성 등을 거시적으로 평가할 수 없는 모형이다.

⑤ 정보비율은 벤치마크만큼의 위험이나 수익률만큼의 부담을 기본으로 하고 그 이상의 추가적인 위험을 부담할 때 얻는 수익률에 대한 보상을 평가하는 척도이다.

정답 및 해설

19 ④ 젠센척도 = 포트폴리오의 실제 수익률 − 포트폴리오의 요구수익률
    = 12% − {8% + 1.3 × (10% − 8%)}
    = 1.4%

20 ③ • 샤프척도 = (펀드의 연평균 수익률 − 연평균 무위험이자율)/펀드의 표준편차
    • 트레이너척도 = (펀드의 연평균 수익률 − 연평균 무위험이자율)/펀드의 베타
    • 샤프척도와 트레이너척도는 그 값이 클수록 성과가 우수하다.

펀 드	샤프척도	트레이너척도
A	0.1944	0.0438
B	0.2045	0.05
C	0.2115	0.055
D	0.2031	0.0591
E	0.2083	0.0625

21 ① 샤프척도 ↔ 트레이너척도
    대규모 연기금(광범위하게 분산투자를 실시)의 경우에는 트레이너척도가 적합한 평가척도가 되고, 개인투자자(몇 개 이내의 펀드에 분산투자를 실시)의 경우에는 샤프척도가 더 적합하다.

22

중요도 ★★★

다음 펀드들에 대한 성과평가로 적절하지 **않은** 것은? (단, 무위험이자율은 5%라고 가정함)

□

펀 드	벤치마크 수익률	펀드의 실현수익률	펀드의 표준편차	펀드의 베타	추적오차 (Tracking error)
A	10%	12%	20%	1.0	1.2%
B	12%	14%	18%	1.4	1.8%

① 펀드 A의 젠센척도는 +2%로 증권선택 능력이 있다.
② 펀드 B의 젠센척도는 −0.8%로 증권선택 능력이 없다.
③ 성과평가 시 트레이너척도를 이용하면, 펀드 A가 펀드 B보다 성과가 좋다.
④ 성과평가 시 정보비율을 이용하면, 펀드 A가 펀드 B보다 성과가 좋다.
⑤ 성과평가 시 샤프척도를 이용하면, 펀드 A가 펀드 B보다 성과가 좋다.

정답 및 해설

22 ⑤ 펀드 A ↔ 펀드 B
샤프척도 = (펀드의 실현수익률 − 무위험이자율)/펀드의 표준편차
  • 펀드 A = (12% − 5%)/20% = 0.35
  • 펀드 B = (14% − 5%)/18% = 0.5
① ② 젠센척도 = 펀드의 실현수익률 − 펀드의 요구수익률
  • 펀드 A = 12% − {5% + 1.0 × (10% − 5%)} = 2%
  • 펀드 B = 14% − {5% + 1.4 × (12% − 5%)} = −0.8%
③ 트레이너척도 = (펀드의 실현수익률 − 무위험이자율)/펀드의 베타
  • 펀드 A = (12% − 5%)/1.0 = 0.07
  • 펀드 B = (14% − 5%)/1.4 = 0.0643
④ 정보비율 = (펀드의 실현수익률 − 벤치마크 수익률)/추적오차
  • 펀드 A = (12% − 10%)/1.2% = 1.667
  • 펀드 B = (14% − 12%)/1.8% = 1.111

3장 투자성 금융상품 위험등급

01 중요도 ★★

다음 중 최대손실예상액(VaR)에 대한 설명으로 가장 적절하지 **않은** 것은?

① VaR은 투자하는 금액에 따라 달라지기 때문에 일반적으로 손실률을 기준으로 표시한다.
② 역사적 시뮬레이션 방법을 통해 산정한 VaR은 수익률에 대한 특정 확률분포를 가정한다.
③ 현재 포트폴리오가 과거와 큰 차이가 없는 인덱스펀드는 과거 KOSPI 지수의 일 수익률을 사용하여 VaR을 산출해도 큰 차이가 없을 수 있다.
④ 수익률이 정규분포를 따른다고 가정하여 VaR을 산정하는 방법은 분산-공분산 방법이다.
⑤ 과거수익률 분포가 정규분포 대비 왼쪽 꼬리가 두껍다면 분산-공분산 방법에 따른 VaR이 역사적 시뮬레이션 방법에 따른 VaR보다 작다.

02 중요도 ★

하루에 발생할 수 있는 최대손실률은 2.91%이다. 이 때, 최근 자산가격의 변동을 반영하기 위해 시간제곱근규칙을 사용하고 있음을 가정하여 계산한 250영업일의 VaR은 얼마인가? (단, 소수점 첫째 자리에서 반올림함)

① 34%   ② 38%
③ 42%   ④ 46%
⑤ 50%

정답 및 해설

01 ② 역사적 시뮬레이션 방법을 통해 산정한 VaR은 특정 확률분포를 가정하지 않고 과거수익률을 사용한다.

02 ④ 250영업일 VaR = 1일 VaR × $\sqrt{250}$ = 2.91% × $\sqrt{250}$ = 46%

6과목
투자설계 해커스 CFP 지식형 핵심문제집

03

㉮ p.114~117 ㉰ p.369

중요도 ★★

투자성 금융상품의 위험등급에 대한 설명으로 가장 적절한 것은?

① 국내신용등급과 해외신용등급이 상이한 경우 해외신용등급 사용을 원칙으로 한다.

② 해외신용등급만 있는 경우 두 등급씩 상향하여 국내신용등급으로 전환할 수 있다.

③ 상품 특성에 따라 유동성위험의 중요성이 매우 높다고 판단되어도 판매회사는 위험등급을 상향할 수 없다.

④ 외부기관의 보증이 있는 회사채는 보증기관의 신용등급을 기준으로 위험등급을 산정한다.

⑤ 사모펀드는 공모펀드와 동일한 기준에 따라 평가할 수 없다.

정답 및 해설

03 ④ 채권 등 채무증권의 위험등급은 신용위험등급을 기준으로 분류하는 것을 원칙으로 하지만, 외부기관의 보증이 있는 회사채는 보증기관의 신용등급을 기준으로 위험등급을 산정한다.

① 해외신용등급 사용을 원칙으로 한다. → 국내신용등급 사용을 원칙으로 한다.

② 두 등급 → 한 등급

③ 상품 특성에 따라 유동성위험의 중요성이 매우 높다고 판단될 경우 판매회사는 위험등급을 상향할 수 있다.

⑤ 사모펀드는 객관적인 자료에 근거하여 공모펀드와 동일한 기준에 따라 평가할 수 있는 경우에는 공모펀드와 동일한 방식으로 시장위험을 산출한다.

고객의 투자성향

01 중요도 ★ ㉑ p.123 ~ 124 ㉓ p.372

위험감수능력에 대한 설명 중 (가) ~ (나)에 들어갈 내용으로 적절하게 연결된 것은?

□

- 은퇴할 때까지 사적연금에서 10억원을 마련하는 것을 목표로 하고 있는 개인이 9억원을 마련해도 원하는 노후생활을 누릴 수 있다면, 해당 개인의 위험감수능력은 (가)이다.
- 적립식으로 투자할 경우 개인의 위험감수능력은 투자 종료 시점에 접근할수록 투자금액 전체가 손실위험에 노출될 수 있으므로 위험자산 비중을 (나) 것이 바람직하다.

	가	나
①	10%	높이는
②	10%	낮추는
③	45%	낮추는
④	90%	높이는
⑤	90%	낮추는

02 중요도 ★★ ㉑ p.122 ~ 123 ㉓ p.371

다음 중 위험수용성향에 대한 설명으로 가장 적절하지 **않은** 것은?

□

① 발생한 손실이 위험수용성향을 벗어나면 고객은 포트폴리오에 있는 자산을 모두 매도할 가능성이 크다.
② 자산가격이 급락하더라도 그 손실이 고객의 위험수용성향 이내에 있다면 장기적인 투자목표를 달성할 가능성이 크다.
③ 위험수용성향은 개인의 연령, 재무목표의 종류, 과거 투자경험 등에 의해 영향을 받는다.
④ 최근에는 위험수용성향을 변동성 기준으로 파악하는 경우가 많은 편이다.
⑤ 손실위험 크기를 기준으로 위험수용성향을 파악하고자 한다면 MDD와 관련된 질문을 투자자정보확인서에 포함하는 것이 적절하다.

정답 및 해설

01 ② 가. 10%
　　　나. 낮추는

02 ④ 변동성 → 손실률

㉮ p.125 ㉯ p.371~372

03

중요도 ★★

2차원적 관점에서 고객의 투자성향을 측정했을 때 공격적 자산배분전략이 가장 바람직한 고객 으로 적절하게 연결된 것은?

고 객	A	B	C
위험수용성향	높 음	높 음	낮 음
위험감수능력	낮 음	높 음	높 음

① A
② B
③ C
④ A, B
⑤ B, C

주식 및 채권 투자

01 중요도 ★★ ㉑ p.130 ~ 132 ㉦ p.373
주식의 가치평가방법에 대한 설명으로 적절하지 **않은** 것은?

□

① 조건부청구권방법은 주식이 기업에 대한 채권자의 몫을 제외한 잔여분에 대한 청구권이라는 개념에서 출발한다.
② 현금흐름할인방법은 현재의 현금흐름이 (+)이고 미래예측 가능성이 높은 경우 가장 쉬운 가치평가방법이다.
③ 주가수익비율(PER)을 구하여 산업평균과 비교하는 방법은 상대가치평가방법의 한 예이다.
④ 특허권이나 영업권은 현금흐름할인방법을 이용하여 평가하는 것이 유용하다.
⑤ 조건부청구권방법의 경우 옵션의 가격결정모형이 단기에는 비교적 정확하지만 장기에는 오류의 소지가 많다는 단점이 있다.

02 중요도 ★★★ ㉑ p.133, p.191 ㉦ p.373
다음 자료를 바탕으로 잠재성장률(g)을 계산한 것으로 적절한 것은?

□

• 주당순이익(EPS) : 2,500원 • 주당배당금 : 1,000원
• 매출액순이익률 : 5% • 총자산회전율 : 1.5배
• 재무레버리지 : 2배

① 6% ② 7%
③ 8% ④ 9%
⑤ 10%

정답 및 해설

01 ④ 현금흐름할인방법 → 조건부청구권방법

02 ④ 잠재성장률(g) = 내부유보율 × 자기자본이익률
• 배당성향 = 주당배당금/주당순이익 = 1,000원/2,500원 = 0.4
• 내부유보율 = 1 - 배당성향 = 1 - 0.4 = 0.6
• 자기자본이익률(ROE) = 매출액순이익률 × 총자산회전율 × 재무레버리지 = 5% × 1.5배 × 2배 = 15%
∴ 잠재성장률(g) = 0.6 × 15% = 9%

03 중요도 ★★★
경제적 부가가치(EVA)와 시장 부가가치(MVA)에 대한 설명으로 적절하지 **않은** 것은?

① 기업의 EVA는 영업이익에서 법인세를 공제한 값에서 기업의 총자본조달비용을 차감하여 산출한다.

② EVA 방식은 자기소유자본을 투입한 데 대한 기회비용은 비용으로 간주하지 않고 명시적 비용인 차입금에 대한 이자비용만을 감안한다.

③ EVA가 부(–)의 값이라면 기업의 채산성이 없음을 의미하며, 주주이익을 침해했다고 평가할 수도 있다.

④ 기업의 주된 목적은 주주 부의 극대화이며, 주주 부의 극대화는 시장 부가가치를 극대화함으로써 이루어진다.

⑤ 시장 부가가치는 창업 이래 이룩한 경영활동의 결과를 나타낸다.

04 중요도 ★★★
주식 가치평가의 기초에 대한 설명으로 가장 적절하지 **않은** 것은?

① 특정 자산 투자에 따라 발생하는 미래 현금흐름을 현재가치화시키기 위해서는 할인율이 필요하며, 이러한 할인율은 그 자산 투자의 요구수익률이 된다.

② 실질무위험수익률, 인플레이션율, 위험프리미엄이 높을수록 요구수익률이 높아진다.

③ 기업의 성장률에 영향을 주는 요인은 기업에 유보되는 자금비율과 자본에 대한 수익률이다.

④ 경제적 부가가치가 양(+)의 값이라는 것은 세후영업이익이 기업의 총 자본조달비용보다 작다는 것을 의미한다.

⑤ 시장 부가가치는 주식의 시장가치와 주주들이 제공한 자기자본 간의 차이를 의미한다.

05 중요도 ★★★
정률성장배당할인모형을 이용하여 A기업의 보통주 가치를 계산한 것으로 적절한 것은?

• 금년도 주당배당금 : 500원	• 자기자본이익률(ROE) : 10%
• 무위험수익률 : 5%	• 배당성향 : 40%
• A기업의 베타(β) : 1.2	• 시장위험프리미엄 : 5%

① 8,800원 ② 10,600원

③ 11,200원 ④ 12,300원

⑤ 13,500원

06 중요도 ★★

⑦ p.142 ⑧ p.376

이익평가모형을 이용하여 계산한 가나기업의 현재 적정주가로 적절한 것은?

☐

- 재투자수익률 : 15%
- 요구수익률 : 10%
- 사내유보율 : 50%
- 현재 가나기업의 기말 주당순이익은 1,200원으로 예상되며, 이익성장의 기회를 가지고 있다.

---

① 12,000원

② 20,000원

③ 24,000원

④ 28,000원

⑤ 32,000원

정답 및 해설

03 ② EVA에서는 타인자본조달비용뿐만 아니라 암묵적 비용인 자기자본조달비용, 즉 자기소유자본을 투입한 데 대한 기회비용도 차감해서 기업의 부가가치를 계산하고 있다.

04 ④ 세후영업이익 ↔ 기업의 총 자본조달비용

05 ② 보통주의 가치 = $D_1/(k-g) = D_0 \times (1+g)/(k-g)$
  - 요구수익률(k) = 5% + 1.2 × 5% = 11%
  - 배당성장률(g) = (1 − 배당성향) × ROE = (1 − 0.4) × 10% = 6%
  ∴ 보통주의 가치 = 500원 × (1 + 0.06)/(0.11 − 0.06) = 10,600원

06 ③ 적정주가 $= \dfrac{E_1}{k} + \left\{ \dfrac{E_1}{k} \times \dfrac{RR \times (ROE - k)}{k - g} \right\}$

이익성장률(g) = 사내유보율(RR) × ROE = 0.5 × 0.15 = 0.075

∴ 적정주가 $= \dfrac{1,200}{0.1} + \left\{ \dfrac{1,200}{0.1} \times \dfrac{0.5 \times (0.15 - 0.1)}{0.1 - 0.075} \right\} = 24,000$원

07 중요도 ★★★

다음 자료를 토대로 계산한 A기업의 적정 PER과 적정주가에 해당하는 것은?

□

• 내년 주당순이익(EPS₁) : 3,500원	• 자기자본이익률(ROE) : 10%	
• 무위험이자율 : 4%	• 주식시장 위험프리미엄 : 7%	
• A기업의 베타(β) : 1.1	• 내부유보율 : 50%	

	적정PER	적정주가
①	5.23배	18,305원
②	5.23배	22,380원
③	7.46배	22,380원
④	7.46배	26,110원
⑤	8.17배	28,595원

㉑ p.148, p.153 ~ 155 ㉚ p.377 ~ 379

08 중요도 ★★★

상대가치평가모형에 대한 설명으로 가장 적절하지 **않은** 것은?

□

① 주가수익비율(PER)은 주가와 기업의 수익창출능력을 상대적으로 비교하는 지표로 한 기업의 경영실적과 주가의 적정수준을 판단하는 데 사용된다.

② 주가순자산비율(PBR)이 1 이하일 경우에는 현재의 주가가 청산가치 이하로 저평가된 것으로 판단한다.

③ 주가수익성장비율(PEG)은 주가수익비율(PER)을 기대성장률로 나누어 측정하며 성장산업의 주식평가에서 유용하게 사용된다.

④ 주당매출액(PSR)을 사용할 때에는 매출액이 순이익과 달리 인위적인 조작이 쉽고, 순이익의 변동보다 큰 변동폭을 가진다는 점에 주의해야 한다.

⑤ EV/EBITDA는 주주가치와 채권자가치의 합과 이자와 법인세비용, 유무형자산의 감가상각비 차감 전 순이익의 비율을 나타낸 것이다.

주식의 적정가치에 영향을 주는 요인에 대한 설명으로 적절한 것은?

① 베타계수가 높아지면 적정주가가 높아진다.
② 배당성장률이 높아지면 적정주가가 낮아진다.
③ 자기자본이익률이 높아지면 적정주가가 높아진다.
④ 내부유보율이 높아지면 적정주가가 낮아진다.
⑤ 무위험이자율이 높아지면 적정주가가 높아진다.

6과목
투자설계 해커스 CFP 지식형 핵심문제집

정답 및 해설

07 ④ • 적정PER = 배당성향/(k − g)
• 배당성향 = 1 − 내부유보율 = 1 − 0.5 = 50%
• 요구수익률(k) = 4% + 1.1 × 7% = 11.7%
• 성장률(g) = 내부유보율 × ROE = 0.5 × 0.1 = 5%
∴ 적정PER = 0.5/(0.117 − 0.05) = 7.46배
적정주가 = EPS_1 × PER = 3,500원 × 7.46배 = 26,110원

08 ④ 주당매출액을 분석도구로 사용하는 이유는 매출액이 순이익과 달리 인위적인 조작이 힘들고, 순이익의 변동보다 적은 변동폭을 가지기 때문이다.

09 ③ 자기자본이익률이 높아지면 배당성장률이 높아지고 적정주가도 높아진다.
① 베타계수가 높아지면 요구수익률이 커지고 적정주가는 낮아진다.
② 배당성장률이 높아지면 적정주가가 높아진다.
④ 내부유보율이 높아지면 배당성장률이 높아지고 적정주가는 높아진다.
⑤ 무위험이자율이 높아지면 요구수익률이 커지고 적정주가는 낮아진다.

10

⑦ p.153 ~ 154 ⑧ p.377 ~ 379

중요도 ★★

상대가치평가모형에 대한 설명 중 다음 (가) ~ (다)에 들어갈 말로 적절하게 연결된 것은?

- (가)을(를) 이용하여 주가의 과소·과대평가를 판단할 때는 이익성장률이 전혀 다른 업종이나 부문 간에는 직접 비교해서는 안 된다.
- (나)은(는) 주주와 채권자 입장을 동시에 고려하고 있어 포괄적인 기업성과 측정이 가능하며, 기업의 자본구조를 감안한 평가방법이다.
- (다)은(는) 기업의 수익변화를 쉽게 감지하지 못하고 비용축소에 문제가 있는 기업의 평가가 제대로 이루어지지 않는다.

	가	나	다
①	PER	EV/EBITDA	PSR
②	PER	EV/EBITDA	PEG
③	PER	PEG	EV/EBITDA
④	PEG	PER	EV/EBITDA
⑤	PEG	PSR	EV/EBITDA

11

⑦ p.161 ~ 168 ⑧ p.380 ~ 381

중요도 ★★★

채권과 채권의 단가계산에 대한 설명으로 가장 적절하지 **않은** 것은?

① 양도성예금증서는 할인발행한 일반적인 채권매매방식과 단가계산방식이 완전히 동일하다.
② 할인채는 만기에 원금이 일시상환되며, 만기금액은 항상 액면 10,000원이다.
③ 복리채의 만기상환금액은 발행시점의 시중금리 수준이 반영된 표면금리로 계산되어 확정되어 있다.
④ 이표채는 일반적으로 매 3개월 혹은 6개월마다 이자가 지급되고 만기 시 원금과 마지막 이자를 함께 지급한다.
⑤ 2005년 7월 1일 이후 발행되는 채권에 대해서는 세전 단가로 매매되고, 이자에 대해서는 보유기간별 과세된다.

12 중요도 ★★★　　　　　　　　　　　　　　　　　　　㉠ p.161~162　㉫ p.380

다음 자료를 바탕으로 계산한 채권의 세전 매매단가로 가장 적절한 것은? (단, 1년은 365일로
계산하며, 원 미만은 절사함)

• 종류 : 산업금융채권(할인채)	• 발행금리 : 6.00%
• 발행일 : 2023년 7월 24일	• 만기까지 잔존일수 : 348일
• 만기일 : 2024년 7월 24일	• 매매수익률 : 6.20%
• 매매일 : 2023년 8월 10일	

① 9,255원
② 9,441원
③ 9,627원
④ 9,813원
⑤ 10,000원

13 중요도 ★★★　　　　　　　　　　　　　　　　　　　㉠ p.169~171　㉫ p.383

말킬의 채권가격정리에 대한 설명으로 적절하지 **않은** 것은?

① 채권가격과 채권수익률은 역의 관계로, 채권수익률이 하락하면 채권가격은 상승한다.
② 표면이자율이 높은 채권이 낮은 채권보다 일정한 수익률 변동에 따른 가격 변동폭이 크다.
③ 일정한 수익률 변동에 대한 가격 변동폭의 경우 2년 만기 채권의 변동폭이 1년 만기 채권의
변동폭보다 크다.
④ 만기가 길수록 채권수익률 변동에 따른 채권가격 변동폭은 증가하나 그 증가율은 체감한다.
⑤ 만기가 일정할 때 채권수익률 하락으로 인한 가격 상승폭이 같은 폭의 채권수익률 상승으로
인한 가격 하락폭보다 크다.

정답 및 해설

10 ① 가. PER
　　　나. EV/EBITDA
　　　다. PSR

11 ① 양도성예금증서는 매매단위가 액면금액이라는 점을 제외하고 일반적인 채권매매방식과 단가계산방식이 동일하다.

12 ② 할인채의 세전 매매단가 = 10,000원/{$(1 + $ 매매수익률$)^n \times (1 + $ 매매수익률 $\times$ d/365)}
　　　　　　　　　　　　　 = 10,000원/$(1 + 0.062 \times 348/365)$ = 9,441원(원 미만 절사)

13 ② 표면이자율이 낮은 채권이 높은 채권보다 일정한 수익률 변동에 따른 가격 변동폭이 크다.

14

⑦ p.171 ~ 172   ⑧ p.384

중요도 ★★

채권의 수익률곡선에 대한 설명으로 가장 적절한 것은?

① 특정 시점에 있어 다른 조건이 동일하되 잔존기간만이 서로 다를 경우, 채권들의 잔존기간과 발행수익률 간의 관계를 표시한 것이다.
② 상승형 곡선은 단기이자율이 장기이자율을 상회하는 형태로 향후 이자율이 하락할 것으로 기대되거나 현재의 이자율이 상당히 높은 수준에 있을 때 관찰된다.
③ 하강형 곡선은 장기이자율이 단기이자율에 비해 높은 형태로 향후 이자율이 상승할 것으로 전망되거나 현재의 이자율이 낮은 수준에 있을 때 나타난다.
④ 낙타형 곡선은 정부의 일시적인 금융긴축으로 인하여 시중의 단기자금 사정이 아주 악화되었을 때 나타날 수 있는 수익률곡선이다.
⑤ 수평형 곡선은 단기이자율이 급격히 상승하다가 어느 시점에서 장기이자율이 서서히 하락하는 곡선 형태로 과도기 또는 경기순환의 중간 단계에서 잘 나타난다.

15

⑦ p.173 ~ 175   ⑧ p.385

중요도 ★★★

채권수익률의 기간구조이론에 대한 설명으로 가장 적절하지 **않은** 것은?

① 불편기대이론에 따르면 장기채권의 수익률은 미래의 단기채권들에 예상되는 수익률들의 기하평균과 같다.
② 시장분할이론에 의하면 우상향 이자율기간구조는 단기시장에서 결정된 이자율이 장기시장의 이자율보다 낮은 경우에 발생한다.
③ 유동성선호이론에서는 미래가 본질적으로 불확실하기 때문에 투자자는 장기채권보다 단기채권을 선호한다고 주장한다.
④ 불편기대이론에 의한 수익률곡선은 유동성선호이론에 의한 수익률곡선보다 높은 수준에서 그려지며, 그 차이는 유동성프리미엄에 기인한다.
⑤ 시장분할이론에 따르면 채권의 만기에 대한 선호가 서로 다른 투자집단이 존재하기 때문에 만기가 다른 채권의 이자율은 서로 다른 시장에서의 수요공급에 따라 독립적으로 결정된다고 주장한다.

16

채권의 듀레이션에 대한 설명으로 가장 적절하지 **않은** 것은?

① 채권의 만기까지 각 기간에 들어오는 현금흐름의 현재가치를 기간별로 가중하여 채권투자액을 회수하는 데 걸리는 가중평균상환기간을 의미한다.

② 수정듀레이션은 듀레이션을 '1 + 표면금리'로 나누어 구한다.

③ 중도에 이자지급이 없는 순수할인채권의 듀레이션은 표면만기와 동일하며, 영구채의 듀레이션은 만기와 관계없이 항상 일정하다.

④ 표면이자율, 채권수익률과 듀레이션은 역(−)의 관계를 가지며, 잔존만기와 듀레이션은 정(+)의 관계를 가진다.

⑤ 듀레이션은 이자율 변화에 따라 가격이 얼마나 변하는지를 측정할 수 있게 해주며, 방어적 채권투자 전략에서 중요한 도구가 된다.

정답 및 해설

14 ④　① 발행수익률 → 만기수익률
　　　　② 상승형 곡선 → 하강형 곡선
　　　　③ 하강형 곡선 → 상승형 곡선
　　　　⑤ 수평형 곡선은 단기이자율과 장기이자율이 거의 같은 수준으로, 과도기 또는 경기순환의 중간 단계에서 잘 나타나는 형태이다. 단기이자율이 급격히 상승하다가 어느 시점에서 장기이자율이 서서히 하락하는 곡선 형태는 낙타형 곡선이다.

15 ④　불편기대이론 ↔ 유동성선호이론

16 ②　'1 + 표면금리' → '1 + 시장수익률'
　　　　[참고] 시장수익률 = 만기수익률 = 유통수익률 = 내부수익률

17

⑦ p.176 ~ 177 ⑧ p.386

중요도 ★★

다음 자료를 토대로 채권수익률 7%, 표면이자율 6%, 만기 3년인 연 단위 후급 이표채의 수정 듀레이션을 계산한 값으로 가장 적절한 것은?

기간(t)	유입현금	유입현금의 현재가치(A)	t × A
1	600원	560.75원	560.75원
2	600원	524.06원	1,048.12원
3	10,600원	8,652.76원	25,958.28원
합 계	–	9,737.57원	27,567.15원

① 약 2.38년
② 약 2.65년
③ 약 2.83년
④ 약 2.97년
⑤ 약 3.00년

18

⑦ p.177 ~ 178 ⑧ p.386 ~ 387

중요도 ★★★

현재 5.30%인 A회사채 유통수익률이 1%p 하락하여 4.30%가 될 경우, A회사채의 시장가격 변동금액으로 가장 적절한 것은?

- 현재 채권가격 : 9,918원
- 발행일 : 2021년 11월 14일
- 만기일 : 2024년 11월 14일
- 듀레이션 : 2.81
- 표면이자율 : 4.5%(3개월마다 이자지급)
- 유통수익률 : 5.30%
- 볼록성 : 5.29

① 277원 상승
② 277원 하락
③ 302원 상승
④ 302원 하락
⑤ 334원 상승

19

중요도 ★★★

채권의 듀레이션과 볼록성에 대한 설명으로 가장 적절하지 **않은** 것은?

① 듀레이션으로 예측한 채권가격은 항상 실제 가격보다 낮게 평가된다.

② 채권수익률과 채권가격의 관계는 원점에 대해서 볼록하며, 채권가격 그래프의 볼록한 정도를 나타내는 것을 채권의 볼록성이라고 한다.

③ 듀레이션은 채권가격-수익률곡선의 기울기를 나타내는 데 반해, 볼록성은 채권가격-수익률곡선 기울기의 변화를 나타낸다.

④ 채권의 볼록성은 듀레이션이 증가함에 따라 체감적으로 증가한다.

⑤ 듀레이션과 볼록성을 모두 감안하여 계산하면 보다 정확한 채권가격변동을 예측할 수 있다.

6과목

투자설계 해커스 CFP 지식형 핵심문제집

정답 및 해설

17 ② 수정듀레이션 = 듀레이션/(1 + r)
듀레이션 = Σ(t × A)/ΣA = 27,567.15원/9,737.57 원 = 2.831원
∴ 수정듀레이션 = 2.831원/(1 + 0.07) = 약 2.65년

18 ① • 채권의 유통수익률이 하락하면 채권가격은 상승한다.
• 채권가격 변동금액 = 채권가격 변동률 × 채권가격
 - 수정듀레이션 = 듀레이션/(1 + r) = 2.81/(1 + 0.053/4) = 2.77
 - 채권가격 변동률 = (−수정듀레이션) × Δr + 0.5 × 볼록성 × (Δr)^2
       = (−2.77) × (−0.01) + 0.5 × 5.29 × (−0.01)^2 = 0.028
∴ 채권가격 변동금액 = 0.028 × 9,918원 = 277원

19 ④ 체감적 → 체증적
듀레이션이 크다는 것은 채권가격선의 기울기가 가파르다는 것이고 기울기가 가파를수록, 듀레이션만으로 추정한 채권가격은 실제 채권과의 차이가 커지게 되므로 체증적으로 증가한다.

20

채권의 듀레이션과 볼록성에 대한 설명으로 가장 적절하지 **않은** 것은?

① 이자지급을 하는 이표채의 듀레이션은 표면만기보다 항상 작다.

② 채권의 볼록성은 채권가격을 이자율에 대하여 2차 미분한 값이다.

③ 듀레이션은 이자와 원금이 지급될 때까지의 가중평균기간 개념으로 사용된다.

④ 향후 채권수익률 하락이 예상되면 표면이자율이 낮고 잔존기간이 긴 채권을 매입하는 것이 투자수익을 높이는 방법이다.

⑤ 볼록성이 8.94인 경우, 채권수익률이 1%p 변화하였을 때 볼록성에 의한 채권가격 변동률은 0.0894%이다.

21

재무제표분석에 대한 설명으로 가장 적절한 것은?

① 기업의 재무제표는 재무상태표와 포괄손익계산서로 분류할 수 있다.

② 13개월 후 현금화할 수 있는 기계장치는 유동자산으로 분류된다.

③ 이익을 배당하지 않고 사내에 유보시킨 금액은 재무상태표의 자본항목에 계상된다.

④ 감가상각비, 복리후생비 등은 포괄손익계산서상 매출원가에 포함된다.

⑤ 매출액에서 매출원가와 판매비와 관리비를 차감하여 매출총이익을 계산한다.

22 다음의 재무제표를 바탕으로 분석한 재무비율로 가장 적절한 것은? (단, 소수점 셋째자리에서 반올림함)

• 재무상태표					
자산	유동자산	12,000	부채	유동부채	12,000
	비유동자산	34,000		비유동부채	10,000
	재고자산	2,000	자본	자본금	20,000
				자본잉여금	2,000
				이익잉여금	4,000
• 포괄손익계산서					
매출액		50,000	영업이익		26,000
매출원가		18,000	법인세비용		1,000
매출총이익		32,000	당기순이익		2,600

	당좌비율	자기자본이익률	부채비율
①	83.33%	3.85%	45.83%
②	83.33%	10%	84.62%
③	100%	100%	84.62%
④	183.33%	3.85%	84.62%
⑤	183.33%	10%	45.83%

정답 및 해설

20 ⑤   0.0894% → 0.045%

볼록성에 의한 채권가격 변동률$(\Delta P/P) = 0.5 \times Convexity \times (\Delta r)^2$

$\qquad\qquad\qquad\qquad\qquad\qquad = 0.5 \times 8.94 \times (0.01)^2 = 0.000447 = 0.045\%$

21 ③   이익을 배당하지 않고 사내에 유보시킨 금액은 자본의 이익잉여금 항목에 해당한다.

① 기업의 재무제표는 재무상태표, 포괄손익계산서, 이익잉여금처분계산서, 자본변동표 등이 있다.

② 유동자산 → 비유동자산

④ 매출원가 → 판매비와 관리비

⑤ 매출액에서 매출원가를 차감하여 매출총이익을 계산하고, 매출총이익에서 판매비와 관리비를 차감하여 영업이익을 계산한다.

22 ②   • 당좌비율 = (유동자산 − 재고자산)/유동부채 × 100 = (12,000 − 2,000)/12,000 × 100 = 83.33%

      • 자기자본이익률 = 순이익/자기자본 × 100 = 2,600/26,000 × 100 = 10%

      • 부채비율 = 부채총계/자본총계 × 100 = 22,000/26,000 × 100 = 84.62%

23
중요도 ★★

㉮ p.192 ~ 199 ㉯ p.391 ~ 394

다음 중 기술적 분석에 대한 설명으로 가장 적절하지 **않은** 것은?

① 기술적 분석은 주가의 매매 시점을 파악할 수 있도록 과거의 시세 흐름과 그 패턴을 정형화하고 분석하여 향후 주가를 예측한다.
② 추세분석 시 저항선이나 지지선의 돌파시도가 여러 번에 걸쳐 성공하지 못할 경우 추세전환의 신호로 볼 수 있다.
③ 강세국면에서 주가가 이동평균선을 상향 돌파하는 경우에 추세는 반전할 가능성이 높다.
④ 이전까지의 주가 움직임이 잠시 횡보국면을 보이며 현재의 주가추이를 지속시키기 위한 모양을 형성하는 과정은 추세진행형 패턴이다.
⑤ 추세추종형의 대표적 지표인 MACD는 주가가 한 번 형성되면 한 방향으로 진행된다는 특성을 잘 파악하는 특징이 있다.

24
중요도 ★★

㉮ p.200 ~ 202 ㉯ p.394

다음의 지표분석 결과 중 매수 신호에 해당하는 것은?

> 가. MACD가 시그널 아래에서 위로 상향 돌파하였다.
> 나. MACD가 시그널 위에서 아래로 하향 돌파하였다.
> 다. 스토캐스틱이 25%까지 내려갔다가 다시 재상승하였다.
> 라. OBV선이 상승함에도 불구하고 주가가 하락하였다.
> 마. %K선이 %D선을 상향 돌파하여 상승하였다.

① 가, 다, 라
② 가, 다, 마
③ 나, 다, 라
④ 나, 다, 마
⑤ 다, 라, 마

정답 및 해설

23 ③ 상향 돌파 → 하향 돌파

24 ② '가, 다, 마'는 매수 신호에 해당한다.
　　　나. MACD가 시그널 위에서 아래로 하향 돌파할 경우는 매도 신호이다.
　　　라. OBV선이 상승함에도 불구하고 주가가 하락할 경우 주가 상승이 예상된다.

투자전략

01 중요도 ★★   ㉮ p.206 ~ 208 ㉯ p.395 ~ 396

다음 중 주식투자분석을 위해 액티브 포트폴리오를 구성하고 투자를 실행하는 단계에 대한 설명으로 가장 적절하지 **않은** 것은?

① 투자유니버스 선정 시 비교지수에 포함되는 종목 중 운용철학이나 투자목적에 적합하지 않은 종목을 제외하여 구성한다.

② 패시브 포트폴리오는 시장 국면에 따라 벤치마크 수익률을 초과 달성하기 위한 다양한 포트폴리오 구성전략을 실행한다.

③ 모델포트폴리오의 비중과 투자포트폴리오 비중의 차이를 합한 후 2로 나누어 액티브쉐어를 계산할 수 있다.

④ 액티브쉐어가 80%인 포트폴리오는 액티브전략에 따라 운용되는 포트폴리오로 간주된다.

⑤ 리밸런싱은 기존의 모델포트폴리오에서 주가 변동으로 인하여 발생된 투자 비중의 변화를 원래 모델포트폴리오의 투자비중으로 복원시키는 과정이다.

02 중요도 ★★★   ㉮ p.209 ~ 211 ㉯ p.396 ~ 397

주식투자의 패시브전략에 대한 설명으로 가장 적절하지 **않은** 것은?

① 패시브전략은 특정한 종목에 대한 분석보다는 시장 전체에 대한 예측을 기초로 하며, 거래비용을 최소화시키는 특성을 지닌다.

② ETF에 투자하면 직접 인덱스포트폴리오를 구성하는 것보다 낮은 거래비용으로 인덱스에 투자하는 것과 동일한 성과를 기대할 수 있다.

③ 인덱싱전략 중 하나인 완전복제법은 가장 간단하고 추적오차를 최소화할 수 있지만, 이를 실행하기 위해서는 일정 규모 이상의 자금이 필요하다.

④ 다이렉트 인덱싱 투자는 주식의 양도차익이 발생하면 평가손실을 보인 종목을 매도함으로써 양도차익을 축소해 절세할 수 있다.

⑤ 인덱싱전략은 비교지수를 구성하는 종목 중 일부 종목을 제외하여 인핸스드인덱스전략을 실행할 수 있는 장점이 있다.

정답 및 해설

01 ② 패시브 포트폴리오 → 액티브 포트폴리오

02 ⑤ 인덱싱전략 → 다이렉트 인덱싱전략

03
㉮ p.211 ~ 212 ㉯ p.398

중요도 ★★

스마트베타전략에 대한 설명으로 가장 적절하지 **않은** 것은?

① 기업의 미래 실적에 대한 기본적 분석을 바탕으로 포트폴리오를 구성하여 비교지수 대비 초과성과를 추구한다.
② 스마트베타전략은 특정 혹은 복수의 성과팩터를 활용하여 비교지수 대비 초과수익률을 추구한다.
③ 규칙을 기반으로 포트폴리오를 구성하므로 액티브전략과 비교하여 포트폴리오 구성방법이 투명하고 관리비용이 낮은 편이다.
④ 스마트베타전략의 지수는 모든 종목의 비중을 동일하게 유지하거나 팩터값의 크기에 비례하여 비중을 결정하여 구성한다.
⑤ 스마트베타전략은 초과수익을 창출하고자 하는 알파전략과 지수수익률을 달성하고자 하는 베타전략이 혼합된 투자전략이다.

04
㉮ p.216 ~ 218 ㉯ p.399 ~ 400

중요도 ★★★

다음 (가) ~ (다)에 들어갈 내용으로 적절한 것은?

- 10년 만기채가 9년 만기채로 잔존기간이 단축되는 데 따른 수익률 하락폭보다 5년 만기채가 4년 만기채로 단축되는 데 따른 수익률 하락폭이 더 큰 것을 (가)라 한다.
- 수익률곡선타기전략은 수익률곡선이 (나)하는 것을 이용하여 투자효율을 높이려는 적극적인 투자전략을 의미한다.
- 시장 전체의 금리수준이 일정하더라도 잔존기간이 짧아지면 수익률이 하락하여 채권가격이 상승하는데 이것을 (다)라 한다.

	가	나	다
①	롤링효과	우상향	숄더효과
②	롤링효과	우하향	숄더효과
③	롤링효과	좌상향	숄더효과
④	숄더효과	좌상향	롤링효과
⑤	숄더효과	우상향	롤링효과

05

중요도 ★★

다음 중 바벨형 만기전략에 대한 적절한 설명으로 모두 묶인 것은?

☐

> 가. 단기채권과 장기채권은 보유하고 중기채권은 보유하지 않는 전략으로 투자자의 유동성
> 필요 정도에 따라 단기채의 편입비율을 결정한다.
> 나. 금리 동향과 관계없이 상환되는 자금을 장기채에 재투자하면 되므로 금리 예측이 불필요
> 하다.
> 다. 불릿형 만기전략보다 높은 볼록성을 가지기 때문에 채권가격의 상승 시나 하락 시에 모두
> 유리할 수 있다.
> 라. 단기채의 높은 유동성과 장기채의 높은 수익성이 전체 포트폴리오 위험을 상쇄해준다.
> 마. 바벨형 만기전략은 수익률 예측전략, 채권교체전략과 같은 적극적 투자전략에 속한다.

① 가, 나, 다
② 가, 다, 라
③ 가, 라, 마
④ 나, 다, 라
⑤ 나, 라, 마

정답 및 해설

03 ① 액티브전략에 대한 설명이다.

04 ⑤ 가. 숄더효과
나. 우상향
다. 롤링효과

05 ② '가, 다, 라'는 바벨형 만기전략에 대한 적절한 설명이다.
나. 사다리형 만기전략에 대한 설명이다.
마. 바벨형 만기전략은 방어적 투자전략에 속한다.

06

㉑ p.220, p.222 ㉮ p.401

중요도 ★★

다음 중 채권면역전략에 대한 설명으로 적절하지 **않은** 것은?

① 자산포트폴리오 듀레이션을 부채 듀레이션과 일치시켜 금리변동으로 인한 위험을 헤지하고 자 한다.
② 투자하는 채권이 이표채일 경우 이자율 위험을 완전히 제거하기에는 어려움이 있다.
③ 금리변동과 무관하게 부채 전액을 상환할 수 있다는 장점이 있다.
④ 장단기 금리변동이 상이하여 수익률곡선의 기울기가 변동하는 경우 면역전략의 효과는 증가한다.
⑤ 부채 듀레이션과 동일한 채권을 매수하기 쉽지 않고, 금리가 변동할 경우 거래비용이 증가 한다.

07

㉑ p.227 ~ 228 ㉮ p.402

중요도 ★★

선물가격과 기대현물가격 간의 관계에 대한 설명으로 가장 적절하지 **않은** 것은?

① 기대가설에 의하면 오늘의 선물가격은 미래현물가격의 기댓값과 같으며, 이 주장은 위험프 리미엄을 고려하지 않는 문제점을 지니고 있다.
② 콘탱고 가설은 선물시장에는 롱 헤저들이 주류를 이루고 이들은 투기자들을 유인하기 위해 위험프리미엄을 지급한다고 본다.
③ 정상적 백워데이션 가설은 선물가격이 미래의 기대현물가격보다 낮게 형성된다는 주장이 고, 콘탱고 가설은 선물가격이 기대현물가격보다 높다는 주장이다.
④ 헤저들의 대부분은 현물자산을 보유하고 있고 현물자산의 위험을 헤지할 목적으로 선물계 약을 거래한다는 논리를 주장하는 것은 콘탱고 가설이다.
⑤ 기대가설의 매수 또는 매도 포지션으로부터 이익이나 손실이 발생하지 않는다.

08 중요도 ★★ ㉮ p.228 ㉯ p.402

다음 선물가격과 기대현물가격 간의 관계를 설명하는 이론에 해당하는 것은?

□

> 헤저들의 대부분은 미래에 상품을 필요로 하는 사람들이며, 따라서 이들은 선물시장에서 선물을 매입하고자 한다. 그러므로 선물시장에서는 롱 헤저들이 주류를 이루고 이들은 투기자들을 유인하기 위해 위험프리미엄을 지급하여야 한다.

① 기대가설
② 정상적 백워데이션 가설
③ 콘탱고 가설
④ 현대 포트폴리오 이론
⑤ 현물-선물 패리티이론

09 중요도 ★★★ ㉮ p.229 ~ 231 ㉯ p.403

□ 10억원의 주식 포트폴리오를 보유한 투자자가 선물을 이용하여 위험을 헤지하려고 한다. 현재의 KOSPI200지수가 120.00이고 포트폴리오 베타가 1.2라고 할 때, 헤지방법으로 가장 적절한 것은? (단, 보유 포트폴리오를 100% 헤지하는 것을 가정함)

① 선물 20계약 매수
② 선물 20계약 매도
③ 선물 40계약 매수
④ 선물 40계약 매도
⑤ 선물 45계약 매수

정답 및 해설

06 ④ 증가한다. → 감소한다.

07 ④ 콘탱고 가설 → 정상적 백워데이션 가설

08 ③ 콘탱고 가설에 대한 설명이다.

09 ④ 현재 주식 포트폴리오를 보유하고 있으므로 가격하락 위험을 헤지하기 위해 선물 40계약을 매도한다.
최적헤지계약수 = 베타(β) × 보유 포트폴리오금액/(현물지수 × 선물거래승수)
= 1.2 × 1,000,000,000원/(120 × 250,000원)
= 40

10 중요도 ★★★

선물투자전략 중 헤지거래에 대한 설명으로 가장 적절하지 **않은** 것은?

① 상관계수가 +1이고 현물가격 변동폭의 표준편차와 선물가격 변동폭의 표준편차가 동일하다면 최적헤지비율은 1이다.
② 선물 기초자산과 현물이 다른 경우 현물 가격변동위험을 최소화하는 최적헤지계약수는 선물자산가격 변동폭 대비 현물가격 변동폭의 민감도를 사용해 구할 수 있다.
③ 무위험이자율평형이론은 기대환율을 사용하며, 거래비용이 존재하지 않고 국가 간 자본이동이 자유롭고 양국 간 세금 차이가 발생하지 않는다고 가정한다.
④ 외화자산에 대해 환헤지를 실행할 때에는 초기 목표 환헤지비율대로 환헤지를 실행하더라도 외화자산가격이 변동하면 실제 환헤지비율은 목표수준에서 이탈할 수 있음에 주의해야 한다.
⑤ 국내금융기관들이 현물시장에서 미달러화를 조달하기 어려운 경우 Buy & Sell 외환스왑거래를 체결하여 외환스왑 시장에서 미달러화를 조달하기도 한다.

11 중요도 ★★★

환율변동위험 헤지에 대한 설명으로 가장 적절하지 **않은** 것은?

① 통화선물은 선물환과 달리 계약조건이 표준화되어 장내 시장에서 불특정 다수 간에 거래된다.
② 외화자금이 부족한 경우 외환스왑거래를 통해 현물환을 매입함과 동시에 선물환을 매도함으로써 환율변동위험에 노출되지 않고 자금과부족을 해결할 수 있다.
③ 통화스왑은 이종통화를 교환한 후 만기에 다시 원금을 교환함으로써 환리스크 헤지와 차입비용 절감 및 자금관리의 효율성을 높이는 수단으로 이용된다.
④ 선물환율이 현물환율보다 높을 경우 기준통화가 선물환 프리미엄 상태에 있다.
⑤ 외환스왑은 주로 1년 이상의 장기거래에 이용되고, 원금과 이자가 교환된다는 점에서 통화스왑과 차이가 있다.

12 중요도 ★★ ㉓ p.236 ~ 237 ⓐ p.405

국내의 180일 CD금리는 5%이고, 외국의 180일 LIBOR는 6.4%이다. 원달러 현물환율이 1,250원이라면 무위험이자율평형이론에 따른 스왑포인트로 가장 적절한 값은 얼마인가? (단, 1년은 360일임)

① -9.25원

② -8.48원

③ -7.50원

④ 8.55원

⑤ 9.25원

13 중요도 ★★★ ㉓ p.235, p.238 ~ 243 ⓐ p.404 ~ 407

금리선물과 통화선물에 대한 설명으로 적절하지 **않은** 것은?

① 금리가 상승하면 금리선물의 가격은 하락하고, 금리가 하락하면 금리선물의 가격은 상승한다.
② 우리나라 국채선물의 최종결제방법은 현금결제방식이며, 투자자는 현재 거래시점에 예측한 국채가격과 만기일 국채가격 간의 차액만을 주고받게 된다.
③ 채권포트폴리오를 보유하고 있는 투자자가 금리상승으로 인한 채권가격하락 위험에 노출되어 있는 경우 금리선물 매도헤지를 이용할 수 있다.
④ 원화가 외국통화 대비 강세를 보일 것으로 전망된다면 현재 외화를 보유하고 있는 자는 통화선물 매도를 통해 환위험을 헤지할 수 있다.
⑤ 통화선물은 헤지관리업무가 비교적 간단하나 신용도가 높아야 하는 등 시장참가자가 제한적이므로 소규모 거래에는 적합하지 않다.

정답 및 해설

10 ③ 기대환율 → 선물환율

11 ⑤ 외환스왑 ↔ 통화스왑

12 ② 이론선물환율 $F = S \times (1 + r_D) \div (1 + r_F)$
   $= 1,250원 \times (1 + 5\% \times 180/360) \div (1 + 6.4\% \times 180/360)$
   $= 1,241.52$
   ∴ 스왑포인트 $= F - S = 1,241.52원 - 1,250원 = -8.48원$
   [참고] 약식공식을 이용한 스왑포인트 계산(근사치)
      스왑포인트 $= F - S = 1,250원 \times (5\% - 6.4\%) \times 180/360 = -8.75원$

13 ⑤ 통화선물 → 선물환

14

금리변동위험 헤지에 대한 설명으로 가장 적절하지 **않은** 것은?

① 단기자금을 대여한 후 단기금리가 하락한다면 추가 이자부담에 노출될 수 있다.
② 이자수익이나 이자비용이 단기금리변동에 영향을 받지 않고자 한다면 무위험지표금리선물을 활용할 수 있다.
③ 고정금리채권을 보유하고 있는 자는 금리 상승으로 인해 손실이 발생할 경우 채권선물을 매도할 것이다.
④ 향후 채권에 투자할 계획이 있는 자는 금리 하락으로 인해 투자수익률이 하락할 경우 채권선물을 매수할 것이다.
⑤ 고정금리부채권에 투자하고 있는 자는 향후 금리 상승이 예상된다면 스왑페이 포지션을 취함으로써 금리상승위험을 헤지할 것이다.

15

옵션의 헤지거래에 대한 설명으로 가장 적절하지 **않은** 것은?

① 커버드콜전략은 기초자산 보유자가 콜옵션을 매도하는 전략이고, 보호적 풋전략은 기초자산 보유자가 풋옵션을 매수하는 전략이다.
② 커버드콜전략은 주가가 손익분기점보다 낮은 경우에 손실이 발생하며 주가가 하락할수록 손실이 증가한다.
③ 커버드콜전략은 주식가격이 '행사가격 + 옵션프리미엄'을 초과하는 경우 주식가격상승에 따른 이익을 포기해야 하므로 기회손실이 발생한다는 단점이 있다.
④ 보호적 풋전략은 합성 결과 풋옵션 매수와 비슷한 손익구조를 가지게 된다.
⑤ 보호적 풋전략은 가격하락 위험에 대비해 기초자산 보유자에게 일정 수준의 자산가치를 보장해준다.

16

중요도 ★★★

옵션을 활용한 헤지전략에 대한 적절한 설명으로 모두 묶인 것은?

가. 델타헤지는 기초자산가격이 변동함에 따라 옵션델타가 변동하므로 수시로 헤지비율을 조정해야 한다.

나. 커버드콜전략은 강세시장에서 현물자산가격 상승에 따른 이익을 일정 수준으로 제한한다.

다. 보호적 풋전략은 단기적으로 주가가 급락할 것으로 전망될 경우 현물 포트폴리오를 매수 하고 풋옵션을 매도하여 헤지한다.

라. 현물포트폴리오를 보유한 자가 포트폴리오 보험을 실행하기 위해서는 현물자산가격이 상승할 때 현물자산을 매도하는 형태를 취해야 한다.

마. 포트폴리오 보험은 가치투자의 저점매수·고점매도와 정반대의 매매전략을 취한다.

① 가, 나, 다
② 가, 나, 라
③ 가, 나, 마
④ 나, 다, 라
⑤ 다, 라, 마

정답 및 해설

14 ① 단기금리가 하락 → 단기금리가 상승

15 ④ 풋옵션 매수 → 콜옵션 매수

16 ③ '가, 나, 마'는 적절한 설명이다.
다. 현물 포트폴리오를 매수하고 풋옵션을 매도 → 현물 포트폴리오를 매도하고 풋옵션을 매수
라. 매도 → 매입

자산배분전략

01 중요도 ★★ ㉑ p.254 ㉟ p.410
마코위츠의 평균–분산 최적화 기법을 사용한 자산배분전략 프로세스를 순서대로 나열한 것으로 적절한 것은?

가. 고객의 목표수익률 결정
나. 자산별 투자제약 사항 도출
다. 자산배분전략 확정
라. 자산배분에 포함할 자산 선정
마. 자산별 기대수익률, 변동성(표준편차) 및 상관계수 예측
바. 목표수익률에 상응하는 자산배분전략 도출

① 라 – 가 – 나 – 마 – 바 – 다
② 라 – 마 – 가 – 나 – 바 – 다
③ 라 – 마 – 나 – 가 – 다 – 바
④ 마 – 나 – 라 – 가 – 바 – 다
⑤ 마 – 라 – 나 – 가 – 다 – 바

02 중요도 ★★★ ㉑ p.256 ~ 257 ㉟ p.410
평균–분산 최적화 기법에 대한 설명으로 가장 적절하지 **않은** 것은?

① 평균–분산이론은 예측한 변수들의 값이 약간만 변동하여도 자산별 투자 비중이 급격히 변동한다.
② 고객의 목표수익률에 상응하는 고객의 최적 자산배분전략은 효율적 투자기회선상의 기대수익률이 목표수익률과 동일한 점에서 결정된다.
③ 투자대상 자산군으로 구성된 효율적 투자기회선을 도출해야 하지만 자산군별 기대수익률을 예측하기 쉽지 않다.
④ 수익률 대비 자산별 투자 비중의 민감도를 완화하기 위해 실무적으로 자산별 최대 투자비중을 일정 수준 이하로 제한하기도 한다.
⑤ 목표위험을 설정하여 평균–분산 최적화 기법을 통해 자산배분전략을 수립할 수 없다.

03

중요도 ★★★

㉮ p.264~265 ㉯ p.411

투자성향별 자산배분에 대한 설명으로 가장 적절한 것은?

① 밸런스자산배분은 개별 자산이 포트폴리오 위험에 기여하는 위험의 크기가 동일하도록 자산별 투자 비중을 결정하는 전략이다.

② 밸런스자산배분은 시장 상황이 변화해도 노출되는 위험이 변동하지 않는다는 점에서 안정적이다.

③ 밸런스자산배분 시 금융소비자보호법의 적합성원칙을 준수하기 위해서는 투자성 금융상품이나 자산배분전략을 투자비중을 기준으로 위험수준을 등급화하여야 한다.

④ 채권과 주식이 자산배분전략에 기여하는 위험의 크기가 25%와 40%이고, 최적 투자비중이 각각 60%와 37.5%라면, 해당 채권과 주식이 포트폴리오에 기여하는 위험 수준은 동일하다.

⑤ 금융시장 상황에 따라 자산별 수익률은 변동하지만 표준편차로 측정되는 위험수준은 변동하지 않는 점에 유의해야 한다.

정답 및 해설

01 ② '라 – 마 – 가 – 나 – 바 – 다'의 순이다.

02 ⑤ 목표수익률과 목표위험은 일대일 관계에 있으므로 고객의 투자성향에 적합한 위험수준을 목표위험으로 설정하고 이를 달성하는 자산배분전략을 수립할 수 있다.

03 ④ 채권과 주식이 포트폴리오에 기여하는 위험 수준은 15%로 동일하다.
① 밸런스자산배분은 투자자의 자산별 투자 비중을 일정 수준 이내에서 유지하고자 하는 전략이다.
② 밸런스자산배분은 위험자산 비중이 일정하더라도 시장 상황에 따라 노출되는 위험이 변동할 수 있다.
③ 투자성 금융상품이나 자산배분전략을 투자비중 → VaR로 측정되는 최대예상손실률
⑤ 금융시장 상황에 따라 표준편차로 측정되는 위험수준도 변동한다.

04 중요도 ★★
생애주기별 자산배분에 대한 설명 중 (가) ~ (다)에 들어갈 내용으로 적절하게 연결된 것은?

- 연령기준자산배분은 경험법칙 관점에서 설명되며, 연령이 증가함에 따라 위험에 대한 태도가 (가)으로 변화하여도, 은퇴가 다가옴에 따라 추가적인 근로소득 창출기간이 감소한다고 본다.
- (나)자산배분은 최적화 과정에서 투자자의 위험에 대한 태도가 반영된다.
- 연령기준자산배분과 타깃데이트자산배분은 모두 투자자의 은퇴시점이 다가옴에 따라 점진적으로 주식 비중이 (다)한다고 본다.

	가	나	다
①	보수적	생애주기별	증 가
②	보수적	생애주기별	감 소
③	보수적	타깃데이트	감 소
④	개방적	타깃데이트	감 소
⑤	개방적	생애주기별	증 가

05 중요도 ★★
전략적 자산배분에 대한 설명으로 가장 적절하지 **않은** 것은?

① BHB에 의한 자산배분전략의 수익률 기여도는 이보츤, 캐플란에 의한 자산배분전략의 수익률 기여도보다 높다.

② BHB는 시계열회귀분석을 실시하여 자산배분효과를 분석한 반면, 이보츤, 캐플란은 횡단면 회귀분석을 실시하였다.

③ BHB의 연구는 전략적 자산배분전략의 효과를 일정 수준 과대평가하고 있다고 볼 수 있다.

④ 이벤스키와 카츠는 장기추세수익률을 중요한 요소로 보아 전략적 자산배분 기여도에 필수적으로 포함한다.

⑤ 전략적 자산배분전략은 고객의 투자목표를 달성하기 위해 투자기간 동안 유지하는 자산별 투자 비중이다.

06

중요도 ★★
⑦ p.271～272   ⑧ p.413

전략적 자산배분의 연구에 대한 설명으로 적절하게 연결된 것은?

가. 브린슨, 후드, 비바우어
나. 이보츤, 캐플란
다. 이벤스키, 카츠

A. 시계열회귀분석을 사용하여 전략적 자산배분전략의 효과를 일정 수준을 과대평가하고 있다.
B. 단순회귀분석의 결정계수를 사용하여 자산배분효과를 분석하였다.
C. 94개의 연평균수익률을 비교지수연평균수익률에 대해 회귀분석을 실시하였다.
D. 주가의 장기추세를 예측하는 것은 불가능하다고 판단하여 전략적 자산배분 기여도에서 제외한다.

	가	나	다
①	A, B	C, D	B
②	A, B	B, C	D
③	C	A, B	D
④	B, C	A	B, D
⑤	A	B, D	B

정답 및 해설

04 ③ 가. 보수적
나. 타깃데이트
다. 감소

05 ④ 이벤스키와 카츠는 장기추세수익률을 개인이 통제 불가능한 요인으로 가정하여 전략적 자산배분 기여도에 포함하지 않았다.

06 ② 'A, B'는 브린슨, 후드, 비바우어의 연구에 대한 설명이다.
'B, C'는 이보츤, 캐플란의 연구에 대한 설명이다.
'D'는 이벤스키, 카츠의 연구에 대한 설명이다.

07

중요도 ★★★

전술적 자산배분에 대한 설명으로 가장 적절하지 **않은** 것은?

① 일반적으로 단기적으로 목표로 하였던 수익률을 달성한 경우 자산별 투자 비중을 다시 전략적 자산배분전략으로 복귀시킨다.

② 고객의 투자목적과 위험에 대한 고객의 태도 및 투자 시 준수해야 할 제약조건을 반영하고 기간별로 예상되는 자산별 수익률, 변동성, 상관계수를 예측하여 수립한다.

③ 단기적으로 초과수익률을 달성하지 못하여도 존재하였던 시장의 비효율성 등이 사라졌다면 자산별 투자비중을 전략적 자산배분으로 복귀시키는 것이 바람직하다.

④ 투자정책서(IPS)는 전술적 자산배분전략의 성과저조 위험을 일정 수준으로 통제하기 위해 사용되는 것이 일반적이다.

⑤ 전술적 자산배분은 단기적으로 자산배분 비중을 조정하는 면에서 리밸런싱과 유사한 면이 있으나, 이후 자산별 투자비중을 구성하는 방법에서 차이가 있다.

08

중요도 ★★★

부채연계투자에 대한 적절한 설명으로 모두 묶인 것은?

> 가. 현대포트폴리오이론 관점에서 성과추구 포트폴리오는 부채연계투자 관점에서 무위험자산이라고 할 수 있다.
> 나. 성과추구 포트폴리오는 부채구조를 고려하지 않고 위험조정성과지표인 샤프척도를 최대화하도록 자산배분전략을 수립하여 실행한다.
> 다. 부채헤징 포트폴리오는 일반적으로 부채의 현금흐름과 비슷한 현금흐름을 발생하도록 채권포트폴리오를 구성한다.
> 라. 기관투자자가 운용하는 자금은 지출용도가 확정되어 있는 경우가 많으므로 부채의 상환일정을 고려하여 자산배분전략을 수립해야 한다.
> 마. 유동성위험을 최소화하기 위해 자산의 위험수준이나 현금흐름을 미래에 상환할 부채의 위험수준이나 현금흐름과 일치시킨다.

① 가, 나, 다

② 가, 다, 라

③ 나, 다, 라

④ 나, 라, 마

⑤ 다, 라, 마

09 중요도 ★★

☐

⑦ p.277 ~ 278 ⑳ p.415

프로스펙트이론(Prospect Theory)에 대한 설명으로 가장 적절하지 **않은** 것은?

① 사람들은 본인이 생각하는 기준점 대비 이익과 손실을 기준으로 가치를 측정한다는 점을 근거로 하여 가치를 측정한다.
② 100원의 이득을 보았을 때보다 100원의 손실을 보았을 때 가치함수의 기울기가 더 완만하다.
③ 프로스펙트 이론을 통해 사람들은 손실회피(loss aversion) 성향이 있음을 알 수 있다.
④ 복권을 구입할 때 사람들은 당첨 확률을 이론적인 확률보다 더 높게 평가하는 경향이 있다.
⑤ 50,000원에 당첨된 사람의 효용의 크기보다 50,000원을 잃어버린 사람의 효용의 크기가 더 큰 것은 프로스펙트 이론으로 설명할 수 있다.

10 중요도 ★★

☐

⑦ p.279 ~ 280 ⑳ p.415

목표연계투자에 대한 설명으로 가장 적절하지 **않은** 것은?

① 목표연계투자는 투자자가 다양한 행동편향에 노출되는 보통사람임을 가정한다.
② 생애목표를 달성하는데 필요한 자금을 마련하지 못하는 것을 투자위험으로 본다.
③ 최소생활비 마련이라는 기본목표는 물가상승위험을 헤지할 수 있는 연금을 통해 투자위험을 헤지할 수 있다.
④ 희망목표는 기본목표를 위한 자산배분전략보다 더 공격적으로 수립할 수 있다.
⑤ 단일기간의 위험조정수익률을 최대화하고자 하며 위험과 평균수익률을 기준으로 자산배분 전략을 수립한다.

정답 및 해설

07 ② 전략적 자산배분에 대한 설명이다.

08 ③ '나, 다, 라'는 적절한 설명이다.
　　　가. 성과추구 포트폴리오 → 부채헤징 포트폴리오
　　　마. 자산부채관리(ALM)기법에 대한 설명이다.

09 ② 완만하다. → 가파르다.

10 ⑤ 현대포트폴리오이론에 대한 설명이다.

8장 투자설계 프로세스

01

중요도 ★★★ ㉐ p.287~292 ㉑ p.417~418

자산배분전략 수립에 대한 내용으로 가장 적절하지 **않은** 것은?

① 고객의 위험인지성향이 인지편향에 영향을 받은 부분이 있을 경우 자격인증자는 이를 교정함으로써 고객에게 더 적합한 자산배분전략을 제공할 수 있다.
② 목적자금을 마련하기 위해 투자금을 일시금으로 납입해 투자할 경우 평균매입단가효과와 수익률순서위험이 나타날 수 있음에 주의해야 한다.
③ 퇴직연금계좌는 퇴직급여법에서 정한 중도인출 사유를 제외하고 일부 인출이 불가능하며 계좌 해지 후 전액 인출만 가능하므로 노후자금을 마련하고자 하는 경우에 적합하다.
④ 특별자산펀드, 파생상품펀드 및 파생상품 ETF를 투자하고자 할 경우 IRP 계좌는 부적합하다.
⑤ 자본증식이나 주택자금 마련 등 목돈을 마련하는 것을 재무목표로 둔 고객은 증권사 종합계좌나 ISA를 개설하여 투자하는 것이 적합하다.

02

중요도 ★★ ㉐ p.293 ㉑ p.419

자산배분전략의 수립이 적절하게 연결된 것은?

가. 목표연계투자(GBI)	나. 글라이드패스	다. 단기 전술적 자산배분전략
A. 전략적 자산배분전략과 함께 투자환경이 변화할 때 초과수익을 창출하기 위해 실행한다. B. 생애주기 관점에서 필요한 목적자금을 마련하기 위한 자산배분전략을 수립할 때 자주 사용된다. C. 목표소득대체율을 달성하는데 충분한 노후자금을 마련하기 위해 목표연계투자기법을 활용하여 도출한 자산배분전략이다.		

	가	나	다
①	A	B	C
②	A	C	B
③	B	A	C
④	B	C	A
⑤	C	B	A

03

중요도 ★★

자산배분전략 점검과 관련된 기법에 대한 설명으로 가장 적절하지 **않은** 것은?

① 역사적 시뮬레이션은 투자기간이 길어질수록 통계적으로 유의미한 결과를 도출하기 어려운 한계를 보완하기 위해 더 긴 기간의 과거수익률을 사용해야 한다.

② 몬테카를로 시뮬레이션은 일반적으로 수익률이 정규분포 형태임을 가정하고 있으며 정규분포의 모수인 평균과 표준편차를 분석기간의 수익률을 사용해 계산한다.

③ 몬테카를로 시뮬레이션은 미래 투자기간에 발생하는 수익률분포가 과거수익률을 추정한 수익률분포와 상이한 경우 시뮬레이션 결과의 유용성이 떨어진다.

④ 부트스트래핑 기법을 실무적으로 사용할 때 표본 수가 적은 단점을 보완하기 위해 이동구간 방식으로 수익률을 산출하여 표본 수를 증가시킨다.

⑤ 몬테카를로 시뮬레이션과 부트스트래핑은 과거수익률에 대한 확률분포를 추정하여 시뮬레이션을 수행한다는 점에서 동일하다.

정답 및 해설

01 ②　일시금으로 납입해 투자할 경우 → 투자기간 중 적립식으로 납입할 경우

02 ④　A. 단기 전술적 자산배분전략
　　　　B. 목표연계투자(GBI)
　　　　C. 글라이드패스

03 ⑤　부트스트래핑은 과거수익률로부터 특정 확률분포를 가정하지 않는다.

04

중요도 ★★

㉮ p.298 ~ 302 ㉱ p.421 ~ 423

주식 및 채권포트폴리오 구성에 대한 설명으로 가장 적절하지 **않은** 것은?

① 투자금액이 크지 않을 경우 주식의 비교지수를 추종하는 인덱스펀드나 패시브 ETF에 투자하는 것이 바람직하다.
② 스타일분석은 CAPM의 증권시장선에 기초한 성과분석에 대한 대안적 방안으로 해석할 수 있다.
③ 스타일분석은 포트폴리오를 분석할 때 KOSPI 등 시장지수와 같이 하나의 지수를 사용한다.
④ 주식과 달리 채권의 유동성은 상대적으로 낮고 거래 단위가 크기 때문에 채권지수를 추종하는 채권인덱스펀드의 수는 많지 않다.
⑤ 투자할 액티브 채권형펀드를 선정하기 위해서는 성과평가의 기준이 되는 비교지수를 먼저 확정해야 한다.

05

중요도 ★★★

㉮ p.307 ~ 308 ㉱ p.424

투자정책서에 대한 설명으로 가장 적절한 것은?

① 투자정책서는 모니터링을 제외한 투자정책을 수립하고 실행하는 담당자의 책임 관계를 기술해야 한다.
② 외부자문기관과 유료 계약을 하는 경우 선정 및 해고권한이 있는 자에 대해 기술하지 않아도 된다.
③ 전략적 자산배분전략을 수립하고 제안 및 최종 결정하는 사람을 기재하지만, 전술적 자산배분의 경우 기재하지 않아도 된다.
④ 리스크 관리 정책을 기재하고 투자포트폴리오의 위험 특성을 모니터링하고 보고하는 책임자를 명시해야 한다.
⑤ 자산배분전략을 설명하는 내용은 투자정책서 본문에 기재하여 수정될 때마다 검토가 필요하다.

06 모니터링에 대한 설명 중 (가) ~ (다)에 들어갈 내용으로 적절하게 연결된 것은?

□

> - 의도하지 않았던 자산배분 비중의 변화가 일정 수준을 넘어설 경우, 이를 원래의 자산배분 비중으로 저장하기 위해 (가)이 필요하다.
> - 자산가격의 변동으로 장기균형가격에서 이탈한 경우, 저평가된 자산의 비중을 고평가된 자산의 비중은 축소하는 (나) 자산배분전략을 실행하면 초과수익률을 달성할 수 있다.
> - 부모로부터 상속을 받아 재산이 급증한 자의 위험감수능력이 높아졌다면 자산배분전략을 더 (다)으로 변경시키는 것이 바람직할 수 있다.

	가	나	다
①	리밸런싱	전술적	공격적
②	리밸런싱	전략적	보수적
③	리밸런싱	전략적	공격적
④	스타일분석	전술적	공격적
⑤	스타일분석	전략적	보수적

정답 및 해설

04 ③ 스타일분석은 다양한 스타일지수를 활용하여 분석한다.

05 ④ ① 모니터링 담당자의 책임 관계도 기술해야 한다.
      ② 외부자문기관과 유료 계약을 하는 경우 선정 및 해고권한이 있는 자에 대해 기술해야 한다.
      ③ 전략적 자산배분전략과 전술적 자산배분 모두 수립하고 제안 및 최종 결정하는 사람을 기재해야 한다.
      ⑤ 자산배분전략을 설명하는 내용은 별첨으로 하여 수정될 때마다 추가로 별첨하는 것이 바람직하다.

06 ① 가. 리밸런싱
      나. 전술적
      다. 공격적

대체자산 및 구조화상품

01

중요도 ★★

㉐ p.317　㉑ p.427

다음 중 방향성 전략에 대한 적절한 설명으로 모두 묶인 것은?

> 가. 개별 기업의 증권가치보다 전체 자산가치의 변화로부터 투자수익을 추구하는 전략
> 나. 주로 신흥시장에서 거래되는 모든 증권에 대해 포지션을 보유하고 있으며, 특정 산업군을 롱숏하는 섹터헤지전략과 유사한 전략
> 다. 개별 주식의 방향성을 기대하며, 롱숏비율을 조절하는 전략
> 라. 기업의 합병, 사업 개편, 청산 및 파산 등의 큰 이벤트를 예측하고 가격 변동을 이용하여 수익을 창출하는 전략
> 마. 주로 공매도와 차입을 활용하여 시장의 비효율성 및 가격 불일치에 기초하여 시장 변동성 중립 포지션을 활용하는 전략

① 가, 나, 다
② 가, 다, 라
③ 나, 다, 라
④ 나, 라, 마
⑤ 다, 라, 마

02

중요도 ★★

㉐ p.321 ~ 322　㉑ p.429

부동산투자에 대한 설명으로 적절하지 **않은** 것은?

① 부동산펀드는 1차 시장에서 고정이자를 주로 수취하고, 2차 시장에서 이미 완성된 건물을 매입하고 임대수익을 추구한다.
② 부동산펀드의 2차 시장은 고정이자뿐만 아니라 개발이익을 누릴 수 있는 기회가 있고, 상대적으로 원금회수에 따르는 유동성위험이 적다.
③ 프로젝트 파이낸싱의 대주들은 일반적으로 투자리스크를 분담하기 위해 몇몇 금융기관과 공동으로 투자하고, 대출 조건에 따라 개발이익에 참여하기도 한다.
④ 시행사의 채무불이행으로 인해 발생하는 원리금 상환위험은 프로젝트 부동산에 대한 담보신탁을 통해 채권보전을 할 수 있다.
⑤ 분양입지에 따른 분양위험은 부동산 경기 및 인구 분포, 주변 유사건물과 시가 및 분양가 차이 분석을 통해 평가할 수 있다.

03

중요도 ★

대체투자상품에 대한 설명으로 가장 적절하지 **않은** 것은?

① 차익거래 전략과 이벤드드리븐 전략은 시장위험에 대해서 다양한 익스포져를 취한다.

② 우리나라 프라이빗 에쿼티는 무한책임사원과 유한책임사원으로 구성된 합자회사 형태로 설립된다.

③ 부동산시장의 상승기에는 고수익 창출이 가능한 자본(Equity) 투자에 집중 되는 편이다.

④ 실물자산펀드는 원자재에 직접 투자하며, 원자재의 보관은 해외 수탁회사에서 수행한다.

⑤ 가상자산은 거래가 불안하고 현재까지 명확히 규정되지 않은 부분들이 많아 완전한 대체투자자산으로 활용하기엔 무리가 있다.

정답 및 해설

01 ① '가. 나. 다'는 방향성 전략에 대한 적절한 설명이다.
라. 비방향성 전략인 이벤트드리븐 전략에 대한 설명이다.
마. 비방향성 전략인 차익거래 전략에 대한 설명이다.

02 ② 2차 시장 → 1차 시장

03 ① 차익거래 전략과 이벤트드리븐 전략과 같은 비방향성 전략은 낮은 익스포져를 취한다.

중요도 ★★★   ㉮ p.328 ~ 331 ㉬ p.432 ~ 433

04 자산유동화증권(ABS)에 대한 설명으로 가장 적절하지 **않은** 것은?

① 자산보유자로부터 기초자산을 양도받은 SPC는 양도받은 자산을 담보로 ABS를 발행하여 투자자에게 매각한다.

② 외부신용보강장치는 은행 또는 신용보증기관의 지급보증이나 은행의 신용공급 등과 같이 제3자의 지급능력에 의존하여 해당 ABS의 신용등급을 높이는 것이다.

③ 자산을 현금화하는 제반의 업무를 포함한 자산관리업무는 일반적으로 자산보유자가 하게 된다.

④ 유동화전문회사가 적립 조정한 현금흐름을 투자자에게 지급함으로써 상환하는 방식은 투자자가 원리금 상환과 관련된 위험을 직접적으로 부담하게 된다.

⑤ 자산유동화증권은 일반적으로 선·후순위의 계층적으로 발행되므로 상환할 때에도 순서에 근거하여 상환이 이루어 진다.

중요도 ★★   ㉮ p.331 ㉬ p.434

05 다음 중 내부신용보강에 해당하지 **않는** 것은?

① 현금흐름 차액적립
② 선·후순위 구조화
③ 초과담보
④ 채무인수
⑤ 환매요구권

⑦ p.333 ~ 334 ⑧ p.435

중요도 ★★★

06 주가연계증권(ELS)에 대한 설명 중 (가) ~ (다)에 들어갈 내용으로 적절하게 연결된 것은?

□

> • 주가연계증권(ELS)은 (가)이/가 발행하는 특정 주권이나 주가지수의 가격 변동에 연계
> 하여 사전에 약정된 조건에 따라 투자손익이 결정되는 파생결합증권이다.
> • 주가연계증권(ELS)의 손익구조가 사전에 정한 산식으로 계산된 기초자산의 월별(분기별)
> 수익률의 누적값에 따라 수익률이 비례적으로 결정되는 유형은 (나)이다.
> • 주가연계증권(ELS)은 주가연계펀드(ELF)와 주가연계신탁(ELT)와 달리 투자자의 손익이
> (다)에 따라 결정되며, 투자 원리금이 예금보호 대상이 아니다.

	가	나	다
①	은 행	디지털	실적배당
②	은 행	클리켓	사전약정 수익률
③	자산운용사	디지털	사전약정 수익률
④	투자매매업자	클리켓	실적배당
⑤	투자매매업자	클리켓	사전약정 수익률

정답 및 해설

04 ④ 유동화전문회사가 적립 조정한 현금흐름을 투자자에게 지급함으로써 상환하는 방식 → 기초자산에서 발생하는 현금
흐름이 그대로 투자자에게 이전함으로써 상환하는 방식

05 ④ 채무인수는 외부신용보강에 해당한다.

06 ⑤ 가. 투자매매업자
나. 클리켓
다. 사전약정 수익률

6과목
투자설계 해커스 **CFP** 지식형 핵심문제집

7 과목

세금설계

[총 27문항]

문제풀이와 이론을 동시에 학습할 수 있도록 각 문제의 관련 이론이 수록된 기본서(한국FPSB 발간) 및 〈해커스 CFP 핵심요약집〉*
페이지를 표기하였습니다.

* 〈해커스 CFP 핵심요약집〉은 해커스금융 CFP 합격지원반, 환급반, 핵심요약강의 수강생에 한하여 무료로 제공됩니다.

01

중요도 ★

⑦ p.12 ~ 13　⑳ p.440

다음 중 세금설계에서 CFP® 자격인증자의 역할로 적절하지 **않은** 것은?

다시 봐야 할
문제에 체크하세요!

① CFP® 자격인증자는 양질의 상담을 위해 과세대상 여부, 과세체계 등에 대한 체계적인 학습이 필요하다.

② CFP® 자격인증자는 조세 전문가가 제시한 세금 분석이 충분했는지를 파악하고 중요내용이 누락되지 않았는지 파악할 수 있어야 한다.

③ CFP® 자격인증자는 세후예상수익률 추정 등의 업무와 관련된 세금설계 분야에 대해 특별히 제한받지 않는다.

④ CFP® 자격인증자는 세무대리업무는 법령으로 제한되지만, 조세에 관한 상담 또는 자문업무는 가능하다.

⑤ CFP® 자격인증자는 세금 관련 상담 시 조세회피행위나 탈세행위를 자문하지 않도록 유의해야 한다.

02

중요도 ★★★

⑦ p.14 ~ 18　⑳ p.441 ~ 442

다음 중 소득세법에 대한 설명으로 가장 적절하지 **않은** 것은?

① 양도소득세는 초과누진세율을 적용하고 있으나 단기보유 양도의 양도소득세는 별개의 세율구조로 되어 있다.

② 소득세법은 원칙적으로 열거주의를 채택하고 있지만, 일부 소득항목에 대해 유형별 포괄주의도 채택하고 있다.

③ 소득세율 체계는 초과누진세율 구조로 되어 있으므로 분리과세 선택 시 한계세율을 고려해야 한다.

④ 조세회피를 목적으로 부동산임대업을 공동사업을 하는 경우에는 합산과세 될 수 있다.

⑤ 소득세는 부부합산과세와 초과누진세율 구조로 되어 있는 특징을 활용하여 조세부담문제를 고려할 수 있다.

03

중요도 ★★ ② p.18 ~ 22 ③ p.442 ~ 444

다음 중 세금설계 시 고려해야 할 사항으로 가장 적절하지 **않은** 것은?

① 법인사업자는 법인설립자금에 대한 자금출처의 조사와 관련된 문제가 추가적으로 발생할 수 있다.

② 근로소득자는 절세를 위해 금융상품을 과도하게 가입할 경우 오히려 재무구조가 악화될 수 있음에 주의해야 한다.

③ 주식을 보유할 때 배당소득에 대한 종합소득세뿐만 아니라 양도소득세와 증권거래세도 함께 고려해야 한다.

④ 부동산을 보유하고 있는 자는 각종 세금의 과세기준일과 납기를 체크해 가산세를 부과하지 않도록 유의해야 한다.

⑤ 연금상품의 종류는 납입단계에서 세액공제 가능 여부에 따라 실무상 세제적격연금과 세제비적격연금으로 구분됨에 유의해야 한다.

04

중요도 ★★★ ② p.23 ~ 25, p.28 ③ p.445

다음 중 수정신고와 경정청구 등에 대한 설명으로 적절한 것은?

① 수정신고와 일반적 경정청구는 기한 후에 과세표준신고서를 제출한 자는 할 수 없고, 과세표준신고서를 법정신고기한까지 제출한 자만이 가능하다.

② 납세자가 수정신고를 할 경우 가산세에 대해 최대 90%의 감면율이 적용되지만, 기한 후 신고는 가산세를 감면받을 수 없다.

③ 상속세 및 증여세는 당초의 신고가 납세의무를 확정하는 효력이 없으므로 수정신고를 하더라도 납세의무를 확정하는 효력이 없다.

④ 후발적 사유로 인한 경정청구에 대해서는 후발적 사유가 발생한 것을 안 날부터 60일 이내에 경정청구 할 수 있다.

⑤ 기한 후 신고를 하는 경우 수정신고와 마찬가지로 해당 국세의 납세의무를 확정하는 효력이 있다.

정답 및 해설

01 ④ CFP® 자격인증자는 세무대리업무뿐만 아니라 조세에 관한 상담 또는 자문업무도 법령으로 제한된다.

02 ⑤ 소득세는 부부합산과세가 아닌 개인과세이다.

03 ③ 양도소득세와 증권거래세는 주식을 매각할 때 고려해야 하는 사항이다.

04 ③ ① 수정신고와 일반적 경정청구는 과세표준신고서를 법정신고기한까지 제출한 자 또는 기한후과세표준신고서를 제출한 자가 할 수 있다.
② 기한 후 신고 시 납세자는 가산세를 감면받을 수 있다.
④ 60일 → 3개월
⑤ 기한 후 신고는 해당 국세의 납세의무를 확정하는 효력은 없다.

05

경정청구와 기한 후 신고에 관련된 설명 중 (가) ~ (다)에 들어갈 내용으로 적절하게 연결된 것은?

- 과세표준신고서를 법정신고기한까지 제출한 자 및 기한후과세표준신고서를 제출한 자로서 과세표준 및 납부세액을 과다신고한 자는 법정신고기한이 지난 후 (가) 이내에 관할세무 서장에게 경정청구를 할 수 있다.
- 과세표준신고서를 법정신고기한까지 제출한 자 또는 법정신고기한까지 과세표준신고서를 제출하지 아니하였더라도 과세표준 및 세액의 결정을 받은 자는 후발적 사유가 발생했을 때 그 사유가 발생한 것을 안 날부터 (나) 이내에 경정청구를 할 수 있다.
- 법정신고기한이 지난 후 일정한 기간 이내에 기한 후 신고를 한 경우에는 무신고가산세의 최대 (다)의 감면율을 적용한다.

	가	나	다
①	2년	1개월	50%
②	3년	2개월	50%
③	3년	3개월	90%
④	5년	2개월	90%
⑤	5년	3개월	50%

06

다음의 가산세에 적용되는 세율로 적절하게 연결된 것은? (단, 국제거래가 수반되는 행위는 없다고 가정함)

① 일반무신고가산세 : 10%
② 부정무신고가산세 : 30%
③ 일반과소신고가산세 : 20%
④ 부정과소신고가산세 : 40%
⑤ 납부지연가산세(법정납부기한의 다음날부터 납부일까지) : 1일당 0.025%

⑦ p.29 ～ 33 ⑧ p.447 ～ 448

07

중요도 ★★★

다음 중 국세부과의 제척기간과 조세징수권 소멸시효에 대한 설명으로 적절하지 **않은** 것은?

① 종합부동산세는 과세표준신고기한의 다음 날을 제척기간의 기산일로 한다.

② 납세자가 증여세를 법정신고기한 내에 과세표준신고서를 제출하지 않은 경우 과세관청은 이를 15년 동안 부과할 수 있다.

③ 조세쟁송에 대한 판결이 있는 경우, 그 판결이 확정된 날로부터 1년 이내에 경정결정이나 기타 필요한 처분을 할 수 있다.

④ 소멸시효의 진행 중에 납부고지로 과세관청이 권리를 행사하는 경우에는 조세징수권의 소멸시효가 중단된다.

⑤ 8억원의 국세는 이를 행사할 수 있는 때부터 10년간 행사하지 않으면 소멸시효가 완성된다.

정답 및 해설

05 ⑤ 가. 5년
나. 3개월
다. 50%

06 ④ ① 10% → 20%
② 30% → 40%
③ 20% → 10%
⑤ 1일당 0.025% → 1일당 0.022%

07 ① 종합부동산세는 납세의무 성립일을 제척기간의 기산일로 한다.

⑦ p.34 ~ 36 ⑧ p.449

08 중요도 ★★

다음 중 세무조사에 대한 설명으로 적절하지 **않은** 것은?

① 상속세 및 증여세와 같이 과세관청의 조사결정에 의하여 과세표준과 세액이 확정되는 세목도 세무조사가 실시되는 대상에 해당한다.
② 세무조사는 정기선정 세무조사, 수시선정 세무조사, 결정을 위한 세무조사로 구분되는데, 납세자에 대한 구체적인 탈세 제보가 있는 경우 수시선정 세무조사가 실시된다.
③ 세무공무원은 범칙사건에 대해 조사개시 15일 전에 조사대상세목, 조사기간 및 조사사유 기타 사항을 통지해야 한다.
④ 세무조사 사전통지를 받은 납세자가 천재지변이나 화재 등 그 밖의 재해로 사업상 심한 어려움이 있어 조사받기 곤란한 경우에는 관할세무관서의 장에게 조사를 연기하여 줄 것을 신청할 수 있다.
⑤ 무작위추출방식으로 표본조사를 위해 세무조사를 실시할 경우 세무공무원은 객관적 기준에 따라 공정하게 그 대상을 선정해야 한다.

⑦ p.37 ~ 41 ⑧ p.450

09 중요도 ★★★

다음 중 조세구제제도에 대한 설명으로 적절하지 **않은** 것은?

① 국세에 관한 처분에 대하여는 행정소송을 제기하기 위한 필요적 전심절차로서 불복절차를 반드시 거쳐야 한다.
② 국세불복절차의 진행으로서 이의신청을 한 경우에는 감사원의 심사청구를 선택할 수 없다.
③ 과세전적부심사란 처분 전 구제제도로서 과세당국이 부과처분을 하기 전에 과세예고통지를 한 납세의무자의 청구에 의하여 그 통지내용에 대한 적법성 여부를 심사하는 제도이다.
④ 과세전적부심사는 과세예고통지를 받은 자가 과세예고통지를 받은 날로부터 90일 이내에 해당 세무서장 또는 지방국세청장에게 청구할 수 있다.
⑤ 지방세 부과처분에 대해서도 감사원 심사청구나 조세심판원의 심판청구를 거쳐야 행정소송을 제기할 수 있다.

10

중요도 ★★★

다음 중 불복절차에 대한 설명으로 적절하지 **않은** 것은?

① 이의신청은 신청 여부를 납세자가 임의로 선택할 수 있는 절차이다.

② 이의신청은 관할세무서나 지방국세청으로부터 고지서를 받은 날로부터 90일 이내에 신청해야 한다.

③ 이의신청 절차를 거친 경우, 이의신청에 대한 결정통지를 받은 날로부터 90일 이내에 국세청에 심사청구를 제기하거나 조세심판원에 심판청구를 제기할 수 있다.

④ 불복청구에 대한 결정에 대하여 당사자가 일정한 기간 내에 다음 심급에 불복청구 또는 행정소송을 제기하지 않는 경우 그 결정은 확정된다.

⑤ 이의신청, 심사청구 또는 심판청구는 어떠한 경우에도 해당 처분의 집행에 효력을 미치지 아니한다.

정답 및 해설

08 ③ 세무공무원은 조사받을 납세자 또는 납세관리인에게 조사를 시작하기 15일 전에 조사대상세목, 조사기간 및 조사사유 기타 사항을 통지해야 한다. 다만, 범칙사건에 대한 조사는 예외다.

09 ④ 90일 이내 → 30일 이내

10 ⑤ 세법에 특별한 규정이 있는 경우는 제외한다.

㉮ p.45 ~ 48 ㉯ p.452 ~ 453

01

중요도 ★★

다음 중 소득세 과세체계에 대한 설명으로 적절하지 **않은** 것은?

① 거주자는 국내외의 모든 소득 그리고 비거주자는 국내원천소득에 대해 납세의무가 있다.

② 소득세의 과세기간은 1월 1일부터 12월 31일까지이나 사망한 경우에는 사망한 날까지이며, 거주자가 국외이전으로 비거주자가 된 경우에는 출국한 날까지이다.

③ 거주자의 소득세 납세지는 그 주소지로 하며, 비거주자의 납세지는 국내원천소득 발생 장소로 한다.

④ 피상속인이 사망한 경우 피상속인의 종합소득세 납세의무를 상속인이 승계하며 상속인은 상속세를 차감한 상속재산의 한도 내에서 피상속인의 종합소득세를 납부해야 한다.

⑤ 사업 양수인은 양도일 이전에 양도인의 납세의무가 확정된 사업에 관한 세금에 대하여 양도인의 재산으로 충당하여도 부족한 경우 양수인은 양수한 재산가액을 한도로 납세의무를 진다.

02

중요도 ★★

㉮ p.48 ㉯ p.453

소득세법상 과세기간과 신고 및 납부기한에 관련된 설명 중 (가)와 (나)에 들어갈 내용으로 적절하게 연결된 것은? (단, A씨와 B씨는 모두 거주자임)

> 올해 8월 30일에 사망한 A씨의 과세기간은 1월 1일부터 (가)이고, 9월 12일에 출국한 B씨의 신고 및 납부기한은 (나)이다.

	가	나
①	8월 29일	9월 12일
②	8월 30일	9월 11일
③	8월 30일	9월 12일
④	8월 31일	9월 11일
⑤	8월 31일	9월 13일

03

중요도 ★★★

㉮ p.52 ~ 55 ㉯ p.455 ~ 456

□ 다음 자료를 토대로 중소기업을 경영하는 개인사업자(간편장부사업자)인 거주자 이영미씨의 2024년 귀속 사업소득금액을 계산하면 얼마인가?

- 2024년의 매출액 : 680,000천원
- 2024년의 지출경비 내역
  - 인건비 : 316,000천원(이영미씨 본인의 인건비 80,000천원 포함)
  - 직원복리후생비용 : 80,000천원
  - 기업업무추진비 : 35,000천원(세무상 기업업무추진비 부인액 7,000천원 포함)
  - 이자비용 : 24,000천원(가사 관련 이자비용 4,000천원 포함)
  - 유형자산 처분이익 : 17,000천원
  - 소득세 등 : 2,000천원
- 손익계산서상 당기순이익 : 128,000천원

① 200,000천원
② 202,000천원
③ 204,000천원
④ 219,000천원
⑤ 221,000천원

정답 및 해설

01 ③ 국내원천소득 발생 장소 → 국내사업장 소재지

02 ② 가. 8월 30일
나. 9월 11일

03 ③ 사업소득금액의 계산

(단위 : 천원)

당기순이익	128,000
− 총수입금액 불산입	− 17,000[1]
+ 필요경비 불산입	+ 93,000[2]
= 사업소득금액	= 204,000

[1] 유형자산 처분이익
[2] 사업자의 인건비 + 접대비 부인액 + 가사 관련 이자비용 + 소득세 등

04

중요도 ★★★ ⑦ p.55 ~ 57 ⑱ p.456 ~ 457

다음 중 개인사업자의 사업소득 과세방법에 대한 설명으로 가장 적절하지 **않은** 것은?

① 의료보건용역에 해당하는 사업소득은 지급금액에 대해 3%의 세율로 원천징수한다.

② 방문판매원의 사업소득을 지급하는 사업자는 원천징수의무자가 연말정산 신청을 하는 경우 해당 사업소득에 대해 소득세 연말정산을 해야 한다.

③ 아버지가 아들에게 시가가 20억원인 건물을 12억원에 양도하였을 경우 소득세 조세부담을 부당하게 감소시킨 것으로 보아 과세대상 금액을 재계산한다.

④ 사업소득은 종합소득에 합산하여 과세하는 것이 원칙이지만 일부 사업소득은 원천징수 대상에 해당한다.

⑤ 공동사업자는 원칙적으로 공동사업장에서 발생하여 분배된 소득에 대해 연대납세의무가 있음에 유의해야 한다.

05

중요도 ★★ ⑦ p.60 ~ 63 ⑱ p.458 ~ 459

추계에 의한 신고 시 불이익에 대한 설명으로 적절한 것은?

① 거주자가 추계에 의한 방법으로 소득세를 신고하더라도 실제 지출한 필요경비가 추계신고로 인하여 공제되는 필요경비보다 많으면 실제 지출한 필요경비를 공제받는다.

② 추계에 의한 방법에 의하여 소득세를 신고하면 소규모 사업자를 포함한 모든 사업자는 무기장가산세를 적용받게 된다.

③ 간편장부대상자가 추계에 의한 방법으로 사업소득금액을 계산하여 신고하더라도 기장세액공제를 받을 수 있다.

④ 거주자가 추계에 의한 방법에 의하여 소득세를 신고하면 조세특례제한법상 일부의 세액공제 또는 감면을 받을 수 없다.

⑤ 거주자가 추계에 의한 방법으로 소득세를 신고하더라도 해당 과세기간의 소득금액 계산 시 이월결손금공제는 적용받을 수 있다.

06 중요도 ★★★

도소매업을 영위하는 이동규씨(복식부기의무자)의 2024년 귀속 소득 자료가 다음과 같을 때, 이동규씨가 2024년 종합소득세 신고를 추계에 의한 방식 중 기준경비율에 의해 신고한다고 가정할 경우 사업소득금액을 계산하면 얼마인가?

- 2024년에 발생한 수입금액은 100,000천원이다.
- 증명서류에 의하여 확인되는 2024년 지출내역은 다음과 같다.
  - 인건비 : 15,000천원
  - 사무실 임차료 : 20,000천원
  - 상품 매입비용 : 10,000천원
- 해당 업종의 단순경비율은 75%, 기준경비율은 40%라고 가정한다.
- 기획재정부령으로 정하는 배율은 다음과 같다.
  - 복식부기의무자 : 3.4배
  - 간편장부대상자 : 2.8배

---

① 35,000천원
② 45,000천원
③ 60,000천원
④ 75,000천원
⑤ 80,000천원

정답 및 해설

04 ⑤ 공동사업자는 원칙적으로 공동사업장에서 발생하여 분배된 소득에 대해 연대납세의무가 없다.

05 ④ ① 실제 지출한 필요경비가 추계신고로 인하여 공제되는 부분보다 많더라도 필요경비로 공제받을 수 없으므로 세부담이 많아질 수 있다.
② 소규모 사업자는 무기장가산세를 적용받지 않는다.
③ 받을 수 있다. → 받을 수 없다.
⑤ 적용받을 수 있다. → 적용받을 수 없다.

06 ① 기준경비율 적용 시 사업소득금액 = Min[㉠, ㉡] = 35,000천원
㉠ 100,000천원 − (45,000천원 + 100,000천원 × 40% × 50%) = 35,000천원
㉡ 100,000천원 × (1 − 75%) × 3.4 = 85,000천원
[참고] 복식부기의무자의 기준경비율 적용 시 사업소득금액 = Min[㉠, ㉡]
㉠ 수입금액 − (주요경비 + 수입금액 × 기준경비율 × 50%)
㉡ 단순경비율에 의한 소득금액 × 3.4배

중요도 ★★

⑦ p.63 ~ 64 ⑳ p.460

다음 중 사업소득에 대한 결손금공제 및 이월결손금공제에 대한 설명으로 적절하지 않은 것은?

① 일반적인 사업(주거용건물 임대업 포함)에서 발생한 결손금은 먼저 동일 소득 간에 통산을 한 이후 다른 소득 간 통산을 한다.

② 부동산임대업(주거용건물 임대업 제외)에서 발생한 결손금은 먼저 부동산임대업의 소득금액 내에서 통산을 한 이후에 다른 소득 간 통산하지 않고 바로 이월결손금이 된다.

③ 결손금 및 이월결손금의 공제에서 해당 과세기간에 결손금이 발생하고 이월결손금이 있는 경우에는 이월결손금을 먼저 소득금액에서 공제한다.

④ 부동산임대업(주거용건물 임대업 제외)에서 발생한 이월결손금은 다른 소득에서 공제하지 아니하고 해당 부동산임대업의 소득금액에서만 공제한다.

⑤ 추계신고를 하거나 추계조사 결정하는 경우 이월결손금을 공제하지 아니하나, 천재·지변 기타 불가항력으로 장부나 기타 증명서류가 멸실된 경우에는 그러하지 아니한다.

08 중요도 ★★★

⑦ p.66 ~ 70 ⑳ p.461 ~ 462

부동산임대업 관련 사업소득에 대한 설명으로 가장 적절한 것은?

① 주택의 임대보증금을 받은 경우로서 3주택 이상을 소유하고 보증금 합계가 2억원을 초과하는 경우에만 해당 임대보증금에 대한 간주임대료를 총수입금액에 산입한다.

② 임대료 외에 별도로 관리비, 전기료, 수도료 등의 비용은 임차인이 직접 부담하므로 총수입금액에 산입하지 않는다.

③ 주택 수에 관계없이 주택임대소득에 대해 과세하는 고가주택이란 과세기간 종료일 또는 양도일 현재 국세청 기준시가가 9억원을 초과하는 주택을 말한다.

④ 선세금은 계약기간의 각 연도 합계액을 총수입금액으로 한다.

⑤ 주택임대소득 총수입금액의 합계액이 2,000만원 이하인 주택임대사업자는 상황에 따라 종합과세와 분리과세 중 유리한 방법으로 선택하여 신고납부할 수 있다.

중요도 ★★★   ㉓ p.67 ~ 69   ㉒ p.461 ~ 462

09 다음 자료를 토대로 상가 임대업을 운영하는 거주자 최진경씨의 2024년 귀속 부동산임대업의
□ 총수입금액을 계산하면 얼마인가? (단, 최진경씨는 2024년 귀속 사업소득에 대해 기장에 의한
방법으로 신고하였다고 가정함)

- 임대현황

구 분	임대보증금	월 임대료	월 관리비	임대기간
1층 상가	40,000천원	1,500천원	400천원	24. 01. 01. ~ 24. 12. 31.

- 상가는 2009년 10월 1일에 30,000천원(토지가액 20,000천원 포함)에 매입하였다.
- 임대보증금의 운용으로 2024년에 200천원의 배당수익과 500천원의 주식매매차익이 발생하였다.
- 상기 자료 이외에 다른 임대내역은 없으며, 정기예금이자율은 3.5%이다.
- 월 관리비는 전기료 등 공공요금이 포함되지 아니하였고, 별도로 구분 징수된 금액이다.

---

① 18,000천원
② 23,470천원
③ 23,650천원
④ 24,340천원
⑤ 24,600천원

정답 및 해설

07 ③   이월결손금을 먼저 소득금액에서 공제 → 해당 과세기간의 결손금을 먼저 소득금액에서 공제

08 ⑤   ① 2억원 → 3억원
        ② 관리비는 총수입금액에 산입한다.
        ③ 9억원 → 12억원
        ④ 계약기간의 월수로 나눈 금액의 각 연도 합계액을 총수입금액으로 한다.

09 ③   부동산임대사업의 총수입금액 = 임대료 + 관리비 + 간주임대료
        • 임대료 = 1,500천원 × 12월 = 18,000천원
        • 관리비 = 400천원 × 12월 = 4,800천원
        • 간주임대료 = (40,000천원 × 365 − 10,000천원 × 365) × 3.5% ÷ 365 − 200천원 = 850천원
        ∴ 부동산임대사업의 총수입금액 = 18,000천원 + 4,800천원 + 850천원 = 23,650천원

⑦ p.71 ~ 72, p.102 ⑧ p.462

10
중요도 ★★

성실사업자와 성실신고확인대상 사업자의 소득세 신고요령에 대한 설명으로 적절하지 **않은** 것은?

① 세액공제 신청을 하지 아니한 성실사업자는 표준세액공제 적용 시 연 12만원을 종합소득 산출세액에서 공제한다.

② 성실사업자 중 일정한 요건을 충족한 자는 의료비세액공제와 교육비세액공제를 적용받을 수 있다.

③ 성실신고확인대상 사업자란 수입금액이 업종별로 일정 규모 이상인 사업자로서 종합소득과 세표준 확정신고 시 첨부서류에 더하여 의무적으로 성실신고확인서를 제출하여야 하는 사업자를 말한다.

④ 성실신고확인대상 사업자가 성실신고확인서를 제출한 경우에는 종합소득과세표준 확정신 고기간은 다음 연도 5월 1일부터 6월 30일까지이다.

⑤ 성실신고확인대상 사업자가 성실신고확인서를 제출하는 경우에는 성실신고확인에 직접 사용한 비용의 80%에 상당하는 금액을 120만원의 한도 내에서 세액공제를 적용받을 수 있다.

11
중요도 ★★

⑦ p.74 ⑧ p.463

다음 중 소득세법상 비과세되는 근로소득 항목으로 모두 묶인 것은?

가. 근로를 제공함으로써 받는 상여·수당
나. 근로의 제공으로 인한 부상, 질병, 사망 등으로 인하여 지급받는 배상·보상 또는 위로금 성질의 급여
다. 퇴직함으로써 받는 소득으로서 퇴직소득에 속하지 아니하는 소득
라. 일직료, 숙직료 또는 여비로서 실비변상적 정도의 금액
마. 일정 금액 이하의 식사 또는 식비
바. 종업원의 수학 중인 자녀가 사용자로부터 받는 학자금·장학금

---

① 가, 나, 다
② 가, 라, 마
③ 나, 라, 마
④ 나, 마, 바
⑤ 다, 마, 바

12

다음 중 근로소득의 과세방법에 대한 설명으로 가장 적절한 것은?

☐

① 납세의무자에게 국내 근로소득만 있더라도 다음 연도 5월에 종합소득세신고를 진행해야 한다.
② 1일 급여가 16만원인 일용직근로자는 원천징수를 하지 않아도 된다.
③ 국외 근로소득이 있는 자가 조직한 납세조합은 소득세를 징수한 달의 10일까지 납부해야 한다.
④ 1년 미만의 근로자는 근로소득공제액을 계산할 때 월할 계산하여야 한다.
⑤ 회사로부터 15만원의 식대와 중식을 제공받는 근로자의 식대는 비과세 대상이다.

13

다음 중 소득세를 과세하는 기타소득 항목으로 가장 적절한 것은?

☐

① 개인에게 양도한 서화 및 골동품의 양도소득
② 퇴직 후 지급받는 500만원의 직무발명보상금
③ 국가보안법에 의하여 받는 상금
④ 종교인에게 지급한 20만원 자가운전보조금
⑤ 상훈법에 따른 훈장과 관련하여 받는 상금

정답 및 해설

10　⑤　80% → 60%

11　③　'나, 라, 마'는 비과세되는 근로소득에 해당한다.
　　　'가, 다, 바'는 과세대상 근로소득에 해당한다.

12　②　일용직근로자의 근로소득은 원천징수로 과세를 종결하지만, 원천징수할 세액이 1,000원 미만일 때에는 소액부징수에 따라 원천징수를 하지 않아도 된다.
　　　참고 1일 급여가 16만원인 일용직근로자의 원천징수세액 = (16만원 − 15만원) × 2.7% = 270원(1,000원 미만 소액부징수)
　　　① 국내 근로소득만 있는 납세의무자는 연말정산으로 납세의무가 종결되므로, 다음 연도 5월에 종합소득세신고를 진행하지 않아도 된다.
　　　③ 징수한 달의 10일 → 징수한 다음 달의 10일
　　　④ 1년 미만의 근로자의 경우에도 월할 계산하지 않는다.
　　　⑤ 회사로부터 식대와 중식을 제공받는 근로자의 식대는 과세 대상이다.

13　①　박물관 또는 미술관에 양도한 서화 및 골동품의 양도소득은 비과세 대상이지만, 개인에게 양도한 것은 기타소득을 과세한다.

14 중요도 ★★★

다음 중 기타소득의 과세방법에 대한 설명으로 가장 적절한 것은?

① 기타소득은 이자소득·배당소득·부동산임대소득·사업소득·근로소득·연금소득·퇴직소득 및 양도소득 외의 소득으로서 유형별 포괄주의에 따라 과세한다.

② 기타소득 중에서 계약의 위약금·배상금(계약금이 위약금과 배상금으로 대체되는 경우), 뇌물, 알선수재 및 배임수재에 따라 받은 금품은 원천징수의무가 없다.

③ 당연 분리과세대상 기타소득을 제외한 연간 기타소득 총수입금액이 300만원 이하이면서 원천징수된 기타소득인 경우 납세자의 선택에 의해 분리과세가 가능하다.

④ 거주자가 일시적으로 강연을 하고 강연료 100만원을 받은 경우에는 100만원의 60% 상당액을 필요경비로 인정하며, 실제 소요된 경비가 70만원이더라도 60만원을 필요경비로 공제한다.

⑤ 일반적으로 기타소득금액(연금계좌세액공제를 받은 연금계좌 납입액과 운용수익을 연금 외 형태로 수령한 소득 제외)이 건별로 10만원 이하인 경우에는 소득세를 과세하지 아니한다.

15 중요도 ★★★

다음 중 기타소득의 과세방법에 대한 설명으로 가장 적절하지 **않은** 것은?

① 어떠한 소득의 성격이 기타소득과 사업소득 모두에 해당하면 우선적으로 사업소득으로 구분한다.

② 알선수재 및 배임수재에 따라 받은 금품 혹은 뇌물은 당연 종합과세 대상 소득이다.

③ 연금계좌로부터 연금외수령한 금액 중 기타소득은 15%의 세율로 원천징수한다.

④ 거주자의 위약금과 배상금 중 상가입주지체상금이 300만원이고 실제 소요된 필요경비가 없는 경우 300만원의 80% 상당액을 필요경비로 인정한다.

⑤ 슬롯머신을 이용해 받은 160만원 상당의 당첨금품(1건)은 기타소득을 과세하지 않는다.

16

중요도 ★★★

종합소득공제 중 인적공제에 대한 설명으로 적절하지 **않은** 것은?

① 과세기간 중 이혼한 배우자에 대해서는 배우자공제를 받을 수 없다.
② 맞벌이부부 중 배우자의 총급여액이 500만원(다른 소득은 없음)인 경우에는 그 배우자에 대한 배우자공제를 받을 수 있다.
③ 장애인의 경우 나이의 제한을 받지 않고, 연간 소득금액의 요건만 충족하면 기본공제 대상자로 본다.
④ 본인의 소득공제 적용 시 장인과 장모에 대한 부양가족공제를 받을 수 없다.
⑤ 직계비속과 입양자의 경우 주민등록상 동거가족이 아니더라도 생계를 같이하는 사람으로 본다.

17

중요도 ★★★

장애인에 대한 소득공제 등 혜택에 대한 적절한 설명으로 모두 묶인 것은?

> 가. 기본공제 요건 중 나이요건에는 제한이 없다.
> 나. 추가공제로 1인당 연간 200만원을 공제받을 수 있다.
> 다. 장애인전용 보장성보험료에 대해서는 보험료소득공제로 연간 100만원 한도로 공제한다.
> 라. 장애인 관련 의료비로 연간 100만원 한도로 세액공제한다.
> 마. 장애인 특수교육비는 교육비세액공제 대상 금액 산정 시 한도가 없다.

① 가, 나, 다　　　　　　　　　② 가, 나, 라
③ 가, 나, 마　　　　　　　　　④ 나, 다, 라
⑤ 다, 라, 마

7과목

세금설계

해커스 CFP 지식형 핵심문제집

정답 및 해설

14 ② ① 기타소득은 소득세법에서 기타소득의 과세대상으로 열거된 소득에 한하여 과세하는 열거주의에 따른다.
③ 연간 기타소득 총수입금액 → 연간 기타소득금액
④ 60만원 → 70만원
　[참고] 필요경비가 총수입금액의 60% 상당액을 초과하는 경우 그 초과금액도 필요경비로 인정한다.
⑤ 10만원 이하 → 5만원 이하

15 ④ 위약금과 배상금 중 주택입주지체상금에 대해서만 수입금액의 80% 상당액을 필요경비로 인정한다.

16 ④ 장인과 장모를 실제로 부양하고 있고 다른 사람이 기본공제를 받고 있지 않다면 부양가족공제를 받을 수 있다.
　[참고] 며느리와 사위에 대한 부양가족공제는 받을 수 없다.

17 ③ '가, 나, 마'는 적절한 설명이다.
　다. 장애인전용 보장성보험료는 소득공제가 아닌 세액공제를 적용받는다.
　라. 장애인 관련 의료비는 의료비세액공제 대상 금액 산정 시 한도가 없다.

18 중요도 ★★★

☐ 거주자(여성)와 생계를 같이하는 동거가족의 현황을 토대로 2024년도 과세기간에 공제받을 수 있는 인적공제액으로 적절한 것은?

구 분	나 이	소득 현황	비 고
본인(여성)	53세	근로소득금액 3,000만원	–
어머니	79세	소득 없음	장애인
아 들	26세	배당소득 1,000만원	대학생, 장애인
딸	19세	소득 없음	고등학생
위탁아동	6세	소득 없음	2024년도 중 8개월간 직접 양육하였음

① 1,100만원
② 1,150만원
③ 1,250만원
④ 1,300만원
⑤ 1,350만원

19 중요도 ★★★

☐ 다음 중 종합소득공제에 대한 설명으로 적절하지 **않은** 것은?

① 기본공제대상자인 부양가족이 과세기간 중 사망한 경우 사망한 기본공제대상자에 대한 인적공제가 가능하다.
② 장애인공제의 요건에는 나이요건의 제한은 없으며 자녀와 자녀의 배우자가 모두 장애인인 경우에는 자녀의 배우자도 기본공제대상이다.
③ 종합소득이 있는 거주자로서 공적연금 관련법에 따른 기여금 또는 개인부담금 등을 납입한 경우에는 그 연금보험료를 종합소득금액의 한도 내에서 해당 과세기간의 종합소득금액에서 전액 공제한다.
④ 근로소득 또는 사업소득이 있는 거주자가 해당 과세기간에 국민건강보험법 등에 따라 납입하는 보험료는 전액 해당 과세기간의 근로소득금액 또는 사업소득금액에서 공제한다.
⑤ 장기주택저당차입금 이자상환액은 차입금의 상환기간 및 이자지급방식 등에 따라 다양한 한도 내에서 소득공제를 받을 수 있다.

20

신용카드 등 사용금액에 대한 소득공제의 설명으로 적절하지 **않은** 것은?

① 국외에서 사용한 신용카드 사용액은 신용카드 등 사용금액에 대한 소득공제를 받을 수 없다.

② 근로소득이 있는 거주자와 생계를 같이하는 직계존비속 및 형제자매로서 나이에 관계없이 연간 소득금액의 합계액이 100만원 이하인 자의 신용카드 등 사용금액에 대해서는 소득공제를 적용받을 수 있다.

③ 신용카드로 결제한 수업료, 입학금, 보육비용은 소득공제가 적용되지 않지만 사설학원의 수강료는 소득공제를 받을 수 있다.

④ 신용카드로 결제한 교육비 중 취학 전 아동의 학원비는 교육비 세액공제와 신용카드 등 소득공제를 중복하여 적용할 수 있지만, 그 밖의 학원비에 대해서는 신용카드 등 소득공제만 적용할 수 있다.

⑤ 신용카드로 중고자동차를 구입하는 경우 신용카드 사용금액의 10%를 소득공제 대상 항목에 포함한다.

정답 및 해설

18 ⑤ 인적공제 = 기본공제 + 추가공제
- 기본공제 = 150만원 × 5명(본인, 어머니, 아들, 딸, 위탁아동) = 750만원
- 추가공제 = 장애인공제(200만원 × 2명) + 경로우대공제 100만원 + 한부모공제 100만원 = 600만원
∴ 인적공제 = 750만원 + 600만원 = 1,350만원
[참고] 배당소득 1,000만원은 분리과세 대상 소득이므로 연간 소득금액 요건에 고려하지 않는다.

19 ④ 근로소득이 있는 거주자가 국민건강보험법 등에 따라 부담한 보험료에 대해서만 근로소득금액에서 공제한다.

20 ② 형제자매의 신용카드 등 사용금액에 대해서는 소득공제를 적용받을 수 없다.

21
⑦ p.96 ⑧ p.471

중요도 ★★

다음 중 근로소득이 있는 거주자가 공제받을 수 **없는** 항목은 무엇인가?

① 주택마련저축 소득공제
② 개인연금저축 소득공제
③ 우리사주조합출연금 소득공제
④ 신용카드 등 사용금액 소득공제
⑤ 주택담보노후연금 이자비용공제

22
⑦ p.97 ~ 102 ⑧ p.472 ~ 473

중요도 ★★★

다음 중 소득세법상 세액공제에 대한 설명으로 적절한 것은?

① 종합소득이 있는 거주자의 기본공제대상자 중 8세 이상의 자녀가 2명이라면 35만원, 3명이라면 65만원의 자녀세액공제를 받을 수 있다.
② 근로소득이 있는 거주자(장애인 아님)가 본인을 피보험자로 하는 보장성보험료를 지급받은 경우 그 금액의 15%에 해당하는 금액을 종합소득 산출세액에서 공제받을 수 있다.
③ 근로소득이 없는 거주자로서 종합소득이 있는 자는 연 13만원을 종합소득 산출세액에서 공제받을 수 있다.
④ 의료비세액공제의 일반적인 공제율은 15%이며, 난임시술비와 미숙아·선천성이상아의 의료비는 20%의 세액공제율을 적용받는다.
⑤ 기본공제대상자인 직계존속을 위해 지출한 교육비(장애인 특수교육비 제외)는 15%의 교육비세액공제를 받는다.

23 중요도 ★★★

㉮ p.98 ~ 99   ㉯ p.473

□ 다음 자료에 의하여 거주자인 근로자 서민영씨(여성)의 의료비세액공제 공제대상액을 계산하면 얼마인가?

- 서민영씨의 총급여액 : 30,000천원
- 기본공제 대상자인 본인과 부양가족의 의료비 지출내역
  - 서민영씨 본인의 난임시술비 : 1,100천원
  - 배우자의 시력보정용 안경 구입비용 : 800천원
  - 아버지(70세)의 치료를 위한 의약품 구입비용 : 1,300천원
  - 아들(장애인)의 장애인보장구 구입비용 : 3,000천원

---

① 4,800천원
② 5,000천원
③ 5,400천원
④ 5,900천원
⑤ 6,200천원

정답 및 해설

21 ⑤ 주택담보노후연금 이자비용공제는 연금소득자만 공제받을 수 있다.

22 ① 종합소득이 있는 거주자의 기본공제대상자 중 8세 이상의 자녀에 대해 첫째는 15만원, 둘째는 20만원(자녀가 2명이라면 35만원), 셋째 이상은 30만원(자녀가 3명이라면 65만원)의 자녀세액공제를 받을 수 있다.
　② 15% → 12%
　③ 13만원 → 7만원
　④ 난임시술비는 30%의 의료비세액공제율을 적용받는다.
　⑤ 직계존속을 위해 지출한 교육비는 교육비세액공제를 적용받을 수 없다.

23 ② 의료비세액공제 공제대상액 = 전액공제 의료비 + 한도적용대상 의료비 = 5,400천원 + (−)400천원 = 5,000천원
　• 전액공제 의료비 = 본인의 난임시술비 1,100천원 + 아버지 의약품 구입비용 1,300천원 + 아들(장애인) 장애인보장구 구입비용 3,000천원 = 5,400천원
　• 한도적용대상 의료비 = 배우자의 시력보정용 안경 구입비용 500천원(한도) − (총급여액 30,000천원 × 3%) = (−)400천원

24 중요도 ★★★ ㉮ p.99～101 ㉯ p.473

특별세액공제 중 교육비세액공제에 대한 설명으로 적절하지 **않은** 것은?

① 근로소득이 있는 거주자가 그 거주자와 기본공제대상자(나이 제한을 받지 않음)를 위하여 공제대상 교육비를 지급하는 경우 공제대상 금액의 15%에 해당하는 금액을 종합소득 산출세액에서 공제한다.
② 초·중·고등학생의 참고서구입비와 기숙사비는 교육비세액공제 대상에 포함하지 아니한다.
③ 본인 교육비와 장애인 교육비에 대해서는 한도 없이 전액을 교육비세액공제 대상 금액으로 한다.
④ 직계존속을 제외한 기본공제 대상자 중 대학생 교육비에 대해서는 1명당 900만원 한도 내에서 공제한다.
⑤ 초등학교 취학 전 아동과 초·중·고등학생의 학원 및 체육시설에 지급한 급식비는 교육비세액공제 대상에 포함한다.

25 중요도 ★★ ㉮ p.99～101 ㉯ p.473

다음은 근로소득이 있는 거주자 윤현진씨의 2024년 귀속 종합소득 과세표준 및 세액의 신고와 관련한 자료이다. 이를 토대로 2024년 교육비세액공제 공제대상액을 계산하면 얼마인가?

• 거주자 윤현진씨와 생계를 같이하는 동거가족의 현황

가 족	나 이	비 고
본 인	48세	2024년에 본인의 학자금(등록금) 대출과 관련하여 원리금 상환액 500천원이 있다.
장 남	21세	대학생, 소득 없음
차 남	18세	고등학생, 소득 없음
장 녀	7세	취학 전 아동, 소득 없음

• 연간 교육비 납부액
 - 윤현진씨 본인의 대학원 교육비 : 8,000천원
 - 장남의 대학교 교육비 : 12,000천원
 - 차남의 고등학교 교육비 : 수업료 1,500천원, 교복구입비 600천원, 기숙사비 3,600천원
 - 장녀의 태권도학원 수강료 : 1,400천원

① 19,900천원
② 20,900천원
③ 22,100천원
④ 24,500천원
⑤ 27,600천원

26

중요도 ★★★

다음 중 세액공제에 대한 설명으로 적절한 것은?

① 근로소득이 있는 거주자로서 특별소득공제, 특별세액공제, 월세세액공제를 신청하지 않은 자에 대해서는 연 15만원을 표준세액공제로 하여 종합소득 산출세액에서 공제한다.

② 근로소득이 없는 거주자로서 성실사업자가 아닌 자에 대해서는 연 5만원을 종합소득 산출세액에서 공제한다.

③ 보험료세액공제 중 일반 보장성보험료와 장애인전용 보장성보험료의 경우에는 기본공제 대상자를 대상으로 공제가 가능하나 나이요건과 소득요건의 제한을 받는다.

④ 월세세액공제는 근로소득이 있는 거주자 또는 그의 기본공제 대상자가 지급한 월세액(연간 750만원 한도)의 15%(총급여 5천 5백만원 이하이면서 종합소득금액이 4천 5백만원을 초과하지 않는 경우는 17%) 상당액을 종합소득 산출세액에서 공제하는 것을 말한다.

⑤ 근로소득자가 의료비를 신용카드 등으로 결제하여 신용카드 등 소득공제를 적용받았다면 의료비세액공제는 적용받을 수 없다.

정답 및 해설

24 ⑤ 학원 및 체육시설에 지급한 급식비는 초등학교 취학 전 아동의 경우에 한하여 교육비세액공제 대상으로 한다.

25 ② 교육비세액공제 공제대상액 = 본인 + 장남 + 차남 + 장녀 교육비
- 본인의 대학원 교육비 + 학자금 대출 상환액 = 8,000천원 + 500천원 = 8,500천원
- 장남 대학교 교육비 = 9,000천원(한도)
- 차남 고등학교 교육비 = 수업료 1,500천원 + 교복구입비 500천원(한도) = 2,000천원
  참고 기숙사비는 공제 불가능한 교육비이다.
- 장녀 교육비 = 학원 수강료 1,400천원
- ∴ 교육비세액공제 공제대상액 = 8,500천원 + 9,000천원 + 2,000천원 + 1,400천원 = 20,900천원

26 ④ ① 연 15만원 → 연 13만원
② 연 5만원 → 연 7만원
③ 보험료세액공제 중 장애인전용 보장성보험료는 나이요건의 제한을 받지 않는다.
⑤ 의료비는 신용카드 등 소득공제와 의료비세액공제를 중복 적용받을 수 있다.

㉮ p.110 ~ 113 ㉯ p.475 ~ 476

27

중요도 ★★

다음 중 기부금세액공제에 대한 설명으로 적절하지 **않은** 것은?

① 기부금세액공제 대상 기부금이 1천만원을 초과하는 경우 그 초과금액에 대해서 30%(2024
년도 기부금 중 3천만원 초과분은 40%) 공제율을 적용받을 수 있다.

② 특례기부금과 일반기부금에 대해서는 기본공제 대상자인 부양가족이 지출한 경우에도 필요
경비에 산입하거나 기부금세액 공제를 적용받기 위해선 소득금액 요건만 충족해도 된다.

③ 사업소득자는 해당 과세기간 기부금의 필요경비 산입 한도액을 초과한 경우, 그 초과금액은
다음 과세기간의 개시일부터 10년 이내에 끝나는 각 과세기간에 이월하여 공제받을 수 있다.

④ 사업소득만 있는 자(연말정산대상 사업소득자 제외)는 기부금 지출액을 기부금 필요경비 산
입한도 내에서 결산서상 필요경비로 산입하는 방식과 기부금세액공제 방식을 선택할 수 있다.

⑤ 거주자가 기부금세액공제를 받기 위하여 필요한 기부금영수증을 발급하는 자(법인 포함)는
기부자별 기부금영수증 발급합계표를 작성하여 발급일로부터 5년간 보관해야 한다.

28

중요도 ★★

㉮ p.107 ~ 111 ㉯ p.475 ~ 476

근로소득자인 거주자 윤해진씨에 대한 다음의 자료를 토대로 2024년 기부금세액공제액을 계
산하면 얼마인가?

- 2024년의 기부금 지출내역
  - 천재지변으로 생기는 이재민을 위한 구호금품 : 5,000천원 지출
  - 사회복지공동모금회 기부 : 1,000천원 지출
  - 의료법에 의한 의료법인에 기부 : 500천원 지출
  - 종교단체에 대한 헌금 : 3,000천원 지출
  - 고등학교 동창회 회비 : 800천원 지출
- 2024년 윤해진씨의 종합소득금액(근로소득금액)은 50,000천원이다.

① 1,425천원
② 1,575천원
③ 1,635천원
④ 1,650천원
⑤ 1,755천원

29 다음 중 확정신고 의무가 있는 거주자는 누구인가?

① 연말정산되는 사업소득만 있는 자
② 공적연금소득만 있는 자
③ 퇴직소득만 있는 자
④ 근로소득과 퇴직소득만 있는 자
⑤ 근로소득과 공적연금소득만 있는 자

정답 및 해설

27 ④ 사업소득만 있는 자는 기부금 필요경비 산입한도 내에서 필요경비로 산입하는 방식만 적용할 수 있다.

28 ① • 기부금의 구분

특례 기부금	• 이재민 구호금품 • 사회복지공동모금회 기부금
일반 기부금	• 의료법에 의한 의료법인에 기부 • 종교단체 헌금
비지정 기부금	• 동창회 회비

　• 기부금세액공제 공제대상액 = 특례기부금 공제대상액 + 일반기부금 공제대상액
　　· 특례기부금 공제대상액 = 5,000천원 + 1,000천원 = 6,000천원
　　· 일반기부금 공제대상액 = 500천원 + 3,000천원 = 3,500천원
　　· 일반기부금세액공제 한도 = (50,000천원 − 6,000천원) × 10% + Min[44,000천원 × 20%, 500천원]
　　　　　　　　　　　　　 = 4,400천원 + 500천원 = 4,900천원
　∴ 기부금세액공제 공제대상액 = 6,000천원 + 3,500천원 = 9,500천원
　∴ 기부금세액공제액 = 기부금세액공제 공제대상액 × 15% = 9,500천원 × 15% = 1,425천원

29 ⑤ 근로소득과 공적연금소득이 있는 거주자는 확정신고 의무가 있는 자이다.

30 중요도 ★★★ ㉮ p.79, p.120 ㉯ p.464, p.478

□ 거주자 라유진씨의 2024년도 종합소득 내역이 다음과 같은 경우, 라유진씨의 2024년도의 종합소득 과세표준을 계산하면 얼마인가?

- 근로소득금액 40,000천원
- 사업소득금액 34,000천원
- 공익사업과 관련하여 지상권을 설정함으로써 발생한 소득 5,000천원(실제 소요된 필요경비는 없음)
- 종합소득공제액 1,000천원

① 75,000천원
② 76,000천원
③ 77,000천원
④ 78,000천원
⑤ 79,000천원

31 중요도 ★★ ㉮ p.125 ~ 128 ㉯ p.479 ~ 480

□ 다음 중 원천징수에 대한 설명으로 가장 적절하지 **않은** 것은?

① 비실명 이자소득은 원천징수로 과세를 종결하고 따로 정산을 하지 않을 수 있다.
② 원천징수제도는 종합소득, 양도소득, 퇴직소득과 같은 소득세에서 광범위하게 활용된다.
③ 원천징수세액이 1,000원 미만이면 징수하지 않는 소액부징수 제도가 존재한다.
④ 원천징수세액은 소득세 징수일이 속하는 달의 다음 달 10일까지 납부하는 것이 원칙이지만 일부 경우에는 반기납부제도도 실시하고 있다.
⑤ 원천징수의무자가 납부기한까지 원천징수세액을 납부하지 않을 경우 과소납부세액의 50%를 한도로 가산세를 납부해야 한다.

32

금융소득의 원천징수세율을 적절하게 연결한 것은?

□

① 비영업대금의 이익 : 20%
② 직장공제회 초과반환금 : 14%
③ 법원에 납부한 보증금 및 경락대금에서 발생하는 이자소득 : 기본세율
④ 출자공동사업자의 배당소득 : 25%
⑤ 비금융회사가 지급하는 비실명이자소득 : 14%

정답 및 해설

30 ①　• 종합소득 과세표준 = (근로소득금액 40,000천원 + 사업소득금액 34,000천원 + 기타소득금액 2,000천원) − 종합소득공제액 1,000천원 = 75,000천원
　　　　• 기타소득금액 = 5,000천원 − (5,000천원 × 60%) = 2,000천원

31 ②　종합소득 중 사업소득의 많은 부분과 양도소득은 원천징수 대상이 아니다.

32 ④　① 20% → 25%
　　　　② 14% → 기본세율
　　　　③ 기본세율 → 14%
　　　　⑤ 14% → 45%(90%)

33

중요도 ★★★　　　　　　　　　　　　　　　　　　　　　㉑ p.131　㉒ p.482

다음 중 거주자에 해당하는 자로 모두 묶인 것은?

> 가. 대한민국 국적을 가진 외국 항공기의 승무원과 생계를 같이 하는 가족이 근무기간 외의
>   기간 중 통상 체재하는 장소가 국외에 있는 자
> 나. 대한민국 국적을 가진 외국 항공기의 승무원과 생계를 같이 하는 가족이 근무기간 외의
>   기간 중 통상 체재하는 장소가 국내에 있는 자
> 다. 거주자나 내국법인의 국외사업장 또는 해외현지법인(내국법인이 발행주식총수의 100%
>   를 직·간접 출자한 경우 한정) 등에 파견된 임직원이나 국외에서 근무하는 공무원
> 라. 국내에 생계를 같이하는 가족이 있고 그 직업 및 자산상태에 비추어 계속하여 183일 이상
>   국내에 거주할 것으로 인정되는 자

① 가, 다
② 나, 라
③ 가, 나, 다
④ 가, 나, 라
⑤ 나, 다, 라

34

중요도 ★★　　　　　　　　　　　　　　　　　　　　　㉑ p.133 ~ 134　㉒ p.483

다음 중 비거주자의 과세체계에 대한 설명으로 가장 적절하지 **않은** 것은?

① 국내사업장과 관련되지 않은 소득은 소득별로 분리과세한다.
② 국내사업장이 있는 비거주자에 대해서는 종합과세를 하지만, 일부 원천징수 소득은 제외될
   수 있다.
③ 비거주자의 퇴직소득과 토지 등 양도소득은 거주자와 동일한 방법으로 분류과세한다.
④ 비거주자의 납세지는 국내사업장의 소재지로 하고, 국내사업장이 없는 경우에는 국내원천
   소득이 발생하는 장소로 한다.
⑤ 비거주자와 생계를 같이하는 자에 대해 인적공제와 특별소득공제가 적용된다.

35

중요도 ★

다음 중 소득세를 절세할 수 있는 방안으로 가장 적절하지 **않은** 것은?

① 기타소득금액이 300만원 이하인 경우 종합과세와 분리과세 중 유리한 방법으로 선택하여 신고할 수 있다.

② 소득세는 초과누진세율로 과세하므로 소득이 개인 1명에게 집중하지 않고 적법하게 분산하는 것이 더 유리하다.

③ 소득세는 1월 1일부터 12월 31일까지의 모든 소득을 합산과세하므로 소득을 적법하게 기간별로 분산하는 것이 더 유리하다.

④ 매출을 일부 누락하여 총수입금액을 낮춘다면 납부할 세액이 줄어들어 소득세를 절세할 수 있다.

⑤ 복식부기의무자가 추계방법에 의하여 신고하는 경우 적법한 신고로 보지 아니하여 신고불성실가산세를 부담할 수 있음에 주의해야 한다.

정답 및 해설

33 ⑤ '나, 다, 라'는 거주자에 해당하는 자이다.
가. 대한민국 국적을 가진 외국 항공기의 승무원과 생계를 같이 하는 가족이 근무기간 외의 기간 중 통상 체재하는 장소가 국외에 있는 경우에는 비거주자로 본다.

34 ⑤ 비거주자에 대해서는 본인 이외의 자의 인적공제와 특별소득공제를 적용하지 않는다.

35 ④ 세액을 줄이고자 매출을 누락한 사실이 과세당국에 의하여 발각될 경우 가산세를 추가로 부담할 수 있으므로 소득세를 절세한다고 볼 수 없다.

3장 법인세

01

㉮ p.144 ㉯ p.485

중요도 ★★

다음 중 법인의 유형별 납세의무에 대한 설명으로 적절한 것은?

① 영리내국법인은 국내외 수익사업 중 열거된 사업에서 발생하는 소득에 대하여 법인세가 과세된다.
② 비영리내국법인은 국내원천소득에 대하여 법인세가 과세된다.
③ 비영리외국법인은 국내원천소득 중 열거된 수익사업에서 발생하는 소득에 대하여 법인세가 과세된다.
④ 모든 내국법인은 청산소득에 대해서 법인세가 과세된다.
⑤ 국가나 지방자치단체도 토지에 대한 양도소득세에 대한 납세의무가 있다.

02

㉮ p.147 ~ 149 ㉯ p.486 ~ 487

중요도 ★★★

다음 중 법인세 세무조정 및 소득처분에 대한 설명으로 가장 적절하지 **않은** 것은?

① 회계기준으로 작성한 손익계산서상의 당기순이익을 법인세법상 각 사업연도의 소득금액으로 계산하는 것을 세무조정이라 한다.
② 결산서상에 수익, 비용으로 계상한 금액과 세법상의 익금 및 손금금액이 다를 경우 반드시 세무조정해야 하는 것을 신고조정이라 한다.
③ 유보처리된 금액은 사후관리가 필요하며, '자본금과 적립금 조정 명세서(을)'에서 관리하고 있다.
④ 사외유출 된 금액 중 귀속이 불분명한 금액에 대해서는 대표자 상여로 소득처분한다.
⑤ 사외유출 된 금액 중 출자자이자 임원인 자에게 귀속된 금액은 배당으로 소득처분한다.

중요도 ★★

㉮ p.145, p.152 ~ 154 ㉯ p.485 ~ 488

다음 중 법인세에 대한 설명으로 가장 적절한 것은?

□

① 법인세의 사업연도는 원칙적으로 1월 1일부터 12월 31일까지로 한다.

② 법인세의 납세지는 원칙적으로 실질주의에 따라 사업을 실질적으로 관리하는 장소의 소재지로 한다.

③ 법인이 그 법인의 임원과의 거래에서 법인과 임원 모두 부당하게 이익을 봤다면 해당 법인은 법인세가 과세된다.

④ 성실신고확인서를 제출하는 내국법인은 각 사업연도의 종료일이 속하는 달의 말일부터 3개월 이내에 신고해야 한다.

⑤ 중소기업이 아닌 법인의 납부할 법인세액이 1천만원을 초과하는 경우 납부기한이 지난 날부터 2개월 이내에 분납할 수 있다.

정답 및 해설

01 ③ ① 영리내국법인은 국내외 모든 소득에 대하여 법인세가 과세된다.
② 비영리내국법인은 국내외 수익사업 중 열거된 사업에서 발생하는 소득에 대하여 법인세가 과세된다.
④ 영리내국법인에 한하여 청산소득에 대해서 법인세가 과세된다.
⑤ 국가나 지방자치단체는 토지 등 양도소득에 대한 법인세 납세의무가 없다.

02 ⑤ 배당 → 상여

03 ③ 부당행위계산의 부인에 해당하는 경우 법인은 법인세가, 임원은 근로소득세가 부과된다.
① 1월 1일부터 12월 31일까지로 → 법령이나 정관에서 규정
② 법인세의 납세지는 원칙적으로 법인 등기부상의 본점 또는 주사무소의 소재지이다.
④ 3개월 → 4개월
⑤ 2개월 → 1개월

04

중요도 ★★★

⑦ p.156 ⑨ p.489

법인소득과 사업소득의 비교에 대한 설명으로 적절하지 **않은** 것은?

	구 분	법인소득	사업소득
①	과세방식	소득원천설	순자산증가설
②	사업연도(과세기간)	법령 또는 정관 등에서 규정	매년 1월 1일 ~ 12월 31일
③	대표자 급여 및 퇴직금	비용처리 가능	비용처리 불가
④	배당절차	배당가능이익 내에서 배당 가능	배당절차 없음
⑤	장부작성 형태	복식부기	복식부기 또는 간편장부

05

중요도 ★★

⑦ p.157 ~ 159 ⑨ p.489

다음 중 법인경영자의 소득원에 대한 설명으로 적절하지 **않은** 것은?

① 법인사업자가 법인으로부터 수령할 수 있는 소득원으로는 근로소득(상여금 포함), 퇴직소득, 배당소득 및 해당 법인주식의 양도소득이 있다.

② 임원의 급여에 대하여 정관에서 규정하지 않은 경우에는 주주총회 결의에 따라 한도액을 정하고, 이를 초과하는 금액은 법인의 손금으로 인정되지 않는다.

③ 법인사업자가 퇴직 시 해당 법인으로부터 받는 소득이 동일한 경우에는 급여로 받는 것이 퇴직금으로 받는 것보다 세부담 측면에서 유리하다.

④ 주주인 법인사업자는 잉여금이 있는 상태인 법인의 청산 시 청산에 따른 배당소득뿐 아니라, 계속 사업 중의 사업 실적에 따른 배당소득도 받을 수 있다.

⑤ 일반적으로 법인사업자가 근로소득이 많거나 다른 종합소득금액이 많아 종합소득세 한계세율이 높으면 법인으로부터 받는 급여와 배당금을 나누어 받는 것이 종합소득세의 세부담 측면에서 유리하다.

정답 및 해설

04 ① • 법인소득 : 순자산증가설(포괄주의)
　　　 • 사업소득 : 소득원천설(열거주의, 유형별 포괄주의)

05 ③ 급여로 받는 것보다 퇴직금으로 받는 것이 세부담 측면에서 유리하다.

부가가치세

01 중요도 ★★ ㉑ p.164 ~ 165 ㉒ p.491

부가가치세법상 사업자의 분류에 대한 설명으로 적절하지 **않은** 것은?

① 부가가치세법상 사업자란 개인과 법인에 관계없이 영리 목적의 유무에 불구하고 사업상 독립적으로 재화 또는 용역을 공급하는 자를 말한다.

② 과세사업자와 면세사업자의 구분은 개인과 법인에 관계없이 적용되지만, 간이과세자는 법인의 경우 적용되지 않는 사업자이다.

③ 부가가치세가 과세되는 사업과 과세되지 않는 사업을 동시에 운영하는 과세·면세 겸영사업자는 부가가치세법상 사업자로 보지 않는다.

④ 부가가치세법상 사업자에는 개인사업자, 법인사업자, 법인격이 없는 사단·재단 또는 그 밖의 단체를 포함한다.

⑤ 사업자는 인적독립성과 물적독립성을 갖추어야 한다.

02 중요도 ★★★ ㉑ p.164, p.166 ~ 167 ㉒ p.491 ~ 492

다음 중 부가가치세에 대한 설명으로 가장 적절하지 **않은** 것은?

① 사업장이 둘 이상인 사업자는 사업자 단위로 해당 사업자의 본점 또는 주사무소 관할 세무서장에게 사업자등록을 신청할 수 있다.

② 일반과세자가 간이과세자로 변경되는 경우에는 그 변경 이후 7월 1일부터 12월 31일을 간이과세자의 과세기간으로 한다.

③ 부가가치세는 정부가 납부할 세액을 확정하여 고지함으로써 납세의무가 확정되는 부과과세제도를 채택하고 있다.

④ 부가가치세는 납세의무자와 담세자가 구별되며, 최종소비자가 부가가치세를 부담하게 된다.

⑤ 사업자등록을 하지 않으면 미등록가산세와 매입세액불공제와 같은 불이익을 얻을 수 있다.

정답 및 해설

01 ③ 과세·면세 겸영사업자는 부가가치세법상 사업자에 해당한다.

02 ③ 부가가치세는 납세의무자가 과세표준을 신고함으로써 납세의무가 확정되는 신고납세제도를 채택하고 있다.

⑦ p.169 ~ 170, p.173 ⑧ p.493 ~ 494

03
중요도 ★★

다음 중 부가가치세의 공급시기 및 공급가액에 관련된 설명 중 (가) ~ (나)에 들어갈 내용으로 적절하게 연결된 것은?

- 재화를 2024년 3월 16일에 인도하고 그 대가를 2024년 9월 16일에 3,000천원, 2025년 3월 19일에 5,000천원으로 분할하여 받기로 한 경우, 2024년 귀속 재화의 공급가액은 (가)이다.
- 2023년 11월 14일에 용역을 제공하기 시작하였고, 2024년 5월 23일에 해당 용역의 제공이 완료되었을 경우 용역의 대가는 (나)에 귀속된다.

	가	나
①	0원	2023년
②	0원	2024년
③	3,000천원	2023년
④	3,000천원	2024년
⑤	5,000천원	2024년

04
중요도 ★★★

⑦ p.171 ~ 172 ⑧ p.493

다음 중 영세율제도와 면세제도에 대한 설명으로 적절하지 **않은** 것은?

① 영세율제도는 부가가치세 과세대상인 재화나 용역에 대해 부가가치세율을 '0'으로 하여 부가가치세 매출세액을 '0'으로 적용하는 제도이다.

② 면세제도는 특정한 재화나 용역을 공급하는 경우에 그 공급에 대하여 부가가치세 과세 대상에서 제외시킴으로써 부가가치세 납세의무를 면제해주는 제도이다.

③ 영세율제도는 매입세액공제가 가능하기 때문에 완전면세제도의 성격을 가지고 있지만, 면세제도는 매입세액공제가 불가능하기 때문에 부분면세제도의 성격을 가진다.

④ 영세율제도는 부가가치세법상 사업자를 대상으로 적용하지만, 면세제도는 면세사업자가 적용받는 제도이기 때문에 부가가치세법상 사업자에 해당하지 않는 자를 대상으로 적용한다.

⑤ 부가가치세법상 면세 대상 항목으로 의수족, 보청기, 수출하는 재화, 선박 또는 항공기의 외국항행용역 등이 있다.

㉑ p.173~176 ⓐ p.494

부가가치세 과세표준 및 매입세액에 대한 설명으로 가장 적절하지 **않은** 것은?

① 부가가치세 과세표준은 거래상대방으로부터 받은 대금·요금·수수료 등 기타 명목 여하에 불구하고 대가관계에 있는 모든 금전적 가치가 있는 것을 포함한 공급가액으로 한다.

② 재화 또는 용역의 대가가 금전인 경우에는 그 대가가 과세표준이 되며, 대가가 금전 이외의 경우에는 공급받은 재화 또는 용역의 시가가 과세표준이 된다.

③ 특수관계인 사이에서 사업용 부동산의 과세거래 시 부당하게 낮은 대가를 받거나 아무런 대가를 받지 않은 경우에는 공급한 재화의 시가를 과세표준으로 한다.

④ 부가가치세법상 비영업용 소형승용자동차 구입 및 유지에 관한 매입세액은 매입세액공제를 받지 못한다.

⑤ 과세사업자가 면세농산물 등의 매입으로 공제받는 의제매입세액은 그 취득가액에서 차감한다.

정답 및 해설

03 ④ 가. 3,000천원
          나. 2024년

04 ⑤ 면세 대상이 아닌 영세율 대상 항목이다.

05 ② 공급받은 → 공급한

06
⑦ p.180 ~ 184　⑧ p.496 ~ 497

중요도 ★★

부가가치세법상 간이과세자에 대한 설명으로 적절하지 않은 것은?

□

① 직전 연도 공급대가의 합계액이 8,000만원에 미달하는 법인사업자는 간이과세제도의 규정을 적용받을 수 있다.
② 간이과세사업자는 일반과세자와 달리 의제매입세액과 대손세액공제의 적용이 불가하다.
③ 간이과세사업자가 해당 과세기간에 대한 공급대가의 합계액이 4,800만원 미만이면 그 과세기간의 납부세액의 납부의무를 면제한다.
④ 간이과세를 포기한 경우 일반과세자에 관한 규정을 적용받으려는 달의 1일부터 3년이 되는 날이 속하는 과세기간까지는 간이과세자에 관한 규정을 적용받지 못한다.
⑤ 공급대가가 4,800만원 미만인 사업자에 대해서는 영수증을 발급할 수 있다.

정답 및 해설

06 ①　법인사업자는 간이과세제도의 규정을 적용받을 수 없다.

금융자산과 세금

01 중요도 ★   ㉮ p.194   ㉯ p.499

다음 중 금융투자상품에 해당하는 항목으로 모두 묶인 것은?

가. 예금
나. 채권
다. 보험
라. 파생상품
마. 펀드

① 가, 나, 다   ② 가, 나, 라

③ 나, 다, 마   ④ 나, 라, 마

⑤ 다, 라, 마

02 중요도 ★★   ㉮ p.195 ~ 198   ㉯ p.500 ~ 501

다음 중 2025년부터 시행되는 금융투자소득세에 대한 설명으로 가장 적절하지 **않은** 것은?

① 금융투자소득세는 원본손실 가능성이 있는 금융투자상품 일체를 과세대상에 포함시킨다.

② 금융투자소득세를 계산 시 적용되는 결손금 이월공제는 10년간 허용된다.

③ 집합투자기구의 이익 중 환매 또는 양도로 인한 것은 금융투자소득으로 과세된다.

④ 금융투자소득세 시행 전 비과세 주식 등에 대해서는 취득가액 계산 시 의제취득가액을 적용한다.

⑤ 금융투자소득세 세율은 과세표준 3억원 이하에 20%, 3억원 초과에 25%가 적용한다.

정답 및 해설

01 ④   '나, 라, 마'는 금융투자상품에 해당한다.
         '가, 다'는 비금융투자상품이다.

02 ②   10년 → 5년

03 ⑦ p.197 ~ 198 ⑧ p.501
중요도 ★

상장주식의 장내거래 양도로 인해 발생한 금융투자소득금액이 8천만원이고 이월결손금이 1천만원일 때, 해당 소득의 과세표준은 얼마인가?

① 2천만원
② 3천만원
③ 4천만원
④ 5천만원
⑤ 7천만원

04 ⑦ p.199 ~ 202 ⑧ p.502
중요도 ★★

다음 중 신탁과 채권의 과세와 관련된 설명으로 가장 적절하지 **않은** 것은?

① 신탁과세는 기본적으로 수익자 또는 위탁자를 납세의무자로 삼아 과세하는 도관이론의 관점을 기준으로 한다.
② 신탁형 집합투자기구로부터 발생한 신탁이익 중 원천징수되지 않은 세금은 소득의 원천별로 구분하여 수익자에게 원천징수 한다.
③ 신탁과세 시 실체이론을 적용한다면 이중과세 문제가 발생할 수 있으므로, 원칙적으로 법인세를 과세하지 않고 소득세를 과세한다.
④ 비과세 또는 분리과세되지 않는 채권의 이자는 다른 금융소득과 합산하여 2천만원을 초과하는 경우 금융소득 종합과세 대상이 된다.
⑤ 채권매매차익은 현행 소득세법에서 과세대상으로 열거되어 있지 않으나, 금융투자소득세가 시행되면 금융투자소득세를 과세한다.

05 ⑦ p.202 ~ 204 ⑧ p.503 ~ 504
중요도 ★★

다음 중 주식의 양도소득세에 대한 설명으로 가장 적절한 것은?

① 당해 연도에 주식 양도차익과 부동산 양도차익이 있는 경우에는 양도소득세 신고 시 합산하여 과세한다.
② 주식의 양도소득세 과세 시 대주주의 범위는 지분율 기준과 보유금액 기준을 가지고 판정하며, 둘 중 하나에만 해당하여도 대주주로 본다.
③ 주식을 1년 미만 보유하고 양도한 경우에는 양도소득 기본공제를 적용받을 수 없다.
④ 비상장 중소기업의 주식을 대주주가 6개월 보유하고 양도한 경우에 적용되는 양도소득세 세율은 10%이다.
⑤ 양도일 직전 사업연도 종료일 기준으로 주주 1인과 그 특수관계인이 소유한 코스피시장 상장법인의 지분율이 1% 미만인 경우에는 당해 사업연도에 추가로 주식을 취득하여 양도일 현재 1% 이상 보유하더라도 대주주로 보지 아니한다.

06 중요도 ★★

비상장 대기업의 주식을 대주주가 양도한 경우, 다음 자료를 토대로 계산한 주식의 양도소득 산출세액으로 적절한 것은?

- 주식의 보유기간 : 2023년 11월 4일 ~ 2024년 10월 2일
- 양도가액과 취득가액

구 분	실지거래가액	기준시가
양도가액	500,000천원	400,000천원
취득가액	확인할 수 없음	200,000천원

- 취득단계에서 발생한 부대비용 : 10,000천원
- 당해 연도 중에 다른 주식 등은 처분하지 않은 것으로 가정한다.

① 24,550천원
② 24,800천원
③ 49,100천원
④ 49,600천원
⑤ 73,650천원

정답 및 해설

03 ①
- 과세표준 = 금융투자소득금액 8천만원 − 이월결손금 1천만원 − 기본공제 5천만원 = 2천만원
- 상장주식의 장내거래 양도소득은 그룹1이므로 5천만원 기본공제대상이다.

04 ② 소득의 원천별로 구분하여 수익자에게 원천징수 한다. → 신탁이익 지급 시 배당소득으로 원천징수 한다.

05 ②
- ① 주식 양도차익과 부동산 양도차익은 합산하지 않고 분류과세한다.
- ③ 양도소득 기본공제는 미등기 양도자산이 아닌 한 보유기간에 관계없이 적용받을 수 있다.
- ④ 10% → 20%(양도소득 과세표준 3억원 초과분은 25%)
- ⑤ 지분율 기준은 양도일 직전 사업연도 말과 양도일 직전의 현황을 모두 고려하므로, 양도일 현재 1% 이상 보유하게 된 경우에는 대주주로 본다.

06 ⑤ 양도소득 산출세액의 계산

(단위 : 천원)

양도가액		500,000
− 환산취득가액	−	250,000[1]
− 기타필요경비	−	2,000[2]
= 양도차익(양도소득금액)	=	248,000
− 양도소득 기본공제	−	2,500
= 양도소득 과세표준	=	245,500
× 세 율	×	30%[3]
= 양도소득 산출세액	=	73,650

[1] 500,000 × 2억원/4억원
[2] 200,000 × 1%(개산공제율)
[3] 대기업 주식을 1년 미만 보유한 대주주가 양도한 경우의 세율

07

중요도 ★★★

⑦ p.213 ~ 218 ⑧ p.506 ~ 507

다음 중 금융소득 종합과세에 대한 설명으로 가장 적절하지 않은 것은?

① 원천징수되지 않은 외국법인배당과 출자공동사업자의 배당소득은 무조건 종합과세한다.
② 비실명예금이자 1천만원과 사업소득금액 2천만원이 있는 거주자의 종합소득금액은 3천만원이다.
③ 금융소득이 포함된 종합소득 산출세액은 종합과세방식과 분리과세방식으로 계산한 금액 중 큰 것으로 한다.
④ 금융소득이 2천만원 이하인 경우 종합소득 산출세액은 분리과세방식에 따라 계산한 금액으로 한다.
⑤ 종합과세방식과 분리과세방식으로 계산한 종합소득 산출세액의 차액만큼을 배당세액공제 한도액으로 한다.

08

중요도 ★★★

⑦ p.217 ⑧ p.507

Gross-up 대상에서 제외되는 배당소득에 해당하지 않는 것은?

① 외국법인으로부터 받는 배당소득
② 자기주식소각이익의 자본전입으로 인한 의제배당
③ 집합투자기구로부터의 이익
④ 출자공동사업자에 대한 손익분배비율에 상당하는 배당소득
⑤ 자기주식처분이익의 자본전입으로 인한 의제배당

09

중요도 ★★★

⑦ p.217 ~ 218 ⑧ p.507

다음 자료를 토대로 2024년도의 귀속법인세(Gross-up) 금액을 계산하면 얼마인가?

- 정기예금의 이자소득 : 1,000만원
- 배당소득의 내역
  - 상장법인 A로부터의 현금배당 : 2,000만원
  - 뮤추얼펀드 B로부터의 현금배당 : 1,500만원(과세대상이익)
  - 비상장법인 C로부터의 무상주 배당(자기주식소각이익 중 2년 이내 자본전입분) : 3,000만원
  - 외국법인으로부터 받은 현금배당(국내에서 원천징수되지 아니함) : 500만원

① 200만원　　　　　　　　　　　② 300만원
③ 400만원　　　　　　　　　　　④ 500만원
⑤ 600만원

10 중요도 ★★★

㉮ p.217 ~ 218 ㉯ p.507

다음 자료를 토대로 2024년도의 귀속법인세(Gross-up) 금액을 계산하면 얼마인가?

☐

- 정기예금의 이자소득 : 2,000만원
- 배당소득의 내역
  - 상장법인 A로부터의 현금배당 : 3,000만원
  - 집합투자기구로부터의 이익 : 1,000만원(상장주식의 매매차익 500만원 포함)
  - 비상장법인 C로부터의 무상주 배당(자기주식처분이익의 자본전입으로 인한 의제배당) : 1,500만원
- 전액 금융소득 종합과세대상이다.

---

① 300만원

② 350만원

③ 400만원

④ 450만원

⑤ 500만원

정답 및 해설

07 ② 비실명예금이자는 분리과세대상 소득이므로 종합소득금액에 포함하지 않아, 거주자의 종합소득금액은 2천만원이다.

08 ⑤ 자기주식처분이익의 자본전입으로 인한 의제배당은 Gross-up 대상이 되는 배당소득에 해당한다.

09 ① Gross-up 금액 = Gross-up 대상 배당소득 × 10%
1) 금융소득 총수입금액의 계산

(단위 : 만원)

이자소득		1,000
배당소득	G-up 제외 +	5,000
	G-up 대상 +	㉠ 2,000
금융소득 총수입금액 =		8,000

2) 금융소득 종합과세 기준금액 초과액 = 8,000만원 − 2,000만원 = ㉡ 6,000만원
3) Gross-up 대상 배당소득 = Min[㉠, ㉡] = 2,000만원
4) Gross-up 금액 = 2,000만원 × 10% = 200만원

10 ④ Gross-up 금액 = Gross-up 대상 배당소득 × 10%
1) 금융소득 총수입금액의 계산

(단위 : 만원)

이자소득		2,000
배당소득	G-up 제외 +	500
	G-up 대상 +	㉠ 4,500
금융소득 총수입금액 =		7,000

2) 금융소득 종합과세 기준금액 초과액 = 7,000만원 − 2,000만원 = ㉡ 5,000만원
3) Gross-up 대상 배당소득 = Min[㉠, ㉡] = 4,500만원
4) Gross-up 금액 = 4,500만원 × 10% = 450만원

⑦ p.214 ~ 217 ⑧ p.506 ~ 507

11

중요도 ★★★

다음 자료를 토대로 2024년 귀속 종합과세대상 금융소득금액을 계산하면 얼마인가?

- 은행의 예금이자 : 5,000천원
- 집합투자기구로부터의 이익(배당) : 8,000천원
- 내국법인으로부터의 현금배당 : 25,000천원
- 채권의 매매차익 : 2,000천원
- 출자공동사업자의 이익 : 10,000천원

---

① 38,000천원
② 48,000천원
③ 49,800천원
④ 52,000천원
⑤ 54,500천원

12

중요도 ★★★

⑦ p.214 ~ 218 ⑧ p.506 ~ 507

금융소득 종합과세에 대한 설명으로 적절하지 **않은** 것은?

① 출자공동사업자의 배당소득은 무조건 종합과세대상 금융소득으로서 금융소득 종합과세 여부를 판단할 때 일반적인 금융소득과 합산한 금액을 기준으로 한다.

② 공익신탁의 이익, 비과세종합저축에 대한 이자·배당 및 재형저축의 이자·배당은 소득세가 비과세되는 금융소득에 해당한다.

③ 국외에서 발생한 금융소득으로서 국내에서 원천징수하지 아니한 것은 무조건 종합과세대상 금융소득에 해당하므로, 금액의 크기에 관계없이 항상 종합과세된다.

④ 무조건 종합과세대상 금융소득과 조건부 종합과세대상 금융소득의 합계액이 2천만원 이하인 경우에는 무조건 종합과세대상 금융소득만 종합과세되며, 이 때 Gross-up 금액을 가산하기 전의 금액으로 판단한다.

⑤ 현행 소득세법은 금융소득금액을 제외한 다른 종합소득금액이 적은 경우에 금융소득 종합과세 시 조세부담이 줄어드는 것을 방지하기 위하여 비교과세방식을 채택하고 있다.

13 중요도 ★★   ㉮ p.215   ㉯ p.506~507

거주자 박서현씨의 2024년도 종합소득 과세표준은 1억원이며 이 금액에 정기예금이자 30,000천원이 포함되어 있는 경우, 2024년도의 종합소득 산출세액을 계산하면 얼마인가?

① 15,240천원   ② 15,900천원
③ 16,240천원   ④ 18,240천원
⑤ 18,900천원

14 중요도 ★★★   ㉮ p.215   ㉯ p.506~507

거주자 장선우씨의 2024년도 귀속 종합소득금액 및 종합소득공제액이 다음과 같을 경우, 2024년도의 종합소득 결정세액을 계산하면 얼마인가?

> • 종합소득금액
>   - 배당소득금액 : 67,000천원(Gross-up 금액 2,000천원 포함)
>   - 사업소득금액 : 45,000천원
> • 종합소득공제액 : 10,000천원

① 13,090천원   ② 14,720천원
③ 16,720천원   ④ 17,430천원
⑤ 19,630천원

정답 및 해설

11 ③ 금융소득금액 = 이자소득 + 배당소득 + 배당가산액(Gross-up 금액)
• 이자소득 = 은행의 예금이자 5,000천원
• 배당소득 = 집합투자기구로부터의 이익(배당) 8,000천원 + 내국법인으로부터의 현금배당 25,000천원 + 출자공동사업자의 이익 10,000천원 = 43,000천원
• 배당가산액 = Min[18,000천원, 25,000천원] × 10% = 1,800천원
∴ 종합과세대상 금융소득금액 = 5,000천원 + 43,000천원 + 1,800천원 = 49,800천원
[참고] 채권의 매매차익은 금융소득에 해당하지 않으며, 집합투자기구로부터의 이익은 배당가산 대상이 아니다.

12 ① 출자공동사업자의 배당소득은 일반적인 금융소득과 구분하여 과세하기 때문에 금융소득 종합과세 여부 판단 시에 제외된다.

13 ③ 종합소득 산출세액 = Max[㉠, ㉡] = 16,240천원
㉠ {(100,000천원 − 20,000천원) × 24% − 5,760천원} + 20,000천원 × 14% = 16,240천원
㉡ {(100,000천원 − 30,000천원) × 24% − 5,760천원} + 30,000천원 × 14% = 15,240천원

14 ② • 종합소득 과세표준 = (67,000천원 + 45,000천원) − 10,000천원 = 102,000천원
• 종합소득 산출세액 = Max[㉠, ㉡] = 16,720천원
㉠ {(102,000천원 − 20,000천원) × 24% − 5,760천원} + 20,000천원 × 14% = 16,720천원
㉡ {(102,000천원 − 67,000천원) × 15% − 1,260천원} + 65,000천원 × 14% = 13,090천원
• 배당세액공제 = Min[㉠, ㉡] = 2,000천원
㉠ Gross-up 금액 = 2,000천원
㉡ 한도 = 16,720천원 − 13,090천원 = 3,630천원
• 종합소득 결정세액 = 16,720천원 − 2,000천원 = 14,720천원

㉮ p.117, p.214 ~ 220 ㉯ p.506 ~ 507

15

중요도 ★★★

다음의 소득 자료를 토대로 파악한 거주자 이한결씨에 대한 설명으로 가장 적절한 것은?

- 은행의 예금이자 : 300만원
- 개인종합자산관리계좌(ISA)에 투자한 금액 : 200만원
- 근로소득금액 : 3,600만원
- 종합소득공제액 : 100만원
- 종합소득세 기본세율

과세표준	세 율	누진공제방식
1,400만원 초과 5,000만원 이하	84만원 + 1,400만원 초과액의 15%	15% − 126만원

① 종합소득 산출세액 계산 시 배당세액공제액 30만원을 고려해야 한다.
② 종합소득 산출세액은 근로소득금액만 고려하므로 399만원으로 계산된다.
③ 개인종합자산관리계좌(ISA)에 투자한 금액은 종합과세대상이다.
④ 이한결씨는 금융소득 종합과세를 피하기 위한 세제혜택을 받지 못하고 있다.
⑤ 이한결씨는 소득세 확정신고 의무가 있다.

16

중요도 ★

㉮ p.218 ㉯ p.507

다음 중 금융소득 종합과세 대상 여부와 무관한 절세금융상품은 무엇인가?

① 개인종합자산관리계좌(ISA)
② 주택청약종합저축
③ 장병내일준비적금
④ 청년도약계좌
⑤ 비과세종합저축

중요도 ★

㉮ p.219～222 ㉯ p.508

금융소득 절세방안에 대한 설명으로 적절하지 **않은** 것은?

① 비과세 혹은 분리과세상품을 적절히 활용하여 금융소득 종합과세를 절세할 수 있다.

② 확정기여(DC)형 퇴직연금이나 개인형퇴직연금제도(IRP)를 활용할 경우 세액공제를 더 많이 받을 수 있다.

③ 금융소득 종합과세 규정은 매년 1월 1일부터 12월 31일까지의 개인별 금융소득을 합산하여 2천만원 초과 시에만 적용되는 것이므로, 어느 한 연도에 금융소득이 집중되는 것보다 매년 균등하게 이자를 받는 것이 절세 면에서 유리하다.

④ 종합소득세율은 초과누진세율구조이기 때문에 금융자산의 명의자를 배우자 등 가족으로 분산하여 투자하게 되면 금융소득이 분산되어 절세가 가능하다.

⑤ 미성년 자녀에게는 10년 단위로 5,000만원까지 증여하여도 증여세가 발생하지 않으므로 절세에 활용할 수 있다.

정답 및 해설

15 ② • 은행의 예금이자는 2천만원을 초과하지 않으므로 분리과세대상이고, 개인종합자산관리계좌(ISA)에 투자한 금액은 비과세 혹은 분리과세대상이므로 종합소득 산출세액 계산 시 근로소득금액만 고려한다.

　　　 • 종합소득 산출세액 = (3,600만원 − 100만원) × 15% − 126만원 = 399만원

　　　 ① 배당소득이 없으므로 배당세액공제액을 고려하지 않는다.

　　　 ③ 개인종합자산관리계좌(ISA)에 투자한 금액은 비과세 혹은 분리과세대상이다.

　　　 ④ 개인종합자산관리계좌(ISA)는 대표적인 세제혜택이 있는 주요절세상품이다.

　　　 ⑤ 분리과세 및 비과세 이자소득과 근로소득만 있는 거주자는 확정신고 의무에서 제외된다.

16 ②　주택청약종합저축은 금융소득 종합과세 대상 여부와 무관한 절세금융상품이다.

17 ⑤　5,000만원 → 2,000만원

부동산자산과 세금

01

중요도 ★★★

㉮ p.229 ~ 232 ㉯ p.509 ~ 511

다음 중 취득세에 대한 설명으로 적절한 것은?

① 유상승계취득시 취득 당시 가액은 일반적으로 시가인정액으로 하지만, 특수관계인간의 부당한 거래로 인정되는 경우에는 사실상 취득가격으로 한다.

② 상속에 따른 무상취득의 경우에는 신고가액을 취득세 과세표준으로 한다.

③ 취득세에 대한 부가세로서 농어촌특별세와 지방소득세가 과세된다.

④ 조정대상지역에서 시가표준액 3억원 이상인 주택 증여 시 취득세 세율은 12%이다.

⑤ 농지 이외의 것을 매매나 교환 등으로 취득하는 경우의 취득세 세율은 4.00%(부가세 포함)이다.

02

중요도 ★★

㉮ p.230 ~ 233 ㉯ p.511

부동산 취득에 따른 취득세 세율이 적절하게 연결되지 **않은** 것은?

① 증여, 유증, 그 밖의 무상취득 시 : 4.00%(부가세 포함)

② 1주택자의 주택 유상거래 시(2020년 8월 12일 취득분부터 적용) : 취득가액 6억원 이하는 1%, 6억원 초과 9억원 이하는(해당 주택의 취득 당시 가액 × 2/3억원 − 3) × 1/100으로 계산한 세율, 9억원 초과는 3%

③ 과밀억제권역 내에서 본점·주사무소의 사업용 부동산을 취득한 경우 : 표준세율 + 12%

④ 사치성 재산(별장, 골프장, 고급오락장, 고급주택 등)의 취득 시 : 표준세율 + 8%

⑤ 농지 이외의 것으로 매매, 교환 등으로 인한 취득 시 : 4.00%(부가세 제외)

03

중요도 ★★

사치성 재산의 취득 시 고려사항에 대한 설명으로 적절하지 **않은** 것은?

① 별장을 취득하는 경우, 취득세가 표준세율 + 8%, 재산세율이 4%로 중과세 된다.

② 사치성 재산의 범위는 별장, 골프장, 고급주택, 고급오락장 등이며, 이 중 고급주택은 지방 세법에서 열거하는 주거용 건물과 그 부속토지로서 취득 당시 시가표준액이 10억원을 초과 하는 경우로 한정한다.

③ 별장의 경우 1세대 1주택 비과세 규정 적용 시 주택 수에는 포함되지 않지만, 별장의 부속토 지는 비사업용 토지로 보아 중과세율을 적용한다.

④ 농어촌 지역의 소규모 주택을 별장으로 이용하는 경우에는 지방세 중과부담이 없지만, 소득 세법상으로는 주택에 포함시킬 수 있다.

⑤ 부동산 취득시점에는 고급오락장이 없었지만, 취득 후 5년 이내에 고급오락장이 설치되는 경우에는 취득세가 중과된다.

7과목

세금설계　해커스 CFP 지식형 핵심문제집

정답 및 해설

01 ④ ① 시가인정액 ↔ 사실상 취득가격
② 신고가액 → 시가표준액
③ 지방소득세 → 지방교육세
⑤ 4.00% → 4.60%

02 ③ 표준세율 + 12% → 표준세율 + 4%

03 ② 10억원 → 9억원

⑦ p.240 ⑧ p.513

04 중요도 ★★★

주택(1세대 1주택 제외)에 대한 보유세제의 내용을 비교한 아래의 표에서 (가) ~ (마)에 들어갈 내용으로 적절하게 연결된 것은?

구 분	재산세	종합부동산세
납세의무자	6월 1일 현재 재산소유자	(가)
과세권자	재산소재지 관할 시장·군수·구청장	(나)
과세방법	(다)	각 유형별로 개인별 전국합산
과세표준	공시가격 × 60%	(라)
세율구조	(마)	6단계 초과누진세율

① 가 : 6월 1일 현재 재산소유자로서 공시가격이 12억원을 초과하는 자
② 나 : 재산소재지 관할 세무서장
③ 다 : 개별과세
④ 라 : (공시가격 – 6억원) × 공정시장가액비율
⑤ 마 : 3단계 초과누진세율

⑦ p.240 ~ 241 ⑧ p.513

05 중요도 ★★

재산세 세율 및 종합부동산세 세율구조가 적절하게 연결되지 **않은** 것은?

① 별장, 고급오락장용 건축물의 재산세 : 4%
② 전·답·과수원·목장용지 및 임야의 재산세 : 0.07%
③ 별도합산과세대상 토지의 재산세 : 3단계 초과누진세율
④ 종합합산과세대상 토지의 종합부동산세 : 3단계 초과누진세율
⑤ 별도합산과세대상 토지의 종합부동산세 : 4단계 초과누진세율

06

중요도 ★★

부동산 보유세의 특징에 대한 설명으로 적절하지 **않은** 것은?

① 종합부동산세는 과세대상 유형별로 전국 합산하여 각 기준금액을 초과하는 경우에 과세되고 초과누진세율구조로 과세되기 때문에 각 유형별로 기준금액을 초과하지 않도록 하는 것이 바람직하다.

② 종합부동산세는 개인별 합산 과세체계이므로, 공동소유하는 경우 종합부동산세가 감소하게 되지만, 예외적으로 주택을 공동소유하는 경우에는 오히려 종합부동산세가 증가할 수도 있다.

③ 많은 상가를 보유하고 있는 재산세 납세의무자가 추가로 상가를 구입하고자 할 때에는 다른 조건이 모두 동일하다면 다른 시·군·구의 상가를 취득함으로써 별도합산과세 대상 토지분 재산세를 절감할 수 있다.

④ 재산세 과세대상 건축물은 3단계 초과누진세율을 적용하기 때문에 다른 시·군·구의 상가를 취득하거나 공동소유함으로써 건물분 재산세를 절감시킬 수 있다.

⑤ 주택분 재산세는 물건별로 개별 과세하기 때문에 주택을 공동소유하더라도 재산세는 감소하지 않는다.

정답 및 해설

04 ③ ① 12억원 → 9억원
② 재산소재지 → 주소지
④ 6억원 → 9억원
⑤ 3단계 → 4단계

05 ⑤ 4단계 → 3단계

06 ④ 건축물에 대해서는 단일세율을 적용하기 때문에 다른 시·군·구의 상가를 취득하거나 공동소유를 하더라도 건물분 재산세는 감소하지 않는다.

07

㉮ p.265 ~ 268 ㉦ p.520 ~ 521

중요도 ★★

부동산의 양도소득세에 대한 설명으로 가장 적절한 것은?

① 취득 당시의 실지거래가액을 확인할 수 없는 경우 취득가액은 매매사례가액 등을 적용하며, 이 경우 등기된 토지·건물의 기타필요경비는 개산공제율 1%가 적용된 금액으로 산정한다.

② 국내에 소재하는 토지·건물 또는 조합원입주권을 3년 이상 보유하면 등기 여부에 관계없이 장기보유특별공제를 적용받을 수 있지만, 주식에 대해서는 적용되지 않는다.

③ 양도소득 기본공제는 부동산 및 주식 등에 대한 양도소득과 통합하여 연 250만원을 공제하며 미등기양도자산에 대하여는 양도소득 기본공제를 적용하지 않는다.

④ 양도소득금액을 계산함에 있어서 양도차손이 발생한 자산이 있는 경우에는 양도차손이 발생한 자산과 같은 세율을 적용받는 자산의 양도소득금액에서 우선 공제 후 다른 세율을 적용받는 자산의 양도소득금액에서 공제한다.

⑤ 1세대 1주택 비과세 요건을 충족한 국내 소재 고가주택을 보유한 자가 해당 주택을 양도하는 경우에는 보유·거주기간에 관계없이 장기보유특별공제를 적용받지 못한다.

08
중요도 ★★★

□ 2024년 2월에 취득한 상가건물을 2024년 11월에 양도한 경우, 다음의 자료를 토대로 계산한 양도소득 산출세액으로 적절한 것은?

• 양도가액과 취득가액

구 분	실지거래가액	기준시가
양도 시	10억원	8억원
취득 시	확인할 수 없음	6억원

• 자본적 지출액과 양도비 등은 발생하지 않았다.
• 양도한 상가건물은 미등기 자산에 해당하지 아니하며, 2024년 중에 해당 상가건물 외에 양도한 자산은 없다고 가정한다.

① 41,362천원
② 67,810천원
③ 74,650천원
④ 91,800천원
⑤ 114,750천원

정답 및 해설

07 ④ ① 1% → 3%
② 등기 여부에 관계없이 → 등기된 자산에 한하여
③ 부동산 양도 시 기본공제는 주식과는 별개로 분리하여 연 250만원의 기본공제를 받는다.
⑤ 보유기간 3년 이상, 거주기간 2년 이상 고가주택을 양도하면 장기보유특별공제를 적용받을 수 있다.

08 ⑤ 양도소득 산출세액의 계산

(단위 : 천원)

양도가액		1,000,000
− 취득가액	−	750,000[1]
− 기타필요경비	−	18,000[2]
= 양도차익	=	232,000
− 장기보유특별공제	−	0[3]
= 양도소득금액	=	232,000
× 양도소득 기본공제	−	2,500
= 양도소득 과세표준	=	229,500
× 세 율	×	50%[4]
= 양도소득 산출세액	=	114,750

[1] 1,000,000 × 6억원/8억원
[2] 600,000 × 3%
[3] 3년 이상 보유 요건 미충족
[4] 1년 미만 보유한 건물의 양도소득세 세율

⑦ p.265 ~ 268 ⑧ p.520

09 중요도 ★★★

2024년 10월에 다음의 주택(등기된 주택으로서 1세대 1주택 비과세 요건을 갖춤)을 양도한 경우, 양도소득 과세표준을 계산한 금액으로 적절한 것은?

- 양도가액 : 15억원
- 기타필요경비 : 1억원
- 주택은 비사업용 토지에 해당하지 아니함
- 취득가액 : 9억원
- 보유 및 거주기간 : 12년

---

① 17,500천원
② 20,000천원
③ 37,500천원
④ 40,000천원
⑤ 97,500천원

⑦ p.271 ~ 272 ⑧ p.522

10 중요도 ★★

1과세기간 중 2회 이상 양도한 경우에 대한 설명으로 가장 적절한 것은?

① 양도차손이 발생한 자산이 있는 경우에는 당해 자산 외의 다른 자산에서 발생한 양도차익에서 그 양도차손을 공제한다.
② 양도차손이 발생한 자산은 다른 세율을 적용받는 자산의 양도차익에서 우선적으로 그 양도차손을 공제한다.
③ 다른 세율을 적용받는 자산이 2 이상인 경우에는 각 세율별 양도차익의 합계액에서 당해 양도차익이 차지하는 비율로 안분하여 공제한다.
④ 양도소득금액 중 소득세법 등에 의한 감면소득금액이 있는 때에는 당해 연도 중 가장 최근에 양도한 자산의 양도소득금액에서부터 순차로 공제한다.
⑤ 당해 연도에 기본세율의 적용대상 자산에 대한 예정신고를 2회 이상 하는 경우에는 이미 신고한 양도소득 과세표준과 그 이후에 신고하는 양도소득 과세표준을 합산한 금액 기준으로 세율을 적용한 후, 이미 신고한 예정신고 산출세액을 공제하여 예정신고 산출세액을 계산한다.

11

중요도 ★★

주택과 관련한 양도소득세에 대한 설명으로 가장 적절한 것은?

① 조정대상지역 내에 종전주택을 취득한지 1년 후에 새로운 주택을 취득하고, 종전주택을 3년 이내에 양도하는 경우 1세대 1주택으로 보아 비과세 규정을 적용한다.

② 70세 어머니를 동거봉양하기 위해 세대를 합쳐 일시적으로 2주택자가 된 자가 10년 이내에 1주택을 양도할 경우 1세대 1주택 비과세 규정을 적용받을 수 있다.

③ 근무상 형편으로 인해 수도권 밖에 소재하는 주택과 일반주택을 각각 1개씩 소유하고 있던 자가 형편이 나아짐으로써 5년 이내에 일반주택을 양도하는 경우 1세대 1주택 비과세 규정을 적용받을 수 있다.

④ 3년간 보유한 실지거래가액이 10억원인 주택을 보유한 1세대 1주택자가 해당 주택을 양도할 경우 고가주택의 양도로 보아 비과세 규정을 적용받을 수 없다.

⑤ 조정대상지역 내 2주택을 3년간 보유하고 있는 자가 해당 주택을 양도할 경우 6%의 장기보유특별공제를 적용받을 수 있다.

정답 및 해설

09 ① 양도소득 과세표준의 계산

(단위 : 천원)

양도가액		1,500,000
− 취득가액	−	900,000
− 기타필요경비	−	100,000
= 양도차익	=	100,000[1]
− 장기보유특별공제	−	80,000[2]
= 양도소득금액	=	20,000
− 양도소득 기본공제	−	2,500
= 양도소득 과세표준	=	17,500

[1] 500,000 × (15억 − 12억)/15억

[2] 500,000 × (15억 − 12억)/15억 × 80%

10 ⑤ ① 양도차익 → 양도소득금액
② 다른 → 같은
③ 양도차익 → 양도소득금액
④ 가장 최근에 양도한 자산 → 먼저 양도한 자산

11 ② ① 종전주택이 조정대상지역 내에 있을 경우 종전주택을 2년 이내에 양도해야 1세대 1주택 비과세 규정을 적용받을 수 있다.
③ 5년 → 3년
④ 실지거래가액이 12억원을 초과하는 주택에 대해 고가주택으로 보므로, 실지거래가액이 10억원인 주택의 양도는 비과세 규정을 적용받을 수 있다.
⑤ 조정대상지역 내 2주택을 보유하고 있는 자가 양도하는 주택은 장기보유특별공제를 적용받을 수 없다.

12
부동산의 양도소득세에 대한 설명으로 가장 적절하지 **않은** 것은?

□

① 추가로 발생하는 양도소득 과세표준이 10억원을 초과한다면, 추가로 양도할 부동산의 양도 시기를 다음 해로 이월하는 것이 더 유리하다.

② 양도소득세 계산에 필요한 자본적 지출 및 필요경비로 인정받기 위해서는 세금계산서, 신용 카드매출전표, 현금영수증 등의 적격증빙서류를 수취해야 한다.

③ 일시적 2주택자에 대해 1세대 1주택 비과세 규정 적용 시 양도순서에 관계없이 더 유리한 주택에 대해 비과세 규정을 적용받을 수 있다.

④ 양도소득세 계산 시 의제취득일 이전에 취득한 부동산의 취득가액은 양도 당시의 실지거래 가액에서 양도 당시 기준시가 대비 취득 당시의 기준시가의 비율을 곱한 금액으로 한다.

⑤ 부동산을 매매하는 거래당사자가 매매계약서의 거래가액을 사실과 다르게 기재한 경우 해당 부동산에 대한 양도소득세 비과세 및 감면을 배제한다.

13
부동산 취득 시 부가가치세에 대한 설명으로 가장 적절하지 **않은** 것은?

□

① 부동산을 일반과세자로부터 취득하는 경우에는 공급가액의 10%에 해당하는 부가가치세를 부담하게 되지만, 토지와 국민주택규모 이하의 주택에 대해서는 부가가치세가 면제된다.

② 부가가치세 일반과세자로서 사업자등록을 한 경우에는 세금계산서 수수 및 합계표 제출 등 의 절차를 이행하지 않더라도 부동산 취득 시 부담한 매입부가가치세를 환급받을 수 있다.

③ 사업자의 자금 부담을 완화하기 위하여 부가가치세법상 사업의 포괄적 양도·양수에 의한 부동산 취득 시 부가가치세를 과세하지 아니한다.

④ 면세사업인 주택임대사업은 부가가치세법상 일반과세자로 사업자등록을 할 수 없으므로, 주택임대사업을 하기 위해 부동산을 매수하는 경우 매입부가가치세를 환급받을 수 없다.

⑤ 면세사업자 또는 비사업자로부터 부동산을 매수하는 경우 부가가치세 부담이 전혀 없다.

부동산 양도 시 부가가치세에 대한 설명으로 가장 적절하지 **않은** 것은?

① 일반과세자가 사업용 건물을 임대하거나 사업장으로 사용하다가 양도하는 경우에는 부가가치세를 매수자로부터 거래징수해야 한다.

② 사업의 포괄적 양도·양수에 의한 방법으로 부동산을 양도하는 경우에는 부가가치세를 거래징수하지 않는다.

③ 부가가치세법상 일반과세자로서 사업을 운영하던 자가 사업용 부동산 등을 특수관계인 등에게 증여하는 경우에는 부가가치세를 과세하지 아니한다.

④ 부동산임대업에 사용되는 모든 자산(토지, 건물 등)과 부채(임대보증금 등)를 포괄적으로 인계시키는 부담부증여를 하여 사업의 포괄적 양수·양도를 하는 경우에는 부가가치세가 과세되지 않는다.

⑤ 주택임대사업을 영위하는 자가 임대사업용 주택 등을 양도하는 경우에는 부가가치세를 거래징수할 필요가 없다.

정답 및 해설

12 ③ 양도순서에 따라 1세대 1주택 비과세 규정 적용 여부와 양도소득세가 달라진다.

13 ② 매입부가가치세를 환급받기 위해서는 사업자등록뿐 아니라 세금계산서 수수 및 합계표 제출 등의 절차를 모두 이행하여야 한다.

14 ③ 특수관계인 등에게 증여하는 경우에는 간주공급의 규정 중 개인적 공급에 해당하여 재화의 공급으로 보아 부가가치세를 과세한다.

15

중요도 ★★

아버지가 아들에게 시가 10억원인 상가건물을 5억원에 양도한 경우, 소득세법과 상속세 및 증여세법상 아버지와 아들의 과세문제에 대한 설명으로 적절하지 **않은** 것은?

① 아버지의 양도소득세 계산상 양도가액은 실제 거래가액인 5억원이 아니라 시가 10억원을 적용해야 한다.

② 아버지는 양도소득세에 대한 납세의무가 있는데, 이때 부당행위계산부인을 적용하기 위해서는 시가와 거래가액의 차액이 3억원 이상이거나 시가의 30% 이상이어야 한다.

③ 아들이 아버지로부터 시가보다 낮은 가격으로 상가건물을 양수한 경우 시가와 대가의 차액에서 '3억원'과 '시가의 30%' 중 적은 금액을 차감한 금액을 아들의 증여재산가액으로 한다.

④ 아들이 해당 상가건물을 제3자에게 양도할 때 양도소득세 계산상 취득가액은 실제 취득가액인 5억원에 저가양수에 따른 이익의 증여규정에 따라 증여재산가액을 가산한 금액이다.

⑤ 대법원 판례에 의하면 특수관계인 간 저가 양수도에 대하여 양수인에게는 증여세, 양도인에게는 양도소득세를 부과하는 것이 이중과세에 해당하지 않는다.

16

중요도 ★★★

아버지가 소유하고 있는 상가건물(등기자산)을 아들에게 부담부증여하려고 할 때, 다음의 자료를 토대로 계산한 양도차익으로 적절한 것은? (단, 아들이 인수한 아버지의 채무는 객관적으로 입증된다고 가정함)

구 분	금액(단위 : 천원)	비 고
증여가액	500,000	기준시가
채무액	100,000	-
실지취득가액	300,000	-
취득 당시 기준시가	250,000	-
기타필요경비	100,000	실제 발생한 비용

① 15,000천원

② 20,000천원

③ 38,200천원

④ 47,000천원

⑤ 48,500천원

중요도 ★★　　　　　　　　　　　　　　　　　　　　　⑦ p.307　⑧ p.530

상속·증여받은 부동산을 양도하는 경우 보유기간 기산일이 적절하게 연결된 것은?

□

구 분	상속재산	증여재산
세율 적용 시	(가)	(나)
장기보유특별공제 적용 시	(다)	(라)

	가	나	다	라
①	피상속인이 취득한 날	증여자가 취득한 날	상속개시일	증여자가 취득한 날
②	피상속인이 취득한 날	증여받은 날	상속개시일	증여받은 날
③	피상속인이 취득한 날	증여받은 날	피상속인이 취득한 날	증여자가 취득한 날
④	상속개시일	증여자가 취득한 날	피상속인이 취득한 날	증여받은 날
⑤	상속개시일	증여받은 날	상속개시일	증여받은 날

정답 및 해설

15 ② 30% 이상 → 5% 이상

16 ⑤ 양도차익 = 양도가액 - 취득가액 - 기타필요경비

　　　　　　　　　　　　(단위 : 천원)

　　　　양도가액　　　　　100,000[1]
　　－　취득가액　　　－　　50,000[2]
　　－　기타필요경비　　－　　1,500[3]
　　＝　양도차익　　　＝　　48,500

[1] 500,000 × 1억원/5억원
[2] 250,000 × 1억원/5억원
[3] 250,000 × 1억원/5억원 × 3%

　[참고] 양도가액을 기준시가로 적용하는 경우에는 취득가액도 기준시가에 의하여 산정해야 하고, 이 경우에는 기타필요
　　　　경비도 개산공제방식을 적용해야 한다.

17 ② 가. 피상속인이 취득한 날
　　　　나. 증여받은 날
　　　　다. 상속개시일
　　　　라. 증여받은 날

7장

은퇴자산과 세금

01 중요도 ★★★ ㉮ p.319 ~ 321 ㉲ p.533

공적연금의 과세체계에 대한 설명으로 가장 적절하지 **않은** 것은?

① 공적연금은 과세기준일(2002년) 이후 납입분을 기초로 하며, 공무원연금법, 군인연금법 등에 의해 받는 연금에 대해서는 소득세를 과세하지 않는다.
② 공적연금소득을 수령하는 자는 연금소득을 최초로 수령하기 전에 연금소득자 소득 및 세액공제신고서를 공적연금관리기관에 제출해야 한다.
③ 공적연금을 연금 형태로 수령하는 경우 연금소득세를 과세하고, 일시금 형태로 수령하는 경우 퇴직소득세를 과세한다.
④ 공적연금소득과 사업소득이 있는 자는 연말정산으로 종합소득신고를 갈음하므로 종합소득세 확정신고를 하지 않아도 된다.
⑤ 총연금액에 따른 연금소득공제액은 총 900만원을 한도로 한다.

02 중요도 ★★ ㉮ p.321, p.326 ㉲ p.533 ~ 535

다음 연금소득 중 반드시 분리과세로 납세의무를 종결하는 소득으로 모두 묶인 것은?

> 가. 종합과세대상인 사업소득이 있는 자가 수령한 공적연금소득
> 나. 소득세가 이연된 퇴직소득을 연금수령하는 연금소득
> 다. 의료목적 등의 부득이한 사유로 일정한 요건을 갖추어 인출하는 연금소득
> 라. 공적연금소득과 근로소득만 있는 경우로서 연말정산으로 소득세를 납부한 경우

① 가, 나
② 가, 다
③ 나, 다
④ 나, 라
⑤ 나, 다, 라

연금계좌의 과세체계에 대한 설명으로 가장 적절하지 않은 것은?

☐

① 퇴직소득세가 원천징수되지 않은 퇴직소득을 연금 형태로 인출하는 경우의 그 연금은 연금 계좌 관련 연금소득으로 본다.

② 연금계좌에서 일부 금액이 인출되는 경우에는 당해 과세기간 납입분이 먼저 인출되고 이전 과세기간 납입분이 순서에 따라 인출되는 것으로 본다.

③ 인출된 금액이 연금수령한도를 초과하는 경우, 연금외수령분이 먼저 인출되고 그 다음으로 연금수령분이 인출되는 것으로 본다.

④ 연금계좌에서 운용수익 및 공제받은 자기부담금을 원천으로 연금수령 시에 1,500만원을 초과하게 되면 전액을 다른 종합과세와 분리과세를 선택할 수 있다.

⑤ 연금수령일 현재 65세인 자에게 사적연금소득(종신계약에 따른 연금소득 아님)을 지급하는 경우, 원천징수의무자는 지급금액의 5% 상당액을 원천징수한다.

정답 및 해설

01 ④ 공적연금소득과 사업소득이 있는 자는 소득을 합산하여 신고납부해야 한다.

02 ③ '나, 다'는 반드시 분리과세로 납세의무를 종결한다.
　가. 종합과세대상인 사업소득이 있는 자가 수령한 공적연금소득은 종합과세한다.
　라. 공적연금소득 이외의 다른 종합소득이 없는 경우로서 연금소득에 대한 연말정산으로 소득세를 납부한 경우에는 분리과세로써 납세의무를 종결할 수 있다.

03 ③ 연금수령분이 먼저 인출되고 그 다음으로 연금외수령분이 인출되는 것으로 본다.

⑰ p.320 ~ 326 ⑭ p.533 ~ 535

04

중요도 ★★★

다음 중 퇴직소득과 연금소득에 대한 설명으로 가장 적절한 것은?

① 퇴직연금을 연금의 형태로 수령하는 경우에는 퇴직소득으로 과세된다.
② 연금소득공제는 연 900만원을 한도로 한다.
③ 공적연금소득과 연금계좌의 연금소득을 합한 총연금액이 연 1,500만원을 초과할 경우, 연금소득자는 해당 연금소득금액에 대하여 종합소득금액과 합산하여 과세한다.
④ 공적연금과 연금계좌 모두 다음 연도 1월분 연금소득을 지급하는 때에 연말정산을 해야 한다.
⑤ 이연퇴직소득이 퇴직소득세로 과세될 경우 연금소득세로 과세될 때보다 절세효과를 누릴 수 있다.

05

중요도 ★★

⑰ p.329 ~ 330 ⑭ p.536

다음 중 퇴직소득의 범위에 해당하지 **않는** 것은?

① 사용자 부담금을 기초로 하여 현실적인 퇴직을 원인으로 지급받는 소득
② 공적연금 관련법에 따라 받는 일시금과 지연이자
③ 종교 관련 종사자가 현실적인 퇴직을 원인으로 종교단체로부터 지급받는 소득
④ 과학기술인공제회법에 따라 퇴직연금급여를 받는 회원이 별도로 지급받는 과학기술발전장려금
⑤ 임원이 현실적으로 퇴직함에 따라 지급하는 퇴직금 중 정관의 규정으로 정하는 한도를 초과하는 금액

06

중요도 ★★

임원의 퇴직소득에 대한 설명으로 가장 적절하지 **않은** 것은?

□

① 법인세법상 임원퇴직금 한도초과액은 손금불산입되어 상여로 소득처분되며, 이는 근로소득에 해당한다.

② 법인세법상 임원의 퇴직소득에 대한 손금산입 한도는 원칙적으로 퇴직 전 1년간 총급여의 10%에 근속연수를 곱한 금액으로 한다.

③ 임원이 DC형 퇴직연금에 가입한 경우 회사가 납입한 사용자부담금에서 발생한 운용수익도 소득세법상 임원퇴직소득한도 계산 시 포함해야 한다.

④ 소득세법상 퇴직소득이 정관 또는 정관에서 위임된 규정 이내의 금액이라도 한도를 초과하면 근로소득세로 과세한다.

⑤ 법인의 이사장, 대표이사, 전무이사 및 상무이사 등 이사회의 구성원 전원 뿐만 아니라 감사에 대한 퇴직소득도 임원의 퇴직소득으로 본다.

정답 및 해설

04 ② ① 퇴직소득 → 연금소득
③ 연금소득은 연금수령액수와 관계없이 납세자의 선택에 따라 종합소득금액과 합산하거나 분리과세를 선택할 수 있다.
④ 공적연금 외의 연금소득(연금계좌)은 연말정산대상 연금소득이 아니므로 다음 연도 5월 1일부터 5월 31일까지 종합소득세를 신고해야 한다.
⑤ 퇴직소득세 ↔ 연금소득세

05 ⑤ 임원의 퇴직금 중 정관 규정으로 정한 금액을 초과하는 금액은 근로소득으로 본다.

06 ② 법인세법상 임원의 퇴직소득에 대한 손금산입 한도는 원칙적으로 정관이나 정관에서 위임한 규정에 의하고, 정관이나 규정에 없는 경우 퇴직 전 1년간 총급여의 10%에 근속연수를 곱한 금액으로 한다.

07

중요도 ★★

퇴직소득의 과세체계에 대한 설명으로 적절하지 **않은** 것은?

① 퇴직소득은 부당하게 높은 세율을 적용받게 되는 문제를 해결하기 위해 종합소득에서 제외하여 분류과세한다.
② 퇴직소득을 연금계좌에 이체하는 경우 퇴직소득에 대한 세금의 납부를 인출시까지 이연해준다.
③ 동일한 근속연수라면 퇴직금이 클수록 퇴직소득세의 부담이 증가한다.
④ 이연퇴직소득세를 환급하는 경우 퇴직소득금액은 이미 원천징수한 세액을 차감한 금액으로 한다.
⑤ 퇴직급여에서 근속연수공제를 차감한 후 근속연수만큼 나누고 12를 곱한 금액을 과세표준으로 한다.

08

중요도 ★

다음 중 은퇴자산의 절세방안에 대한 설명으로 가장 적절하지 **않은** 것은?

① 사적연금에 가입함으로써 받는 과세이연효과는 기간이 길수록 증가하므로 하루라도 빨리 연금계좌에 가입하여 불입하는 것이 유리하다.

② 사적연금 분리과세 한도 이내여도 연금소득이 크지 않고 다른 종합소득이 없다면 종합소득 신고가 유리할 수 있다.

③ 퇴직소득을 연금으로 수령할 경우 가능한 연금수령기간을 짧게 할수록 과세이연효과를 극대화할 수 있다.

④ 연금계좌에 여유자금을 입금하는 방법을 통해 세금을 줄일 수 있다.

⑤ 비과세종합저축이나 개인종합자산관리계좌(ISA) 같은 비과세상품의 가입요건에 해당한다면 이를 최대한 활용하여 절세할 수 있다.

정답 및 해설

07 ⑤ 퇴직급여에서 근속연수공제를 차감한 후 근속연수만큼 나누고 12를 곱한 금액에서 환산급여공제를 차감한 금액을 과세표준으로 한다.

08 ③ 짧게 → 길게

금융·자격증 전문 교육기관 해커스금융

fn.Hackers.com

8 과목

상속설계

[총 25문항]

> 문제풀이와 이론을 동시에 학습할 수 있도록 각 문제의 관련 이론이 수록된 기본서(한국FPSB 발간) 및 〈해커스 CFP 핵심요약집〉*
> 페이지를 표기하였습니다.
>
> * 〈해커스 CFP 핵심요약집〉은 해커스금융 CFP 합격지원반, 환급반, 핵심요약강의 수강생에 한하여 무료로 제공됩니다.

01 중요도 ★ ㉒ p.10 ~ 12 ㉔ p.544

상속에 관한 주요 법령에 대한 설명으로 가장 적절한 것은?

↗□
다시 봐야 할
문제에 체크하세요!

① 피상속인이 명시적으로 피상속인의 일상거소지법 등을 유언에 적용되는 방식으로서 지정하지 않은 이상 상속은 원칙적으로 상속인의 본국법에 따른다.
② 유언 및 유언의 변경 또는 철회는 유언 당시 유언자의 본국법에 따른다.
③ 현행 민법은 법정상속을 기본으로 하므로 유언으로 특정인에게 부동산을 유증한 행위도 무효이다.
④ 민법상 상속은 재산상속과 신분상속을 모두 규정하고 있다.
⑤ 민법에서는 생전상속과 사후상속을 모두 인정한다.

02 중요도 ★ ㉒ p.14 ~ 17 ㉔ p.545

다음 중 상속설계에서 자격인증자의 역할에 대한 설명으로 가장 적절하지 **않은** 것은?

□

① 중증치매 등의 경우 본인의 의사표시가 법률행위에 있어 지장을 줄 수 있기 때문에 상속설계는 피상속인이 의사표시가 가능할 때 미리 준비하는 것이 좋다.
② 상속설계 시 신상관리를 위해서는 후견과 공공후견의 법률제도를 활용할 수 있다.
③ 유언과 유언신탁은 수익자연속신탁과 연계가 가능하고, 유언대용신탁은 연속상속이 불가능한 특징이 있으므로 이 중 어떤 것이 고객에게 적합한 수단인지 비교할 수 있어야 한다.
④ 자격인증자는 소극재산이 적극재산보다 많은 경우 상속포기나 한정승인 등 대처방법에 대해 조언할 수 있어야 한다.
⑤ 피상속인의 생전에는 피상속인의 상속대상을 효율적으로 관리하고, 피상속인의 사후에는 재산을 효율적으로 분배하는 것을 넘어 더 많은 자산으로 확산할 방안이 무엇인지까지 고민해야 한다.

03

중요도 ★★

상속설계에서 자격인증자의 책임과 한계에 대한 설명으로 적절한 것은?

① 고객과 자격인증자의 소속회사의 이익이 충돌할 여지가 있다고 하더라도 다른 전문가에게 상속설계를 이관하면 안 된다.

② 금융투자업자의 권유행위 이상의 상담을 통하여 고객이 이를 신뢰하여 상품 가입을 하고, 추후 피해를 본 경우에도 자격인증자는 법적 책임을 부담하지 않는다.

③ 고객과 자격인증자의 이해관계가 충돌할 경우 자격인증자는 본인 또는 소속회사에 유리한 방향으로 상속설계를 할 수 있다.

④ 법률상담의 경우 대가 없는 상담이어야 하고 전문적인 지식이 필요한 경우 해당 전문가와 협업을 해야 한다.

⑤ 다양한 전문가와의 네트워크를 유지하여 필요 시 관련 전문가의 도움을 받을 수는 있지만, 타 전문가와 업무제휴계약을 맺어서는 안 된다.

정답 및 해설

01 ② ① 상속인의 본국법 → 피상속인의 본국법
　　　③ 현행 민법에서는 법정상속을 기본으로 하므로 유언으로 상속인을 지정하는 것은 허용되지 않지만, 유언을 통한 재산상속인 유증은 유효하다.
　　　④ 2005년 이후 호주제도가 폐지됨에 따라 재산상속만이 남게 되었다.
　　　⑤ 민법에서는 생전상속은 인정하지 않고 사후상속만이 남아있다.

02 ③ 유언과 유언신탁 ↔ 유언대용신탁

03 ④ ① 고객과 소속회사의 이익이 충돌할 여지가 있는 상속설계는 다른 전문가 등에게 이전하는 것도 고객과의 관계를 유지하면서 이해충돌을 방지하는 방법이 될 수 있다.
　　　② 단순상담이 아닌 금융투자업자의 권유행위 이상의 상담을 통하여 고객이 추후 피해를 본 경우라면 자격인증자는 법적 책임을 질 수 있다.
　　　③ 고객과 자격인증자의 이해관계가 충돌할 경우 자격인증자는 고객의 이익에 부합하는 방향으로 상속설계를 진행해야 하며, 그렇지 않으면 해당 자격인증자의 자격에 흠결이 생길 수 있고 본인과 소속회사에 대한 법적 분쟁까지 발생할 수 있음에 유의해야 한다.
　　　⑤ 다양한 전문가와의 네트워크를 유지하여 필요 시 관련 전문가의 도움을 받거나 다양한 전문가와 업무제휴계약을 통해 상호 부족한 전문성을 보충하고 고객의 상속설계를 보다 더 완전하게 진행할 수 있다.

상속개시 전 상속설계

01 중요도 ★★★

㉮ p.25, p.30 ~ 32 ㉯ p.548

다음 중 성년후견제도에 대한 설명으로 가장 적절한 것은?

① 원칙적으로 신상관리와 관련해서는 한정후견인이 대리하여 결정하여야 하고, 피한정후견인은 단독으로 결정할 수 없다.

② 일상생활은 스스로 할 수 있지만 특정한 사안에 대한 일시적인 보호와 지원이 필요한 경우의 후견은 한정후견이다.

③ 임의후견의 경우 후견감독인 선임은 필수이며, 임의후견감독인 선임 시 임의후견계약에 따른 후견사무가 개시된다.

④ 피특정후견인의 행위를 목적으로 하는 채무를 부담하는 경우, 특정후견인은 본인의 판단으로 채무 부담 여부를 결정할 수 있다.

⑤ 성년후견제도의 후견인은 1인이어야 하며, 수인의 후견인은 인정하지 않는다.

02 중요도 ★★

㉮ p.27 ~ 28 ㉯ p.547

다음 중 미성년후견에 대한 설명으로 가장 적절하지 **않은** 것은?

① 친권자가 미성년자에 대한 친권의 전부 또는 일부를 행사할 수 없는 경우 개시된다.

② 친권자가 법률행위의 대리권과 재산관리권에 대해서만 친권을 행사할 수 없는 경우에도 미성년후견이 개시된다.

③ 미성년후견인은 법인, 미성년자, 피성년후견인 등 법에서 정해진 결격사유에 해당하지 않는 1인 또는 수인도 가능하다.

④ 미성년후견인은 미성년자의 재산을 관리하고 그 재산에 관한 법률행위뿐만 아니라 미성년자의 신분을 위한 행위도 대리한다.

⑤ 미성년후견인은 금전을 빌리는 행위, 부동산 또는 중요한 재산에 관한 권리의 득실변경을 목적으로 하는 행위 등을 할 때 후견감독인의 동의를 받아야 한다.

03

중요도 ★★

다음 중 신탁에 대한 설명으로 가장 적절한 것은?

① 신탁행위가 이뤄지면 신탁재산의 소유권은 위탁자에서 수탁자로 이전되고, 위탁자는 신탁재산을 보관하거나 관리할 수 있는 실질적인 권한을 잃게 된다.

② 위탁자는 수익자에게 신탁재산에 대한 원금과 이자를 직접 지급하므로 신탁재산을 보관, 관리하는 등의 부담을 가진다.

③ 신탁계약이 이행되어 신탁재산의 완전한 소유권이 수탁자에게 이전되면 수탁자는 신탁재산을 수탁자의 고유재산과 혼동하여 사용할 수 있다.

④ 신탁재산의 수익권이 위탁자에게 귀속된 경우 위탁자의 채권자라고 하더라도 법률에서 정한 예외 사유에 해당하지 않는 이상 신탁재산에 대한 강제집행을 할 수 없다.

⑤ 상사신탁의 경우 신탁법만이 적용되며 신탁재산의 범위에 제한이 없고, 가족 등이 수탁자가 될 수 있다.

정답 및 해설

01 ③ ① 원칙적으로 피한정후견인의 상태가 허락하는 한 신상관리와 관련해서는 피한정후견인이 단독으로 의사결정을 하고, 한정후견인은 특별한 경우에만 대리한다.
② 한정후견 → 특정후견
④ 피특정후견인의 행위를 목적으로 하는 채무를 부담할 경우, 특정후견인은 피특정후견인 본인의 동의를 얻어야 한다.
⑤ 성년후견제도의 후견인은 1인 또는 수인도 가능하다.

02 ③ 미성년후견인은 법인, 미성년자, 피성년후견인, 피한정후견인 등의 법에서 정해진 결격사유에 해당하지 않는 한 명의 후견인만 가능하다.

03 ④ ① 신탁재산의 소유권은 위탁자에서 수탁자로 이전하는 법률효과가 발생하지만, 위탁자는 여전히 신탁계약에서 정하는 바에 따라 수탁자를 통하여 본인의 신탁재산에 대해 보관·관리 등을 할 수 있는 실질적인 권한을 행사할 수 있다.
② 수익자에게 신탁재산에 대한 원금과 이자를 지급하는 것은 수탁자이므로 위탁자는 신탁재산을 보관, 관리하는 등의 부담을 가지지 않는다.
③ 신탁계약이 이행되어 신탁재산의 완전한 소유권이 수탁자에게 이전되어도 수탁자는 신탁재산을 수탁자 고유재산과 분별하여 관리하고 신탁재산임을 표시해야 하는 등 신탁재산의 독립성을 인정한다.
⑤ 상사신탁 → 민사신탁
참고 상사신탁은 신탁법과 자본시장법을 모두 적용받으며 다양한 법적 제한을 받게 된다.

중요도 ★★★

⑳ p.40 ~ 45 ⑳ p.550 ~ 551

유언대용신탁에 대한 설명으로 적절한 것은?

□

① 유언대용신탁은 신탁계약을 통하여 위탁자 생전에도 위탁자의 사후까지 위탁자의 재산관리가 가능하다는 점에서 유언신탁, 유증과 차이가 있다.

② 유언대용신탁과 신탁재산별 개별계약 간 모순되는 내용이 있는 경우 개별신탁을 우선적으로 적용한다.

③ 유언대용신탁을 통해 부동산관리신탁계약(을종)을 체결하는 경우 신탁회사의 사전 승낙 없이는 신탁부동산에 대한 임대차, 저당권 설정 등 소유권 제한 행위가 엄격히 제한된다.

④ 상속재산 중 부동산의 상속등기 및 소유권 이전 시 유언대용신탁으로 처리할 경우 상속재산 분할에 대한 동의서나 유언에 대한 법원의 검인조서가 필요하다.

⑤ 후견인을 미리 계약으로 정하여 놓아 후견인이 될 자와 후견계약을 체결함과 동시에 신탁회사와 신탁계약을 체결할 수 있는 것은 법정후견신탁이다.

05
중요도 ★★★

⑳ p.52 ~ 60 ⑳ p.553 ~ 555

다음 중 유언의 법적효력이 발생하는 유언서로 모두 묶인 것은?

□

가. 증인이 아닌 제3자에 의해 미리 작성된 유언의 취지를 증인이 낭독하고 피상속인이 말을 하지 않은 채 고개만 끄덕이고 서명한 구수증서유언

나. 비밀증서로 작성된 유언으로 그 방식에 흠결이 있었으나, 유언자가 증서의 전문, 연월일, 주소, 성명을 자서하고 날인함으로써 그 증서가 자필증서의 방식에는 적합한 유언

다. 유언자가 육성으로 유언의 취지와 성명, 연월일을 구술하고 1명의 증인이 유언의 정확함과 그 성명을 구술한 녹음유언

라. 유언자가 공증인 앞에서 유언취지를 구수하고 공증인이 이를 필기낭독하여 유언자와 증인이 그 정확함을 승인한 후 유언자와 증인이 기명날인 없이 서명만 한 공정증서유언

① 가, 나

② 나, 다

③ 가, 나, 라

④ 가, 다, 라

⑤ 나, 다, 라

06

중요도 ★★★

㉠ p.57 ~ 61 ㉡ p.553 ~ 555

다음 중 유언의 방식에 대한 설명으로 가장 적절하지 **않은** 것은?

① 질병이나 그 밖에 급박한 사유로 인하여 다른 방식에 따라 유언할 수 없는 경우에만 구수증서유언을 할 수 있다.

② 비밀증서의 유언서상 유언서 제출연월일은 기재하지 않아도 되지만, 유언서의 작성연월일은 반드시 기재하여야 유효한 유언이 된다.

③ 공정증서유언은 2인 이상의 증인의 참여와 공증인의 참여가 있어야 한다.

④ 구수증서유언은 증인 또는 이해관계인이 급박한 사정이 종료한 날로부터 7일 이내에 가정법원에 검인을 신청하여야 한다.

⑤ 구수증서유언은 유언자가 서명과 기명날인 중 한 가지만 하더라도 유효하다.

정답 및 해설

04 ① ② 개별신탁 → 유언대용신탁

③ 유언대용신탁을 통해 부동산관리신탁계약(을종)을 체결하는 경우 위탁자는 원칙적으로 부동산 소유권을 신탁회사로 이전하지만 임대 권한은 그대로 가진다.

[참고] 신탁회사의 사전 승낙 없이는 신탁부동산에 대한 임대차, 저당권 설정 등 소유권 제한 행위가 엄격히 제한되는 것은 부동산담보신탁의 특징이다.

④ 부동산의 상속등기 및 소유권 이전 시 유언대용신탁으로 처리하면 신탁을 원인으로 하기 때문에 등기를 상대적으로 간편하게 할 수 있다.

[참고] 상속재산분할에 대한 동의서나 유언에 대한 법원의 검인조서가 필요한 것은 유언 등을 통한 상속으로 처리하는 경우이다.

⑤ 법정후견신탁 → 임의후견신탁

05 ⑤ '나, 다, 라'는 유언의 법적효력이 발생하는 유언서이다.

가. 유언취지의 구수에 해당한다고 보기 어려워 구수증서에 의한 유언의 방식에 위배된다.

06 ② 제출연월일 ↔ 작성연월일

⑦ p.62 ~ 64 ⓈΘ p.556

07

중요도 ★★

유언의 효력에 대한 설명으로 가장 적절한 것은?

① 유언은 유언자가 유언장을 작성한 때부터 효력이 생긴다.
② 유언은 상대방에 대한 계약행위로 그 효력이 발생하기 때문에 그 효력 발생에 수증자의 동의 여부가 필수적이다.
③ 정지조건부 유언의 경우 정지조건이 유언자의 사망 전에 성취되면 유언은 조건 없는 유언이 되어 유언자의 사망 시 효력이 발생한다.
④ 유언자가 자신의 병시중을 한 사람이 A가 아니라 B라고 착오하고 B에게 유증한 경우 그 유언은 취소할 수 없다.
⑤ 유언자가 고의로 유증의 목적물을 일부 파훼한 때에는 다른 재산에 대한 유언도 모두 철회한 것으로 본다.

08 다음 중 유증에 대한 설명으로 가장 적절한 것은?

① 유언의 방식에 흠결이 있어 무효가 되면 사인증여의 요건을 갖추고 있을지라도 사인증여로서 효력을 인정받지 못한다.

② 포괄적 수증자는 상속재산에 관하여 그 수증분의 비율에 따라 적극재산을 포괄적으로 승계하며, 소극재산은 승계하지 않는다.

③ 포괄적 수증자는 상속인과 동일한 권리의무가 있어서 유류분과 공동상속분의 양수권이 인정된다.

④ 포괄유증은 일부 포기가 불가능하지만 특정유증은 일부 포기가 가능하다.

⑤ 포괄적 수증자, 상속인 없는 재산의 관리인, 유언집행자는 유증의무자가 될 수 없다.

정답 및 해설

07 ③   ① 유언장을 작성한 때 → 사망한 때
      ② 유언은 상대방 없는 단독행위로 그 효력이 발생하기 때문에 그 효력 발생에 수증자의 동의 여부는 필요하지 않다.
      ④ 취소할 수 없다. → 취소할 수 있다.
      ⑤ 파훼한 부분에 관한 유언에 대해서만 철회한 것으로 본다.

08 ④   ① 유언의 방식에 흠결이 있어 무효가 되더라도 사인증여의 요건을 갖추고 있으면 사인증여로서 효력을 인정한다.
      ② 소극재산은 승계하지 않는다. → 소극재산까지도 포괄적으로 승계한다.
      ③ 인정된다. → 인정되지 않는다.
      ⑤ 될 수 없다. → 될 수 있다.

01 중요도 ★★   ㉮ p.75 ~ 77 ㉯ p.559

상속개시의 기준에 대한 설명으로 가장 적절하지 **않은** 것은?

① 상속은 자연인이 사망한 경우에만 개시되고, 법인이 소멸한 경우에는 해산, 청산의 단계를 거쳐 법인격이 소멸한다.

② 상속개시 시기는 상속재산분할에 있어 상속분 산정을 위한 상속재산과 특별수익의 평가시점의 기준, 유류분 산정의 기초가 되는 상속재산의 가액의 기준이 된다.

③ 상속개시의 원인은 피상속인의 사망인데, 피상속인의 사망에는 자연적 사망, 인정사망, 동시사망 추정 등이 포함된다.

④ 수해, 화재나 그 밖의 재난으로 사망한 사람의 경우 이를 조사한 관공서가 지체 없이 사망지의 시·읍·면장에게 통보하여 사망을 추정하는데, 외국에서 사망한 때는 재외국민 가족관계등록사무소의 가족관계등록관에게 통보할 수 있다.

⑤ 동시사망이 추정되는 2인 이상 상호간에는 상속권과 대습상속이 인정되지 않는다.

02 중요도 ★★★   ㉮ p.78 ~ 79 ㉯ p.559 ~ 560

다음 중 실종선고에 대한 설명으로 가장 적절하지 **않은** 것은?

① 항공기실종, 선박실종, 전쟁실종, 위난실종과 같은 특별실종의 실종기간은 1년이며, 보통실종의 실종기간은 5년이다.

② 실종선고가 확정되면 실종자는 민법상 실종기간이 만료한 때, 상증법상 실종선고일에 사망한 것으로 본다.

③ 피상속인의 주소를 알 수 없거나 피상속인이 국내에 주소를 가지지 않는 경우에는 사망지를 상속개시의 장소로 본다.

④ 상속 비용에는 장례비용, 소송비용, 상속재산의 처분에 수반되는 조세부담이 있다.

⑤ 실종자가 다른 시기에 사망한 사실의 증명이 있으면 가정법원에 실종선고취소청구를 통해 실종선고를 취소할 수 있다.

03

중요도 ★★★

다음 사례에서 A의 재산을 상속받을 법정상속인으로 모두 묶인 것은?

☐

- A의 자녀로는 B, C, D, E가 있다.
- 첫째 B는 A보다 먼저 사망하였고 배우자 F와 자녀 G가 있다.
- 둘째 C는 배우자 H와 자녀 I가 있고 A가 남긴 유언에 부정행위를 저질렀다.
- 셋째 D는 호주로 이민을 간 후 호주 국적을 취득하였다.
- 넷째 E는 A가 사망하기 전에 친양자로 입양한 자녀이다.

① D, F, G
② E, H, I
③ D, F, G, H, I
④ E, F, G, H, I
⑤ D, E, F, G, H, I

정답 및 해설

01 ⑤ 동시사망이 추정되는 2인 이상 상호간에는 상속권은 인정되지 않지만 대습상속은 인정된다.

02 ④ 상속재산의 처분에 수반되는 조세부담은 상속비용에 해당하지 않는다.

03 ⑤ C : 상속결격자로 상속받지 못한다.
D : 외국국적을 가지고 있어도 상속인이 될 수 있다.
E : 친양자는 양부모의 상속인이 될 수 있다.
F, G : B의 상속분을 대습상속받는다.
H, I : 상속결격자인 C의 상속분을 대습상속받을 수 있다.

04

중요도 ★★

㉮ p.80~81 ㉯ p.560

다음 중 상속결격자에 대한 설명으로 가장 적절하지 **않은** 것은?

① 상속개시 후 상속결격사유가 발생한 경우라면 유효하게 개시된 상속도 상속이 개시된 때로 소급하여 무효가 된다.
② 대법원 판례에 따르면 선순위 또는 동순위의 상속인이 될 태아의 낙태는 결격사유에 해당한다.
③ 상속결격의 효과는 결격자에게만 미치므로 결격자의 직계비속이나 배우자가 대습상속하는 데에는 지장이 없다.
④ 고의로 직계존속, 피상속인과 그 배우자 또는 상속의 선순위나 동순위에 있는 사람을 살해하거나 살해하려고 한 사람은 상속결격자가 된다.
⑤ 공동상속인들 사이에 그 내용이 널리 알려진 유언서라고 하더라도 피상속인이 사망한 지 6개월이 경과한 시점에서 비로소 그 존재를 주장하였다면 유언서의 은닉에 해당하여 상속결격자가 된다.

05

중요도 ★★★

㉮ p.80~81 ㉯ p.560

다음 중 상속결격 사례로 적절하지 **않은** 것은?

① 아버지의 상속에 관한 유언장을 파기하였다.
② 남편이 사망하자 태아를 결손가정에서 키우기 어렵다고 판단하여 낙태하였다.
③ 음주운전으로 집으로 돌아오던 중 귀가하시던 아버지를 실수로 치어 사망하게 하였다.
④ 상속문제로 아버지를 살해하려다 그 목적을 달성하지 못하였다.
⑤ 본인에게 전 재산을 유증하도록 아버지가 작성한 유언장을 변조하였다.

06

중요도 ★★★

㉮ p.84 ㉯ p.561

다음 중 상속인이 될 수 없는 자로 모두 묶인 것은?

가. 이혼 소송 중인 배우자
나. 사실혼의 배우자
다. 적모서자
라. 외국국적을 가지고 있는 상속인
마. 친양자 사망 시 친양자의 친생부모

① 가, 다
② 가, 다, 마
③ 나, 다, 마
④ 나, 다, 라, 마
⑤ 가, 나, 다, 라, 마

07

㉮ p.86 ㉯ p.561

중요도 ★★★

법정상속인 중 직계비속에 대한 설명으로 가장 적절하지 **않은** 것은?

① 직계비속은 법정혈족과 자연혈족 모두 1순위 상속인이 된다.
② 양자의 촌수는 입양한 때부터 혼인 중의 출생자의 촌수와 동일하다.
③ 계모자 사이, 적모서자 사이에서는 상속권이 인정되지 않는다.
④ 일반양자는 친생부모의 성과 본을 유지하며 대습상속 및 유류분권을 모두 가진다.
⑤ 친양자는 재판이 확정된 때부터 혼인 중의 자로서의 신분을 취득하며, 친권 이외의 친생부모와의 관계는 유지된다.

08

㉮ p.88 ~ 90 ㉯ p.562

중요도 ★★★

법정상속인 중 배우자에 대한 설명으로 가장 적절한 것은?

① 사실혼 배우자의 경우 상속권이 인정되지만, 특별연고자로서 상속재산을 분여받을 수는 없다.
② 대습상속인에게 피대습원인이 발생한 경우, 그 배우자는 다시 대습상속을 할 수 없다.
③ 부부 중 일방이 사망하고 생존 배우자가 재혼할 경우 사망한 배우자의 혈족, 사망한 배우자의 혈족의 배우자와의 인척관계는 유지된다.
④ 사실상 이혼한 경우에는 부부 상호간 상속권이 인정된다.
⑤ 이혼 후에도 배우자는 상속인의 자격을 유지한다.

정답 및 해설

04 ⑤ 공동상속인들 사이에 그 내용이 널리 알려진 유언서를 피상속인이 사망한 지 6개월이 경과한 시점에서 비로소 그 존재를 주장했다고 하여 이를 두고 유언서의 은닉이라고 보지 않는다.

05 ③ 고의로 피상속인 등을 살해하거나 살해하려 한 행위는 상속결격 사유이나 실수로 사망에 이르게 하였다면 상속결격 사유가 아니다.

06 ③ '나, 다, 마'는 상속인이 될 수 없는 자이다.
'가, 라'는 상속인이 될 수 있는 자이다.

07 ⑤ 유지된다. → 종료된다.

08 ④ ① 사실혼 배우자의 경우 상속인이 인정되지 않고, 법에서 정한 일정 요건을 충족하는 경우 특별연고자로서 상속재산의 전부 또는 일부를 분여받을 수는 있다.
② 할 수 없다. → 할 수 있다.
③ 유지된다. → 종료된다.
⑤ 이혼을 하게 된 배우자는 상속인의 자격이 없게 된다.

중요도 ★   ㉮ p.92 ~ 93 ㉰ p.562
상속인의 부존재에 대한 설명으로 가장 적절하지 않은 것은?

① 상속인의 존재 여부가 분명하지 않은 때에 가정법원은 피상속인의 친족 등의 청구에 의하여 상속재산관리인을 선임하고 이를 공고한다.
② 상속재산관리인 선임 공고 후 3개월 내에 상속인의 존부를 알 수 없다면 관리인은 일반상속채권자와 유증받은 자에게 채권이나 유증을 받은 사실을 신고할 것을 공고해야 한다.
③ 일반상속채권자와 유증받은 자에게 채권신고를 최고하는 기간이 경과된 후 상속인이 나타나지 않으면 1년 이상의 기간 동안 그 권리를 주장할 것을 공고한다.
④ 상속인의 부존재가 확정된 후에도 특별연고자는 상속재산의 일부만을 분여받을 수 있다.
⑤ 특별연고자에게도 분여되지 않은 상속재산은 국가에 귀속한다.

10 중요도 ★★   ㉮ p.94 ㉰ p.563
공동상속재산에 대한 설명으로 가장 적절하지 않은 것은?

① 공동소유관계에 따라 공유물에 대한 보존행위는 공유자 단독으로 가능하다.
② 공동상속재산이 분리되기 전까지 공동상속인 간 상속재산에 대한 소유권은 공유 상태이다.
③ 공동상속인 5명이 같은 비율로 공유하고 있는 공동상속재산 A를 임대하려고 할 때, 공동상속인 전원의 동의가 필요하다.
④ 공동상속인은 개개의 상속재산에 대하여 각자의 상속분을 단독으로 처분할 수 있다.
⑤ 각 공동상속인은 공동상속재산 전부에 대하여 각각의 상속분의 비율로 사용, 수익할 수 있다.

11 중요도 ★★   ㉮ p.95 ㉰ p.563
다음 중 민법상 상속재산에 해당하는 재산으로 모두 묶인 것은?

| 가. 위자료청구권 |
| 나. 손해배상청구권 |
| 다. 저작권 |
| 라. 생명보험 수익자가 상속인으로 지정된 생명보험금청구권 |
| 마. 위임계약의 당사자 지위 |
| 바. 인격권 |

① 가, 나   ② 나, 다
③ 가, 나, 바   ④ 나, 라, 바
⑤ 다, 라, 마

다음 중 상속재산의 법률관계에 대한 적절한 설명으로 모두 묶인 것은?

□

> 가. 생명보험의 보험계약자가 보험수익자를 지정하기 전에 보험사고가 발생하여 피보험자의
>   상속인이 보험수익자가 되는 경우 생명보험금은 상속재산으로 본다.
> 나. 퇴직연금 및 유족연금의 청구권 등은 상속재산에 속하지 않는다.
> 다. 공동상속인들은 개개의 상속재산에 대하여 각자의 상속분에 해당하는 공동상속재산을 매도
>   하거나 근저당권을 설정하는 등 단독으로 처분할 수 있다.
> 라. 상속개시 후 발생한 상속주식의 배당금, 상속부동산의 차임 등은 상속재산에 해당한다.

① 가, 나   ② 가, 라

③ 나, 다   ④ 나, 라

⑤ 다, 라

정답 및 해설

09 ④ 상속인의 부존재가 확정되면 특별연고자는 상속재산의 전부 또는 일부를 분여받을 수 있다.

10 ③ 임대는 공동상속재산의 관리행위에 해당하며 공유지분 과반수의 동의로 정한다. 따라서 공동상속인 5명이 같은 비율로
  공유하고 있는 공동상속재산 A를 임대하려면, 공동상속인 3명 이상의 동의가 필요하다.

11 ② '나, 다'는 상속재산에 해당한다.
  가. 위자료청구권은 일신전속적 권리로 상속재산이 아니다.
  라. 생명보험 수익자가 상속인으로 지정된 보험금청구권은 상속인의 고유재산이고 상속재산이 아니다.
  마. 위임계약의 당사자 지위는 일신전속적 권리로 상속재산이 아니다.
  바. 인격권은 상속재산이 아니다.

12 ③ '나, 다'는 적절한 설명이다.
  가. 상속재산으로 본다. → 상속인들의 고유재산으로 본다.
  라. 상속개시 후 발생한 상속주식의 배당금, 상속부동산의 차임 등 상속재산의 과실은 상속재산이 아니라 상속인들이
    상속분에 따라 취득하는 그들의 공유재산이다.

13 중요도 ★★

☐ 채권·채무의 상속에 대한 설명으로 가장 적절한 것은?

① 가분채권, 가분채무는 상속재산분할의 대상이 되는 것이 원칙이다.

② 예금채권의 경우 기여분이 존재한다면 상속재산분할의 대상이 되지 않는다.

③ 상속채무에 관한 공동상속인간 분할의 협의가 있는 경우 소급하여 상속채무를 분할할 수 있다.

④ 보증한도액이 정해진 계속적 보증계약 중 보증인이 사망한 경우 상속인들이 보증인의 지위를 승계하여 보증채무를 진다.

⑤ 공동상속인 중 1인이 법정상속분을 초과하여 채무를 부담하기로 하는 상속인들 간의 약정만으로도 다른 공동상속인이 채무의 일부 또는 전부를 면할 수 있다.

14 중요도 ★★★

☐ 피상속인에게 처 A, 먼저 사망한 장남 B, 차남 C, 부친 D가 있고, 사망한 장남 B에게 처 E, 딸 F가 있다. 피상속인의 상속재산이 14억원일 경우, 상속인들이 상속받을 구체적 상속분으로 바르게 연결된 것은?

① 처 A : 4.5억원   ② 차남 C : 3.5억원
③ 부친 D : 4억원   ④ B의 처 E : 2.4억원
⑤ B의 딸 F : 2억원

15

중요도 ★★★

㉮ p.101 ㉯ p.561, p.565

다음 중 2024년 7월 사망한 피상속인 A의 상속재산에 대한 법정상속분으로 옳은 것은?

□

- A와 B는 2014년 2월 결혼하였지만, 9년 후인 2023년 1월에 합의 하에 이혼하였다.
- A와 B의 슬하에는 자녀 C가 있다.
- A는 B와 이혼한 직후 D와 재혼하였고, 2024년 3월 자녀 E를 낳았다.
- B는 A와 이혼한 직후 F와 재혼하였고, 2024년 1월 F는 C를 일반양자로 입양하였다.
- A의 부모님인 G와 H는 현재 미국에서 거주 중이다.
- 사망 당시 A의 상속재산은 총 280,000천원이었다.

	B	C	D	E	G	H
①	84,000천원	56,000천원	84,000천원	56,000천원	0원	0원
②	0원	80,000천원	120,000천원	80,000천원	0원	0원
③	0원	0원	0원	120,000원	80,000원	80,000원
④	120,000천원	80,000천원	0원	80,000천원	0원	0원
⑤	0원	56,000천원	0원	56,000천원	84,000천원	84,000천원

정답 및 해설

13 ④ ① 가분채권, 가분채무는 상속개시와 동시에 당연히 법정상속분에 따라 상속인들에게 귀속되기 때문에 상속재산분할의 대상도 되지 않는 것이 원칙이다.

② 가분채권인 예금채권은 원칙적으로 상속재산분할의 대상이 되지 않지만, 초과특별수익자의 존재, 기여분의 존재 등의 사항이 있으면 상속재산분할의 대상이 된다.

③ 상속채무에 관한 공동상속인간 분할의 협의가 있는 경우라도 이러한 협의는 공동상속인간의 별도의 채무인수 계약은 될 수 있어도 소급효가 있는 상속재산의 협의분할에는 해당하지 않는다.

⑤ 공동상속인 간 채무부담에 대한 약정만으로는 부족하고 채권자의 승낙이 필요하다.

14 ④ • 배우자는 다른 상속인의 상속분에 5할을 가산한다.

• 대습상속인의 상속분은 대습된 자가 받아야 했던 상속분과 같다.

• 대습상속인인 배우자는 동순위 대습상속인인 직계비속의 상속분에 5할을 가산한다.

∴ A = 14억원 × 3/7 = 6억원

C = 14억원 × 2/7 = 4억원

D = 0원

E = 14억원 × 2/7 × 3/5 = 2.4억원

F = 14억원 × 2/7 × 2/5 = 1.6억원

15 ② • 피상속인 A의 사망에 따른 1순위 상속인은 직계비속인 C, E 그리고 현재 배우자인 D이다. 비록 C는 F의 일반양자로 입양되었지만, 일반양자는 친생부모와의 관계가 유지되기에 A의 사망에 따른 상속이 가능하다.

∴ C = 280,000천원 × 2/7 = 80,000천원

D = 280,000천원 × 3/7 = 120,000천원

E = 280,000천원 × 2/7 = 80,000천원

• 이혼한 배우자인 B는 상속인의 자격이 없으므로 상속을 받지 못한다.

• A의 직계존속인 G와 H는 2순위 상속인으로 1순위 직계비속이 있는 경우에는 상속을 받을 수 없다.

16
중요도 ★★★

다음 중 특별수익에 대한 설명으로 가장 적절한 것은?

① 원칙적으로 특별수익자의 범위는 공동상속인, 그 공동상속인의 직계비속, 배우자, 직계존속이다.
② 대습상속에 의해 공동상속인이 된 자는 피상속인으로부터 유증 또는 증여를 받았더라도 특별수익자에 포함되지 않는다.
③ 공동상속인이 아니지만 공동상속인과 동일한 권리의무가 있는 포괄적 수증자는 특별수익자에 포함된다.
④ 민법상 생전증여를 특별수익으로 인정하는데 있어 피상속인 사망 10년 이내의 기한을 둔다.
⑤ 특별수익이 자신의 구체적 상속분을 초과하고 있는 경우 그 초과액은 반환할 필요가 없다.

17
중요도 ★★★

O씨에게 상속인으로 처 P, 자녀 X, Y, Z가 있고, 총상속재산가액은 28억원이다. O씨는 X에게 결혼자금으로 4억원, Y에게는 생활자금으로 4억원을 증여했으며, 처 P에게는 유증으로 6억원을 준 경우 Y의 구체적 상속분으로 가장 적절한 것은?

① 3억원
② 4억원
③ 5억원
④ 6억원
⑤ 7억원

18
중요도 ★★★

다음 중 기여분에 대한 설명으로 가장 적절한 것은?

① 아들이 피상속인인 아버지의 사업체에서 적정한 급여를 받고 노무를 제공하였다면 기여분을 인정받을 수 있다.
② 사실혼 배우자가 상당한 기간 동거, 간호 그 밖의 방법으로 피상속인을 특별히 부양하였다면 기여분 권리자로 볼 수 있다.
③ 기여분은 공동상속인의 협의로 정하는데, 협의가 되지 않는 경우 가정법원이 기여분을 정한다.
④ 기여분은 상속이 개시된 때 피상속인의 재산가액에서 유증의 가액을 공제한 금액을 넘을 수 있다.
⑤ 유류분반환청구소송에서 반환을 요청받은 상대방이 피상속인에게 사전에 증여받은 재산을 기여분이라고 항변하며 유류분산정재산에서 공제해달라고 주장할 수 있다.

19

중요도 ★★

다음 중 특별한 기여로 적절하지 **않은** 것은?

① 아들이 급료를 받지 않고 피상속인인 아버지가 경영하는 가구회사에서 아버지와 함께 일하여 아버지의 재산증가에 공헌한 경우
② 아들이 아버지가 경영하는 사업을 위해 아버지에게 자산을 제공하여 아버지가 부채를 변제하고 저당권설정등기를 말소할 수 있어서 아버지의 재산이 유지된 경우
③ 아내가 교통사고가 난 남편을 병원에서 상당한 기간 요양·간호한 경우
④ 아들이 부모와 동거하면서 통상의 부양이나 간호의 수준을 넘어 자신의 비용을 부담하여 상당한 기간 요양·간호한 경우
⑤ 중국집을 경영하는 남편이 첩과 동거하면서 점포를 돌보지 않았고, 처가 중국집 경영을 잘하여 점포규모를 확대시키고 이익을 올려 남편 명의의 재산이 크게 증가한 경우

정답 및 해설

16 ⑤ ① 특별수익자의 범위는 공동상속인으로 한정되며, 그 공동상속인의 직계비속, 배우자, 직계존속이 유증 또는 증여를 받았다고 해서 특별수익자가 되지 않는다.
② 대습상속에 의해 공동상속인이 된 자도 피상속인으로부터 유증 또는 증여를 받은 경우 이러한 유증 또는 증여가 대습원인 발생 이전에 있었는지 여부를 따져서 특별수익자가 될 수 있다.
③ 포함된다. → 포함되지 않는다.
④ 민법상 생전증여를 특별수익으로 인정하는데 있어 그 증여가 언제 있었는지 또는 언제까지의 증여만을 특별수익으로 인정할 것인지에 대한 기한을 정하고 있지 않다.

17 ② 구체적 상속분 = (상속재산의 가액 + 생전증여의 가액) × 각 공동상속인별 법정상속분율 – 각 공동상속인별 특별수익의 가액
∴ Y의 구체적 상속분 = (28억원 + 4억원 + 4억원) × 2/9 – 4억원 = 4억원

18 ③ ① 적정한 급여를 받고 노무를 제공한 것은 특별한 기여가 아니므로 기여분을 인정할 수 없다.
② 공동상속인만 기여분 권리자가 되며, 사실혼 배우자는 상속인으로 인정되지 않는다.
④ 기여분은 상속재산에서 유증의 가액을 공제한 금액을 넘지 못한다.
⑤ 주장할 수 있다. → 주장할 수 없다.

19 ③ 부부간 부양의무의 이행은 상속재산에 특별한 기여를 한 것으로 볼 수 없다.

㉑ p.109 ㉢ p.565 ~ 566

20 중요도 ★★★

다음 사례를 통해 계산한 상속인 C의 구체적 상속분으로 가장 적절한 것은?

> 22억원의 재산을 남기고 사망한 김희섭씨에게는 유족으로 자식 A, B, C가 있다. 이 중 첫째 아들 A는 김희섭씨의 사업체를 위해 그동안 무상으로 노무를 제공하였고, 다른 공동상속인들로부터 6억원의 기여분을 인정받았다. 또한, B는 상속개시 전에 김희섭씨에게 결혼자금으로 8억원을 증여받았다.

① 4억원   ② 6억원
③ 8억원   ④ 12억원
⑤ 14억원

㉑ p.110 ㉢ p.566

21 중요도 ★★

다음 중 상속분의 양도와 양수에 대한 설명으로 적절하지 **않은** 것은?

① 상속분을 양도한 상속인은 상속인의 지위는 유지하고, 상속분을 양도받은 제3자는 재산상의 권리의무만 발생한다.
② 공동상속인이 상속분을 자유롭게 양도할 수 있는 기간은 상속개시 시부터 상속재산의 분할 완료 시까지이다.
③ 양도되었던 상속분을 제3자로부터 양수한 경우 해당 상속분은 양도인 외 나머지 공동상속인 각각의 상속분에 따라 귀속된다.
④ 상속분이 제3자에게 양도된 경우 다른 공동상속인은 그 양도되었던 상속분을 다시 양수할 수 있다.
⑤ 양수권은 상속분이 양도된 사실을 안 날로부터 3개월, 그 사실이 있은 날로부터 1년 내에 행사하여야 한다.

22

중요도 ★★★

⑦ p.112 ~ 114 ⑧ p.567 ~ 568

상속의 승인과 포기에 대한 설명으로 가장 적절하지 **않은** 것은?

① 상속인이 상속의 승인과 포기를 결정할 수 있는 고려기간 내에 상속의 승인 또는 포기를 결정하지 않으면 상속의 단순승인으로 간주한다.

② 상속인이 상속재산인 주식을 매각하거나 상속재산인 예금채권으로 자신의 빚을 갚은 경우 등 상속재산 처분행위를 한 때에는 단순승인을 한 것으로 간주한다.

③ 상속인이 한정승인을 할 때에는 상속개시가 있음을 안 날로부터 3개월 이내에 상속재산의 목록을 첨부하여 가정법원에 한정승인 신고를 해야 한다.

④ 미성년자 상속인이 단순승인한 경우 성년이 된 후 상속채무 초과 사실을 안 날부터 3개월 내에 한정승인을 할 수 있다.

⑤ 상속인이 상속채무가 상속재산을 초과하는 사실을 중대한 과실로 상속개시가 있음을 안 날로부터 3개월 이내에 알지 못하고 단순승인을 한 경우에는 그 사실을 안 날부터 3개월 내에 한정승인을 할 수 있다.

23

중요도 ★★★

⑦ p.115 ~ 117 ⑧ p.568 ~ 569

다음 중 상속의 포기에 대한 설명으로 가장 적절하지 **않은** 것은?

① 상속인이 상속을 포기하면 상속개시 시부터 상속인이 아니었던 것이 되므로 해당 순위 단독 상속인인 경우에는 다음 순위의 사람이 상속인이 된다.

② 공동상속인 중 어느 상속인이 상속을 포기한 경우 그 포기한 상속분은 다른 상속인의 상속분의 비율대로 귀속된다.

③ 상속의 포기는 상속인으로서의 자격을 포기하는 것으로 상속재산 전부의 포기뿐만 아니라 일부 또는 조건부 포기도 가능하다.

④ 미성년자의 상속포기 시 법정대리인이 상속포기의 고려기간을 지키지 않으면 미성년자녀가 피상속인의 채무를 단순상속할 수 있으므로 주의한다.

⑤ 후순위상속인의 상속포기 기간은 상속개시 즉시 기산되지 않고 상속개시의 원인 되는 사실과 본인이 상속인이 된 사실을 안 날로부터 기산된다.

정답 및 해설

20 ③ • 상속재산의 가액 = 현존 상속재산(22억원) + 생전증여(8억원) = 30억원
  • 기여분을 고려한 구체적 상속분 = [(상속재산의 가액 − 기여분) × 각 상속인의 법정상속비율] + 기여자인 경우 기여분
  ∴ C의 구체적 상속분 = (30억원 − 6억원) × 1/3 = 8억원

21 ① 상속분의 양도는 곧 상속인 지위의 양도이므로 상속분을 양도한 상속인은 상속인의 지위에서 제외되며, 상속분을 양도받은 제3자는 양도한 상속인을 갈음하여 상속인으로서의 권리의무가 발생하게 된다.

22 ⑤ 중대한 과실로 → 중대한 과실 없이

23 ③ 상속의 포기는 상속재산 전부의 포기만 인정되며, 일부 또는 조건부 포기는 허용되지 않는다.

01 중요도 ★　　　　　　　　　　　　　　　　　　　　㉑ p.122 ~ 123　㉠ p.570

유언의 집행에 대한 설명으로 가장 적절한 것은?

① 적법한 유언증서는 유언자의 사망에 의하여 곧바로 그 효력이 발생하고 검인 및 개봉 절차의 유무에 의하여 그 효력에 영향을 받지 않는다.
② 유언의 증서나 녹음을 보관한 사람 또는 이를 발견한 사람은 유언자의 사망 후 언제든지 가정법원에 제출하여 검인을 청구하면 된다.
③ 가정법원이 봉인된 유언증서를 개봉할 때에는 이해관계인이 참여할 수 없다.
④ 구수증서유언은 검인절차가 필요 없으며 공정증서유언은 급박한 사유가 종료된 날로부터 7일 내에 별도로 검인절차를 거치도록 하고 있다.
⑤ 유언집행자는 상속인으로 하고, 상속인이 사망, 결격 등의 사유로 없게 된 때에는 유언자가 지정 및 위탁의 방법으로 유언집행자를 지정한다.

02 중요도 ★★　　　　　　　　　　　　㉑ p.123 ~ 127, 131　㉠ p.570 ~ 571

다음 중 상속재산의 분할에 대한 설명으로 가장 적절하지 **않은** 것은?

① 상속재산분할은 정해진 기간 없이 상속이 발생한 이후 언제든지 할 수 있다.
② 상속재산의 분할은 상속이 개시된 때에 소급하여 그 효력이 생긴다.
③ 상속재산의 분할의 종류에는 지정에 의한 분할, 협의에 의한 분할, 심판에 의한 분할이 있다.
④ 분할의 대상에는 상속개시 당시 피상속인의 적극재산, 사전증여, 유증이 있다.
⑤ 상속재산분할은 특별수익이나 기여분에 따라 수정된 구체적 상속분을 기준으로 이루어진다.

03

중요도 ★★★

㉮ p.123 ~ 126   ㉱ p.571

다음 중 상속재산의 협의분할에 대한 설명으로 가장 적절한 것은?

□

① 공동상속인은 언제든지 상속재산을 협의분할할 수 있지만 피상속인은 유언으로 상속개시일 로부터 10년 이내의 기간 동안 상속재산의 분할을 금지할 수 있다.

② 포괄적 수증자와 상속분의 양수인은 상속재산분할협의의 당사자가 될 수 없다.

③ 공동상속인 중 과반수의 동의가 있어야 협의분할이 유효하고, 그 의사표시에 대리권의 흠결 이 있는 경우의 협의분할은 무효이다.

④ 피후견인과 그의 후견인이 공동상속인이 되는 경우 피후견인을 위한 특별대리인을 선임해 야한다.

⑤ 협의의 내용은 공동상속인이 정할 수 있지만, 상속재산분할 시 조건을 붙이는 것은 불가능 하다.

8과목 상속설계 해커스 CFP 지식형 핵심문제집

정답 및 해설

01 ① ② 유언의 증서나 녹음을 보관한 사람 또는 이를 발견한 사람은 유언자의 사망 후 지체 없이 가정법원에 제출하여 검인을 청구해야 한다.
③ 유언증서의 검인절차 중 가정법원이 봉인된 유언증서를 개봉할 때에는 유언자의 상속인, 그 대리인, 그 밖에 이해 관계인의 참여가 있어야 한다.
④ 구수증서유언 ↔ 공정증서유언
⑤ 유언집행자는 유언자가 유언으로 지정할 수 있고, 지정 및 위탁의 방법으로 지정된 유언집행자가 없는 때에는 상속인이 유언집행자가 된다.

02 ④ 분할의 대상은 상속개시 당시 피상속인의 적극재산이며, 사전증여나 유증은 상속재산분할의 대상이 되지 않고 공동 상속인의 유류분을 침해하는 경우 반환대상이 될 뿐이다.

03 ④ ① 10년 → 5년
② 될 수 없다. → 될 수 있다.
③ 과반수 → 전원
⑤ 어떤 내용으로 상속재산을 분할할지는 공동상속인이 정할 수 있고, 상속재산분할 시 조건을 붙이는 것도 가능하다.

㉮ p.126, p.131 ㉳ p.572

04 중요도 ★
상속재산분할의 효과에 대한 설명으로 가장 적절하지 **않은** 것은?

① 상속재산분할로 인해 공동상속인 중 1인이 고유의 상속분을 초과하여 상속재산을 취득한 경우 이는 다른 공동상속인으로부터 증여받은 것으로 본다.
② 상속재산인 부동산의 분할 귀속에 대한 상속재산분할심판이 확정되면 등기 없이도 해당 부동산에 관한 물권변동의 효력이 발생한다.
③ 상속분할의 소급효는 분할 전 상속인의 재산을 등기하는 등 권리 변동의 요건을 갖추고 인수한 제3자의 권리를 해하지 못한다.
④ 채무초과 상태의 상속인이 상속재산분할협의를 통해 본인의 상속분을 포기하는 경우 채권자는 채무자의 구체적 상속분에 미달하는 부분만큼 분할협의를 취소할 수 있다.
⑤ 채무초과 상태의 상속인이 협의분할이 아닌 가정법원을 통한 상속포기로 본인의 상속분을 포기하는 경우에는 채권자취소권의 대상이 되지 않는다.

㉮ p.127 ~ 129 ㉳ p.571

05 중요도 ★★★
다음 정보를 고려할 때, 빈칸에 들어갈 말로 적절한 것은?

• 피상속인 A는 상속재산으로 금전 5억원, 배우자 B와 함께 거주 중인 8억원 상당의 부동산 X를 소유하고 있으며, 상속인으로는 배우자 B, 자녀 C, D가 있다.
• A는 사망 전 몇 년 동안 치매기가 있어 자녀 C가 A, B와 함께 거주하며 장기간 부양을 했다. A는 생전에 자녀 중 막내인 D에 대해 금전 2억원을 증여했고, 배우자에게 부동산 X를 유증했다.
• 상속인 B, C, D는 C의 기여분을 1억원으로 합의했다.
• 이 때, 분할대상 상속재산은 (가)이고, B의 구체적 상속분은 (나), C의 구체적 상속분은 (다), D의 구체적 상속분은 (라)이다.

	가	나	다	라
①	13억원	0원	4억원	2억원
②	13억원	6억원	4억원	2억원
③	14억원	0원	5억원	2억원
④	14억원	0원	5억원	4억원
⑤	14억원	6억원	5억원	4억원

06
중요도 ★

다음 중 상속회복청구권에 대한 설명으로 가장 적절하지 **않은** 것은?

① 상속인이 아닌 자가 고의로 상속재산을 점유한다든가 상속결격자가 상속인으로 된 경우에 의하여 상속재산의 점유를 침해받았다면 상속회복청구권으로서 그 회복을 청구할 수 있다.

② 스스로 상속인이라고 칭하는 경우 상속재산을 점유하는 등의 상속침해행위를 하지 않아도 참칭상속인으로 보아 상속회복청구권의 상대방이 된다.

③ 상속회복청구권은 상속인, 상속인의 법정대리인, 포괄적 유증을 받은 자가 상속재산의 점유를 잃었을 때 행사할 수 있다.

④ 상속회복청구권은 그 침해를 안 날부터 3년, 상속권의 침해행위가 있은 날부터 10년이 경과하면 소멸된다.

⑤ 참칭상속인으로부터 상속재산에 관한 권리를 취득한 제3자를 상대로도 상속재산의 반환 등을 청구할 수 있다.

정답 및 해설

04 ① 상속재산분할로 인해 공동상속인 중 1인이 고유의 상속분을 초과하여 상속재산을 취득한 경우 이는 상속개시 당시에 피상속인으로부터 승계받은 것이지 다른 공동상속인으로부터 증여받은 것으로 볼 수 없다.

05 ③ 가. 14억원
분할대상 상속재산 = 피상속인의 사망 당시 상속재산 + 특별수익 합계 – 기여분 합계
= 5억원 + 8억원 + 2억원 – 1억원 = 14억원
나. 0원
B의 구체적 상속분 = 14억원 × 3/7 – 8억원 = 0원(값이 0보다 작으면 0원으로 한다.)
다. 5억원
C의 구체적 상속분 = 14억원 × 2/7 + 1억원 = 5억원
라. 2억원
D의 구체적 상속분 = 14억원 × 2/7 – 2억원 = 2억원

06 ② 스스로 상속인이라고만 하고 상속재산의 점유 등 상속침해행위를 하지 않은 자는 참칭상속인이 될 수 없어 상속회복 청구권의 상대방이 되지 않는다.

07 다음 중 유류분제도에 대한 설명으로 가장 적절한 것은?

☐

① 피상속인의 직계비속, 배우자, 직계존속, 형제자매, 4촌 이내의 방계혈족은 유류분의 권리 자이다.
② 대습상속인은 피대습자의 유류분을 대습하지 않는다.
③ 유류분의 비율은 피상속인의 직계비속과 배우자, 직계존속은 법정상속분의 1/2이고 피상속 인의 형제자매는 법정상속분의 1/3이다.
④ 수증자가 공동상속인인 경우에는 원칙적으로 상속개시 1년 이전의 것인지 여부, 당사자 쌍 방이 손해를 가할 것을 알고서 하였는지 여부에 관계없이 유류분 산정을 위한 기초재산에 산입된다.
⑤ 유류분반환청구는 유류분권리자가 상속의 개시와 반환하여야 할 증여 또는 유증을 한 사실 을 안 날로부터 3년 이내에 행사해야 하며, 상속이 개시된 지 10년이 경과하면 유류분반환 을 청구할 수 없다.

08 다음 사례의 유류분 산정 기초재산으로 가장 적절한 것은?

☐

> A는 2023년 2월 5일에 내연의 처에게 2억원을 증여하였고, 2022년에는 Y재단에 5억원을 기부하였다. A는 2024년 1월 5일 사망하였는데 현존재산으로는 부동산 5억원, 사업대출금으로 인한 채무 3억원이 있다. A는 전 재산을 Y재단에 유증하겠다고 유언을 남겼으며 A의 유족으로 배우자와 3명의 자녀가 있다.

① 4억원   ② 7억원
③ 9억원   ④ 12억원
⑤ 15억원

09 다음 중 유류분에 대한 설명으로 가장 적절하지 **않은** 것은?

☐

① 유류분액을 산정함에 있어 반환의무자가 증여받은 재산의 시가는 상속개시 당시를 기준으로 하여 산정한다.

② 상속인이 상속인의 결격·포기에 의하여 상속권을 상실한 때에는 유류분권도 당연히 잃는다.

③ 유류분반환청구권의 행사는 재판상 또는 재판 외에서 상대방에 대한 의사표시의 방법으로 할 수 있으며, 반환청구 대상 목적물을 구체적으로 특정하여야 한다.

④ 유류분을 침해하는 유증과 증여가 각각 있는 경우 유류분권리자는 먼저 유증받은 자를 상대로 유류분침해액의 반환을 청구하여야 한다.

⑤ 상속개시 전에 유류분은 포기할 수 없으나 상속개시 후에 유류분반환청구권은 포기할 수 있다.

10 A의 사망으로 상속인들이 법정상속분에 의해 상속받았다면, 배우자 B가 내연의 처 K에게 주장할 수 있는 유류분부족액으로 가장 적절한 것은?

☐

> A의 상속인으로 배우자 B, 자식 C, D가 있다. A는 내연의 처 K에게 2023년 8월 10일에 14억원을 증여하였다. A는 2024년 6월 10일에 사망하였으며 상속재산으로 7억원이 있다.

① 120,000천원   ② 150,000천원
③ 240,000천원   ④ 360,000천원
⑤ 600,000천원

정답 및 해설

07 ④ ① 피상속인의 4촌 이내의 방계혈족은 상속인은 될 수 있지만 유류분은 인정되지 않는다.
② 대습하지 않는다. → 대습한다.
③ 피상속인의 직계존속의 유류분 비율은 법정상속분의 1/30이다.
⑤ 3년 → 1년

08 ① 유류분 산정 기초재산 = 상속개시 시의 상속재산 + 증여재산 − 채무액 = 5억원 + 2억원 − 3억원 = 4억원
[참고] 피상속인 사망 이전 1년 이내에 비상속인에게 증여한 재산은 유류분 산정 기초재산에 포함된다.

09 ③ 유류분반환청구권 행사 시 반환청구 대상 목적물을 구체적으로 특정하여야 하는 것은 아니다.

10 ② 유류분부족액 = 유류분액 − 그 상속인의 특별수익액 − 그 상속인의 순상속액
• 유류분액 = 유류분 산정 기초재산(14억원 + 7억원) × 법정상속비율(3/7) × 유류분 비율(1/2) = 4.5억원
• B의 특별수익액 = 0원
• B의 순상속액 = 7억원 × 3/7 = 3억원
∴ B의 유류분반환청구액 = 4.5억원 − 0원 − 3억원 = 150,000천원

5장 상속세 및 증여세의 이해

01 중요도 ★★ ⑦ p.151 ~ 153 ④ p.576

상속세 및 증여세법과 관련하여 민법과 세법의 관계에 대한 설명으로 가장 적절하지 **않은** 것은?

① 민법상 상속에서는 유증과 사인증여를 포함하지 않지만 세법상 수유자와 사인증여를 받은 수증자에게는 상속세 납세의무를 부과한다.
② 사전증여재산에 대하여 민법에서는 상속개시일 전 10년 이내에 증여한 재산만 상속재산에 가산하지만, 세법에서는 유류분 산정 시 상속인의 특별수익을 기간과 관계없이 가산한다.
③ 피상속인을 계약자 및 피보험자로 하고 상속인을 수익자로 하는 보험금에 대하여 민법에서는 상속인의 고유재산으로 보지만, 세법에서는 상속세 과세가액에 포함한다.
④ 부동산의 경우 민법에서는 증여계약일을 증여시기로 보지만, 세법에서는 소유권이전 등기 접수일을 증여시기로 본다.
⑤ 사인증여는 민법에서 증여계약으로 취급하지만, 세법에서는 사인증여로 인한 재산의 무상 이전에 대해 상속세를 과세한다.

02 중요도 ★★ ⑦ p.153 ~ 154 ④ p.577

상속세 및 증여세법상 상속세와 증여세에서 동일하게 적용되는 규정으로 모두 묶인 것은?

가. 분납
나. 신고세액공제율
다. 세대생략 할증과세
라. 유산세 방식 과세
마. 실질과세를 위한 규정

① 가, 나, 다
② 나, 라, 마
③ 다, 라, 마
④ 가, 나, 다, 라
⑤ 가, 다, 라, 마

03

다음 중 상속세에 관한 설명으로 가장 적절한 것은?

① 실종선고로 인해 상속이 개시된 경우 상증법상 실종기간 만료일에 납세의무가 성립한다.
② 피상속인이 비거주자일 경우 국내 소재 상속재산에 대해서만 과세한다.
③ 상속세에서 상속인이란 민법에 따른 상속인을 말하며, 상속포기자 및 특별연고자를 제외한다.
④ 상속개시일 전 10년 이내에 피상속인이 상속인이 아닌 자에게 증여한 재산가액은 상속세 과세가액에 포함한다.
⑤ 영리법인이 상속재산을 받은 경우 법인세를 면제하는 대신 상속세를 과세한다.

정답 및 해설

01 ② 민법 ↔ 세법

02 ① '가, 나, 다'는 상속세 및 증여세법상 상속세와 증여세에서 동일하게 적용되는 규정이다.
라. 상속세는 피상속인의 전체 재산을 대상으로 과세하는 유산세 방식을 취하지만, 증여세는 수증자별 재산을 대상으로 과세하는 유산취득세 방식을 취한다.
마. 상속세는 간주상속재산 규정과 추정상속재산 규정을 두고 있고, 증여세는 증여의제규정과 증여추정규정을 두고 있다.

03 ② ① 실종기간 만료일 → 실종선고일
③ 제외한다. → 포함한다.
④ 10년 → 5년
⑤ 법인세 ↔ 상속세

㉮ p.166 ~ 168 ㉯ p.581 ~ 582

04 중요도 ★★★

다음 사례에서 계산한 추정상속재산가액으로 가장 적절한 것은?

- 거주자 A는 2024년 12월 29일에 사망하였다.
- A의 부동산처분내역
  - 2024년 10월 1일, 부동산을 3억원에 처분(입증금액 : 1억원)
  - 2023년 9월 1일, 부동산을 5억원에 처분(입증금액 : 3억원)
- A의 예금 순인출금액
  - 상속개시일 1년 이내 총 1억원(전체 입증금액 : 0원)
  - 상속개시일 2년 이내 총 5억원(전체 입증금액 : 3억원)
- A의 채무부담내역
  - 상속개시일 1년 이내 총 1억원(전체 입증금액 : 0.5억원)
  - 상속개시일 2년 이내 총 3억원(전체 입증금액 : 1.5억원)

---

① 300,000천원
② 320,000천원
③ 340,000천원
④ 360,000천원
⑤ 380,000천원

---

05 중요도 ★★★

㉮ p.163 ~ 169 ㉯ p.580 ~ 582

다음 중 총상속재산가액에 대한 설명으로 가장 적절하지 **않은** 것은?

① 총상속재산가액은 본래의 상속재산가액과 간주상속재산가액, 추정상속재산가액의 합이다.
② 본래의 상속재산은 금전으로 환산할 수 있는 경제적 가치가 있는 모든 물건과 재산적 가치가 있는 법률상 또는 사실상의 모든 권리를 포함한다.
③ 간주상속재산은 본래의 상속재산은 아니지만 상증법상 상속세를 과세하는 재산을 말하며 보험금, 신탁재산, 퇴직금, 국민연금법에 따라 지급하는 유족연금 등이 포함된다.
④ 일정금액 이상의 재산처분액이나 채무부담액의 용도를 납세자가 입증하지 못하면 상속세 과세가액에 포함시킨다.
⑤ 1년 내 추정상속재산과 2년 내 추정상속재산이 모두 있는 경우에는 그 중 큰 금액을 추정상속재산가액으로 한다.

06

중요도 ★★★

☐ 다음 자료를 토대로 계산한 상속세 과세가액으로 적절한 것은?

- 피상속인(거주자)의 상속개시일 : 2024년 1월 13일
- 상속개시일 현재 상증법상 본래의 상속재산 평가액 : 30억원
- 상속인이 수령한 보험금 : 6억원(납입보험료 중 60%는 상속인이, 40%는 피상속인이 납입함)
- 상속개시일 현재 피상속인이 부담해야 하는 채무 : 5억원
- 상속재산 감정평가수수료(상속세 납부목적용) : 500만원
- 장례비용에 대한 증빙자료가 없음

---

① 2,730,000천원
② 2,735,000천원
③ 2,740,000천원
④ 2,855,000천원
⑤ 2,860,000천원

정답 및 해설

04 ③
- 재산종류별로 처분한 금액 등이 상속개시일로 1년(2년) 이내에 각각 2억원(5억원) 이상일 경우에 상속재산으로 추정한다.
- 추정상속재산가액 = (재산처분·순인출 및 채무부담으로 얻은 금액 – 용도입증금액) – Min[재산처분 등으로 얻은 금액 × 20%, 2억원]
- 부동산처분액 = Max[1년 이내 추정상속재산, 2년 이내 추정상속재산] = 2.4억원
  - ⓐ 1년 이내 추정상속재산 : (3억원 – 1억원) – Min[3억원 × 20%, 2억원] = 1.4억원
  - ⓑ 2년 이내 추정상속재산 : (8억원 – 4억원) – Min[8억원 × 20%, 2억원] = 2.4억원
- 예금 순인출금액 = (5억원 – 3억원) – Min[5억원 × 20%, 2억원] = 1억원
- 채무부담내역은 1년 이내 2억원, 2년 이내에 5억원이 넘지 않으므로 추정상속재산에 포함되지 않는다.
- ∴ 추정상속재산가액 = 2.4억원 + 1억원 = 340,000천원

05 ③ 국민연금법에 따라 지급되는 유족연금은 간주상속재산에 포함되지 않는다.

06 ② 상속세 과세가액 = 본래의 상속재산가액 + 간주상속재산가액 + 추정상속재산가액 – 상속재산 차감금액
- 간주상속재산 = 600,000천원(보험금) × 40% = 240,000천원
- 상속재산 차감금액 = 500,000천원(채무) + 5,000천원(장례비용) = 505,000천원
- ∴ 상속세 과세가액 = 3,000,000천원 + 240,000천원 – 505,000천원 = 2,735,000천원
- [참고] 상속재산 감정평가수수료는 상속세 과세표준을 구할 때 상속세 과세가액에서 차감한다.

07

㉮ p.174 ㉯ p.583

중요도 ★★

□ 거주자 A의 장례에 다음 자료와 같이 지출되고 증빙되었다고 할 때 공제 가능한 장례 및 봉안 시설 비용으로 적절한 것은?

구 분	비 용	증빙금액
장 례	400만원	0원
봉안시설	1,000만원	700만원

① 700만원
② 900만원
③ 1,000만원
④ 1,100만원
⑤ 1,200만원

08

㉮ p.178 ㉯ p.584

중요도 ★★★

□ 거주자인 피상속인이 2024년 4월 20일에 사망했을 때, 다음 상속인의 사전증여 내역을 토대 로 계산한 상속재산에 가산할 증여재산가액으로 가장 적절한 것은? (증여받은 손자는 아들의 자식임)

수유자	증여일	증여재산	증여일 증여재산평가액	상속일 증여재산평가액
배우자	2013년 2월 10일	임 야	150,000천원	200,000천원
아 들	2015년 4월 15일	아파트	300,000천원	240,000천원
손 자	2018년 3월 1일	상 가	100,000천원	170,000천원
딸	2018년 12월 7일	공 장	200,000천원	300,000천원

① 300,000천원
② 500,000천원
③ 540,000천원
④ 600,000천원
⑤ 710,000천원

09

중요도 ★★★

⑦ p.173, p.177 ~ 178 ② p.580 ~ 587

다음 중 상속세에 대한 설명으로 가장 적절하지 **않은** 것은?

① 공익신탁재산에 대한 과세가액 불산입에는 엄격한 적용요건과 사후관리요건을 두고 있지 않다.

② 상속개시일 현재 피상속인이 납부할 의무가 있는 것으로 상속인에게 승계되는 조세, 공공요금 및 국세기본법상 공과금은 상속재산에서 차감한다.

③ 피상속인의 자녀를 제외한 직계비속이 대습상속으로서 상속을 받는 경우에는 상속세 산출세액에 30%, 미성년자인 경우 40%를 할증한다.

④ 상속세 과세표준금액이 50만원 미만이면 상속세를 부과하지 않는다.

⑤ 피상속인이 특정법인에게 증여 후 5년 이내에 사망한 경우 그 증여한 재산은 상속재산에 가산한다.

정답 및 해설

07 ③ · 장례비용은 최소 500만원이 공제되며 증빙에 의해 입증할 경우 1,000만원 한도로 공제된다.
· 봉안시설 사용비용은 증빙에 의해 입증할 경우 500만원 한도로 공제된다.
∴ 장례비용 공제 = 장례(500만원) + 봉안시설(500만원) = 1,000만원

08 ② · 상속개시일 전 10년 이내에 피상속인이 상속인에게 증여한 재산 : 아파트(아들), 공장(딸)
· 상속개시일 전 5년 이내에 피상속인이 상속인이 아닌 자에게 증여한 재산 : 없음
· 상속재산에 가산할 증여재산가액은 당초 증여일의 증여재산평가가액이다.
∴ 가산할 증여재산가액 = 300,000천원 + 200,000천원 = 500,000천원

09 ③ 피상속인의 자녀를 제외한 직계비속이 민법상 대습상속을 받는 경우에는 세대생략 할증을 적용하지 않는다.

10 중요도 ★★★

다음 중 상속공제에 대한 설명으로 가장 적절한 것은?

① 피상속인이 비거주자인 경우 일괄공제만 허용된다.
② 인적공제 대상으로 상속인인 20세 이상의 자녀 5명이 있다면, 일괄공제보다 기초공제와 그 밖의 인적공제를 받는 것이 유리하다.
③ 자녀의 나이가 65세 이상이라면 자녀상속공제와 연로자공제를 함께 받을 수 있다.
④ 2023년 1월 1일 이후 상속개시분부터는 상속세 자녀공제 및 미성년자공제 대상에 태아는 제외된다.
⑤ 장애인공제는 다른 인적공제와의 중복적용이 가능하다.

11 중요도 ★★

다음 중 상속공제에 대한 설명으로 가장 적절하지 **않은** 것은?

① 상속개시일 현재 상속인이 배우자 혼자만 존재하는 배우자 단독상속인 경우에는 일괄공제를 적용할 수 없다.
② 영농상속공제를 받으려면 피상속인 및 상속인이 상속개시일 2년 전부터 계속하여 직접 영농에 종사해야 한다.
③ 배우자가 실제로 상속받은 금액이 3억원이면 배우자상속공제액은 3억원이다.
④ 상속개시 후 상속세 신고기한까지 화재·붕괴·폭발 및 자연재해 등으로 상속재산이 멸실되거나 훼손된 경우에는 그 손실가액을 재해손실공제로 공제한다.
⑤ 금융재산상속공제 대상 재산으로는 예금, 채권, 보험 등이 있다.

12 중요도 ★　　　　　　　　　　　　　　　　　　㉑ p.182 ~ 183　㉘ p.586

□ 다음 사례에서 최대한 공제받을 수 있는 배우자상속공제액으로 가장 적절한 것은?

> 거주자 A는 2024년 11월 13일에 사망하였다. 사망 당시 A의 상속재산은 100억원, 상속부채는 20억원이었으며 상속인은 배우자와 자녀 2명으로 구성되어 있었다. A가 사전증여한 재산은 상속개시일 5년 전에 자녀에게 증여한 것으로 증여일 당시 그 재산의 평가액은 25억원이었다. A는 유언을 남기지 않고 사망하였고 상속인들은 법정상속분에 따라 상속받기로 협의하였다. (기타 상속과 관련된 공과금 등은 없다고 가정)

① 20억원　　　　　　　　　　　　　② 25억원
③ 30억원　　　　　　　　　　　　　④ 35억원
⑤ 45억원

정답 및 해설

10 ⑤　① 일괄공제 → 기초공제
　　　　② 자녀공제는 피상속인의 자녀 1명당 5천만원이므로, 기초공제와 그 밖의 인적공제의 합은 4억 5천만원이 되어 일괄공제 5억원을 받는 것보다 불리하다.
　　　　③ 자녀상속공제는 연로자공제와 중복적용 받지 못한다.
　　　　④ 제외된다. → 포함된다.

11 ③　배우자가 상속받은 금액이 5억원 이하이면 배우자상속공제 5억원을 적용받는다.

12 ③　배우자상속공제액 = Min[실제 상속받은 금액, 30억원]
　　　　・실제 상속받은 금액 = (100억원 − 20억원 + 25억원) × 3/7 = 45억원
　　　　∴ 배우자상속공제액 = Min[45억원, 30억원] = 30억원

⑦ p.183~184 ⑨ p.586

13 중요도 ★★★

상속개시일 현재 거주자인 피상속인 A 명의의 금융재산이 다음 자료와 같을 때, 이를 토대로 계산한 금융재산상속공제액으로 가장 적절한 것은?

- 현금 200,000천원
- 적금 100,000천원
- 보험금 500,000천원(납입금의 20%는 피상속인이, 80%는 상속인이 납부함)
- 주식 400,000천원(피상속인은 대통령령으로 정하는 최대주주나 최대출자자 또는 그의 특수관계인이 아님)
- 은행차입금 300,000천원
- 임대보증금 100,000천원

---

① 0원
② 60,000천원
③ 100,000천원
④ 140,000천원
⑤ 200,000천원

⑦ p.184~185 ⑨ p.587

14 중요도 ★★★

다음 중 동거주택상속공제에 대한 설명으로 가장 적절하지 **않은** 것은?

① 피상속인과 상속인이 징집, 취학, 근무상 형편 등의 사유로 동거하지 못한 경우에는 이를 계속하여 동거한 것으로 보기 때문에 해당 사유로 동거하지 못한 기간도 동거기간에 산입한다.
② 일정 요건을 모두 갖춘 경우에는 주택가액의 100%에 상당하는 금액(6억원 한도)을 상속세 과세가액에서 공제한다.
③ 피상속인과 상속인(직계비속 및 대습상속인이 된 직계비속의 배우자로 한정)이 상속개시일부터 소급하여 10년 이상(상속인이 미성년자인 기간은 제외) 계속하여 하나의 주택에서 동거해야 한다.
④ 상속되는 주택이 10년 이상 계속하여 1세대를 구성하며 대통령령으로 정하는 1세대 1주택에 해당되어야 한다.
⑤ 상속개시일 현재 무주택자이거나 피상속인과 공동으로 1세대 1주택을 보유한 자로서 피상속인과 동거한 상속인이 상속받은 주택에 해당되어야 한다.

15

중요도 ★★★

다음 자료를 토대로 계산한 거주자 A의 상속세 과세표준으로 가장 적절한 것은?

□

- 상속인은 배우자와 20세 이상의 자녀 2명이다.
- 배우자는 4억원을 상속받았다.
- 상속세 과세가액은 12억원이다.
- 상속재산인 토지의 평가를 위하여 감정법인에 평가수수료(상속세 납부목적용) 1,000만원을 납부하였다.
- 자료 외 다른 공제는 없다.

---

① 90,000천원 ② 95,000천원
③ 190,000천원 ④ 195,000천원
⑤ 200,000천원

정답 및 해설

13 ② 금융재산상속공제액 = 순금융재산가액 × 20%(1억원 < 순금융재산가액 ≤ 10억원)
- 순금융재산가액 = 적금(100,000천원) + 보험금(500,000천원 × 20%) + 주식(400,000천원) − 은행차입금(300,000천원) = 300,000천원
- ∴ 금융재산상속공제액 = 300,000천원 × 20% = 60,000천원

[참고] 현금과 임대보증금은 금융재산이 아니며, 대통령령이 정하는 최대주주 또는 최대출자자와 그의 특수관계인이 보유한 주식과 상속세 과세표준 신고기한까지 신고하지 아니한 타인의 금융재산은 금융재산상속공제 대상 금융재산에 포함되지 않는다.

14 ① 계속하여 동거한 것으로 보되, 동거하지 못한 기간은 동거기간에 산입하지 않는다.

15 ④ 상속세 과세표준 = 상속세 과세가액 − 상속공제액 − 상속재산 감정평가수수료
- 기초공제(2억원) + 자녀공제(5,000만원 × 2) < 일괄공제(5억원)
- 상속공제액 = 배우자상속공제(최소 5억원) + 일괄공제(5억원) = 10억원
- 상속재산 감정평가수수료 = 감정법인 평가수수료 한도 500만원
- ∴ 상속세 과세표준 = 12억원 − 10억원 − 500만원 = 195,000천원

16 중요도 ★★

다음 중 상속세 세액공제에 대한 설명으로 가장 적절하지 **않은** 것은?

① 상속세 과세가액이 10억원 이하이거나, 사전증여재산에 세대생략할증이 발생한 경우의 할증세액 부분에 대해서는 증여세액공제를 적용하지 않는다.

② 상속인이 아닌 자에게 증여할 경우 그 수증자의 증여세액공제액은 증여세 과세표준을 상속세 과세표준으로 나눈 값에 상속세 산출세액을 곱하는 방식으로 계산한다.

③ 외국에 있는 상속재산에 대해 외국의 상속세를 부과받은 경우 해당 상속재산의 과세표준에 상당하는 상속세 산출세액을 외국에서 부과된 상속세액 범위에서 공제한다.

④ 상속개시 후 10년 이내에 상속인 또는 수유자의 사망으로 다시 상속이 개시된 경우에는 전의 상속세가 부과된 상속재산 중 재상속분에 대한 전의 상속세 상당액을 상속세 산출세액에서 공제한다.

⑤ 국가등록문화재가 상속재산에 포함된 경우에는 해당 재산가액에 상당하는 상속세액의 징수를 유예한다.

17 중요도 ★

다음 중 상속세와 관련된 가산세 세율로 적절하지 **않은** 것은?

① 일반 무신고가산세 : 해당 산출세액 계 × 20%
② 부정행위에 따른 무신고가산세 : 해당 산출세액 계 × 40%
③ 일반 과소신고가산세 : 해당 산출세액 계 × 10%
④ 역외거래 부정행위에 따른 과소신고가산세 : 해당 산출세액 계 × 60%
⑤ 납부지연가산세 : 미납부세액 또는 부족납부세액 × 지연납부일수 × 3/10,000

18
중요도 ★★

㉮ p.191 ~ 196 ㉯ p.589 ~ 591

다음 중 상속세의 납부방법에 대한 설명으로 가장 적절하지 **않은** 것은?

① 연부연납을 허가받은 경우 분납을 동시에 적용받을 수 없다.
② 납부할 세액이 1천만원을 초과하는 경우 그 세액의 일부를 납부기한이 지난 후 2개월 이내에 분납할 수 있다.
③ 연부연납의 기간은 일반적인 경우 20년이나 가업상속재산에 대해서는 최장 30년간 적용된다.
④ 연부연납으로 세액을 납부할 경우에는 연부연납 가산금을 각 회분 분납세액에 가산하여 납부해야 한다.
⑤ 상속세는 상속받은 금융재산이 상속세 납부세액에 미달할 경우 물납이 가능하지만 증여세는 물납이 불가능하다.

19
중요도 ★★

㉮ p.191 ~ 197 ㉯ p.589 ~ 591

다음 중 상속세의 납부방법에 대한 설명으로 가장 적절한 것은?

① 납부할 세액이 3,000만원이면 2,000만원을 한도로 분납할 수 있다.
② 가업상속재산이 없는 상속세 납세의무자는 일정한 요건을 갖춘 신청에 의해 연부연납 허가를 받은 날로부터 5년 이내의 기간 동안 상속세를 연부연납할 수 있다.
③ 연부연납 시 각 회분의 분할납부 세액은 1,000만원을 초과해야 한다.
④ 납부세액이 1,000만원을 초과하고 납부세액이 상속재산가액 중 금융재산가액을 초과하며 부동산과 유가증권의 가액이 상속재산가액의 50%를 초과하는 경우 상속세의 물납이 허가된다.
⑤ 다른 상속인이나 수유자의 상속세를 대신 납부하는 것은 증여로 보며, 상속인 및 수유자 각자가 받았거나 받을 재산 내에서 대신 납부할 때에도 마찬가지로 증여로 본다.

정답 및 해설

16 ① 10억원 → 5억원

17 ⑤ 3/10,000 → 22/100,000

18 ③ 연부연납의 기간은 일반적인 경우 10년이나 가업상속재산에 대해서는 최장 20년간 적용된다.

19 ③ ① 2,000만원 → 1,500만원
　　　　[참고] 납부할 세액이 2천만원 초과인 경우 분납세액의 한도는 '납부할 세액 × 50%'이다.
　　　　② 5년 → 10년
　　　　④ 1,000만원 → 2,000만원
　　　　⑤ 상속세에 관해서는 연대납부의무가 존재하므로 상속인 및 수유자 각자가 받았거나 받을 재산 내에서는 다른 상속인이나 수유자의 상속세를 대신 납부하더라도 이를 증여로 보지 않는다.

20

중요도 ★★ ㉮ p.199 ~ 200, p.209 ㉯ p.592

다음 중 증여세에 대한 설명으로 가장 적절하지 **않은** 것은?

① 상증법에서는 증여세에 대해 완전포괄주의를 도입하고 있다.
② 부담부증여의 채무부담분을 포함한 가액에 대해 증여세를 부과한다.
③ 사인증여로 받은 재산은 증여세가 아닌 상속세 과세대상이다.
④ 현저히 낮은 대가를 주고 재산을 이전받음으로써 발생하는 이익에 대해서는 증여세를 과세한다.
⑤ 등기·등록을 요하는 증여재산의 취득시기는 소유권이전등기·등록 신청서 접수일이다.

21

중요도 ★★★ ㉮ p.202 ~ 205, p.213 ㉯ p.594 ~ 595

다음 중 증여세 과세재산에 대한 설명으로 가장 적절하지 **않은** 것은?

① 재산적 가치가 있는 법률상 또는 사실상의 모든 권리 및 금전으로 환산할 수 있는 경제적 가치가 있는 모든 물건은 증여재산에 포함된다.
② 상속세 과세표준 신고기한 이내에 재분할에 의하여 당초 상속분을 초과한 경우 증여세를 부과하지 않는다.
③ 상속재산 협의분할로 특정인에게 단독등기 후 그 재산의 매각대금 분배 시 그 대금을 분배받은 상속인에게는 증여세가 과세된다.
④ 수증자가 증여받은 금전을 증여세 신고기한 경과 후 3개월 이내에 증여자에게 반환 및 재증여하는 경우에는 그 반환 및 재증여하는 것에 대해 증여세를 부과하지 않는다.
⑤ 국가나 지방자치단체로부터 증여받은 재산은 비과세증여재산이다.

22

중요도 ★★ ㉮ p.207 ~ 208 ㉯ p.595

다음 중 증여세 납세의무에 대한 설명으로 가장 적절하지 **않은** 것은?

① 거주자가 비거주자에게 국외에 있는 재산을 증여하는 경우 증여세를 과세한다.
② 수증자가 증여자의 특수관계인이 아니면서 외국의 법령에 따라 증여세가 부과된 경우에는 증여세 납부의무를 면제한다.
③ 수증자가 영리법인인 경우에는 증여세 납부의무가 있고, 비영리법인인 경우에는 증여세가 면제된다.
④ 주소나 거소가 분명하지 않아 조세채권을 확보하기 곤란한 경우에는 증여자도 수증자가 납부할 증여세를 연대하여 납부할 의무를 진다.
⑤ 수증자가 비거주자인 경우 증여자도 증여세 연대납부의무가 있지만, 증여자 또한 수증자와 마찬가지로 비거주자이고 국외소재 재산을 증여하는 경우라면 증여세를 과세하지 않는다.

23

중요도 ★★★

⑳ p.216 ⑳ p.597

A가 2024년 5월 15일에 아버지로부터 3억원의 아파트를 증여받았을 때, 금번 증여에 따른 증여세 계산 시 합산과세되는 과거의 증여재산가액으로 적절한 것은?

증여자	증여일	증여재산	증여재산평가가액
아버지	2014년 2월 4일	상 가	1억원
할머니	2018년 3월 9일	주 식	1억원
어머니	2019년 10월 3일	토 지	2억원
형	2020년 4월 9일	주 식	4억원
아버지	2024년 5월 15일	아파트	3억원

① 0원
② 1억원
③ 2억원
④ 6억원
⑤ 9억원

상속설계 해커스 CFP 지식형 핵심문제집

정답 및 해설

20 ② 민법과 달리 세법에서는 부담부증여의 채무부담분에 대해서는 양도로 보며, 증여재산에서 채무부담분을 제외한 가액에 대해서만 증여로 본다.

21 ④ 수증자가 증여받은 재산을 증여세 신고기한 경과 후 3개월 이내에 증여자에게 반환 및 재증여하는 경우 그 반환 및 재증여하는 것에 대해서는 증여세를 부과하지 않으나 증여재산이 금전일 경우에는 반환시기와 관계없이 증여세를 부과한다.

22 ③ 수증자가 영리법인이면 증여세가 면제되는 대신 법인세를 납부해야 하고, 비영리법인인 경우에는 증여세 납부의무가 있다.

23 ③ • 10년 이내에 동일인에게 증여받은 재산만 합산과세된다.
   • 증여자가 직계존속인 경우 그 직계존속의 배우자도 동일인으로 본다.
   ∴ 어머니에게 증여받은 2억원의 토지를 금번 증여에 합산과세한다.

5장 상속세 및 증여세의 이해 **387**

24

중요도 ★★★　　　　　　　　　　　　　　　　　　　　　㉮ p.219 ~ 221　 ㉱ p.598

거주자 A(40세)가 지금까지 증여받은 다음 내역을 토대로 2024년 9월 15일에 아버지로부터 주식을 증여받았을 때, 금번 증여에 따른 증여세 계산 시 공제받을 수 있는 증여재산공제액으로 적절한 것은? (단, A씨는 혼인 및 출산공제 해당없음)

증여자	증여일	증여재산	증여재산평가가액
할아버지	2013년 2월 4일	상 가	5,000만원
할머니	2013년 3월 9일	아파트	1억원
어머니	2019년 10월 3일	토 지	2억원
아버지	2024년 9월 15일	주 식	1억원

① 0원　　　　　　　　　　　　　　② 500만원
③ 3,000만원　　　　　　　　　　　④ 5,000만원
⑤ 1억원

25

중요도 ★★★　　　　　　　　　　　　　　　　　　　　　　　　㉮ p.219　 ㉱ p.598

증여자에 따른 증여재산공제액의 한도를 바르게 연결한 것은?

① 배우자 : 5억원
② 직계존속(혼인공제를 받는 경우) : 8,000만원
③ 직계존속(수증자가 미성년자인 경우) : 2,000만원
④ 직계비속 : 1,000만원
⑤ 6촌 이내의 혈족, 4촌 이내의 인척 : 500만원

중요도 ★★★ ㉑ p.219 ~ 221 ⓢ p.598

26 거주자 A(16세)가 2024년 3월 8일에 할아버지에게 주식 1억원을 증여받았을 때, 다음 자료를 토대로 계산한 금번 증여에 따른 증여세 과세표준으로 가장 적절한 것은?

증여자	증여일	증여재산	증여재산평가가액
아버지	2015년 4월 8일	주 식	500만원
어머니	2016년 3월 9일	토 지	1,000만원
할아버지	2024년 3월 8일	주 식	1억원

① 55,000천원 ② 85,000천원
③ 90,000천원 ④ 95,000천원
⑤ 100,000천원

정답 및 해설

24 ④ • 기 증여 시 적용받은 증여재산공제액

증여자	증여일	증여재산공제액	세부 내용
할아버지	2013년 2월	3,000만원	• 2013년 12월 31일까지 직계존속의 증여에 대한 증여재산공제액 한도 : 3,000만원
할머니	2013년 3월	0원	• 2013년 할아버지 증여로부터 10년이 지나지 않음
어머니	2019년 10월	2,000만원	• 2014년 1월 1일 이후 직계존속의 증여재산공제액 한도 : 5,000만원 • 다만, 2013년 할아버지 증여로부터 10년이 지나지 않았으며, 당시에 3,000만원 공제받음
아버지	2024년 9월	3,000만원	• 2013년 할아버지 증여로부터 10년이 지남 • 2019년 어머니 증여로부터 10년이 지나지 않음

• 동일인 합산과세가 적용되므로, 금번 증여에 따른 증여세 계산 시 공제받을 수 있는 총 증여재산공제액은 어머니로부터 받을 때 2,000만원과 아버지로부터 받을 때 3,000만원을 더하여 총 5,000만원이 된다.

25 ③ 증여자에 따른 증여재산공제액

증여자	증여재산공제액
배우자	6억원
직계존속	5,000만원[1]
	혼인·출산공제 1억원
직계비속	5,000만원
6촌 이내의 혈족, 4촌 이내의 인척	1,000만원

[1] 수증자가 미성년자인 경우 : 2,000만원

26 ④ 증여세 과세표준 = 증여세 과세가액 − 증여재산공제액 − 증여재산 감정평가수수료
• 증여세 과세가액 = 1억원
• 금번 증여재산공제액 = 미성년자 증여재산공제액 한도(2,000만원) − 10년 이내 증여재산공제 기사용액(1,500만원)
  = 500만원
∴ 증여세 과세표준 = 1억원 − 500만원 = 95,000천원

8과목 상속설계 해커스 CFP 지식형 핵심문제집

27

중요도 ★★★

□ 거주자 A(30세)가 2023년 7월 13일에 혼인한 후, 이를 이유로 2024년 9월 8일 아버지로부터 상가를 증여받았을 때 다음 자료를 토대로 계산한 금번 증여에 따른 증여세 산출세액으로 가장 적절한 것은?

증여자	증여일	증여재산	증여재산평가액
어머니	2015년 12월 1일	토 지	2억원
숙 부	2019년 12월 30일	주 식	1억원
아버지	2024년 9월 8일	상 가	5억원

① 75,000천원
② 102,000천원
③ 105,000천원
④ 132,000천원
⑤ 111,000천원

28

중요도 ★★

□ 거주자 김승욱씨가 2024년 11월 1일 아들 김민준(35세)에게 재산을 증여하고자 할 때, 다음 김승욱씨가 김민준씨에게 기증여한 재산 자료를 토대로 계산한 금번 증여에 따른 김민준의 납부세액공제액으로 가장 적절한 것은?

증여일	증여세 과세가액	증여재산 과세표준	산출세액
2022년 5월 15일	4억원	3억 5,000만원	6,000만원
2024년 11월 1일	2억 5,000만원	5억원	1억 2,000만원

① 42,000천원
② 60,000천원
③ 65,000천원
④ 78,000천원
⑤ 84,000천원

29

중요도 ★

증여유형의 예시규정에 대한 설명으로 가장 적절하지 **않은** 것은?

① 특수관계인 간 저가·고가 거래에 따른 이익의 증여세 과세대상 여부는 대가와 시가의 차액이 시가의 30% 이상이거나 3억원 이상인지를 기준으로 판단한다.

② 타인의 부동산을 무상으로 사용함에 따라 이익을 얻은 경우 무상사용을 개시한 날을 증여일로 한다.

③ 시가 15억원 상당의 부동산을 특수관계인이 아닌 자에게 12억원에 양도할 경우 이 거래는 증여로 추정한다.

④ 초과배당에 따른 이익 증여는 법인이 배당 등을 한 날을 증여일로 한다.

⑤ 초과배당금액에 대해 증여세를 부과받은 자는 정산증여재산가액을 기준으로 한 증여세액에서 소득세상당액을 넣어 산출된 증여재산가액을 기준으로 계산한 증여세액을 뺀 금액을 2차 증여세로 납부해야 한다.

정답 및 해설

27 ② 증여세 과세표준 = 증여세 과세가액 − 증여재산공제액 − 증여재산 감정평가수수료
- 증여세 과세가액 = 5억원 + 2억원(10년 내 동일인 증여) = 7억원
- 증여재산공제액 = 5,000만원(직계존속) + 1,000만원(기타친족) + 1억원(혼인공제) = 1억 6,000만원
- 증여세 과세표준 = 7억원 − 1억 6,000만원 = 540,000천원
∴ 증여세 산출세액 = 540,000천원 × 30% − 60,000천원 = 102,000천원

28 ② 김민준의 납부세액공제 = Min(가산한 증여재산에 대한 증여세 산출세액, 공제한도액) = 60,000천원
- 가산한 증여재산에 대한 증여세 산출세액 = 60,000천원
- 공제한도액 = 120,000천원 × (350,000천원/500,000천원) = 84,000천원

29 ③ 비특수관계인간 저가나 고가 거래 시 시가와 대가의 차액이 시가의 30% 이상인 경우에만 증여세를 과세하므로 시가와 대가의 차액이 3억원이고 시가의 30%이 4억 5천만원인 해당 거래는 증여로 추정하지 않는다.

30 중요도 ★★★　　　　　　　　　　　　　　　　　　　　　　　㉐ p.231　㉑ p.601

A가 특수관계인 B에게 시가 20억원의 토지를 12억원에 양도하였을 경우 해당 거래에 따른 증여세 납세의무자와 증여재산가액을 바르게 연결한 것은?

☐

	증여세 납세의무자	증여재산가액
①	A	2억원
②	A	5억원
③	B	2억원
④	B	5억원
⑤	B	6억원

31 중요도 ★★★　　　　　　　　　　　　　　　　　　　㉐ p.234~238　㉑ p.601

다음 중 증여세가 과세되는 경우로 가장 적절한 것은?

☐

① 비특수관계인간 시가 1억원인 빌딩을 8,000만원에 양도하는 거래가 있었다.
② 특수관계인에게 5,000만원의 금전을 무상으로 대출받았다.
③ 타인에게 적정이자율보다 낮은 이자율로 대출받았는데, 적정이자율과 거래이자율과의 차액이 800만원이었다.
④ 타인의 부동산을 무상으로 담보로 제공하여 대출을 받았을 때 적정이자와 실제 차입이자의 차액이 700만원이었다.
⑤ 타인의 부동산을 무상으로 사용하여 5,000만원의 이익이 생겼다.

32 중요도 ★　　　　　　　　　　　　　　　　　　　　㉐ p.241~243　㉑ p.602

A는 특수관계인 B에게 상가를 양도하였고, 그 특수관계인 B는 A의 배우자인 C에게 다시 상가를 양도하였을 때 다음 설명 중 가장 적절하지 **않은** 것은?

☐

① B가 C에게 3년 내에 상가를 양도했다면 A가 C에게 상가를 증여한 것으로 추정한다.
② 당초 A와 B가 부담한 양도소득세 결정세액의 합이 C가 증여받은 것으로 추정할 경우의 증여세액보다 클 때에는 증여로 추정하지 않는다.
③ A가 C에게 상가를 직접 양도하더라도 C가 A에게 상가를 증여받은 것으로 추정한다.
④ B가 C에게 5년 이후에 상가를 양도했다면 A가 C에게 상가를 증여한 것으로 추정하지 않는다.
⑤ 상가의 증여재산가액은 A가 B에게 양도한 당시의 가액으로 한다.

33

중요도 ★★

㉮ p.254 ~ 257   ㉯ p.605

다음 중 상속재산 및 증여재산의 시가에 대한 설명으로 가장 적절하지 **않은** 것은?

□

① 상증법상 시가란 불특정 다수인 사이에 자유로이 거래가 이루어지는 경우에 통상적으로 성립된다고 인정되는 가액을 말한다.

② 시가로 보는 가액이 2개 이상인 경우에는 평가기준일에 가까운 날에 해당하는 시가를 평가 가액으로 한다.

③ 상장주식은 평가기준일 전후 각 2개월 간의 종가평균액을 시가로 보고 있다.

④ 상속재산은 상속개시일 전후 6개월 사이에 주식 자체를 감정받은 가액을 시가로 본다.

⑤ 증권시장에 상장되지 않은 주식은 감정평가업자가 평가한 감정평가액을 시가로 인정한다.

정답 및 해설

30 ④ · 양도·양수로 이익을 보는 B가 증여세 납세의무자이다.
　　　· 증여재산가액 = 대가와 시가의 차액 − Min[시가 × 30%, 3억원]
　　　　　　　　　　 = (20억원 − 12억원) − Min[20억원 × 30%, 3억원] = 5억원

31 ② ① 특수관계인이 아닌 자 간의 거래에서 대가와 시가의 차이가 시가의 30% 이상인 경우에 증여세를 과세한다.
　　　　참고 단, 그 대가가 정당한 가액임을 입증하는 경우에는 증여세 과세대상이 아니다.
　　　③ 타인으로부터 금전을 무상 또는 적정이자율보다 낮은 이자율로 대출을 받았을 때, 그 차액이 1천만원 이상인 경우에 증여세를 과세한다.
　　　④ 타인의 부동산을 무상으로 담보로 제공하여 대출을 받는 경우에는 그 무상사용의 이익(=적정이자 − 실제 차입이자)이 1천만원 이상인 경우에 증여세를 과세한다.
　　　⑤ 타인의 부동산을 무상으로 사용하는 경우에는 사용이익이 1억원 이상인 경우에 증여세를 과세한다.

32 ⑤ A가 B에게 양도한 당시 → B가 C에게 양도한 당시

33 ⑤ 비상장주식은 해당법인이 보유한 자산을 감정가액으로 평가하는 것은 인정되지만, 주식 자체를 감정받은 가액은 인정하지 않는다.

34

중요도 ★★★　　　　　　　　　　　　　　　　　　　　　㉮ p.258 ~ 259, p.267 ~ 271　㉱ p.606

다음 중 상속세 및 증여세법상 보충적 평가방법에 대한 설명으로 가장 적절한 것은?

① 거래소에서 거래되는 국채, 공채 및 사채는 평가기준일 이전 2개월간의 거래소 최종시세가액의 평균액과 평가기준일 이전 최근일의 최종시세가액 중 큰 금액으로 평가한다.

② 총자산 중 부동산자산가액의 비중이 50% 이상 80% 미만인 법인의 비상장주식은 '(1주당 순자산가치 × 2 + 1주당 순손익가치 × 3) ÷ 5 × 보유주식수'로 계산한다.

③ 증권시장에 상장된 법인의 주식은 일반적으로 평가기준일의 거래소 최종시세가액을 시가로 인정하고 있다.

④ 사업개시 후 3년 미만인 법인의 비상장주식인 경우 순자산가치는 고려하지 않고 순손익가치만 고려하여 평가한다.

⑤ 예금은 평가기준일 현재 예입총액과 미수이자 상당액의 합계액으로 평가한다.

35

중요도 ★★★　　　　　　　　　　　　　　　　　　　　　　　　㉮ p.265 ~ 272　㉱ p.607

부동산 등의 보충적 평가방법에 대한 설명으로 가장 적절한 것은?

① 부동산을 취득할 수 있는 권리의 가액은 평가기준일까지 납입한 금액으로 평가한다.

② 종신정기금은 1년분 정기금액의 20배에 상당하는 금액으로 정한다.

③ 임대차계약이 체결된 부동산은 기준시가와 임대보증금 환산가액 중 작은 금액으로 평가한다.

④ 시설물 및 구축물은 재취득가액 산정이 가능한 경우 지방세법상 시가표준액으로 평가한다.

⑤ 저당권이 설정된 자산은 시가 또는 보충적 평가액과 특례평가액 중 큰 금액으로 평가한다.

36

중요도 ★★★

㉮ p.266 ㉯ p.607

다음 자료를 토대로 계산한 임대상가의 상속재산 평가가액(토지 포함)으로 가장 적절한 것은?

- 임대상가의 매매사실 등 상증법상 시가로 볼 수 있는 가액이 없다.
- 국세청장이 지정한 지역에 소재한 상업용 건물이 아니다.
- 임대상가의 임대현황

임대보증금	1년간 임대료	토지 공시지가	건물 기준시가
3억원	2,400만원	2억원	2억원

① 2억원
② 3억원
③ 4억원
④ 5억원
⑤ 6억원

정답 및 해설

34 ① ② 총자산 중 부동산자산가액의 비중이 50% 이상 80% 미만인 법인의 비상장주식은 '(1주당 순자산가치 × 3 + 1주당 순손익가치 × 2) ÷ 5 × 보유주식수'로 계산한다.
③ 평가기준일의 거래소 최종시세가액 → 평가기준일 전후 각 2개월간의 최종시세가액의 평균액
④ 순자산가치 ↔ 순손익가치
⑤ 예금은 평가기준일 현재 예입총액과 미수이자 상당액의 합계액에서 소득세법에 의한 원천징수금액을 차감한 금액으로 평가한다.

35 ⑤ ① 부동산을 취득할 수 있는 권리의 가액은 평가기준일까지 납입한 금액과 평가기준일 현재 프리미엄에 상당하는 금액을 합한 금액으로 평가한다.
② 종신정기금 → 무기정기금
③ 작은 금액 → 큰 금액
④ 지방세법상 시가표준액 → 재취득 예상소요가액에서 해당 자산의 감가상각비 상당액을 뺀 가액

36 ④ 임대차계약이 체결된 임대상가의 보충적 평가가액 = Max[㉠, ㉡]
㉠ 보충적 평가방법에 의한 평가가액 = 2억원 + 2억원 = 4억원
㉡ (1년간 임대료/12%) + 임대보증금 = 2,400만원/12% + 3억원 = 5억원
∴ 임대차계약이 체결된 임대상가의 보충적 평가가액 = Max[4억원, 5억원] = 5억원

6장 가업승계설계

01 중요도 ★ ㉮ p.285 ~ 289 ㉯ p.611

가업승계설계 절차와 그에 대한 설명이 연결된 것으로 가장 적절하지 **않은** 것은?

① [1단계] 가업(회사)의 현황 파악 : 가업승계설계를 위해서는 대상 기업의 재무현황, 기업의 유동성 등 가업경영과 관련된 정보를 우선적으로 파악한다.

② [2단계] 가업승계 관계자들에 대한 대응방안 수립 : 가업승계 시 후계자가 회사지분의 50% 이상을 확보하면서 후계자 이외에 상속인에게 유류분 이상의 재산이 분배되도록 한다.

③ [3단계] 후계자 교육프로그램의 수립과 실행 : 후계자의 체계적 육성을 위해 순환보직 프로그램을 마련하고 사외 교육프로그램에 참여시킨다.

④ [4단계] 지분승계 및 재산분배 계획 수립 : 주식이동 시나리오를 작성하고 법인의 경우 주식가치를 평가한 후, 가업승계 방안 및 납세자금을 마련한다.

⑤ [5단계] 경영승계 계획 수립 : '10년 이내에 무차입경영을 실현한다' 등 수치화된 경영목표를 수립한다.

02 중요도 ★★★ ㉮ p.290 ~ 293 ㉯ p.612

가업상속공제를 받기 위한 상속인의 요건으로 적절하지 **않은** 것은?

① 상속개시일 현재 18세 이상이어야 한다.

② 상속인의 배우자가 상속인의 요건을 갖춘 경우에는 상속인이 그 요건을 갖춘 것으로 본다.

③ 상속개시일이 속한 달의 말일로부터 6개월 이내에 임원으로 취임해야 한다.

④ 상속세 신고기한으로부터 3년 이내에 대표이사 등으로 취임해야 한다.

⑤ 상속개시일 전에 2년 이상 직접 가업에 종사해야 하며, 가업상속공제를 받은 후 5년간은 가업을 축소·폐지하지 않고 유지해야 한다.

중요도 ★★★

㉮ p.297 ~ 299 ㉯ p.613

03 다음 중 가업승계에 대한 증여세 과세특례에 대한 설명으로 가장 적절하지 **않은** 것은?

① 증여자는 가업주식 증여일 현재 중소기업 등인 가업을 10년 이상 계속하여 경영한 55세 이상인 수증자의 부모여야 한다.

② 수증자는 증여세 법정신고기한까지 가업에 종사하고, 증여일로부터 3년 이내에 대표이사로 취임하여야 한다.

③ 동일인으로부터 증여받은 가업의 승계 외의 다른 증여재산의 가액은 가업승계주식 등에 대한 증여세 과세가액에 합산하지 않는다.

④ 가업자산상당액은 '증여한 주식가액 × (1 − 사업무관 자산가액/총 자산가액)'으로 계산한다.

⑤ 가업승계 증여세 과세특례가 적용된 증여재산가액은 증여 기한에 관계없이 증여 당시의 가액으로 상속세 과세가액에 가산하여 상속세로 정산하여 납부한다.

정답 및 해설

01 ② '[4단계] 지분승계 및 재산분배 계획 수립'에 대한 설명이다.

02 ④ 3년 → 2년

03 ① 55세 → 60세

04 다음 중 창업자금에 대한 증여세 과세특례에 대한 설명으로 가장 적절하지 **않은** 것은?

① 수증자는 18세 이상의 거주자로 창업자금을 증여받은 날로부터 2년 이내에 창업해야 한다.

② 창업자금 과세특례 대상 증여재산은 토지·건물·금융자산 등 창업용으로 사용되는 모든 재산을 포함하며 증여세 과세가액 50억원(10명 이상 신규고용 시 100억원)을 한도로 한다.

③ 창업자금 특례증여분은 창업자금만 합산하며, 10년 이내 일반증여재산은 일반증여재산대로 합산한다.

④ 창업자금을 증여받은 날로부터 4년이 되는 날까지 해당 목적에 사용하지 않으면 사용하지 않은 금액에 대해 증여세와 이자상당액을 부과한다.

⑤ 창업자금에 대한 증여세 과세표준을 신고하는 경우에는 신고세액공제를 적용하지 않는다.

05

⑦ p.297 ~ 305 ⑨ p.613 ~ 614

창업자금과 가업승계에 대한 증여세 과세특례 요건 및 내용의 공통점에 대한 설명으로 가장
적절하지 **않은** 것은?

① 증여세 세율은 과세표준 60억원 이하 구간에 10%, 60억원 초과구간에 20%로 누진세율을
적용한다.

② 기간과 관계없이 상속재산에 가산하는 증여재산이다.

③ 과세특례를 적용받았다면 신고세액공제는 받을 수 없다.

④ 수증자는 18세 이상의 거주자이어야 한다.

⑤ 증여자는 60세 이상인 부모(증여 당시 부모가 사망한 경우에는 조부모 또는 외조부모 포함)
이어야 한다.

정답 및 해설

04 ② 창업자금 과세특례 대상 증여재산에는 토지·건물 등 양도소득세 과세대상은 제외된다.

05 ① 창업자금에 대한 증여세 특례규정은 10%의 단일세율을 적용한다.

7장 상속증여세 대응전략

01
⑦ p.313 ~ 314　② p.618

중요도 ★★

다음 중 상속증여세 기본 절세전략에 대한 설명으로 가장 적절하지 **않은** 것은?

① 증여세는 증여자 및 수증자 별로 받은 재산에 대해 과세하므로 자녀 외에도 사위(며느리)나 손자에게도 분산해서 증여하는 것이 효과적이다.

② 동일인으로부터 증여받은 재산은 10년간 합산과세되기 때문에 10년 단위로 적절히 분산해서 증여한다.

③ 상속세를 절감하기 위해 증여를 실행한다면 예상 상속세율보다는 높은 세율 구간에서 증여를 하는 것이 효과적이다.

④ 자산가치가 상대적으로 저평가된 부동산이나 주식을 증여하여 증여 이후의 자산가치 상승분이 수증자의 몫이 되도록 한다.

⑤ 같은 평가액의 재산이라면 고배당 주식이나 임대수익률이 높은 상업용 부동산 등 수익가치가 높은 재산을 증여한다.

02
⑦ p.315 ~ 330　② p.619 ~ 621

중요도 ★★

다음 중 절세전략에 대한 설명으로 가장 적절하지 **않은** 것은?

① 부담부증여를 하게 되면 증여자는 채무액 상당부분에 대하여 증여세 대신 더 낮은 세율의 양도소득세율을 부담하게 되어 절세에 유리하다.

② 상속재산이 많은 경우 재산 일부를 사위(며느리)가 주주인 법인에 유증이나 사인증여로 이전하면 상속세 대신 법인세만 과세되므로 상속세 부담을 줄일 수 있다.

③ 특정법인에게 증여한 부동산 등에 대해서는 이월과세규정이 적용되지 않으므로 10년 이상 보유할 부동산이 아니라면 특정법인에 증여하는 것이 유리하다.

④ 가업상속공제를 받는 상속인이 유류분 재산을 반환하는 경우 상속세 부담이 낮아진다.

⑤ 개인에 증여하는 경우에 비해 특정법인과 특수관계에 있는 개인이 재산을 증여하는 경우가 더욱 유리하다.

03

중요도 ★★

㉾ p.335 ~ 340 ㉾ p.622 ~ 625

다음 중 상속증여세 납부재원 마련 방안에 대한 설명으로 가장 적절하지 **않은** 것은?

① 신고기한 이내에 자산을 매각하여 상속증여세 납부재원을 마련하는 경우에는 상속세의 추가부담이 발생할 수 있다.

② 상속재산을 담보로 제시하고 대출을 받는 경우에는, 해당 물건에 대한 감정평가액이 상속재산 평가액에 반영되어 상속세 부담이 증가될 수 있다.

③ 연부연납 시 적용되는 이자율은 대출이자율보다 상대적으로 높은 수준이므로 연부연납보다는 대출을 통한 납부재원 마련 방법을 활용한다.

④ 피상속인이 법인의 임원으로 재직 중에 사망하여 상속이 개시되는 경우 피상속인에게 귀속되는 퇴직금을 상속인이 수령하여 납부재원으로 활용할 수 있다.

⑤ 배당을 통해 납부재원을 마련하려면 해당 법인은 자본금의 50%에 이를 때까지 매결산기에 이익배당(주식배당 제외)의 10% 이상의 금액을 이익준비금으로 적립하여야 한다.

정답 및 해설

01 ③ 높은 → 낮은

02 ④ 가업상속공제를 받는 상속인이 유류분 재산을 반환하는 경우 해당 재산은 가업상속공제대상에서 제외되어 상속세 부담이 높아지게 된다.

03 ③ 연부연납 시 적용되는 이자율이 연 2.9%로 시중 대출이자율보다 상대적으로 낮은 수준이므로 연부연납을 대안으로 고려할 수 있다.

2024 최신개정판

해커스
CFP®
지식형 핵심문제집

개정 11판 1쇄 발행 2024년 7월 12일

지은이	해커스 금융아카데미 편저
펴낸곳	해커스패스
펴낸이	해커스금융 출판팀

주소	서울특별시 강남구 강남대로 428 해커스금융
고객센터	02-537-5000
교재 관련 문의	publishing@hackers.com
	해커스금융 사이트(fn.Hackers.com) 교재 Q&A 게시판
동영상강의	fn.Hackers.com

ISBN	979-11-7244-115-9 (13320)
Serial Number	11-01-01

**금융자격증 1위,
해커스금융(fn.Hackers.com)**

해커스금융

· 합격률 1위/합격자 수 1위의 노하우가 담긴 **CFP 교재 인강**
· 학습 중 궁금한 사항을 바로 해결하는 **1:1 질문/답변 서비스**
· **금융자격증 무료강의**, CFP 시험 상위 합격자 인터뷰 등 다양한 금융 학습 콘텐츠

[합격률 1위/합격자 수 1위] 2011~2023 제44회 CFP 합격자 발표 자료 기준
[금융자격증 1위] 주간동아 선정 2022 올해의 교육 브랜드 파워 온오프라인 금융자격증 부문 1위